H. H. Stuckenschmidt

Zum Hören geboren

H. H. Stuckenschmidt

Zum Hören geboren

Ein Leben mit der Musik
unserer Zeit

R. Piper & Co. Verlag
München Zürich

Mit 32 Abbildungen auf Tafeln und 15 im Text

Bildnachweis

Bauhaus-Archiv, Berlin (S. 4 unten)
Ilse Buhs, Berlin (S. 15 oben, 20)
Harry Croner, Berlin (S. 15 unten)
Dührkoop, Berlin (S. 5)
M. Duss, Genf (S. 10 oben)
H. Kenner, Bad König (S. 9 unten, 11)
Foto-Kessler, Berlin (S. 10 unten)
Verlag Langen-Müller, München (S. 4 rechts oben)
Peter Ludwig, Darmstadt (S. 8 unten)
Werner Neumeister, München (S. 12, 13, 17 oben, 18, 19)
W. Saeger, Berlin (S. 8 oben)
H. H. Stuckenschmidt (S. 1, 2, 3, 6, 7, 14, 16, 17 unten)
Dr. Wolff & Tritschler, Frankfurt/M. (S. 9 oben)

Abbildung Seite 29: Kohlezeichnung von Bruno Beye, 1919
Abbildung Seite 127: Zeichnung von Emery Göndör, 1931

ISBN 3-492-02405-X

Gesetzt aus der Janson-Antiqua
Gesamtherstellung: H. Mühlberger, Augsburg
Printed in Germany

Dem Andenken meiner Mutter

Inhalt

I
Kindheit und Jugend

»Herr Oberleutnant, ich bin mit die Amme ins Haus.« Der junge preußische Soldat stand in strammer Haltung, Hände an der Hosennaht, vor dem Offizier, der am Schreibtisch seines Arbeitszimmers die Zeitung gelesen hatte.

»Rühren, Hugo. Wo ist denn die Frau?«

Der Soldat, Offiziersbursche des Oberleutnants, lockerte seine Haltung und trat einen Schritt nach rechts. Hinter ihm stand im Türrahmen eine bildhübsche junge Blondine und sah aus blauen Augen dem Offizier ins Gesicht.

»Kommen Sie doch näher«, sagte der Offizier, »wie heißen Sie denn?«

»Ich bin die Liesel Jenne«, antwortete die Person mit elsässischem Tonfall und trat ins Zimmer.

Der Offizier reichte ihr die Hand: »Ich bin Oberleutnant Stukkenschmidt. Meine Frau hat einen Jungen bekommen, kann ihn aber nicht nähren. Wollen Sie als Amme zu uns kommen?«

»Ja, Herr Oberleutnant.«

»Dann will ich Sie zu meiner Frau bringen.« Und, zu dem Burschen gewendet: »Sie können gehen, Hugo.«

Es war früher Nachmittag. Die Bäume am Sandplatz – dem heutigen Quai au Sable – leuchteten goldrot in der Novembersonne. Aus dem Fenster des Zimmers sah man hinter dem Platz die Ill fließen, an ihrem entfernteren Ufer die schönen alten Straßburger Fachwerkhäuser. Mein Vater hatte mit der jungen Blondine den Raum verlassen und führte sie ins Schlafzimmer, wo meine Mutter im Bett lag. Neben ihr saß Dr. Schröder, der Arzt, der die schwere Entbindung besorgt und den notwendigen Kaiserschnitt ausgeführt hatte.

»Hier, Klärchen, das ist Frau Jenne, die den Jungen nähren will.«

Meine kleine Mutter, immer entzückt, wenn sie ein schönes Gesicht sah, winkte die Amme heran und zeigte auf die Wiege, die am Fenster stand: »Da ist das Kerlchen. Sehen Sie sich's an, Frau Jenne.«

»Nennen Sie mich doch Liesel«, sagte die Blondine. Sie hob die Gardine von der Wiege und blickte hinein. Drin lag ich.

Mein Vater verabschiedete sich von dem Arzt und ging zurück in sein Zimmer. Er prüfte den Kalender auf dem Schreibtisch. Es war der 2. November 1901; am Tag vorher war ich zur Welt gekommen. An der Tür klopfte es. Hugo brachte die Nachmittagspost. Mein Vater gab ihm zwei Zigarren für die Ammenbeschaffung.

Bursche zu sein war ein Vorzug. Während der Ausbildung merkte sich der Unteroffizier diejenigen jungen Soldaten, die besonders intelligent, geschickt und ansehnlich waren. Sie kamen in einen Kurs, wo sie lernten, feines Schuhzeug zu pflegen, den Tisch zu decken, Speisen aufzutragen und zu servieren und was sonst noch zur Bedienung eines Herrn gehörte. Danach wurden sie vom militärischen Dienst befreit und zu einem Offizier »abgestellt«. Natürlich war der Burschendienst für den Herrn allein bestimmt. Aber in Haushalten verheirateter Offiziere war es üblich, den Burschen auch für die anderen Familienmitglieder zu beschäftigen. Man schickte ihn zu Einkäufen und Besorgungen, er mußte gelegentlich den Kinderwagen fahren und dem Dienstmädchen bei der Vorbereitung der Mahlzeiten helfen. Dafür wurde er verpflegt, aß mit dem Mädchen am Küchentisch, und oft bildeten sich Freundschaften und Liebeleien zwischen den »Leuten«, wie man das Hauspersonal nannte. Dienstbote bei meinen Eltern zu sein, muß einen besonderen Vorzug bedeutet haben. Nach vielen Jahren noch meldeten sich ehemalige Dienstmädchen oder Burschen bei ihnen und sprachen, inzwischen längst verheiratet, mit leuchtenden Augen von der Zeit. Mich rief 1972 in Berlin ein achtzigjähriger Malermeister an und fragte, ob ich vielleicht der Heinz sei, der in Magdeburg immer am Klavier gesessen habe. Er war im Ersten Weltkrieg Bursche meines Vaters gewesen.

Auch Hugo kam nach Jahren zu Besuch. Er war ein märkischer Bauernsohn, konnte gut rechnen und leidlich schreiben. Nur sein Deutsch war dürftig, wie der erste Satz dieses Kapitels zeigt. Aber den ungewöhnlichen Auftrag, den ihm mein Vater gab, als sich zeigte, daß meine Mutter mich nicht stillen könne, erledigte er in einem halben Tag. Er fragte bei den Kameraden in der Kaserne. Einer von ihnen hatte eine Liebschaft mit Liesel Jenne, die ein Söhnchen von ihm bekam. Da ihre Eltern empört darüber waren und sie knapp hielten, war ihr die gut bezahlte Stelle willkommen. Sie blieb fast ein Jahr bei meiner Mutter. Hugo war zwei Jahre lang Bursche meines Vaters. Dann »kapitulierte« er, das heißt, er wurde Berufssoldat, meldete sich zur Schutztruppe nach Südwestafrika, brachte es dort zum Feldwebel und besuchte meine Eltern 1908 in Berlin. Er wurde zu Tisch eingeladen, und mich Siebenjährigen beeindruckten sein Tropenhelm und die gelbbraune Uniform tief.

Nach Straßburg wurde mein Vater 1899 als Oberleutnant und Adjutant der 4. Fußartillerie-Brigade versetzt. Er war damals 32 Jahre alt. Geboren in Brandenburg an der Havel 1867, besuchte er dort das humanistische Gymnasium. Schon 1870 verlor er den Vater. Zum Offiziersberuf entschlossen, wurde er 1887 Fahnenjunker und Fähnrich, ein Jahr später Leutnant. 1889 kam er zum 11. Fußartillerie-Regiment nach Thorn; von da ging es auf die andere Seite des Reichs, von der russischen Grenze an die französische nach Straßburg.

Die Stuckenschmidts sind eine alte Handwerkerfamilie. Stück hieß im 17. Jahrhundert das schwere Geschütz, die Kanone. Artilleristen nannte man Stückknechte, Schiffe und Festungen waren »bestückt«, mit Stücken versehen. Unser altes Bürgerwappen zeigt über einem Kanonenlauf und drei Kugeln den Amboß und die Hand mit dem Schmiedehammer. Meine Vorfahren waren also Stückenschmiede. Sie stammten aus Norddeutschland; der Name kommt in Bremen und in Niedersachsen vor. Als ich 1933 für Adolf Hitler meinen Stammbaum untersuchte, fand ich Vorfahren und andere Träger des Namens 1749 in Hoya und Syke, später in Fallersleben, wo ein Johann Heinrich August Hermann Stuckenschmidt es 1865 zum königlichen Amtshauptmann brachte, nachdem er seit 1836 in Göttingen studiert hatte. Der Hoyaer Urgroßvater, Johann Heinrich Stuckenschmidt, war Schuhmachermeister. Man sieht, daß die Namen Johann Heinrich seit dem 18. Jahrhundert in der Familie üblich waren. Mein Vater hieß Johannes Heinrich Julius Konrad Friedrich Wilhelm, bei mir schrumpfte die Namensfülle auf Hans Heinz zusammen.

Der erste Musiker in der Sippe war mein Großvater Johann Heinrich Stuckenschmidt. Er kam in Bremen 1819 zur Welt, studierte bei Wilhelm Friedrich Riem, war 1840 Kapellmeister am deutschen Theater in Triest, seit 1846 Musikdirektor in Neisse und gründete dort Chöre und die Schlesischen Musikfeste. 1866 wurde er königlicher Musikdirektor in Brandenburg, wo er 1870 an einer Lungenentzündung starb, die er sich beim Retten eines in die Havel gefallenen Kindes geholt hatte. Er hinterließ meine Großmutter mit ihren sechs Kindern mittellos. Viele seiner Lieder erschienen in Verlagen wie Schott und Leuckardt.

In Brandenburg wurde nicht nur gute Musik gemacht. Die Stadt hatte vorzügliche Schulen und das in ganz Preußen berühmte Mädchenpensionat Reetsch. Bei einem der Tanzstundenbälle des Pensionats lernte mein Vater als Fähnrich 1888 meine Mutter kennen.

Aus der Begegnung wurde eine große Liebe. Die beiden jungen Leute verlobten sich. Meine Mutter war wohlhabend genug, um einen mittellosen Leutnant heiraten zu können. Damit Offiziersehepaare standesgemäß leben konnten, mußten sie das sogenannte Kommißvermögen von 40 000 Mark nachweisen, das, zu sechs Prozent verzinst, einen Zuschuß von monatlich 200 Mark sicherte. 1893 heirateten meine Eltern in Charlottenburg und zogen gleich nach Thorn, wo mein Vater Regiments-Adjutant war.

Meine Mutter war 1869 in Charlottenburg geboren und auf die Namen Helene Clara Victoria evangelisch getauft. Ihr Vater war der Theaterdirektor Karl Rudolf Cerf, ihre Mutter eine Pastorentochter aus Weseram bei Berlin. Rudolf Cerf war der Sohn eines berühmten und viel bestaunten Mannes. In Richard Wagners Autobiographie »Mein Leben« kann man lesen, wie der 23jährige Komponist bei seinem ersten Berliner Aufenthalt 1836 den Direktor des Königstädtischen Theaters, Friedrich Cerf, aufsuchte. Dieser galt als ein Original und war auf rätselhafte Weise zu seinem Theater gekommen. Der 1771 in Unterreißheim geborene Kaufmann hatte dem Zaren Alexander I. Dienste als Kriegslieferant von Pferden für die Armee des Generals von Wittgenstein geleistet und wurde zum kaiserlich russischen Kommissionsrat ernannt. Er war dabei selbst ein reicher Mann geworden und nach Berlin übergesiedelt, wo er mehrere Häuser besaß. Zur großen Überraschung der Berliner Kunstwelt erteilte ihm König Friedrich Wilhelm III. 1822 die Konzession für ein Theater, das der königlichen Hofoper Konkurrenz machte. Er baute in der Königstadt ein großes Opernhaus, eben das Königstädtische Theater, als dessen Direktor er den jungen Wagner empfing, zuerst protegierte und später fallen ließ. Der schreibt darüber:

»Für seine große Begünstigung von seiten des Hofes führte man allerhand nicht besonders geschmackvolle Gründe an; es war ihm vermöge derselben gelungen, die Privilegien des Vorstadttheaters außerordentlich zu erweitern. Der Verfall der Großen Oper am königlichen Theater führte dem leichteren Genre, welches die Königstädtische Bühne mit Glück pflegte, die bevorzugte Gunst des Publikums zu.« Über die »nicht besonders geschmackvollen Gründe« schreibt Gerhard Wahnrau in seinem Buch »Berlin Stadt der Theater«, Cerf habe dem König eine Rechnung vorgelegt, für die er die Konzession einhandelte. Man habe nur nie erfahren können, wie die Rechnung aussah. »Die einen wollten wissen, Cerf habe dem König während des Krieges Gefälligkeiten erwiesen, für die er nunmehr eine Abfindung verlangte. Andere behaupteten, Cerfs Sohn Rudolf habe nicht den Rentier, sondern den König zum Vater gehabt.«

Die Cerfschen Erben bekamen aus der königlichen Privatschatulle eine »ewige Rente«, die noch für meine Mutter monatlich 600 Mark betrug, für meinen Bruder und mich außerdem je 300. Ihre Zahlung mußte erst eingestellt werden, als 1923 die Inflation die Mark bis nahe an den Nullpunkt entwertete. Eine restliche Abfindung aus dem Grundkapital bekamen meine Mutter, mein Bruder und ich 1925. Es waren ein paar hundert Mark, mit denen ich nach Paris und in die Bretagne reiste.

Bei meinen Ahnenforschungen 1933 fand ich, daß Friedrich Cerf mit zweitem Vornamen Raphael hieß. Das bestätigte die Vermutung seiner jüdischen Herkunft. Aber er war 1818 evangelisch getauft und konnte meinem nachzuweisenden Ariertum nichts anhaben. Um die Wahrheit über die Gründe seiner Konzessionierung durch Friedrich Wilhelm III. zu erfahren, wandte ich mich an das Ministerium des ehemaligen königlichen Hauses. Doch wurde mir nur die Verfügung zur Zahlung der Rente an die Cerfschen Erben bestätigt; Näheres, so formulierte der Brief, könne mir »wegen des zu bewahrenden Geheimnisses« nicht mitgeteilt werden. Sicher ist, daß ich von Mutterseite her entweder jüdisches oder hohenzollernsches Blut habe. Beides ist mir recht.

Meine Mutter, klein, zierlich und hübsch, war für alle Künste begabt. Sie lernte von Kindheit an Klavier spielen, kam später ans Klindworth-Scharwenka-Konservatorium in Berlin und wurde von dem Dänen Fritz Schousboe und von Karl Klindworth zu einer konzertreifen Pianistin ausgebildet. Dabei spezialisierte sie sich auf Chopin. Sie spielte alle seine Klaviermusik, die Balladen, Scherzi, Impromptus und die 24 Préludes, mit einer sehr leichten Technik, schönem Triller, unvermuteter Kraft und der Poesie einer sensitiven Mädchenseele. In meiner langen Praxis als Kritiker habe ich selten einen schöneren Anschlag und solche Kunst der Pedalisierung gehört. Dieses Klavierspiel begleitete meine Straßburger Kindheit und meine Jugendjahre. Vom dritten Lebensjahr an saß ich im Salon, wo der Blüthner-Stutzflügel mit Aliquot-Besaitung stand, und wurde nicht müde zuzuhören. Die Balladen in As-Dur und g-Moll waren meine Lieblingsstücke. Manchmal spielte »Muni«, wie meine Mutter im Familienkreis genannt wurde, auch anderes. Da gab es lyrische Stücke von Grieg, Beethovens »Appassionata«, Tschaikowskys »Humoresque« aus op. 10, die Strawinsky im »Baiser de la Fée« verwendet, und einen brillanten Galopp von Anton Rubinstein.

Im Brandenburger Pensionat von Fräulein Reetsch hatte meine Mutter ausgezeichnet Französisch gelernt. Ihre Lehrerin war Französin und las mit den jungen Mädchen Novellen und Gedichte, natürlich auch die Fabeln von La Fontaine. Schon früh schwärmte die kleine Clara Cerf für Frankreich, französische Literatur und Geschmackskultur. In Straßburg, wo Deutsch seit 1871 die offizielle Sprache war, unterhielt sie sich auf der Straße mit Menschen, die ihr gefielen, französisch. Als Liesel Jenne ihre Ammenpflicht erfüllt hatte, sollte ein Kindermädchen ins Haus kommen. Meine Mutter sah darin die große Chance, daß ihr Junge die geliebte Sprache früh beherrschte. Sie entschied: zuerst lernt Heinzel französisch. Man inserierte in den »Straßburger Nachrichten«, und bald meldete sich ein junges Mädchen namens Henriette Georges. Ihr Vater war Lehrer in Hérimoncourt bei Héricourt, einem Dorf zwischen Straßburg und Belfort. Sie selbst hatte höhere Schulbildung und konnte außer Deutsch auch etwas Englisch. Ihr Französisch war gepflegt, sie hatte gute Umgangsformen. Meine Mutter engagierte sie sofort. Mit mir durfte sie nur Französisch sprechen. Mademoiselle Georges blieb sechs Jahre lang in unserer Familie, war »au pair« gestellt, aß mit uns am Tisch und wurde bald von uns allen geliebt. Ich lernte durch sie Französisch früher beherrschen als Deutsch, und eben das war die Absicht meiner Mutter gewesen. Mein Vater hatte auf dem Brandenburger Gymnasium gründliche Kenntnisse in Latein und Griechisch erworben; Zitate in beiden Sprachen waren bei ihm an der Tagesordnung. Aber die modernen hatte man etwas vernachlässigt. So kam es vor, daß ich ihn als Kind französisch ansprach und er um die Antwort verlegen war.

Mademoiselle, so nannte ich meine Gouvernante, war meine ständige Begleiterin. Einmal, als meine Eltern Sommerferien in der Schweiz machten, nahm sie mich mit zu den Ihren nach Hérimoncourt. Da erlebte ich einen turbulenten Quatorze Juillet mit Blasmusik und Feuerwerk. Man sang sogar die Marseillaise, die mir seither vertraut geblieben ist. Mademoiselle erwiderte meine zärtliche Zuneigung und erzog mich gut und ohne überflüssige Strenge. Sie war geschickt in Handarbeiten und stickte mir ein Umhängeserviettchen, das mit zwei Bändern um den Hals geknüpft wurde, auch Sabberlätzchen genannt. Darauf stand in rotseidener Schrift »Sunny Jim«. Mit ihr machte ich die ersten Spaziergänge durch Straßburg. Gleich neben dem Sandplatz war das mächtige Palais Rohan und ein paar hundert Schritte weiter das Münster mit dem einen Turm, wo angeblich Störche nisteten. Großen Eindruck machte mir die astronomische Uhr mit den Holzfiguren, die beim Stundenschlag auf einem unsichtbaren Rad ihre Runde drehten. Als ich 1928 nach Prag kam, sah ich ihr Pendant am Rathaus des Altstädter Ringes.

Ich war nicht das einzige Kind meiner Eltern. Mein Bruder Kurt, 1894 in Thorn geboren, war sieben Jahre älter. Das ist viel im kindlichen Alter. Der Unterschied schloß eine Spielgemeinschaft aus, und Kurt liebte mich ein bißchen von oben herab, wie eben ein Sieben- bis Neunjähriger den kleinen Bruder liebt. Mit zehn Jahren wurde er Kadett im nahen Karlsruhe. Zu Weihnachten, Ostern, Pfingsten und in den sommerlichen Ferien kam er auf

Urlaub: ein kleiner Soldat in richtiger Uniform und daher für mich eine Respektsperson. Es war immer beschlossene Sache gewesen, daß er den Offiziersberuf ergreifen sollte. Dabei hatte er ganz andere Neigungen. Es las halbe Tage durch, interessierte sich auch später für Literatur, in der er gründliche Kenntnisse hatte, sammelte Bücher hohen Ranges und baute, als er 1925 mit seiner Bremer Frau Henny, geborenen Overbeck, nach Bahia in Brasilien ging und in der schwiegerväterlichen Kaffeefirma arbeitete, eine öffentliche deutsche Bibliothek auf, die noch heute besteht.

Auch diese literarischen Neigungen waren ein Erbteil von unserer Mutter. Sie hatte eine natürliche Begabung, sich in Vers und Prosa phantasievoll auszudrücken, schrieb Gedichte, die auch veröffentlicht wurden, teilweise in ihrer eigenen Vertonung als Lieder. Wortspiele und Schüttelreime fielen ihr spontan ein, sie hatte Sinn für einen spezifisch berlinischen Humor. In Thorn lernte sie ein paar polnische Wörter; in Straßburg amüsierte sie das elsässische Gemisch von Deutsch und Französisch, klassische Formel: »Gange se à pied oder en voiture?«

1905 zogen meine Eltern nach Saint Urban, einem Villenvorort, wo sie ein Haus mit Garten bewohnten. Bis dahin reichen meine Erinnerungen zurück. Die Ställe lagen hinter dem Garten. Nach dem Frühstück ging ich die beiden Pferde meines Vaters besuchen. Ich sah dem Pferdeburschen beim Striegeln zu und klopfte vorsichtig auf das Fell der großen Tiere. Im Stall roch es nach Heu und frisch poliertem Leder. Manchmal versuchte ich, auf einen der herumstehenden Sattel zu klettern, aber die vierjährigen Beine waren zu kurz und ungelenk. Eines der Tiere war besonders schön. Ich liebte den langen Kopf mit den schwarzen Augen, der sich bisweilen nach mir umdrehte. Es war ein ungarischer Fuchswallach, und sein Name Tarogatos klang mir geheimnisvoll und vornehm. Einmal setzte mich der Bursche auf seinen Rücken, aber ich hatte Angst und mir schwindelte.

Mein Vater kam, um mit dem Pferdeburschen in die Kaserne zu reiten. Er hatte Zuckerstücke bei sich. Ich durfte Tarogatos eines auf der Handfläche reichen. Da kam die große Schnauze vorsichtig auf meine Kinderhand zu, warme, weiche Lippen streichelten meine Haut und ergriffen den Zucker. Tarogatos kaute die Süßigkeit, sah mich an und wieherte. Ein wenig war mir bange gewesen, aber nun atmete ich tief auf. Wir waren Freunde.

»Allez, Heinz, tu vas t'enrhumer!« rief Mademoiselle. Ich gehorchte ungern, trank meine Milch und lief heimlich zurück in die leeren Ställe. Sie waren mir lieber als mein Spielzimmer mit dem Baukasten, den Bilderbüchern und der großen Mohrenpuppe, die mich von nun an immer zu den Pferden begleiten mußte.

Eines Sommermorgens, als ich Tarogatos besuchte, tönte über den Garten her das Spiel meiner Mutter. Aber es waren nicht die vertrauten Klänge. Das Stück begann rauschend, schien einen kleinen, steilen Weg hinaufzueilen, blieb stehen, begann nochmals den Aufstieg, dann ein drittes Mal, bis ein süßes Singen die Mühe ablöste. Ich horchte, war dem Weinen nah, hatte Herzklopfen, lief durch den Garten ins Musikzimmer, stand vor meiner spielenden Mutter. Sie lächelte erstaunt, nahm die Hände von den Tasten und küßte mich zärtlich. »Na, mein Kerlchen, was ist denn? Gefällt es dir?« Und ob es mir gefiel. Ich wollte es immer wieder hören, vor allem die Stelle, wo das Moll sich beseligend in Dur verklärte. Das Stück, das mich Tarogatos und seinen Stall für kurze Zeit vergessen ließ, war Chopins Fantaisie-Impromptu in cis-Moll. Es weckte eine plötzliche Liebe, wirkte wie ein coup de foudre. Diese erste und nie erloschene Liebe blieb assoziativ verschränkt mit den Eindrücken von Natur, sommerlichem Garten, heuduftendem Stall, Fell, Augen und Schnauze des Fuchswallachs Tarogatos.

Natur und Kultur gehören für mich zusammen. In jeder späteren Liebe wirkte etwas nach von dieser frühen erotischen Verzauberung durch Tierfreundschaft und Musik. Das geht so weit, daß ich geistige und sinnliche Erlebnisse nie ganz zu scheiden weiß. Der Intellekt kennt die gleichen Leidenschaften wie das sensorische Leben, und die Sinne gehorchen dem gleichen Trieb nach Form und Logik wie der Geist. Meinen wir, nur die Konstruktion an einem Bild, einem Gedicht, einer Musik zu bewundern, so wirkt doch irgendwo im Hintergrund die sinnliche Kraft der Kombinationen von Farben, Worten und Klängen. Glauben wir aber, nur vom Rausch der künstlerischen Duftstoffe gefangen zu sein, so fesselt doch die nur geahnte Syntax unser Unterbewußtsein. So muß das Gefühl unablässig die Vernunft zur Ordnung rufen und zugleich die Vernunft das Gefühl. Es kann so sanft geschehen wie an dem sonnigen Vormittag in Saint Urban, so energisch wie in Mademoiselles »Allez, Heinz, tu vas t'enrhumer!«, so liebend-verständnisvoll wie in der mütterlichen Frage: »Gefällt es dir?«

Einmal im Monat gingen meine Eltern ins Theater. Straßburg hatte damals ein gutes deutsches Schauspiel und ein noch besseres Opernhaus, an dem 1908 bis 1916 Hans Pfitzner, 1914 bis 1916 Otto Klemperer tätig waren. Ich ging als Kind mit Mademoiselle in meine erste Theateraufführung. Es war ein Märchenspiel, wo mich ein grüner Mann so entsetzte, daß ich laut schreiend hinauslief.

Am Tag nach einem Opernbesuch spielte meine Mutter Klavier. Aber ich hörte nicht die gewohnten und geliebten Chopin-Stücke, sondern seltsame Harmonien, die mich beunruhigten.

»Qu'est-ce que tu joues là, Muni?« fragte ich.

»Tristan«, war die Antwort.

»Pourquoi est-il triste, l'âne?« wollte ich wissen. Ich hatte französisch gehört und meinte, es handele sich um einen traurigen Esel. Seither hieß bei meinen Eltern Wagners Liebestragödie »Der traurige Esel«.

1902 war mein Vater Hauptmann und Chef der 8. Batterie des 10. Fußartillerie-Regiments geworden. Fünf Jahre später, 1907, wurde er zum Kriegsministerium in Berlin kommandiert. Das war der entscheidende Schritt in seiner Karriere. Auch meine Mutter war glücklich über die Versetzung. Denn in Berlin-Charlottenburg lebte ihre Mutter, die nach Rudolf Cerfs Tod einen Dr. John und nach dessen Tod den Polizeimajor Kurt von Heeringen geheiratet hatte.

Wir zogen im Frühjahr 1907 nach Berlin-Schöneberg in die zweite Etage des Hauses Hohenstaufenstraße 23. Es hat, in sehr verfallenem, aber von Bomben verschontem Zustand bis zum Sommer 1976 gestanden. Hinter der Eingangstür war eine lebensgroße Gipsnymphe am Rand eines Bassins. Die Wohnung hatte acht Zimmer und – damals ein seltener Luxus – Warmwasserversorgung. Da ich das schulpflichtige Alter erreicht hatte, kam ich in die Vorschule des Werner-Siemens-Realgymnasiums. Es lag nur ein paar hundert Schritte von unserer Wohnung entfernt. Der Direktor Wetekamp war ein Schulreformer und galt als einer der fortschrittlichsten deutschen Pädagogen. Mir machte das Lernen

Spaß, neben dem Rechnen und Schreiben vor allem der damals neue Handfertigkeitsunterricht, bei dem wir zum Beispiel mit Plastilin modellieren durften. Ich formte gern Pferde und Hunde aus dem weichen, etwas klebrigen Material. Meine Eltern hatten aus Straßburg den Jagdhund Tell mitgebracht. Nach seinem Tod kamen Dackel ins Haus. Mit diesen Vierbeinern stand ich so freundschaftlich wie früher mit Tarogatos.

Die einzige, die sich in Berlin nicht glücklich fühlte, war Mademoiselle. Sie hatte sich in Straßburg heimlich mit einem Lehrer aus Siebeldingen in der Pfalz verlobt. Eines Tages zog sie meine Mutter ins Vertrauen. Sie wollte heiraten und bat um Entlassung. Der Abschied fiel ihr und uns nicht leicht. Sie war ein Mitglied der Familie geworden. Aber selbstverständlich wurde ihr Wunsch erfüllt. Nur sollte sie bleiben, bis eine Nachfolgerin gefunden war.

Meine Mutter wandte sich an die französische Kirche in Berlin, deren Pastor Nicole ihr eine junge Schweizerin empfahl. Sie hieß Maria Perrinjacquet und kam aus dem Kanton Neuchâtel, wo das beste Französisch in der Schweiz gesprochen wird. Zu Pastor Nicole hatte man sie im August 1908 geschickt, damit sie Deutsch lernte. Im Herbst kam sie zu uns. Sie war erst fünfzehn, nur acht Jahre älter als ich. Vielleicht verstanden wir uns deshalb so gut. Sie blieb zwei Jahre bei uns. Im November 1910 holte ihre Mutter sie zurück, weil sie noch nicht konfirmiert war. Wir weinten, als sie abreiste. Da sie zu jung war, um die weite Heimfahrt allein zu machen, brachte mein Vater sie bis nach Basel, wo sie von ihrer Familie empfangen wurde. Noch ein paar Jahre korrespondierten wir mit Maria. Dann hörten wir nichts mehr von ihr. Anfang 1963 schickte mir Radio Lausanne einen Brief nach Berlin, wo ich Ordinarius der Technischen Universität war. Als ich auf dem Umschlag den Absendernamen Perrinjacquet las, sagte ich zu Margot, meiner Frau: »Das ist meine Schweizer Gouvernante!«

Sie hatte im Rundfunk ein Gespräch zwischen mir und Henri Jaton gehört, das von Musik handelte. Gleich schrieb sie den Brief, fragte, ob ich wohl derselbe Heinz Stuckenschmidt sei, in dessen Berliner Elternhaus sie vor mehr als fünfzig Jahren so glücklich gewesen war. Ich antwortete sofort, und im August besuchten wir die Siebzigjährige von Badenweiler aus in Couvet, Kanton Neuchâtel. Sie zeigte uns Photos und Briefe von meiner Mutter und mir, die sie durch all die Jahre sorgfältig bewahrt hatte. Seither sind wir in brieflicher Verbindung. Auf meinen Wunsch notierte sie ein paar Erinnerungen an ihre Berliner Jahre, die ich ins Deutsche übersetzt habe:

»Donnerstags bei schönem Wetter brachen wir morgens in den Tiergarten auf, wo wir Butterbrote, Bananen und ein großes Glas Milch frühstückten, und kehrten abends müde und zufrieden heim. Es gab schöne Ferien im Schwarzwald. Ihr Vater machte eine Kur in Bad Kissingen. Wir wohnten in Oberhofen. Kurt kam zu uns, und wir machten Spaziergänge im Wald . . . Auf dieser Reise war es, daß wir mit Ihren Eltern in Berlin erster Klasse abfuhren und bis zur vierten alle ausprobierten. In dieser hatten wir den meisten Spaß: ein völlig leerer Waggon mit einer engen Bank rundherum. Wir beide waren da allein. Erinnern Sie sich, wie Ihr Vater uns auf das Dach des Reichstags geführt hat, um die ersten Luftschiffe zu sehen? Wissen Sie noch, wie er morgens um sechs Uhr fortging, um spazieren zu reiten, und wie der Wagen vom Ministerium große Mappen brachte und abholte? Nach Weihnachten 1910 schrieben Sie mir: Ich habe eine richtige Geige bekommen.«

Merkwürdigerweise hat meine Mutter mir nie Klavierunterricht gegeben. Sie ließ mich auf den Tasten klimpern und Melodien zusammensuchen. Aber sie wollte, daß ich geigen lernte. Und so kam zweimal die Woche ein junger Kammermusiker, Schüler von Henri Marteau, dem Nachfolger Joseph Joachims an der Berliner Hochschule. Bei ihm lernte ich Noten lesen und die Grundlagen des Violinspiels. Als wir 1912 Berlin verließen, hörte der Geigenunterricht auf.

Von meinen Schulkameraden waren etwa ein Drittel Juden. Mit einigen von ihnen freundete ich mich an, und manche, wie Hans Rameau, Herbert Katz und Werner Oppenheimer, habe ich Jahrzehnte später in Südamerika, Israel und in Berlin wiedergesehen. Ich lud sie auch zu den Kindergesellschaften in mein Elternhaus ein. Antisemitismus gab es bei uns nicht. Mein Vater, in der politischen Gesinnung national-liberal, hatte keinerlei Vorurteile gegen Juden. Er las die »Post«, eine gute liberale Zeitung. Meine jüdischen Freunde wurden mit der gleichen Herzlichkeit empfangen und mit Schokolade und Kuchen bewirtet wie die nichtjüdischen.

Meine Eltern führten ein geselliges Haus. Jeden Monat gab es eine Abendgesellschaft, bei der gut gegessen und getrunken wurde. Hinterher spielte meine Mutter Klavier, und manchmal wurde mit einem Sänger, Geiger oder Cellisten musiziert. Die Gäste waren meistens Offiziere mit ihren Damen, die Herren im sogenannten Überrock, der zum Unterschied von dem hochoffiziellen kurzen Waffenrock bis an die Knie reichte, also dem zivilen Gehrock glich. Ich mußte die Gäste begrüßen, den Damen die Hand küssen und dann in mein Kinderzimmer verschwinden, wo ich mit Mademoiselle Burgen baute, Zinnsoldaten aufstellte oder Halma spielte, bis sie um neun die Petroleumlampe löschte. Gaslicht gab es nur in den drei großen Zimmern, dem Arbeitszimmer meines Vaters, dem Salon mit dem Flügel und dem Eßzimmer. Hier machten zwei Elektriker das Telefon fest. Es war ein Holzkasten an der Wand mit vorstehendem Sprechrohr und abhebbarer Hörmuschel. Wenn man sprechen wollte, mußte man eine Kurbel drehen. Meldete sich das Fräulein vom Amt, so nannte man die Nummer und wurde verbunden.

Sonntagmittags wurde oft bei Verwandten gegessen, entweder bei meiner Großmutter von Heeringen oder bei den Tanten, drei unverheirateten Schwestern meines Vaters, die alle Lehrerinnen waren. Zwei andere hatten geheiratet, eine nach Darmstadt einen Major Schnittspahn, die andere den damaligen Leutnant Hans von Tippelskirch. Helene von Tippelskirch war meine Lieblingstante. Von ihren Kindern stand mir später der älteste, Kurt von Tippelskirch, freundschaftlich am nächsten. Er wurde ein Generalstabsoffizier von hervorragender Bildung und hat 1950 eine Geschichte des Zweiten Weltkriegs geschrieben, die in der englischen Übersetzung von Liddle Hart internationale Anerkennung fand.

Die drei Tanten, alle in hochgeschlossenen Kleidern, erwarteten uns an jedem ersten Sonntag im Monat um ein Uhr zum Essen. Ich mußte ihnen einen Blumenstrauß überreichen; wenn mein Bruder mit uns kam, war das seine Kavalierspflicht. In ihrer Frömmigkeit und Vaterlandsliebe verkörperten sie den alten preußischen Protestantismus sehr eindrucksvoll. Der sonntägliche Kirchgang in der benachbarten Charlottenburger Luisenkirche war ebenso Pflicht wie das gemeinsame Tischgebet mit gefalteten Händen, bevor die Suppe ausgeteilt wurde. Auch bei meinen Eltern wurde vor Tisch gebetet, aber mit dem Kirchgang waren sie etwas nachlässiger. Wie bei uns wurde bei den Tanten auf sehr gute Küche gesehen. Dabei spielte ein österreichisches Kochbuch aus dem Besitz meiner schlesischen Großmutter Stuckenschmidt eine wichtige Rolle. Mein Vater war ein wählerischer Esser. Zu Tisch gab es für ihn Bier, sonntags für beide Eltern und Mademoiselle Wein. Mein Vater bezog ihn aus Mainz und Trier in kleinen Fässern, aus denen er ihn im Keller mittels eines Gummischlauches selbst in Flaschen abfüllte. Ich durfte dann die brennende Kerze halten. Kamen Gäste, standen aber ausgesuchte Flaschenweine auf dem Tisch. Da mein Vater einen empfindlichen Magen hatte, trank er nach schweren Speisen einen Cognac.

Bei meiner Mutter richtete sich die Gourmandise vorwiegend auf Süßigkeiten. Sie aß bis in ihr hohes Alter oft täglich eine Tafel Schokolade. Harten Schnäpsen zog sie Liköre vor, namentlich Bénédictine und Cointreau. Ich durfte sonntags am Wein nippen, nicht aber an den Likören.

Auch meine Großeltern von Heeringen wohnten in Charlottenburg, in der Sesenheimer Straße, die heute Richard-Wagner-Straße heißt. Dort sah ich den Riesenbau der Städtischen Oper entstehen. Sie hatten drei Kinder, einen Sohn und zwei Töchter, von denen eine sehr jung starb. Die andere, Auguste, genannt Gussi, liebte ich besonders. Sie sang mir gern italienische Volkslieder vor, war zum Malen begabt und besuchte die Kunsthochschule in Berlin. Als mein Großvater hörte, daß sie Aktstudien machte und noch dazu mit männlichen Modellen, fragte er entsetzt, ob die nicht schlecht röchen. Sonst war er ein grundgütiger Mann, der meine Mutter liebte wie ein eigenes Kind und von ihr ebenso zärtlich wiedergeliebt wurde. Sein älterer Bruder Josias war preußischer Gardeoffizier und wurde 1909 Kriegsminister. Eines Sonntags waren wir mit ihm bei meinen Großeltern zu Tisch. Er kam in großer Uniform mit dem Helmbusch auf dem Kopf. Ich stand an der Tür, als das Dienstmädchen ihm öffnete. Der Helm mit dem weiß wallenden Federbusch imponierte mir so, daß ich ihm die Hand küßte.

Nach Tisch durfte ich ihn zu seinem Dienstwagen bringen, der vor der Tür hielt. Es war das erste Automobil, das ich genau besehen und sogar betreten habe. Die Vehikel waren damals, als in

Charlottenburg noch die Pferdebahn nach Spandau verkehrte, so selten, daß wir Kinder ungefährdet auf den Straßen Rollschuh laufen konnten. Ich machte mir daraus wenig, war überhaupt von Kind auf ein Prototyp der Unsportlichkeit. Meine Mutter, selbst eine gute Reiterin, hatte dafür mehr Verständnis als mein Vater. Sie ließ mich nach dem zweiten Schuljahr vom Turnen dispensieren. Reiten lernte ich natürlich, und zwar auf einer Reitbahn im Bahnhof Zoo. Ich war zehn Jahre alt, stürzte in der vierten Reitstunde sehr schmerzhaft ab und habe seither keinen Sattel mehr bestiegen. Mit dem Schwimmen, das ich an der Leine eines Unteroffiziers in der Donau bei Ulm lernen sollte, ging es ähnlich. Nach einem mir sehr lästigen unfreiwilligen Tauchen weigerte ich mich, weiter zu lernen, und blieb zeitlebens Nichtschwimmer.

Nur Schlittschuh lief ich gern. Ein paar Minuten von unserer Wohnung war der Eispalast in der Martin-Luther-Straße, da, wo später das Scala-Varieté dem alten Wintergarten der Friedrichstadt Konkurrenz machte. Mademoiselle Perrinjacquet begleitete mich hin, der riesige Raum mit der Eisfläche war geheizt, und ein großes Orchester spielte Unterhaltungsmusik. Das Repertoire, ähnlich wie das der Kurkapellen, reichte von Potpourris aus beliebten Opern bis zu den neuen Schlagern der Berliner Operette. Mich entzückten »Mariechen, du süßes Viehchen« ebenso wie »Puppchen, du bist mein Augenstern« und »Es war in Schöneberg im Monat Mai«. Als ich die Melodien meinem Bruder vorsang, der Weihnachten auf Urlaub kam, war er empört: das sei schlechte, kitschige Musik, mit der ich mich nicht befassen dürfe.

Einmal nahm meine Mutter mich zur Kaiserparade auf dem Tempelhofer Feld; der Massenaufmarsch von Uniformen und Waffen machte mir weniger Eindruck als im selben Jahr und ebenfalls auf dem Tempelhofer Feld die Flüge des Amerikaners Orville Wright.

Im Herbst 1912 wurde mein inzwischen zum Major avancierter Vater als Bataillonskommandeur im 13. Fußartillerieregiment nach Neu-Ulm versetzt. Kaum hatte ich mich an den völlig anderen Lehrplan des Ulmer württembergischen Realgymnasiums gewöhnt, da erfolgte 1913 die Versetzung nach Magdeburg, wo mein Vater 1914 Regimentskommandeur wurde. Ich kam auf die Bismarckschule, trug eine gelbe Schülermütze und war in Sprachen und Musik ein guter, in Mathematik und Physik ein leidlicher Schüler. Neben der Musik waren meine Hobbys Chemie und Photographie. Das Badezimmer wurde in ein Laboratorium und eine Dunkelkammer verwandelt, mußte aber abends wieder in seinen normalen Zustand zurückversetzt werden. Auch entdeckte ich um diese Zeit das fünfzehnbändige Meyersche Konversationslexikon mit den geheimnisvollen Titeln »A bis Astrabad«, »Astrachan bis Bilk«, dem vorletzten »Turkestan bis Zz« und dem Supplement. Mit beginnender Pubertät suchte und fand ich dort auch Belehrung über manches, was mir meine Mutter bei ihrem Versuch sexueller Aufklärung schamhaft verschwiegen hatte.

Wir wohnten im dritten Stock des Hauses Augustastraße 26, der späteren Hegelstraße. Ich befreundete mich bald mit dem zwei Jahre älteren Herbert Fredersdorf im selben Haus, der meine alte Liebe zur Musik und die erwachende zur Literatur teilte. Er ist später als Regisseur zum Film gegangen und hat nach 1945 gute filmische Beiträge zur Wiedergutmachung der Judenverfemung durch die Nazis geliefert.

Im Juli 1914 fuhren meine Eltern mit meinem Bruder und mir in die Schweiz, wo sie gern ihre Ferien verbrachten. Ich kam wieder in die Kinderpension am Ägerisee bei Zug, die mir schon im Vorjahr sehr gefallen hatte. Mit den meist aus Zürich stammenden Jungens und Mädels hatte ich köstliche Sommerwochen. Wir badeten im See, spielten Kricket, machten Ausflüge auf den Rigi und nach Kloster Einsiedeln und ahnten nichts von dem nahenden Krieg. Gleich nach der Ermordung des österreichischen Thronfolgers Franz Ferdinand in Sarajewo wurde mein Vater telegraphisch nach Magdeburg befohlen. Am Tag der deutschen Mobilmachung reisten meine Mutter, mein Bruder und ich aus Ägeri ab. Mein Bruder mußte auf raschestem Wege in die Kadettenanstalt nach Lichterfelde; unser gemeinsames Ziel war Hannover. Die Reise, normalerweise knappe zwölf Stunden Eisenbahnfahrt, dauerte dreieinhalb Tage. Kein Zug ging regelmäßig, alle waren überfüllt, die Wege durch Militärtransporte blockiert. Wir übernachteten in Wartesälen, hatten kaum Gelegenheit, uns zu waschen, und unsere Erschöpfung stand in sonderbarem Gegensatz zu den Hurrarufen und den patriotischen Liedern von Soldaten und Zivilisten vor den Militärzügen, die an die Front nach Frankreich gingen.

Endlich in Magdeburg eingetroffen, fanden wir meinen Vater nicht mehr vor. Er und der Bursche Artur Menzel waren mit dem Regiment an die Front geschickt. Richtung unbekannt. Mein Bruder wurde sofort zum Leutnant befördert, traf meinen Vater an der Front in Nordfrankreich und ließ sich später zur türkischen Armee kommandieren, wo er bis zum Kriegsende als Oberleutnant diente. Aus Konstantinopel (dem heutigen Istanbul) brachte er hübsche Geschenke mit silbernen Intarsien mit. Zur Uniform trug er den türkischen Fez.

Mein Vater blieb an der Westfront. Als der deutsche Vormarsch zum Stehen kam, wohnte er längere Zeit in St. Quentin. Er avancierte zum Oberstleutnant und 1917 zum Oberst. Meine reiselustige Mutter setzte es durch, ihn und meinen Bruder in Frankreich besuchen zu dürfen. Wenn ich Sommerferien hatte, fuhr sie mit mir nach Wiesbaden, Kreuznach oder Baden-Baden. Seit 1916 gab es in Magdeburg Ernährungsschwierigkeiten. So entschloß sich meine Mutter, ganz in süddeutschen Hotels zu leben, wo man besser verpflegt war. Ich blieb monatelang ohne regelmäßigen Schulunterricht, fand aber Lehrer, die mich privatim weiterbrachten.

Der letzte Winter, den meine Mutter mit mir in Magdeburg durchhielt, war 1916 bis 1917. Bei mir entbrannte damals ein leidenschaftliches Interesse für moderne Literatur. Ich las Flauberts »November«, Romain Rollands »Jean Christophe«, Gustav Meyrinks »Golem« und die bunten Gedicht- und Prosabücher von Else Lasker-Schüler. Weihnachten kam mein Vater auf Urlaub. Er sah mit Staunen meine Lektüre, blätterte im »Golem«, versuchte den »Tibetteppich« von der Lasker-Schüler zu verstehen und fragte meine Mutter, woher ich denn diese sonderbaren Bücher hätte.

Wir Schüler hatten einen literarischen Verein »Shakespeare« gegründet, in dem überwiegend moderne Sachen gelesen und durchgesprochen wurden. Mein bester Freund war damals Edgar Heinemann, der Sohn eines wohlhabenden Rechtsanwaltes. Als ich 1969 Vorträge in Israel hielt, überraschte mich der 1935 emigrierte Edgar, den ich 45 Jahre lang nicht gesehen hatte, durch einen Anruf. Wir trafen uns, und er erzählte mir eine Sache, von der ich nichts wußte. Mein Vater machte während des Weihnachtsurlaubs 1916 in Uniform Besuch bei Heinemanns. Er wisse, daß Edgar und ich befreundet seien, sagte er dem vornehmen jüdischen Ehepaar. Er freue sich auch über unsere gemeinsamen literarischen Interessen. Nur mache er sich etwas Sorge, wohin diese führten. Ob Heinemanns nicht auf ihren Sohn Edgar einwirken könnten, daß wir Freunde uns mit Büchern beschäftigten, die mehr dem Geiste Seiner Majestät des Kaisers entsprächen.

Das Bild des preußischen Oberstleutnants im Salon der jüdischen Familie, der er sein besorgtes Herz über den irrenden Sohn ausschüttet, hat mich zugleich belustigt und gerührt. Genützt hat aber die väterliche Intervention nichts. Doch traten 1917 bei mir musikalische Interessen wieder mehr in den Vordergrund. Ich hörte in Wiesbaden die Konzerte Carl Schurichts, der nicht nur die Kurmusik dirigierte, sondern auch große Orchester- und Chorkonzerte. Er stand völlig im Bann Gustav Mahlers und wagte im großen Saal des Kurhauses einen Mahler-Zyklus, der die meisten Symphonien des Meisters enthielt, die Chöre gesungen vom Frankfurter Cäcilienverein, in den Solopartien Sänger hohen Ranges. Diese erste Begegnung mit Mahlers Musik hat mich auf Lebenszeit beeindruckt und für sie gewonnen. Schurichts Dirigierkunst war damals auf ihrem ersten Höhepunkt. Ich hatte kurz vorher in Magdeburg Arthur Nikisch bei einem Gastkonzert bewundert, gab aber nun Schuricht den Vorzug. Durch Freunde meiner Mutter wurde ich dem kultivierten, glänzend aussehenden Manne vorgestellt. Er forderte mich auf, doch die Harmonielehre-Kurse zu besuchen, die er jeden Montagvormittag in einem kleinen Saal hielt. Es waren Stunden, die weit über das Gebiet der Harmonielehre hinaus in Fragen der Form, der Orchestrierung und der gesamtkulturellen Zusammenhänge führten und denen ich viel von meiner künstlerischen Einsicht verdanke.

Im Lesesaal des Kurhauses fand ich deutsche Musikzeitschriften und las sie regelmäßig. In der »Allgemeinen Musikzeitung« stand eine Notiz über zwei Opern eines Komponisten, den ich nicht kannte. Er hieß Arnold Schönberg. Die Notiz enthielt höhnische Bemerkungen, die mich durch ihren Ton empörten. Irgend etwas an dem Pamphlet reizte mich, den Ursachen solchen Hohns nachzugehen. Ich fragte Schuricht, ob er etwas von Schönberg wisse. Ja, gewiß, das sei einer der umstrittensten und kühnsten Wiener Komponisten. Am folgenden Montag brachte er in seinen Kurs ein großes Buch mit, aus dem er einige Abschnitte vorlas. Es war Schönbergs »Harmonielehre« mit der Widmung an Gustav Mahler. Das genügte mir. Am selben Tag ging ich in eine Musikalienhandlung und fragte nach Schönbergschen Werken. Eines war vorrätig: die »Fünf Orchesterstücke« op. 16. Ich kaufte sie, versuchte sie zu lesen, verstand nichts davon. Aber sie ließen mich nicht los, und bald verschaffte ich mir die Klavierstücke, einige Lieder und schließlich den »Pierrot Lunaire«. Von Schuricht beraten, las ich damals viele musiktheoretische Bücher und arbeitete danach.

Mein Vater war über die Vernachlässigung der Schulpflichten rechtens besorgt. Er bat in seinen Feldpostbriefen dringend, die Wiederaufnahme meines Schulbesuchs in Magdeburg zu veranlassen. Das Problem wurde dadurch gelöst, daß ich in der Magdeburger Familienpension Raabe am Hasselbachplatz und meine Mutter in einer Wiesbadener Pension lebte. Der Zustand dauerte ein Jahr, bis November 1918, als der Krieg endete und die alte Ordnung des Kaiserreiches zusammenbrach. Dieses Jahr war für meine geistige Entwicklung entscheidend. Ein geistvoller und vielseitig interessierter Privatlehrer, Vinzenz Macha, half mir, mit dem Lehrplan der Bismarckschule Schritt zu halten. Er nahm mir obendrein viele Vorurteile, die aus meiner preußischen Erziehung stammten, vor allem die spöttische Skepsis gegen moderne Malerei. An Bildern von Hodler, Liebermann und französischen Impressionisten in dem ausgezeichneten Magdeburger Kaiser-Friedrich-Museum zeigte er mir den Unterschied zwischen Malerei und Photographie. Er lehrte mich die Grundgedanken von Impressionismus, Expressionismus und Futurismus. Auch in der Literatur verdanke ich ihm die Einsicht in philosophische, religiöse und politische Fragen, die für mich bis dahin von ästhetischen völlig verdeckt waren. Das Buch, das damals den stärksten Eindruck auf mich machte, war Kurt Hillers »Weisheit der Langenweile«, von dem aus ich den Weg zu Karl Kraus, Franz Werfel, Max Brod und vielen anderen fand. Es war eine Literatur, die in keiner Weise »dem Geiste Seiner Majestät des Kaisers« entsprach.

Wenn etwas die Düsterkeit der ersten Jahre nach dem verlorenen Krieg erhellte, dann war es die Kraft, mit der eine junge Generation an das neue Leben glaubte. Utopie schien die natürlichste Zukunft. Kein Lebens- und Denkensbereich, der nicht ganz von innen her, ganz radikal umzubauen war. Dichtung, Theater, Malerei, Architektur, Musik – alles Experimentierfelder unbegrenzter Möglichkeiten.

In diesen Jahren kam der Architekt Bruno Taut nach Magdeburg, wo er 1921 Stadtbaurat wurde. Er malte die langweiligen Etagenhäuser der Bahnhofsgegend wild an, in leuchtendem Blau, Rot und Gelb. Dabei hielt er sich nicht an die Fassadengrenzen, sondern ließ die farbigen Dreiecke, Quadrate und Rechtecke scheinbar willkürlich und auch schräg überlaufen von einem Haus zum anderen. Die Spießbürger schrien Zeter und Mordio, wir Jungen waren begeistert.

Meine Freundschaft mit Herbert Fredersdorf bestand weiter. Er machte mich Ende 1918 mit dem Maler Franz Jan Bartels bekannt, einem kleinen, buckligen Mann, der große Leinwände mit wilden Farbkompositionen bedeckte. In seinem Atelier lernte ich einen Kreis revolutionärer Maler, Bildhauer und Schriftsteller kennen, darunter Max Dungert, Bruno Beye, Erich Weinert und Robert Seitz. Es war die Zeit der Gruppenbildungen und Zeitschriftengründungen im republikanischen Deutschland. Ich hatte Herwarth Waldens »Sturm« und Franz Pfemferts »Aktion« abonniert. Aus Dresden kamen Heinar Schillings »Menschen« in riesigem Zeitungsformat.

Bartels beschloß, mit uns eine Künstlervereinigung »Die Kugel« zu gründen und eine gleichnamige Monatsschrift herauszugeben. Das Blatt erschien Anfang 1919, brachte es aber nur auf zwei Nummern. Sie enthielten Lyrik von Weinert, Seitz, Fredersdorf, Musikaufsätze von mir, Graphik von Dungert, Bartels und Beye. Auch ein Konzert mit moderner Musik und einem kleinen Einführungsvortrag von mir kam zustande. Aber in der Gruppe entstanden Spannungen, einige sagten sich von Bartels los und gründeten eine Gegengruppe mit dem Namen »Wir aber«. Ich war dabei. Es gab eine Gegenzeitschrift, deren erste Nummer die letzte bleiben sollte. Sie enthielt ein faksimiliertes Klavierstück von mir, »Expression: violett«, und ein Pamphlet gegen Richard Strauss. Von den Magdeburger Expressionisten traf ich einige später in Berlin wieder. Robert Seitz hat für Paul Hindemith den Text der Kinderoper »Wir bauen eine Stadt« geschrieben (1930), Dungert war ein erfolgreicher Maler und Mitglied der Novembergruppe, Weinert

schloß sich der kommunistischen Bewegung an und wurde einer ihrer prominentesten Dichter und literarischen Wortführer.

Damals begann ich Karl Marx zu lesen. Ich büffelte halbe Nächte lang im »Kapital«, übte dialektisches Denken ähnlich wie Klavierspielen und kenne mich noch heute in Begriffen wie »Mehrwert«, »Tauschwert«, »Reallohn« und englischen Maßen wie dem »bushel« besser aus als viele Journalisten à la mode, die Marx zitieren, ohne ihn studiert zu haben.

Um diese Zeit war ich ein blasser, kriegsgemäß etwas unterernährter Jüngling. Beim sonntäglichen Bummel auf dem Breitenweg, meist zusammen mit Fredersdorf, sah ich mich nach hübschen Mädchen um, war aber zu schüchtern, sie anzusprechen. Mit einigen, die ich durch den etwas beherzteren Fredersdorf kennenlernte, gab es kleine Flirts, die aber nur sehr selten in einen Kuß mündeten. Eros war mir noch viele Jahre lang wichtiger als Sexus.

Wie mein Vater als Oberst und Regimentskommandeur 1919 heimkehrte, konnte ich mich mit ihm kaum noch verständigen. Ich machte eine Grimasse gegen das Kaiserbild Wilhelms II., das über dem Schreibtisch hing und seinen Platz dort bis zu meines Vaters Tod 1941 hatte, gar nicht im Geist Adolf Hitlers, der für ihn ein österreichischer Gefreiter blieb.

In meinem Zimmer hatte ich mir ein Reich der Künste aufgebaut, das abseits der Familie und des Alltags lag. Hier las ich, komponierte expressionistische Lieder, studierte Bücher über moderne Malerei wie Hermann Bahrs »Expressionismus«. Ein Bericht in der »Magdeburger Zeitung« machte mich auf den Dadaismus aufmerksam, seine Züricher Ursprünge im Cabaret Voltaire, seine Berliner Filiale um George Grosz. In der Buchhandlung Neumann fand ich etwas Material über Grosz, John Heartfield und Raoul Hausmann. Angeregt durch diese Modelle, setzte ich mich hin und klebte vier dadaistische Collagen zusammen. Mit einem begeisterten Brief schickte ich meine Produktion an George Grosz. Zu meinem freudigen Erstaunen kam nach wenigen Tagen Antwort aus Berlin. Er, Grosz, und seine Freunde fänden die Arbeiten sehr gut. Sie würden 1920 bei der Berliner Internationalen Dadamesse ausgestellt. Und so geschah es. Der Katalog der Messe, vier Seiten im großen Zeitungsformat, enthält die Titel;

mein Name war falsch gelesen, weil ich die Initialen HH zu einem Buchstaben zusammenzog. So heiße ich als dadaistischer Maler W. Stuckenschmidt. Als ich Anfang 1920 Grosz in Berlin am Belle-allianceplatz besuchte, stellte er mich Heartfield, Hannah Höch, Erwin Piscator und Walter Mehring vor. Da der Titel des Musikdada schon an einen gewissen Preiß vergeben war, wurde ich zum Musikdada 2 ernannt. Natürlich verschwieg ich in so illustrer Gesellschaft, daß ich in Magdeburg noch die Oberprima der Bismarckschule besuchte.

Eine neue Halbmonatsschrift für Musik war im Februar 1920 erschienen: »Melos«. Das schwarz-rote expressionistische Titelblatt von César Klein nannte als Herausgeber den mir noch unbekannten Hermann Scherchen. Unter den Mitarbeitern entdeckte ich Schönberg. Klopfenden Herzens las ich Scherchens Motto, seine Richtlinien für die Zeitschrift, sein Bekenntnis zu Schönberg. Ich schrieb einen Aufsatz »Melodie«, der von Johann Sebastian Bach und Schönberg handelte, und schickte ihn der Redaktion. Keine Antwort. Aber am 16. September erschien er in der Nummer 15. Ich war achtzehn Jahre alt.

Über moderne deutsche Musik und bald auch durch die Wiener »Musikblätter des Anbruch« über österreichische wurde ich nun regelmäßig unterrichtet. Was aber gab es in Frankreich? Ich lernte Kurt Pinthus, den Leipziger Literaturpapst, kennen, der meine literarischen Versuche lobte, aber von Musik nichts verstand. Er gab mir die Adresse von Florent Fels, dem Herausgeber der Pariser Zeitschrift »L'Action«. Auf meine Anfrage hin wies dieser mich an Georges Auric, der sofort antwortete. Ich erfuhr von Erik Satie, Jean Cocteau, den »Six«. Die Editions de la Sirène schickten mir Noten von lauter Komponisten, deren Namen ich noch nie gehört oder gelesen hatte, auch nicht in »Melos«. Es waren neben Auric und Satie die damals in Deutschland noch unbekannten Arthur Honegger, Darius Milhaud und Francis Poulenc. Dieser schickte mir die Partitur seiner »Rapsodie Nègre« mit einer Widmung. Ich habe sie noch.

Mit Schönberg hatte ihre Musik nichts zu tun, was mich zuerst enttäuschte. Aber rhythmisch zeigten sie neue Versuche, die mich fesselten. Da waren Einflüsse des Jazz, der in Deutschland noch kaum bekannt war. Milhauds »Le Bœuf sur le Toit« war von Tangomelodien genährt; den vierhändigen Klavierauszug spielte ich entzückt mit meiner Mutter. Auch neue Lieder von Igor Strawinsky hatte ich kennengelernt und in »Melos« 1920 schon besprochen.

Im April 1920 wurde mein Vater, der das Kommando des 4. Reichswehr-Artillerie-Regiments übernommen hatte, verabschiedet, später als Generalmajor a. D. pensioniert. Wir übersiedelten nach Bremen, wo er zeitweise wegen der Entwertung seiner Pension kaufmännisch tätig war. Auf der Magdeburger Bismarckschule hatte ich mich durch die verschiedenen künstlerischen Tätigkeiten so unbeliebt gemacht, daß ich dort mein Abitur nicht machen wollte. Mein Vater schickte mich nach Hamburg zum Eppendorfer Realgymnasium. Trotz ausreichender Zensuren in den meisten Fächern fiel ich durch. Ich hatte meinen Aufsatz über das Thema »Die Bilanz des Krieges« mit so entschiedenen pazifistischen und marxistischen Akzenten versehen, daß er als ungenügend bewertet wurde.

Mein Vater war enttäuscht, aber mild. Er schlug mir vor, einen praktischen Beruf zu ergreifen, und besorgte mir eine Lehrstelle bei der alten angesehenen Wollkämmerei in Delmenhorst. Daß ich sie nach einem orientierenden Besuch, bei dem ich dem Direktor vorgestellt wurde, nicht antrat, hatte künstlerische Gründe.

Bei einem Besuch der Bremer Kunsthalle sah ich vor einem Renoir-Bild einen auffallend kleinen Mann, dessen kluges jüdisches, mit einer schwarzen Hornbrille geschmücktes Gesicht ich von Photos kannte. Es war der Maler Karl Jakob Hirsch, bekannt durch seine Holzschnitte in fast jeder Nummer der »Aktion«, erfolgreich als Ausstattungs-Chef der Berliner Volksbühne. Ich sprach ihn an; seine anfängliche Reserve schwand, als ich ihm sagte, ich komponiere und verehre Mahler und Schönberg.

Mahler war das Stichwort. »Dann müssen wir zusammen vierhändig spielen«, sagte Hirsch und lud mich ein, zu ihm nach Worpswede zu kommen. Aus der Begegnung wurde eine Freundschaft auf Lebenszeit.

Ich fuhr am nächsten Sonntag nach Worpswede und kam in eine mir neue Welt. Das alte Dorf in der Moorlandschaft mit seinen strohbedachten Bauernhäusern, den Birken und Dorfkanälen gefiel mir sofort. Hirsch war mit einer rheinischen Ärztin verheiratet, Auguste Hirsch-Lotz, die in Worpswede eine große Praxis hatte. In der Wohnung gab es eine ausgezeichnete Bibliothek und einen Flügel. Hirsch spielte gut Klavier, und wir wurden nicht müde, Mahler zu musizieren, der für ihn ein Abgott war. Ich kam nun regelmäßig nach Worpswede, besuchte den Barkenhof, den sein Erbauer Heinrich Vogeler in eine Künstlerkommune verwandelt hatte, bevor er nach Sowjetrußland ging, um nie heimzukehren. Ich lernte die Brüder Fritz und Carl Emil Uphoff kennen und das gastliche Haus des Schriftstellers Walther von Hollander nebst seiner schönen und amourösen Frau Mira, geb. Deutsch. Der Bildhauer Bernhard Hoetger lud mich in sein Haus ein, das er ohne Architekten mit den Maurern improvisiert hatte: »Nun ziehen Sie hier mal eine Mauer, drei Meter lang, und dann rechts im Winkel von neunzig Grad die Fortsetzung bis knapp vor der alten Kiefer.«

Hirsch arbeitete an einer Folge von zehn Lithographien zu den Symphonien Gustav Mahlers, für deren Ausgabe ich das Vorwort schrieb.

Zu den vielen namhaften Besuchern bei Hollanders gehörte der Dichter Theodor Däubler. Ich bewunderte ihn, besaß seine Gedichtsammlung »Das Sternenkind« als kleines Inselbuch, aus dem ich einiges vertont hatte. Als ich meiner gastfreien Mutter von ihm erzählte und ihr seine Gedichte zeigte, sagte sie: »Lade ihn doch ein, bei uns zu wohnen, wenn er nach Bremen kommt.« Däubler kam. Er trug einen schönen grauen Vollbart und war sehr dick. Um seinen gelben Kamelhaarmantel lief ein Gürtel. Doch er markierte nicht die Taille, sondern wirkte als Äquator an der dicksten Stelle der Kugel.

Däubler sprach mit österreichischem Akzent. Mein Vater, der damals in jedem meiner Bekannten einen Revolutionär argwöhnte, war von seinen nationalen Überzeugungen sehr befriedigt. Nach dem Abendessen führte meine Mutter uns ins Musikzimmer und spielte Chopin. Däubler war tief beeindruckt und schickte ihr später sein »Lucidarium in arte musicae«. Nach dem Chopin ermunterte mich meine Mutter, etwas von meinen Kompositionen zu zeigen. Ich spielte und sang ihm ein Lied auf ein Gedicht aus seinem »Sternenkind« vor. Es gefiel ihm gut, und er fragte interessiert, von wem der Text sei; er hatte das eigene Gedicht nicht erkannt!

Unsere erste Bremer Wohnung in der Viktoriastraße war geräumig. Wir veranstalteten ein Hauskonzert im Musiksalon, der durch eine Doppeltür mit dem Eßzimmer verbunden war. Ich hatte Ivor Karman, den Konzertmeister der Bremer Philharmonie, kennengelernt, der mit seiner geigenden Frau, deren Viola spielender Schwester und dem Solocellisten Busch ein Streichquartett gegründet hatte, und schlug ihm vor, mit ihnen das erste Quartett von Béla Bartók und das d-Moll-Quartett von Schönberg einzustudieren. Nach zwei Wochen Arbeit kam eine konzertreife Wiedergabe zustande. Meine Eltern luden dazu ein, und unter den Gästen war auch Rudolf Alexander Schröder. Eine Woche danach wurde das Programm in Worpswede im Haus des Philosophen Carl Emil Uphoff wiederholt. Das Karman-Quartett behielt die beiden Werke im Repertoire und spielte sie mehrfach mit Erfolg.

Mit Hirsch sprach ich über meine berufliche Zukunft. Ich wollte als Komponist mein Glück versuchen, sah aber in Bremen keine Möglichkeit, damit ein Existenzminimum zu verdienen. Hirsch riet mir, nach Hamburg zu gehen, der schönen, großen Alsterstadt, von der ich bei dem kurzen Besuch zur Abiturientenprüfung einen starken Eindruck gehabt hatte. Er empfahl mich an seinen Verleger Adolf Harms. Ich stand schon ein paar Monate lang im Briefwechsel mit dem Dichter Karl Lorenz, der in gewaltigen Heften der Zeitschrift »Rote Erde« seine expressionistischen Hymnen und andere Beiträge in Vers und Prosa an die Öffentlichkeit brachte. Anfang 1921 beschloß ich, das Elternhaus in Bremen zu verlassen und auf gut Glück nach Hamburg zu gehen. Mein Vater gab mir etwas Geld, meine Mutter einen Koffer für meine Habe und ein großes Eßpaket. In der vierten Klasse eines Personenzuges fuhr ich ab ins Ungewisse. Ich wollte selbständig sein. Die sorglosen Kinder- und Jünglingsjahre waren vorbei.

II
Boheme in Hamburg

In Hamburg fand ich nah beim Hauptbahnhof ein billiges möbliertes Zimmer, das ich für einen Monat vorausbezahlte. Dann setzte ich mich auf die S-Bahn und besuchte Karl Lorenz, der weit draußen in einem Bauernhaus bei seinen Eltern wohnte. Er war ein gutmütiger Hüne mit einem gebrochenen Nasenbein. In seiner Jugend, so erzählte man sich, sei er Kuhhirt gewesen, bis ihm ein Wagen übers Gesicht fuhr. Seither schrieb er seine machtvoll rhythmisierten Gedichte in einer schwungvollen, riesigen Handschrift. Er nahm mich herzlich auf, gab mir starken Kaffee mit einem darin verrührten Eigelb und fragte mich, was ich nun vorhätte. Ich meinte, vielleicht könne ich Vorträge halten, Bühnenmusiken schreiben und mit Tänzern arbeiten. »Na, dann wollen wir mal gleich zur Tafelrunde fahren«, sagte Lorenz. Ich ahnte nichts von dem Ziel, folgte ihm zur S-Bahn, stieg mit ihm um in die Elektrische, und wir landeten in einem Caféhaus an der Alster, wo vielleicht zwanzig Männer und Frauen um einen großen Tisch saßen und redeten. Lorenz stellte mich vor: »Das ist der Musiker Stuckenschmidt.« Alle sahen mich ein bißchen neugierig an. Die Theaterleute fanden am schnellsten Kontakt. Es waren, wie ich später lernte, der Regisseur Erich Engel, der Kammerspieldirektor Erich Ziegel und seine Frau Mirjam Horwitz, der Schauspieler Rolf Beneckendorff und seine Kolleginnen Anni Mewes und Emilia Unda. Von den Literaten waren Hans Harbeck, Dramaturg der Kammerspiele, und Hans Leip, der Lyriker und spätere Textdichter von »Lili Marleen«, dabei, von Malern Friedrich Ahlers-Hestermann, Otto Tügel und die Rumänin Fortuna Brulez-Mavromati. Als Nachzügler erschien der Verleger Adolf Harms. Ich bestellte ihm den Gruß von Karl Jakob Hirsch. »Ich kenne Sie«, sagte Harms, »Sie haben doch den Text zu Hirschs Mahler-Mappe geschrieben.« Lorenz hörte das Gespräch und schlug Harms vor, in den von ihm, Lorenz, herausgegebenen Drucken der Tafelrunde Musik von mir zu bringen. Harms lud mich ein, am nächsten

Morgen mit Manuskripten zu kommen. Ich war hochbeglückt über so viel Interesse und sah mich schon berühmt und erfolgreich.

Am anderen Ende des Tisches saßen zwei Menschen, die schweigend ihren Kaffee tranken. Als die Runde sich gegen Abend lichtete, kam der Mann zu mir und sagte: »Ich heiße Walter Holdt und möchte Sie gern meiner Frau vorstellen.« Ich folgte ihm zu seiner Nachbarin. Beide sahen nicht wie Künstler aus, er bürgerlich-korrekt im grauen Anzug, sie mit einem strengen, guten Gesicht und slawischen Backenknochen, gekleidet in Rock und schwarzen Pullover. »Wir haben Ihren ›Ausblick in die Musik‹ im ›Kunstblatt‹ gelesen und möchten Musik von Ihnen kennenlernen«, sagte sie. »Natürlich wissen Sie nicht, wer wir sind. Ich heiße Lavinia Schulz, war an der Sturm-Bühne in Berlin bei Rudolf Blümner und habe hier mit Lothar Schreyer gearbeitet. Wir tanzen in Masken, suchen aber noch immer die richtige Musik.«

Ich war bereit, ihnen vorzuspielen. »Haben Sie Zeit, mit zu uns zu kommen?« Ich hatte Zeit und war neugierig auf die Masken. Wir gingen zu Fuß am Hotel Atlantik und am Hauptbahnhof vorbei zum Besenbinderhof, sahen Theaterbesucher in die Kammerspiele strömen und standen an der nächsten Ecke vor einem Etagenhaus. Holdt öffnete die Haustür: »Nun wundern Sie sich nicht«, warnte er. Der Weg führte unter die Erde. Wir traten in einen großen Kellerraum, den eine riesige nackte Glühbirne erleuchtete. Ein roher Tisch und sechs Hocker waren das Mobiliar. An der Seite stand ein Pianino. Lavinia Schulz führte mich in den Nebenraum und knipste da eine andere große Glühbirne an: »Hier sind die Masken«; damit zog sie einen Leinenvorhang von einem Verschlag. An einer Stange hingen die sechs oder acht körpergroßen Gebilde, expressionistischen Urtieren gleich. Die Entwürfe der bunten Kostüme aus Leinwand, Holz, Leder und Stahl, die das Gewicht von Ritterrüstungen hatten, stammten von den beiden selbst. Und sie bauten sie auch ganz allein, oft unter schweren Entbehrungen, hungernd für die Sache, die ihnen ein kultisches Werk bedeutete. Diese unheimlichen Plastiken, wenn sie vor der Wand des grell beleuchteten Kellers hingen, schienen ein eigenes, hintergründiges Leben zu führen. Sie diktierten dem Tänzer, der sich ihrer Hülle einverleibte, seine Bewegungen, und auf ihren Charakter waren die bizarren Namen abgestimmt, die sie trugen:

»Toboggan«, »Kipplefips«, »Skirnir«, »Springvieh« etc. Skirnir war eine Gestalt aus der »Edda«, die für die beiden Holdts das heilige Buch bedeutete. Ich wunderte mich über die ungeheure Last, die solche Masken für den Tänzer bildeten, und fragte Lavinia, warum sie nicht leichtere Materialien verwendete, zum Beispiel statt Leder und Leinwand vielleicht Gummi oder elastische Seide. Sie rümpfte die Nase: Seide sei Würmerprodukt, das sie nicht anrühre. Seide gehöre zu Kokotten und anderen Würmern. Material dürfe auch nicht leicht sein; Kunst sei schwer und solle anstrengen, sonst tauge sie nichts. Man könne ihr Millionen anbieten, ein Schloß mit Dienerschaft in sonnigen Landschaften. Sie verachte das alles. Entbehrung, Hunger, Kälte, nordische Landschaft mit Sturm, Eis und Katastrophen: das sei ihre Welt, und darin habe sie sich mit Holdt gefunden.

Ich erwiderte, auch im Interesse ihrer Kunst hätte sie doch die Pflicht, nach Erleichterungen zu suchen. Warum nicht mit einem Theater wie den Kammerspielen nebenan zusammenarbeiten, wo sie und Holdt sogar für ihre Tanzschöpfungen ausreichend bezahlt werden könnten und aller Sorgen enthoben wären. »Ich will die Sorge!« war die stolze Antwort.

Wie dies Leben der Entbehrung aussah, lernte ich in den folgenden Jahren, als ich es freiwillig teilte.

Die beiden besaßen keine Betten und wollten auch keine besitzen. Abends wurden zwei Hängematten nebeneinander ausgespannt, eine filzige Pferdedecke darüber, »Woilach« genannt, ein Kissen aus Roßhaar und noch ein Woilach zum Zudecken: so schliefen sie. Morgens wuschen sie sich peinlich sauber mit kaltem Wasser und Kernseife. Dann gab es Tee mit Zucker und Milch und Roggenbrot. Zum Mittagessen wurde eine Suppe aus Gemüse und Kartoffeln aufgesetzt, die von allein garkochte, während die beiden tanzten, übten, an den Masken arbeiteten, sie an- und auszogen. Bei der Arbeit trugen sie graue Trikots, die täglich wegen der starken Schweißabsonderung gewaschen und über Nacht getrocknet wurden. Walter Holdt, von seinem Vater kaufmännisch geschult, führte pedantisch genau Buch über alle Einnahmen und Ausgaben.

Lavinia kochte Tee. Er wärmte uns in der feuchtkühlen Kellerluft. Holdt schüttete Anthrazit in den fast erloschenen Ofen, der bald eine behagliche Wärme ausstrahlte. »So. Dürfen wir nun etwas hören?« fragte Holdt. Ich hatte meinen Koffer die ganze Zeit mit herumgetragen, von Lorenz zur Tafelrunde, von der Tafelrunde zu den Maskentänzern. Zwei neue Klavierstücke, kurz vorher in Bremen entstanden, lagen drin. Das eine war eine hochexpressionistische, fast themenlose Form mit Ansätzen zu einer Passacaglia und einem kleinen Walzer. Keine Tonart, keine Konsonanzen, unverkennbar von Schönberg beeinflußt. Das andere ein Marsch in f-Moll, streckenweise mehrstimmig, von Mahlerschen Modellen im Melodietypus herkommend. Ich spielte beide. Die Holdts schwiegen und baten mich, die Stücke gleich noch einmal zu spielen, damit sie sie verstünden. Ich tat, was ich konnte, und holte aus dem etwas schwachbrüstigen, aber tadellos rein gestimmten Klavier heraus, was es hergeben mochte.

Holdt sagte: »Mit dem ersten Stück kann ich nichts anfangen. Ich erkenne nichts wieder, höre immer neue Gestalten. Für eine tänzerische Form ist diese Musik unbrauchbar, wenigstens für mich. Aber der Marsch ist gut. Ich weiß auch schon genau, wozu er paßt.« Und, zu seiner Frau gewendet: »Was meinst du, Lavinia?«

»Na selbstverständlich«, erwiderte sie sofort, »Skirnir. Das ist genau, was wir gesucht haben. Ich wollte, ich hätte auch sowas für meine Masken.«

Damit war die Zusammenarbeit begründet. Ich erfand noch rasch Namen für die beiden Stücke. Das erste wurde sehr im expressionistischen Zeitgeist »Der Champagner-Cobler und die grüne Sonne« getauft. Das andere »Marsch Alexanders des Großen über die Brücken Hamburgs«. Weil ich wußte, daß der Eroberer nie in Hamburg gewesen war.

Nun war es spät geworden. Wir konnten nicht mehr musizieren, ohne die Bewohner über dem Keller zu stören. Ich nahm meine Sachen, lief zu Fuß in die Danziger Straße, kam dort am Quartier der Heilsarmee vorbei und klingelte bei meinen Wirtsleuten. Mein Zimmer war eiskalt, aber todmüde von dem langen und erlebnisreichen Tag zog ich mich rasch aus, kroch in das feuchtklamme Bett und schlief sofort ein.

Wie immer wachte ich zeitig auf, obwohl der graue Januartag kaum dämmerte. Mein bißchen Wäsche legte ich in den Schrank, die Bücher und Noten auf den Tisch. Ich machte mich fertig, rasierte mich und brach auf. Um zehn erwartete mich der Verleger Harms. Er wohnte in Harvestehude, und ich mußte Fahrgeld sparen. So ging ich zu Fuß. Am Hauptbahnhof trank ich im Stehen eine Tasse Kaffee und aß dazu ein trockenes »Runds-tück«.

Punkt zehn Minuten zu früh stand ich vor Harms' Wohnungstür, wartete aber mit dem Klingeln bis zur vollen Stunde. Kurz vor zehn kam Karl Lorenz, in der Hand die große Zeitschrift »Rote Erde«. Wir läuteten, und Harms öffnete. »Fabelhaft pünktlich«, meinte er anerkennend und eine Spur spöttisch. »Na, was bringen Sie mir?«

Ich rollte meine Noten aus. »Kann ich nicht lesen«, sagte Harms. »Aber drüben habe ich einen Flügel; wollen Sie uns vorspielen?« Nun nannte ich die neuen Titel, die noch tintennaß unter den Manuskripten standen. Lorenz und Harms fanden sie gut. Und die Musik, die auf dem Grotrian-Steinweg besser klang als tags zuvor bei den Maskentänzern, gefiel ihnen sehr. »Das drucken wir«, entschied Lorenz, und Harms war einverstanden. So hatte ich unversehens einen Verleger. Auf den Gedanken, dafür ein Honorar zu verlangen, kam ich gar nicht. Geld zu verdienen, hatte ich noch nicht gelernt.

Ich begleitete Lorenz zum Hauptbahnhof und ging dann zur Danziger Straße. Es war Mittag geworden, ich hatte Hunger, wagte aber nicht, das wenige Geld, das mir nach Zahlung der Miete geblieben war, für warmes Essen auszugeben. Obst und Brot würden genügen.

Vor der Tür der Heilsarmee stand eine ältere, trotz ihrer Uniform mütterlich wirkende Frau. Ich blieb stehen, um den Titel einer Zeitung zu lesen, die sie mir anbot: »Der Kriegsruf«. Da ich weitergehen wollte, sagte sie: »Nimm doch, mein Bruder, es kostet nichts.« Ich erwiderte, mit Geld sei es sowieso bei mir nicht weit her. »Aber einen feinen Anzug trägst du da.« Der sei auch fast mein ganzer Besitz, sagte ich. »Warum bist du so blaß, Bruder? Willst du was zu essen?« Ich schämte mich, ihr meinen Hunger zu bekennen. Aber schon hatte sie mich beim Arm genommen und führte mich in die große Stube, wo ein eiserner Ofen gute Wärme schenkte. Einige alte Männer und Frauen saßen an Tischen und löffelten aus Emaileschalen eine dicke Suppe. »So, nun lang zu.«

Mit diesen Worten stellte meine Beschützerin eine Schale vor mich. Gemüse und Kartoffeln waren schmackhaft gekocht, und ich aß mit Appetit. Aber die zweite Portion zu nehmen, die sie mir anbot, genierte ich mich, obwohl ich noch nicht ganz satt war. Ich dankte, sagte auf Wiedersehen und nahm den »Kriegsruf« mit.

In den folgenden Wochen ging ich täglich an dem Haus vorbei und versuchte immer schnell weiterzukommen. Aber wenn die Mütterliche mich erspähte, mußte ich einkehren. Die warmen Mahlzeiten waren oft meine einzige Nahrung. Ich habe das der Heilsarmee nie vergessen. Noch heute spende ich ihr Geld, wo immer ich Männern oder Frauen in der Salutisten-Uniform begegne. Selbstlosere Hilfe ist mir in meinen mageren Jahren nie zuteil geworden.

In meinem langen Leben bin ich nur einem einzigen genialen Mann begegnet, der zum Geld eine verehrende, leidenschaftliche Neigung hatte und einmal in whiskyberauschter Hochstimmung einem Freund um den Hals fiel: »Ich liebe das Geld!« Es war Igor Strawinsky. Nichts ist mir unverständlicher und meinem Wesen fremder als solcher Mammonismus. Vielleicht ist das die Folge meiner preußischen Erziehung.

»Mit Geld und Politik verkehrt man nicht«, sagte mein Vater. Im Freundeskreis meiner Eltern gab es hochgebildete und musische Menschen des Offiziersstandes, bürgerliche und adlige, Deutsche und Ausländer. Standesgrenzen wurden streng beobachtet und gewahrt. Es gab viele Dinge, die »man« nicht tat und auch andere nicht gern tun sah.

Ein Kamerad meines Vaters im Kriegsministerium hatte eine reiche Frau. Sie trug kostbare Pelze, teure Juwelen und Pariser Modellkleider. Nach einigen Versuchen, mit dem Ehepaar zu verkehren, zog man sich zurück. Nicht nur meine Eltern taten das, sondern auch andere mit ihnen befreundete Familien. Zu diesem Lebensstil gehörte es, in der Eisenbahn nur auf großen, tagelangen Strecken erster Klasse zu fahren. Sonst war nur die zweite standesgemäß. Man wohnte in Hotels der ersten Kategorie, aber nicht in solchen der Luxusklasse. Reiche Leute, so lehrten mich die Eltern, waren nach diesen Standesbegriffen oft nicht vornehm. »Mehr sein als scheinen« war in Preußen, aber auch in anderen deutschen

Ländern die Devise der Vornehmheit. Der ganze norddeutsche Landadel dachte so und lebte entsprechend.

Ich mußte oft lachen, wenn ich sagen hörte, die Familie von X. sei so fein, sie habe doch so viel Geld. Man sah mit einem Blick, was für eine Feinheit das war und wie wenig sie sich mit dem Adelsprädikat vertrug. In den schweren Jahren nach dem Ersten Weltkrieg sagte mein Großvater Heeringen mir einmal, man müsse sich doch schämen, jetzt Geld zu haben. Und er hatte viel Geld, das aus dem Cerfschen Vermögen meiner Großmutter stammte.

Stolz auf die eigene Armut habe ich bei preußischen Aristokraten oft gefunden. Im Haus meiner Eltern lebte ein paar Jahre lang eine Freiin von Grote als Gesellschafterin. Sie heiratete dann einen Grafen Gneisenau, auf dessen Landgut Sommerschenburg bei Braunschweig ich mit meiner Mutter zweimal für einige Wochen Hausgast war. Die Gneisenaus waren zwar begütert, aber nicht reich. Ihre relative Armut erlaubte ihnen Dienstboten, Pferde, Wagen und einen Schlitten, in dem ich 1915 klingelnde Fahrten durch die tief verschneite niedersächsische Flachlandschaft machte. Aber eine Stadtwohnung konnten sie sich nicht leisten. Von Geld sprach vor allem die Gräfin, meine Patentante, mit souveräner Verachtung.

Als ich unlängst Michael Balfours und Julian Frisbys Buch über den Widerstandskämpfer Helmuth James Graf von Moltke las, den Hitlers Chefhenker Roland Freisler 1945 hinrichten ließ, fand ich die Schilderung des Landlebens auf Schloß Kreisau besonders eindrucksvoll. Hier herrschte dieser aristokratische Stolz auf Besitzlosigkeit – Landbesitz ausgenommen! –, der auch heute noch zu den preußischen Tugenden gehört.

1949 bekam ich durch meine Berufung zum Professor der Technischen Universität Berlin Einblick in die mir unbekannte akademische Welt. Der Professor für theoretische Elektrotechnik Lászlo von Szalay, der zusammen mit dem älteren Professor Paul Riebensahm meine Verpflichtung betrieben hatte, war ein ungarischer Weltmann und kümmerte sich wenig um deutsche akademische Vorurteile. Er wohnte, wenn es ihm paßte, in den Hamburger »Vier Jahreszeiten« und anderen Hotels der Luxusklasse. Diese waren nach deutschen akademischen Begriffen für Professoren verboten; man wohnte erstklassig, aber nicht luxuriös. Szalay hatte dafür zu büßen. Er wurde weder Dekan noch gar Rektor und galt in akademischen Kreisen als Snob. Die Empörung über das Schicksal, das ihm als Professor zuteil wurde, hat zu seinem vorschnellen Tod wesentlich beigetragen.

Nichtachtung des Geldes hat mich in meiner Jugend oft leiden lassen. Ich hatte in den Hamburger Jahren mitunter kaum das Nötigste, mich am Leben zu erhalten. Wenn ich für einen Zeitungsartikel – wie 1921 und später in den »Bremer Nachrichten« – fünf Pfennig die Druckzeile bekam, war ich sehr zufrieden und fand das ganz in Ordnung. Erst mit den Aufträgen von Theatern, Bühnenmusik zu schreiben, lernte ich höhere Honorare kennen. Aber der erste, für die »Hamburger Bühne«, zu Heinrich Wilhelm von Gerstenbergs »Ugolino«, fiel in die letzte Zeit der Inflation, und die Haufen von Geldscheinen, die ich mittags bekam, waren am nächsten Morgen nur noch einen Bruchteil wert. Zum Charakter des Stückes paßte das gut. Die Geschichte spielt im Hungerturm, wo ein Vater mit seinen drei Söhnen der grauenhaften Versuchung des Kannibalismus ausgesetzt ist. Der Stoff ist aus Dantes »Commedia Divina«. Den Ugolino spielte Heinrich Sattler, einen der Söhne eine junge jüdische Schauspielerin aus Berlin. Ihren Namen habe ich vergessen. Aber sie war gut zu mir und sicher ohne erotische Absichten. Nach den Proben lud sie mich ein, in der Pension am Dammtor das Mittagsmahl zu essen, das zu ihrer vollen Verpflegung gehörte und auf das sie keinen Appetit hatte.

Im Offiziersberuf und in der Diplomatie wird heute noch auf standesgemäßes Leben gehalten, wobei vor allem die Grenze nach oben nicht überschritten werden darf. Ich fragte einen deutschen Generalkonsul in Amerika, warum er nicht den Mercedes 300 fahre, sondern nur den 230. »Ich bin doch kein Botschafter«, antwortete er. Volkswagen wäre ihm erlaubt gewesen, ein Wagen der Spitzenklasse nicht. »Mehr sein als scheinen.«

Von derartigen Sorgen ahnte ich in Hamburg nichts. Hier ging es ums Überleben. Walter Holdt und Lavinia Schulz bereiteten eine Tanznummer für das Künstlerfest im Februar vor. Hamburg war eine protestantische Stadt und kannte daher keinen Karneval. Aber die vorösterliche Zeit, wenn in München der Fasching rauschte, war für die Hamburger Maler, Dichter, Musiker und Theaterleute ein Anreiz, Feste zu feiern, die es an Phantasie und künstlerischem Schwung mit rheinischen und bayerischen Vorbildern aufnehmen konnten. Zu ihren Anregern und begeisterten Teilnehmern gehörte Hans W. Fischer, ein Schriftsteller hohen Ranges, glänzender Kulturspezialist und Feuilletonchef der »Neuen Hamburger Zeitung«. Ich hatte den einflußreichen Mann gleich am ersten Tag an der Tafelrunde getroffen.

Das Fest hieß »Die Götzenpauke« und fand im Curiohaus statt, einem großen für Bälle, Kongresse und andere Veranstaltungen bestimmten Gebäude nicht weit vom Dammtorbahnhof. Unter Leitung des Bildhauers Paul Hamann arbeiteten fast alle Hamburger Maler, Bildhauer und Architekten tagelang an der Ausschmükkung der zahllosen Räume, die sich rund um den großen Hauptsaal auf zwei Stockwerke verteilten. Das Fest dauerte drei Tage und brachte eine lange Reihe von Veranstaltungen, an denen die Mitglieder der Kammerspiele unter der Gesamtleitung des Regisseurs Erich Engel mitwirkten. Ein großes Orchester musizierte und spielte zum Tanz auf: Foxtrotts, Shimmies, Valse Boston, Tango, aber auch Wiener Walzer, Polkas und andere Tänze aus früherer Zeit. Der 27jährige Ernst Roters, guter Pianist und Komponist, seit 1920 Kapellmeister der Kammerspiele, dirigierte und hatte Musik zu einigen Nummern geschrieben. Aus seiner Bühnenmusik zum »Sommernachtstraum« wurden Tänze und Märsche aufgeführt.

Ich bekam durch die beiden Maskentänzer Zutritt zu den Proben und lernte dabei Roters und einige Schauspieler und Tänzer kennen. Niemand hatte mir gesagt, daß ich für die drei Festtage eine Eintrittskarte brauchte. So kam ich am ersten Abend kartenlos und versuchte vergeblich hineinzukommen. In der Enttäuschung hatte ich einen bizarren Einfall. Ich gab meiner Stimme den autoritären Tonfall und die Lautstärke, die ich von meinem Vater kannte, und sagte: »Sie müssen mich hineinlassen. Ich bin es selbst.« Der Türwächter war so überrascht, daß er mich sofort durchließ. Drinnen fand ich den Tisch, wo Paul Hamann und seine Freunde saßen. Ich erzählte die Geschichte, erntete begeistertes Lachen und bekam zu trinken, was ich wollte. Es war mehr, als ich auf nüchternen Magen vertrug. Wie ich nach Hause gekommen bin, weiß ich nicht. Als ich am nächsten Tag ins »H. K.«, das Restaurant der Kammerspiele, kam, führte gerade Paul

Kemp seine berühmte Chaplin-Parodie vor. Er sah mich, unterbrach und rief, von den anderen im Chor unterstützt: »Ich bin es selbst!«

In Worpswede traf ich den Maler Franz Radziwill, dessen genial-rohe Farben und ausdrucksverzerrte Gesichter mich fesselten. Wir freundeten uns an und beschlossen, nach Berlin zu fahren. Er war von dem Trubel der Großstadt wie berauscht; als wir auf dem Platz vorm Brandenburger Tor standen, zählte er wohl eine halbe Stunde lang die Autos, die vorbeifuhren. Ich brachte ihn zu George Grosz, er selbst fand Zugang zur Freien Sezession und zur Novembergruppe.

Damals war ich näher mit Busonis Musik bekannt geworden und hatte auch irgendwo über seine »Fantasia Contrappuntistica« geschrieben. Im Telefonbuch fand ich Namen und Adresse des großen Mannes. Kurz entschlossen fuhr ich nachmittags mit der Untergrundbahn zum Viktoria-Luise-Platz, fand das Eckhaus Nr. 11, ging die Treppen hinauf und läutete. Frau Busoni öffnete mir. Ich richtete einen Gruß von Ludwig Rubiner aus und wurde vorgelassen. Im Salon fand ich eine kleine Gesellschaft beim Tee. Busoni, grauhaarig, in einem Samtjackett, kam mir entgegen und schüttelte meine Hand. Er stellte mich den Anwesenden vor, darunter einer kleinen Buckligen namens Rita Boetticher und einer eleganten Frau von ungemein charaktervoller Häßlichkeit, Gisella Selden-Goth. »Sie haben sich ja den norddeutschen Typus unverkennbar erhalten«, sagte Busoni, als ich sagte, ich käme aus Bremen. »Mit Ihrer Stadt geht es mir komisch; wo ich auch promeniere und mich umsehe, ich komme immer wieder am Domshof heraus.« Mir fiel auf, wie mühelos er von einer Sprache in die andere umschaltete; Englisch, Französisch und Schwedisch waren ihm gleichermaßen geläufig. Vieles, was er sagte, war von einem leicht ironischen Lächeln begleitet. Ein bißchen schockierte mich das Wortspiel, das er völlig ungeniert mit dem Namen meines Freundes Hermann Scherchen machte: Er sagte »Erschchen«, tat dann so, als habe er sich versprochen, entschuldigte sich und war des Lobes voll, obwohl er bekannte, die Zeitschrift »Melos« nur sehr kritisch lesen zu können. Als ich mich nach einer Viertelstunde verabschiedete, brachte er mich hinaus und half mir in den Mantel.

Aus Görlitz kam ein Brief der Altistin Hildegard von Lyncker. Sie hatte in »Melos« meinen Aufsatz über moderne Lieder gelesen und fragte an, ob ich auch komponierte. Gleich schickte ich ihr einen Stoß Lieder auf Texte von Klabund, August Stramm, Theodor Däubler und Else Lasker-Schüler. Nach einer Woche kam Antwort. Sie wollte einige davon singen. Vorher aber bat sie mich um einen Besuch in Görlitz. Ihr Mann, der Maler Fritz Neumann-Hegenberg, wolle mich kennenlernen. Ich könne bei ihnen wohnen. Gerade hatte ich ein kleines Honorar für einen Artikel über Busoni in den »Bremer Nachrichten« bekommen. Es reichte für die Fahrt nach Görlitz und zurück, natürlich vierter Klasse.

Am Bahnhof standen wie verabredet die beiden. Ich schwenkte als Kennzeichen eine Nummer von »Melos«. Zwei gutaussehende Menschen kamen lächelnd auf mich zu, beide elegant gekleidet. Wir fuhren mit der Elektrischen zu ihnen. Sie hatten eine geräumige Wohnung mit hübschen alten Möbeln, meist Biedermeier. An den Wänden hingen stark farbige Bilder, expressionistisch etwa im Geist der »Brücke«. Es waren Neumann-Hegenbergs Arbeiten, und sie gefielen mir sofort, wobei ich Abhängigkeiten von Emil Nolde und Franz Marc nicht übersah. Ich sprach auch mit ihm offen darüber und fand seine Zustimmung. Ja, er bewundere diese beiden sehr und strebe an, was sie vielleicht gewollt hätten. Marc, der ja im Weltkrieg gefallen war, sei er einmal ganz jung in München begegnet, Nolde nie. Aber der lebe ja in oder bei Hamburg. Ob ich ihn wohl kenne? Nein, ich kannte ihn nicht.

Nun bat die Hausfrau zum Kaffee. Sie erzählte von ihren Konzerten, in denen das klassische und romantische Repertoire bis zu Strauss (den sie nicht mehr sehr möge) und Mahler (den sie vergöttere) zu finden war. Sie wolle aber nun moderne Musik einstudieren und habe sich alle die Lieder kommen lassen, die ich 1920 in meinem »Melos«-Aufsatz besprochen hatte. Es waren Schönbergs Stefan-George-Lieder aus dem »Buch der hängenden Gärten« op. 15, Alban Bergs Opus 2 nach Texten von Hebbel und Alfred Mombert, Igor Strawinskys »Faune et bergère« und Arbeiten von Karol Szymanowski und heute vergessenen Komponisten. Ob ich etwas davon mit ihr studieren wolle.

»Ja, gern, soweit ich sie spielen kann. Schönbergs George-Lieder sind zum Teil im Klavierpart sehr schwer.«

Nach dem Kaffee gingen wir ans Klavier. Neumann-Hegenberg, der eine Malklasse an der Görlitzer Kunstschule hatte, ließ uns allein. Ich blieb zwei Wochen bei den gastlichen Leuten, und wir freundeten uns an. Eines Abends erzählte Neumann-Hegenberg, er habe einen Jakob-Böhme-Bund nach dem Görlitzer Philosophen des 16. und 17. Jahrhunderts gegründet. Ich wußte nichts von Böhme. Neumann-Hegenberg las mir Stellen aus seinen Werken, deren religiöse Mystik, vor allem in dem Buch »Erleuchtung«, die Situation der 1920er Jahre bis in Einzelheiten vorausahnte. Der Bund plante in unregelmäßigen Abständen Konzerte, Lesungen und Vorträge. Auch der in Görlitz lebende, damals viel gelesene Philosoph Bô Yin Ra hatte seine Mitwirkung zugesagt. Ob ich im Sommer einen Vortrag über »Das Problem der neuen Musik« halten wolle. Viel Geld könnten sie mir nicht zahlen, aber ein kleines Honorar und die Reise zweiter Klasse würden herausspringen. Ich sagte ohne Umstände zu.

Und so hielt ich an einem heißen Junitag 1921 im Görlitzer Bankettsaal als »abendliche Konferenz« eine freie Vorlesung vor ein paar Dutzend Hörern, unter denen der damals achtzehnjährige Werner Finck saß. Er erzählte es mir viele Jahre später, als er durch seine aufsässigen Conférencen im Berliner Kabarett »Die Katakombe« 1934 den Unwillen der Nazis hervorrief, die ihm schließlich das Auftreten verboten.

Neumann-Hegenbergs blieben meine Freunde. Im November sang Hildegard in Görlitz ein Programm mit Liedern von Schönberg, Bernhard Sekles (dem Lehrer Paul Hindemiths), Eduard Erdmann, Rudi Stephan und mir. Ich konnte nicht hinreisen. Denn an demselben Tag hielt ich auf Einladung der Hamburger Sezession in der Kunsthalle einen Vortrag »Atonale Musik«, den ich selbst am Flügel mit Beispielen aus Béla Bartóks Suite op. 14, Schönbergs »Sechs kleinen Klavierstücken« op. 19, den Eddaliedern von Hans Jürgen von der Wense und anderen Beispielen illustrierte.

Nachher kam ein schlanker, eleganter, gutaussehender Mann zu mir und stellte sich als Schüler Arnold Schönbergs vor. Es war Josef Rufer. Ich konnte es kaum glauben: ein Mann aus Wien, Schüler des Musikers, den ich neben Mahler am meisten bewunderte. Wir setzten uns zu einem Kaffee zusammen, und ich wurde nicht satt, zuzuhören, was Rufer von Schönberg und seinem Kreis, von Berg, Webern, Erwin Stein, Horwitz und anderen erzählte. Rufer seinerseits war erstaunt, daß ich diese Namen überhaupt kannte. Wir tauschten unsere Adressen aus, und Rufer ging in sein Hotel. Er war nur kurz in Hamburg, wo seine Frau, eine jugoslawische Tänzerin, Verhandlungen mit einem Agenten führte.

Aus der Begegnung wurde eine Freundschaft, die bis zum heutigen Tage andauert. Wir organisierten zusammen in Hamburg einen Konzertzyklus, waren in den zwanziger und dreißiger Jahren Musikkritiker des Ullstein-Verlags und gaben 1947/50 in Berlin die Zeitschrift »Stimmen« heraus, für die Arnold Schönberg schrieb.

Inzwischen war ich ständiger Mitarbeiter der Maskentänzer geworden und teilte ihre seltsame Wohngemeinschaft. In einem Kellerraum war eine Couch aufgestellt worden (Chaiselongue nannte man damals diese Polsterlager), und ich bekam ein Kissen und zwei Woilachs. Die Vormittage wurde durchgearbeitet. Ich saß am Klavier, Holdt und Lavinia Schulz probierten mit oder ohne Masken.

Wieder stand ein Künstlerfest im Curiohaus bevor. Die Maskentänzer hatten sich verpflichtet, im Rahmen der »Astralen Tanzschau« ein neues Programm zu zeigen. Der Name des Festes »Himmlischer Kreisel« gab die Stimmung an, die zu verkörpern war. Walter und Lavinia entschieden sich für »Ungeheuer vom Sirius«. Zwei ihrer großen farbigen Masken wurden zurechtgemacht. Ich schrieb Stücke dazu und orchestrierte sie – nicht immer zur Zufriedenheit der Tanzmusiker, die Roters mit sicherer Technik dirigierte und mit liebenswürdiger Diplomatie für meine »gesegneten Disharmonien« (so nennt sie Hans W. Fischer in seinen »Hamburger Kultur-Bilderbogen«) zu erwärmen suchte.

Auf diesem Fest im Februar 1922 lernte ich einige Tänzerinnen kennen, die sich für meine Musik interessierten. Es waren die schönen Schwestern Gertrud und Ursula Falke, Töchter des Dichters Gustav Falke, und Jutta von Collande, die eine Tanzschule leitete. Für die schrieb Hans W. Fischer eine Ballethandlung »Die traurige Prinzessin«, und ein reicher Freund der Collande gab mir den Auftrag, die Musik zu schreiben. Der Vorschuß von 2000 Mark war nach wenigen Monaten durch die Inflation entwertet. Meine Musik hatte ich als Klavierskizze beendet, und ich erinnere mich, daß ein hübscher bitonaler Walzer darin war. Zur Aufführung kam es wegen der Inflation nicht, aber mit Jutta von Collande und ihrer Tanzschule hatte ich mich angefreundet, und manchmal ließ sie mich korrepetieren.

Die Kunst der Maskentänzer ließ sich mit traditionellen Balletten nicht vergleichen. Sie machten zwar ausgezeichnet Spagat, aber verachteten die klassische Spitzentechnik und die Ästhetik des Leichten, des Vogelflugs, der ikarischen Himmels-Sehnsucht. Ihr Element war der Kampf des Körpers als gleichberechtigter Partner der Schwerkraft. Lavinia Schulz gab ihren Tänzen Namen wie »Die Spirale aus Mann und tote Frau« oder »Das Gewürge«. Sie sahen es nicht gern, daß ich für Jutta von Collande arbeitete, aber sie duldeten es aus freundschaftlicher Ergebenheit und weil sie kein Geld hatten, mich zu bezahlen.

Holdt überlegte, wie man die Misere vertreiben könne. Er besaß eine Schlagzeugsammlung, darunter eine große Trommel mit zwei Becken und Triangel. Alle diese Instrumente hatte er in fleißiger Arbeit meistern gelernt, wobei ihm als Vorbilder amerikanische Jazzmusiker dienten, die damals in Hamburg für viele Nachtlokale arbeiteten.

Eines Tages besuchte mich ein junger Geiger aus Wien, der Grüße von Rufer brachte. Er hatte viele Freunde im Schönberg-Kreis und schrieb selbst atonale Musik in der Manier Anton von Weberns. Nach Hamburg war er gekommen, um der großen Misere in Österreich zu entkommen. Er hieß Viktor Schlichter und wohnte bei Hamburger Verwandten. Wir musizierten zusammen, und Holdts hörten aufmerksam zu. Dann setzte sich Holdt an sein Schlagzeug, improvisierte ein Solo, und plötzlich gesellte sich Schlichter im perfekt auf die Geige übertragenen New-Orleans-Stil hinzu. Was blieb mir übrig, als am Klavier mitzumachen. Nach einer Viertelstunde hörten wir ziemlich erschöpft auf.

»Wie wäre es, wenn wir zusammen Jazz spielen würden?« sagte Holdt. »Ich weiß ein Lokal, wo man uns gut bezahlen würde.«

Der Vorschlag wurde Wirklichkeit. Eines Abends waren wir zu dritt im »Alkazar«, einem der besten Nachtlokale von St. Pauli, und spielten bis in den frühen Morgen. Das ging so einige Wochen durch, bis Holdt von der Überanstrengung krank wurde und Schlichter und ich froh waren, die allnächtliche Fron loszuwerden.

Meine freie Zeit verbrachte ich gern im Johanneum, um in der Musiksammlung Partituren zu lesen und zu studieren. Heinrich Isaacs Kanontechnik lernte ich damals beherrschen.

Es war im Winter 1922/23, die Inflation wurde von Monat zu Monat spürbarer, und bald mußte man sich beeilen, das ausgezahlte Geld loszuwerden, bevor es wertlos war. Wer ausländische Banknoten hatte, vor allem amerikanische Dollars, konnte wie ein Fürst leben, und auch Edelmetalle und Steine bekamen einen völlig irrealen Kaufwert. Ein Freund von mir erfand eine Methode, das auszunutzen. Er besaß zwei große Silberkästen mit Bestecken für zwölf Personen. Montag trug er einen davon zum Leihhaus und bekam 50000 Mark. Am nächsten Tag war der Wert des deutschen Geldes auf die Hälfte gefallen. Er brachte nun den anderen Silberkasten auf ein anderes Leihhaus, das ihm dafür 100000 Mark zahlte. 50000 davon trug er ins Leihhaus Nummer eins und erhielt dafür den Silberkasten Nummer eins. Von den übrigen 50000 konnte er bis zum nächsten Tag gut leben. Dieses Spiel wiederholte sich täglich, bis die Finanzverwaltung den von Tausenden auf ähnliche Art praktizierten Schwindel merkte und die Leihhäuser einen »Multiplikator« einführten.

1922 veranstaltete die Hamburger Ortsgruppe des Deutschen Werkbundes im August und September eine Ausstellung »Masken, Tänze, Puppentheater«. Dort fanden um neun Uhr abends sechs Vorführungen statt, an denen Walter Holdt, Lavinia Schulz, ein anderer Avantgardist des Tanzes, Theodor Paul Etbauer, Ursula Falke, Manya Haack und die Puppenspielerin Kläre Popp teilnahmen. Die Premiere der Maskentänzer am 20. August war ein großer Erfolg, so daß der Abend wiederholt wurde. Lavinia tanzte die »Spirale« und eine Szene aus August Stramms Drama »Kräfte«, diese ohne Musik. Holdt stampfte und wuchtete den »Skirnir«, zu dem ich meinen »Marsch Alexanders des Großen« spielte, und das »Springvieh« zu einer »Dada-Musik« von mir. Den Abschluß machte Lavinia mit dem unheimlichen, ekstatischen »Mein Blut« zu einer Trivialmusik, dem »Toboggan«-Twostep von Frémiaux. Meine beiden Klavierstücke waren inzwischen bei Harms mit Holzschnitten von Fortuna Brulez-Mavromati sehr schön faksimiliert in einer Auflage von 300 von mir signierten Exemplaren erschienen, und zwar unter dem Titel »Neue Musik«.

In der Werkbund-Ausstellung führte Kläre Popp mit ihren Marionetten Frank Wedekinds Schäferspiel »Felix und Galathea« auf. Holdts und ich waren da und gingen nachher zu Kläre Popp, um ihr zu gratulieren. Neben ihr stand ein kräftiger strohblonder Riese mit einer zarten Frau. Er sprach und benahm sich wie ein sich selbst verspottender preußischer Offizier, die Stimme näselnd, die Sätze knapp und forsch. »Gestatten, Wilkens«, sagte er förmlich. Ich sagte meinen Namen, begrüßte seine Frau und stellte die Maskentänzer vor. »Habe schon von Ihnen gehört«, näselte der Riese. »Tanzen in Masken. Haben auf dem Himmlischen Kreisel Ungeheuer vom Sirius gespielt. Bin völlig informiert.« Dann lud er uns alle ein, zu ihm in seine Wohnung zu kommen. Er hatte ein großes Auto vor der Tür stehen, und wir fuhren zu sieben an den Mittelweg, wo er wohnte.

Carl M. H. Wilkens war der Inhaber einer bekannten Juwelenhandlung am Jungfernstieg. Er kam aus Bremen, war wegen seiner exzentrischen Gewohnheiten mit seiner Familie entzweit und verkehrte ausschließlich mit Künstlern und Intellektuellen. Wir kamen in die große Etage, wo schon eine Gesellschaft versammelt war. Es waren schöne, kostbar und modern möblierte Räume. Ein Grammophon spielte moderne Tänze. Die Beleuchtung war intim und halbdunkel. Wilkens hatte eine Batterie von Flaschen und auf einem Buffet kalte Speisen stehen. Die anderen Gäste, die vor uns dagewesen waren, hatten offenbar kräftig pokuliert. Wilkens füllte für sich einen mächtigen Pokal, der einen halben Liter Wein faßte, und trank ihn in wenigen Schlucken aus.

Sein Spitzname bei seinen Angehörigen und Freunden war Muckelmann. In vorgerückter Stimmung ließ er sich Majestät anreden. »Stuckenschmidt, du alter Musikant, spiel uns doch was«, sagte er. Ich sah im halbdunklen Nebenzimmer einen Flügel, setzte mich dran und spielte »Destiny«, eine damals sehr beliebte Valse Boston, D-Dur, Melodie im Baß. Neben dem rechten Pedal trat ich auf etwas Weiches. Ich beugte mich hinunter und sah einen großen zusammengerollten Teppich liegen. Aber drin mußte noch etwas anderes sein. Ich rollte das Ding auseinander, spürte ein großes Gewicht und einen Gegenstand, der sich bewegte. Ein kleiner Mann stieg aus der Rolle, sah mich erstaunt an und sagte: »Was willst du denn hier?« Der Tonfall war sächsisch. »Ich will hier

Klavierspielen«, antwortete ich, »aber was machst du denn unten?« »Ich habe mich besoffen und will schlafen«, sagte der Kleine. »Und falls du mich nicht kennst, ich bin die Natte.«

Es war Joachim Ringelnatz, der in irgendeinem Hamburger Kabarett seine Gedichte sprach, immer leicht bezecht, immer einen Schoppen Wein in der Hand. Er wohnte bei Wilkens, war aber an dem Abend zu müde und zu betrunken, um sein Zimmer aufzusuchen, und hatte sich in den Teppich gerollt.

Um die gleiche Zeit lernte ich einen anderen Mäzen und Freund der »high bohemia« kennen. Es war der Konsul Max Leon Flemming, ein romanisch eleganter Rheinländer, der mit Ölen und Fetten reich geworden war und diesen Reichtum gern in Gesellschaft von Künstlern und schönen Frauen verschwendete. Er hatte eine schöne Parterrewohnung in der Harvestehuder Badestraße, die Wände voll von herrlichen Bildern moderner französischer und deutscher Maler. Ich erinnere mich an einen besonders kultivierten Marie Laurencin. Aber es gab auch Picassos, Chagalls, einen Franz Marc und mehr. Bei den Gesellschaften, die er mindestens einmal wöchentlich gab, ging es hoch her. Aber im Gegensatz zu Wilkens, wo alkoholische Freuden vorherrschten, waren es bei Flemming erotische. Ich saß auch bei ihm meist am Flügel, spielte eigene Stücke und Debussy, für den er eine große Vorliebe hegte.

Einmal rief er mich an und fragte, ob ich am Abend Zeit hätte, ihm und einer schönen Frau Gesellschaft zu leisten und vielleicht ein bißchen zu spielen. Als ich kam, saß er allein mit einer ungemein attraktiven schwarzhaarigen Person. Wir tranken ein Glas Wein, rauchten und plauderten. Sie sprach mit stark slawischem Akzent; ihren Namen hatte ich nicht verstanden, als er mich vorstellte. Merkwürdigerweise trug sie, obwohl die Wohnung behaglich geheizt war, einen luxuriösen Pelzmantel. Als wir zum Essen aufstanden, sah ich, daß er außer Schuhen und Strümpfen ihre einzige Bekleidung war. Nach dem Essen spielte ich Debussy und moderne Tänze. Dann merkte ich, daß es Zeit war, die beiden allein zu lassen. In der Garderobe lag aufgeschlagen das Gästebuch. Ich las die Eintragung: Pola Negri.

Weihnachten verbrachte ich immer bei meinen Eltern in Bremen; Silvester und Neujahr fuhr ich zu Hirschs nach Worpswede. Das Moordorf war tief verschneit. Abends hatten die strohgedeckten Häuser mit den erleuchteten Fenstern, hinter denen Christbäume standen, einen unbeschreiblichen Reiz. Auch Hirsch und »Gulo«, wie seine Doktorfrau genannt wurde, feierten das christliche Fest, obwohl er aus einer alten Rabbinerfamilie stammte. Sein Urgroßvater war der berühmte Theologe Samson Raphael Hirsch.

Zu seinen Freunden gehörte der Sozialist und Schriftsteller Ludwig Bäumer. Kurz nach Neujahr kam er nach Worpswede, begleitet von einer sehr eleganten Berlinerin in den vierziger Jahren. Sie hieß Toni Benario und war die Frau eines reichen Kaufmanns in Berlin-Dahlem, der sich für moderne Malerei interessierte. Sie wanderte entzückt durch die winterliche norddeutsche Landschaft, von der ihr Hirsch schon lange vorgeschwärmt hatte. Von Musik verstand sie nicht viel, aber sie hörte gern zu, wenn Hirsch und ich vierhändig Mahler musizierten, noch lieber, wenn ich Debussys »Children's Corner« spielte. Ich hatte die bezaubernden Stücke vom »Doctor Gradus ad Parnassum« bis zu »Golliwog's cake-walk« schon 1919 gründlich studiert und beherrschte sie trotz willkürlicher Fingersätze beinahe virtuos. Von Jugend auf bin ich nie ein guter Blattleser gewesen, aber ich spielte alles auswendig, wenn ich es ein paar Stunden geübt hatte. Je komplizierter eine Musik war, desto mehr reizte es mich, sie rasch ohne Noten spielen zu können. Schönbergs »Sechs kleine Klavierstücke« op. 19 habe ich sechzehnjährig an einem Tage gelernt.

Toni Benario fand Gefallen an mir und lud mich ein, mit Hirsch nach Berlin zu kommen und bei ihr zu wohnen. Anfang März 1923 folgten wir der Einladung. Benarios Villa in der Max-Eyth-Straße war ein kleines Schloß mit zwanzig Zimmern, davon sechs für Gäste. Toni hatte Freunde zum Essen eingeladen. Vorher zeigte sie Hirsch und mir die Bilder, die in den Zimmern hingen. Der Hausherr Hugo Benario hatte sie ausgesucht, beraten von dem Kunsthändler Alfred Flechtheim. Es waren durchweg ausgezeichnete Sachen von berühmten Zeitgenossen. »Das ist ein Moholy-Nagy«, sagte Toni vor einem abstrakten, geometrisch durchkonstruierten Bild. »Er wird gleich kommen.« Der Name war mir neu. Kurz nach acht kamen die Gäste, zuerst Herbert Jhering, der einflußreiche Theaterkritiker und Gegenpapst Alfred Kerrs, mit seiner Frau. Dann Laszlo Moholy-Nagy, ebenfalls mit Frau. Zum Schluß erschien noch der Musikpädagoge Heinrich Jacoby. »Wir wollen uns setzen, Hugo wird sich verspäten«, sagte die Hausfrau. Wir aßen und tranken vorzüglich, ein livrierter Diener servierte und goß ein.

Nach dem Essen gingen wir ins Nachbarzimmer, rauchten und plauderten. Bald kam auch der Hausherr, begrüßte uns und setzte sich zu uns. Er hatte im Restaurant gegessen.

Moholy-Nagy war vor kurzem durch Walter Gropius ans Bauhaus in Weimar gekommen, wo er eine Klasse leitete. Er stammte aus Budapest, sprach mit stark ungarischem Akzent und erzählte mir von den Weimarer Plänen, von der Zusammenarbeit aller Künste am Bauhaus, von einer geplanten Ausstellung im Sommer, die auch Theaterversuche zeigen sollte. Ich berichtete von meinen Arbeiten für die Hamburger Maskentänzer.

»Wir brauchen dringend einen Musiker«, sagte Moholy-Nagy »haben Sie nicht Lust, für ein paar Wochen nach Weimar zu kommen?« Und ob ich Lust hatte! Der Gedanke, den Sommer bei den Meistern und Gesellen dieser modernsten Lehranstalt zu verbringen und für sie zu komponieren, ließ mein Herz klopfen.

»Ob wir Sie honorieren können, weiß ich nicht«, meinte Moholy-Nagy. »Aber Sie werden auf Bauhaus-Kosten in Weimar leben.« Ich war mit allem einverstanden. Geld interessierte mich nicht. Moholy-Nagy sagte, er werde gleich nach seiner Rückkehr mit Gropius sprechen. Ich bekäme Nachricht. Der Brief kam einige Wochen danach. Ich war eingeladen, an der Vorbereitung der Bauhaus-Woche mitzuwirken und Musik für Theaterzwecke zu schreiben.

Am nächsten Tag fuhr Hirsch mit mir in die Stadt. Er wollte mich zur Novembergruppe bringen. Auch diese war mir vertraut. Es war eine Vereinigung von Architekten und Malern, zu deren Gründern 1919 Hirsch gehört hatte. Das Büro war in der Wohnung des Kunsthändlers Hugo Graetz, Achenbachstraße, nicht weit vom Joachimsthalschen Gymnasium. Ich kannte die im Erdgeschoß liegende Wohnung, da ich 1922 bei einem Berliner Besuch als Gast meiner drei Tanten die Novembergruppen-Ausstellung angesehen hatte.

Als wir kamen, erinnerte sich Graetz meines Besuchs. Hirsch sah die Bilder an, die in der Wohnung hingen, und wartete mit mir auf die anderen Mitglieder, die sich um elf zu einer Sitzung verabredet hatten.

Die Gruppe hatte auch Schriftsteller und Musiker aufgenommen. Als man vollzählig war, stellte Hirsch mich vor. Von Musikern waren Heinz Tiessen, Max Butting und Kurt Weill erschienen. Hirsch schlug mich als Mitglied vor. Ich mußte das Zimmer verlassen. Nach einer Viertelstunde holte Graetz mich zurück. Der Architekt Alfred Gellhorn, auch ein Gründer der Gruppe, reichte mir die Hand: »Ich gratuliere Ihnen und uns. Sie sind einstimmig zum Mitglied gewählt worden.«

Gellhorn liebte Musik und verstand viel davon. Nach der Sitzung fragte er mich, ob ich Antheil kenne. Ich verstand nicht, was er meinte. »Na, Antheil, den amerikanischen Pianisten. Ein großartiger Mann. Übermorgen spielt er im Bechsteinsaal. Wollen Sie eine Karte?« Hirsch und ich bekamen Karten und gingen hin. Der Saal war halb voll. »George Antheil, Pianist-Futurist«, stand auf dem Programm. Er spielte nur eigene Kompositionen mit Titeln wie »Airplane Sonata«, »Sonata Sauvage« und »Tod der Maschinen«.

So hatte ich noch nie Klavierspielen gehört. Es war eine Synthese von Raserei und Präzision, die über alle konventionelle Virtuosität hinausging. Eine Maschine schien über die Klaviatur zu fahren. Rhythmen von unglaublicher Schwierigkeit und Kompliziertheit wurden vermählt. Dynamik und Zeitmaße lebten in Extremen. Der Erfolg war superlativisch. Antheil, ein kleiner, drahtiger Mann in salopp sitzendem Frack, verbeugte sich etwas ungelenk. Nachher suchten wir ihn im Künstlerzimmer auf. Ich sprach englisch mit ihm, gratulierte und äußerte meine Bewunderung. Er fragte, ob wir uns nicht sehen könnten, und gab mir seine Adresse. Ich sagte mich für den nächsten Nachmittag zum Kaffee an. Er hatte eine möblierte Wohnung in der Bülowstraße, nahe dem Nollendorfplatz. Zwei Flügel standen da. An der Wand hing ein Picasso.

Antheils Frau Elisabeth, genannt Böschke, war Ungarin und mit Arthur Schnitzler verwandt. Wir tranken Kaffee. Dann fragte Antheil nach meinen Kompositionen. Ich versprach, ihm welche zu schicken. Er war damals ein hemmungsloser Bewunderer Strawinskys und spielte mir die drei Sätze der »Petruschka-Suite« mit äußerster Virtuosität vor. Mit Schönberg konnte er nicht viel anfangen. Solche Musik war ihm nicht rhythmisch genug. Ich erzählte, daß ich viel über Musik schreibe, an »Melos« mitarbeite und im »Kunstblatt« über moderne Musik berichte. Ob er Klaviermusik von Leo Ornstein kenne. Begeistert fragte er mich, wieso ich sie kannte. Da zeigte ich ihm ein »Kunstblatt«-Heft, in dem ich über Strawinsky und Ornsteins »Impressions de Notre Dame« geschrieben hatte. Als ich abends fortging, waren wir Freunde.

Berlin war voll von russischen Emigranten. Es gab gute, mittlere und bescheidene Restaurants, wo einem der Borschtsch vielleicht von einem Großfürsten serviert wurde; sie hießen »Tarybary«, »Medvjed« oder »Newa Grill«, und in allen aß man vorzüglich. Sogar ein »Russisch-romantisches Theater« wurde gegründet, wo emigrierte Schauspieler beschäftigt waren. Der Gründer war Rudolf Dammert, ein Journalist und Verleger, dessen Korrespondenzbüro zu den führenden in Berlin zählte. Eine russische Schauspielerin war seine Geliebte, und für sie wurde das Theater gegründet, wo sie die wichtigsten Salondamenrollen spielte. Dammert hatte zwei Kinder, mit denen ich später in freundschaftliche Beziehungen trat.

Ein besonders reizvolles russisches Kabarett war der »Blaue Vogel«, dessen Inhaber Juschnij auch sein eigener Star war. Da wurde reizend getanzt und musiziert, immer auf der Grundlage russischer Folklore, mit hübschen Sängerinnen und eleganten Balalaikaspielern. Toni Benario lud Hirsch und mich ein, hinzugehen. Man saß an kleinen Tischen, wir aßen und tranken gut, Toni spendierte Wodka, Kaviar und Champagner. Das Programm machte mir großen Spaß, am meisten die berühmte »Strelotschek«-Nummer, die von einem Jägerlein handelte und die Juschnij selbst vortrug. Die Melodie war damals so populär wie ein deutsches Volkslied, und wir drei sangen sie mit. Am Weimarer Bauhaus war sie Begrüßungssignal.

In Hamburg kam ich gerade zum Künstlerfest im Curiohaus zurecht. Es hieß »Cubicuria«. Wilkens holte mich am letzten Abend an seinen Tisch. Er saß mit drei Malern zusammen. Rodewald war der Herzensfreund von Frau Wilkens, einer lebenslustigen Rheinländerin, die Pieten genannt wurde und unter seiner Anleitung auch malte. Der andere war ein Urgenie, Otto Tügel, der auch Gitarre spielte und mit der gelenkigen Kraft eines Menschenaffen Negertänze ausführte, bei denen er eine beliebige

Frau vom Stuhl hob, herumschleuderte, hoch in die Luft warf und wieder auffing. Er hatte mit einem Bild »Die Heimat der Matrosen« Skandal erregt. Das realistisch in der Art von George Grosz gemalte und hochglänzend gefirnißte Bild erregte Anstoß durch die Ungeniertheit, mit der es ein Bordell schilderte. Später erwarb es die Hamburger Kunsthalle.

Der dritte hieß Alexander Friedrich und malte abstrakt-expressionistisch in kräftigen Farben. Wilkens besaß mehrere Bilder von ihm. An dem Abend kam er auf die Idee, sein Adler-Wagen müsse nicht so konventionell und langweilig aussehen wie andere Autos. Er beauftragte Friedrich, das ganze Kabriolett wie ein expressionistisches Bild anzumalen. Drei Tage später war das Vehikel fertig. Es strahlte in starken Farben und bizarren Formen. Schon am selben Tag machte es mit Wilkens, der ein glänzender Fahrer war, seine Jungfernfahrt. Die Hamburger staunten, als das motorisierte Kunstwerk über den Jungfernstieg brauste. Auf den Beifahrersitz hatte Wilkens eine nackte Schaufensterpuppe gesetzt, die mit starrem Blick in die Welt lächelte. Hinten saßen Pieten, Friedrich, Rodewald und ich.

Ich wohnte noch immer bei den Maskentänzern im Keller am Besenbinderhof. Eines Mittags, als wir unseren Eintopf aßen, sagte Lavinia zu mir: »Stuckenschmidt, ich kriege ein Kind. Es wird hier ein bißchen eng werden. Ich habe auch viel mit Übelkeit zu kämpfen. Wollen Sie nicht wieder in Ihr möbliertes Zimmer ziehen?« Ich besprach die Sache mit Wilkens. »Du wohnst hier«, entschied er. So zog ich an den Mittelweg.

Eines Abends kam Hans Reimann zu Wilkens. Er war ein höchst erfolgreicher Schriftsteller und Humorist. Sein Buch »Der Geenich«, eine Sammlung von wahren Anekdoten des Königs von Sachsen, der 1918 bei seiner Abdankung ins Volk rief: »Macht euern Dreck alleene«, war ein Bestseller. Reimann trat in einer gewissen Rivalität mit Ringelnatz ebenfalls in Kabaretts auf. Er war hochmusikalisch, spielte gut Klavier und hatte eine freundschaftliche Neigung zu mir. Wir musizierten viel auf Wilkens' Flügel, und er ließ sich Kompositionen von mir vorspielen. »Haste keine Schlager geschrieben, Muckemick?« fragte er. Ich hatte und spielte ihm einige vor. Ein Shimmy gefiel ihm besonders. Als ich ihn zweimal gespielt hatte, improvisierte er einen Text dazu. Er nannte das Stück »Der Untergang des Abendlandes«. Dann zeigte er mir ein sächsisches Gedicht, »Bauline«, und bat mich, es zu komponieren. Ich improvisierte einen Tango, von dem Reimann begeistert war. Er kaufte mir beide Stücke ab. Hirsch, der wegen seiner Eheschwierigkeiten ein paar Tage in Hamburg bei einem Rechtsanwalt war, besuchte mich bei Wilkens. Reimann und ich spielten ihm die beiden Stücke vor. Er aquarellierte zwei Plakate dazu, die er mir schenkte. Der Drei-Masken-Verlag wollte die Nummern, die Reimann durch Dutzende von deutschen Kleinkunstbühnen trug, drucken. Aber die chaotische Geldsituation verhinderte es.

Bei den Trinkgelagen mit Wilkens erschien ich als Herr von Glasenapp. Ich setzte ein Monokel auf, sagte näselnd wie er: »Gestatten, Glasenapp«, wobei ich mich ruckartig verbeugte, und spielte die Rolle konsequent durch. Eines Abends sagte Wilkens: »Glasenapp, ich will nach Italien fahren. Willste mit?« Ich war begeistert. »Aber ich kann nicht alles bezahlen. Du mußt Geld mitbringen.«

Am nächsten Tag ging ich zu Flemming und fragte, ob er mir für die Reise 10000 Mark leihen wolle. »Ich verleihe prinzipiell kein Geld, aber ich schenke Ihnen 5000«, sagte er, schrieb einen Scheck und gab ihn mir. Hochbeglückt kam ich zu Wilkens. Der hatte inzwischen auch den Bildhauer Paul Hamann und Hans Harbeck eingeladen. Wir fuhren sehr früh an einem sonnigen Aprilmorgen zu fünft ab, das Ehepaar Wilkens, wir drei Gäste und der Chauffeur, mit dem Wilkens sich beim Fahren abwechselte. Die große Strecke Hamburg–München wurde in einem Tag geschafft. Spätabends kamen wir im Hotel Marienbad an. Nach einem Tag in München ging es am übernächsten Morgen weiter in südlicher Richtung. Es regnete, Wilkens saß am Steuer, die Straße war glitschig. In einer Kurve bei Ebenhausen kam der Wagen ins Schleudern und rutschte in einen Graben. Wir hatten ein ziemlich rasches Tempo und wurden auf die Straße geworfen. Ich fiel auf die Stirn, kam aber mit einer Schramme davon. Pieten Wilkens wurde am Kopf schwer verletzt. Ein Krankenwagen brachte sie nach München zurück, wo wir nun eine Woche auf ihre Wiederherstellung warten mußten. Wilkens ließ sie zurück und fuhr mit uns weiter. Aber der nicht geplante Aufenthalt schmälerte empfindlich unsere Reisekassen. Harbeck fuhr nach Hamburg zurück. Hamann und ich fuhren weiter mit. Wilkens war so großzügig, die Kosten für uns zu tragen.

Nach zwei Tagen waren wir in Venedig. Ich war von der Stadt, der italienischen Frühlingssonne, der Sprache und der Musik des Volkes entzückt, schrieb meinen Eltern und Hirsch Postkarten und bedauerte, daß die Reise zu Ende ging. Begeistert schrien die Kinder in Verona: »automobile futuristico«.

Wilkens hatte einen kostbaren Brillantring mitgenommen, den er in Venedig durch einen befreundeten Juwelier zu Geld machte. Nach deutschen Begriffen war es ein kleines Vermögen, und als er für uns alle bezahlt hatte, blieb noch mehr als die Hälfte übrig, die er nach Hamburg brachte.

Ich besuchte Walter und Lavinia Holdt. Sie war sichtbar schwanger und in depressiver Stimmung. Von Natur eifersüchtig, wurde sie krankhaft argwöhnisch gegen Holdt. Jedes weibliche Wesen, das in die Nähe kam und mit dem er redete, war ihr verdächtig. Wir warteten an einer Straßenbahnhaltestelle. Zwei junge Mädchen stiegen vor uns ein. Holdt blickte nach unten, wo ihre Waden sichtbar wurden. Da bekam Lavinia einen hysterischen Anfall, schlug laut schreiend auf ihn ein und behauptete, er wolle sie mit beiden betrügen. Ich lief entsetzt vor der Schrekkensszene weg und setzte mich an die Arbeit für Jutta von Collande. Ein Jahr später endete eine solche Szene tragisch. Im Mai fuhr ich wieder zu meinen Eltern.

Es wurde Sommer. Im Juli wurde ich in Weimar erwartet. Ich fuhr vierter Klasse ab. Im Vorzimmer der Bauhaus-Direktion empfing mich ein stiller, schwermütig aussehender Mann, der mit wienerischem Akzent sprach. Es war Erwin Ratz, Schüler und Prophet Arnold Schönbergs, damals 25 Jahre alt. Persönliche Neigungen hatten ihn nach Weimar gebracht, wo er für Gropius alle praktischen Verwaltungsdinge erledigte. Er sprach mir von Lonny Ribbentrop, die am Bauhaus arbeitete und als gute Geigerin an den musikalischen Arbeiten interessiert war. Dann gab er mir Geld für die Reise zweiter Klasse und Eßbons für die Kantine. Auch wußte er von freundlichen Leuten, die ein möbliertes Zimmer vermieteten. Ich ging in die nahegelegene Straße, stellte mich vor, bezahlte und packte mein Köfferchen aus. Es enthielt einen dunklen Anzug, ein Paar Schuhe, das Minimum an Wäsche, einen hellblauen Schlafanzug, Partituren und Bücher.

Mittags ging ich in die Bauhaus-Kantine. Moholy-Nagy begrüßte mich und führte mich an einen Tisch. »Das ist Kurt Schmidt, der unser mechanisches Ballett gebaut hat«, sagte er. Ich setzte mich zu Schmidt, und wir sprachen über seine Arbeiten. Bald füllte sich die Kantine. Schmidt zeigte mir die berühmten Leute rechts und links. Da saß der große, schlanke Lyonel Feininger. Paul Klee und seine Frau kamen etwas später. Zuletzt erschienen Kandinskys.

Am Bauhaus gab es keine Trennung von Professoren (sie hießen Meister) und Studenten. Man setzte sich zusammen, aß die gleiche, sehr dürftige Kost und diskutierte über alle Fragen, die hier die Gemüter erregten und oft bis zur Siedehitze brachten. Ich merkte rasch, daß es feindliche Gruppen gab. Da waren die Konstruktivisten, die Matadore des blauen Quadrats und des roten Kreises, die Expressionisten, Dadaisten und Kubisten. Einige waren Anhänger der aus Amerika importierten persischen Mazdaznan-Lehre. Sie rührten kein Fleisch und keinen Alkohol an, lebten von Pinienkernen und Obst, salbten sich mit Olivenöl.

Die neue Zwölftonmusik interessierte alle, und ich mußte erzählen, was ich davon wußte. Erwin Ratz vertrat die strenge Schönbergsche Technik. Andere schworen auf Josef Matthias Hauer, dessen Zwölfton-Tropenlehre durch den Schweizer Johannes Itten propagiert worden war. Itten, der inzwischen Weimar verlassen hatte, verquickte sie mit allerlei Philosophie und der damals schon grassierenden antisemitischen Rassenlehre.

Nach dem Essen nahm Schmidt mich in sein Atelier. Mannshohe Konstruktionen standen herum, hölzerne und pappene Kreise, Dreiecke, Quadrate und Rechtecke in den Grundfarben Gelb, Rot und Blau. Schmidt hängte sich ein blaues Quadrat um und befestigte es mit Lederriemen so, daß er dahinter verschwand. Zwei seiner Mitarbeiter taten das gleiche mit einem Kreis und einem Dreieck. Und dann tanzten die geometrischen Figuren, hinter denen unsichtbar ihre Träger verschwunden waren, einen seltsamen Reigen.

Ich war begeistert. An der Wand stand ein Klavier, es klirrte und war verstimmt. Aber ich improvisierte ein paar Akkorde und

Rhythmen. Sofort reagierten die bunten Pappfiguren. Ein abstrakter Tanz wurde aus dem Stegreif erfunden. Nach einer Viertelstunde stieg Schmidt aus seinem Quadrat, ein bißchen außer Atem, aber sehr befriedigt. Instinktiv hatte ich gemacht, was ihm vorschwebte. Eine primitive, nur aus Akkorden und Rhythmen bestehende Begleitungsmusik, melodisch aus Volksliedfragmenten gewonnen.

Von da an übten wir täglich vor- und nachmittags. Ich schrieb kleine Sätze für Klavier und Geige, Lonny Ribbentrop arbeitete mit. Nach ein paar Wochen war das Programm des »Mechanischen Balletts« geschafft.

Moholy-Nagy war erfüllt von den Möglichkeiten, Kunst mechanisch zu reproduzieren, dreizehn Jahre, bevor Walter Benjamin seine inzwischen überholten Theorien darüber veröffentlichte. Die Zukunft der Musik sah er in der Schallplatte. Wir experimentierten zusammen, ließen Platten rückwärts laufen, bohrten sie exzentrisch an, so daß sie beim Spielen »eierten« und wunderliche Glissandos hervorbrachten. Wir kratzten mit Nadeln in die Rillen und erzeugten so rhythmische Figuren und Geräusche, die den Sinn der Musik veränderten.

Oskar Schlemmer bastelte an den aus Kegelformen zusammengesetzten lebensgroßen Puppen des »Triadischen Balletts«. Er war hochmusikalisch, bewunderte Schönbergs »Pierrot Lunaire«, den er im November 1912 in Stuttgart gehört hatte, wo Albertine Zehme unter Scherchens Leitung die Melodramen sprach. Eine Musik ähnlicher Art suchte er für sein Ballett, und eine Zeitlang wünschte er sich, daß ich sie schriebe. Dann entschied er sich – mit Recht – für Paul Hindemith.

Es war August geworden. Die große Bauhaus-Ausstellung ging ihrer Eröffnung entgegen. Eine Bauhaus-Woche war für die Mitte des Monats angesetzt. Theaterabende, Konzerte und Vorträge führten eine Elite moderner Künstler aus vielen europäischen Ländern nach Weimar.

Auf der Straße traf ich Hermann Scherchen. Zwei Jahre vorher hatte ich ihn in seiner Berliner Wohnung am Friedrich-Wilhelm-Platz besucht; bald danach war ich sein Hausgast in dem märkischen Dorf Thyrow, wo er mit seiner späteren ersten Frau, Gustel Jansen, kurze Zeit wohnte. Durch ihn lernte ich Eduard Erdmann, den großen Pianisten und interessanten Komponisten, Hans Jürgen von der Wense und Stefan Wolpe kennen. Wense war ein Universalgenie und ein skurriler Geist. Ich kannte ein Lied von ihm auf einen Text aus Alfred Momberts »Blüte des Chaos«, das als Beilage zum vierten »Melos«-Heft 1920 erschienen war, zwölf Takte im Stil von Schönberg. 1921 besuchte ich ihn in Warnemünde. Er arbeitete an einer Übersetzung der »Edda«, komponierte daraus Verse und schrieb an einer »Weltgeschichte des Wetters«, die natürlich nie beendet wurde. Er kam aus einer uradligen, verarmten Familie, war leidenschaftlicher Antisemit und vergötterte trotzdem Mahler und Schönberg sowie den Dirigenten Oskar Fried. Seine sprachschöpferische Phantasie war verblüffend. Ein Brief, den er 1919, gerade 24jährig, an Erdmann schrieb, enthält den Passus: »Und die Musiker? Da sind diese gewissen beflissenen Regerianer – das kapitalistische Getöse und die pleonastischen Parfümerien des Intelli-Gents Richard Strauss – na! und dann hier schon überall verkrüppelt geht sie zu Grunde in kolossalischer Explosion im titanischen Flammenwerfertum Mahlers, dieses letzten von der Musik besessenen Menschen. Bruckner war Verheißung vom Ende, Mahler ist die Verhitzung.« Ein Inbegriff expressionistischen Stils!

Scherchen probte für die deutsche Erstaufführung von Strawinskys »Histoire du soldat« im Nationaltheater. Sie war unvergeßlich. Carl Ebert sprach den Part des Erzählers. In einer Loge saß Ferruccio Busoni, schon von der Todeskrankheit gezeichnet, in einer anderen Strawinsky, der aus Paris gekommen war.

Die beiden hatten in der Schweiz gestritten, weil Strawinsky Busonis Bewunderung der deutschen Klassiker nicht verstand und Busoni ihm bestellen ließ: »Wenn Sie die deutschen Klassiker kennten, würden Sie sie auch bewundern.«

Nun versöhnten sich die Gegner. Busoni war durch die »Geschichte vom Soldaten« zu Tränen gerührt, Strawinsky sagte: »Maintenant, moi aussi j'aime les grands classiques allemands.«

In einem Konzert wurden Busonis »Stücke zur Pflege des polyphonen Spiels« uraufgeführt und von dem ebenfalls anwesenden Ernst Krenek »Toccata und Chaconne«; Paul Hindemith hörte sich sein »Marienleben« an. In einer Ecke saß einsam Stefan Wolpe und schrieb wieder eines seiner ekstatischen Klavierstücke für die vielbegabte Bauhaus-Studentin Friedl Dicker, die von den Züricher Dadaisten beeinflußt war und dem Itten-Kreis nahestand.

Unser »Mechanisches Ballett« war eine Nummer des Kabarettprogramms im neuen Jenaer Theater. Meister, Gesellen, Schüler und ein paar Dutzend auswärtige Gäste fuhren in die Nachbarstadt Weimars. Auf der Bühne führten Schmidt und seine Freunde die Bewegungen von Kreis, Rechteck, Quadrat und Dreieck vor, zu denen ich mit Lonny Ribbentrop meine primitive Musik spielte. Klees waren entzückt, Oskar Schlemmer klatschte kollegial Beifall.

Am 19. August war das Bauhaus-Fest. Es dauerte bis in die Morgenstunden des nächsten Tages. Wir alle hatten uns verkleidet und maskiert, manche Mädchen hatten den Körper bunt bemalt. Ich trug meinen blauen Pyjama und eine karierte Schirmmütze. Die Kapelle, eine der besten damaligen Jazzbands, spielte moderne Tänze, den »Strelotschek« aus Juschnijs »Blauem Vogel« und Volkstänze, bei denen sich die Paare gegenseitig die Hände auf die Schultern legten. Wilhelm Wagenfeld, später der Entwerfer herrlicher Haushaltsgegenstände aus Chromstahl, sah still und ernsthaft das Treiben an. Neben ihm stand Johannes Molzahn, dessen Frau Ilse, die Dichterin, unermüdlich die Tanzpartner wechselte. Es gab Limonade und leichten Wein; vergeblich begehrte Moholy-Nagy die von ihm in Weimar entdeckte und später nach London importierte »Ärrdbärrbolle«. Er wurde mit Pfirsichen getröstet.

Als die Sonne aufging, sah man auf den Weimarer Straßen eine bizarre Gesellschaft. In unseren bunten Kostümen durchzogen wir, beschwipst und singend, die Arme eingehängt, die alte Stadt, wo schon Goethe und Liszt sich bei den Spießbürgern unbeliebt gemacht hatten. Busoni wurde aus dem Schlaf geweckt und sah aus dem Fenster des Hotels Erbprinz. Vielleicht dachte er zurück an die Sommerkurse von 1900 und 1901. Damals gab es sogar Konflikte mit der Polizei wegen nächtlicher Ruhestörung, und der Großherzog mußte eingreifen und die erregten Weimarer Gemüter beruhigen.

Das Hochgefühl, das wir jungen Menschen in diesem Sommer 1923 in uns trugen, stand in einem seltsamen Verhältnis zu unserer nach heutigen Begriffen unfaßbaren Armut. Wir spürten wohl, daß der Bauhaus-Geist etwas Neues in die Welt gebracht hatte und daß noch Generationen damit zu tun haben würden, alle Weimarer Anregungen in Wirklichkeit umzusetzen.

Überall im Lande blühten Kleinkunstbühnen. Man erinnerte sich der »Elf Scharfrichter« in München, des Ernst von Wolzogenschen »Überbrettl« in Berlin und vielleicht sogar des vielkopierten Modells, »Chat Noir« in Paris. Paul Kemp, nicht allein vortrefflicher Schauspieler an Ziegels Kammerspielen, sondern auch ein erfinderischer Kopf, erklärte: »Wir brauchen ein literarisches Kabarett.« Die Anregung sprach sich herum und fand Gegenliebe beim Besitzer eines etwas anrüchigen Nachtclubs in St. Pauli, einem jungen Ostjuden namens Witkowski. Er bekam ein Lokal in der Nähe des Gänsemarkts. Bei einer langen Sitzung im »H. K.« wurde der Name geboren: »Die Jungfrau«. Er war pikant und paradox in diesem Milieu.

An der Ausstattung wurde nicht gespart. Ein Professor der Kunstgewerbeschule, Richard Luksch, verheiratet mit der Tänzerin Ursula Falke, machte die Entwürfe. Ein guter Flügel wurde gekauft, und große Namen des Theaters und der Literatur standen auf dem Eröffnungsprogramm.

Die Inflation näherte sich ihrem Höhepunkt und Ende. Witkowski ließ den Eintritt in die »Jungfrau« mit Dollars bezahlen und honorierte auch die Mitwirkenden in der begehrten Währung. Dem konnte niemand widerstehen. Und so stand am ersten Abend Joachim Ringelnatz auf dem Podium, einen Weinpokal in der Hand, seine anrüchigsten Verse aufsagend. Ihm folgte Gustaf Gründgens, diesem ein Quintett hübscher Tänzerinnen, und so ging es weiter von Attraktion zu Attraktion. Es war das verrückteste und modernste Spektakel, das man sich ausdenken konnte, expressionistisch, kubistisch, dadaistisch, eine Mischung von luxuriösem Tanzboden und avantgardistischer Versuchsbühne. Im Lauf ihres kurzen Lebens kam noch andere Prominenz auf die kleine Bühne neben dem Gänsemarkt, an Schauspielern Agnes Straub und Adolf Wohlbrück, an Literaten Erich Mühsam, Hans Reimann und Hans Harbeck.

Natürlich waren auch die Maskentänzer dabei und in ihrem Gefolge ich. Aus Paris hatte ich etwas moderne Musik für Klavier vierhändig. Darius Milhauds Arrangement des »Bœuf sur le Toit« und Saties »Parade« fand ich für den Rahmen besonders geeignet. Ein guter Pianist war mir als Partner versprochen worden.

Bei der Probe erschien ein kleiner, sehr junger Mensch. Er

sagte, sein Vater sei der Tenor Peter Kreuder vom Opernhaus, er habe in Köln Klavier studiert. Ob er vorspielen solle. Dann spielte der junge Mann, und ich war verblüfft. Ein konzertreifer Pianist mit enormer Technik trug etwas vor, was mozartisch klang. Ich fragte, ob er auch vom Blatt spielen könne. »Ich will es versuchen«, sagte Kreuder und raste den Schluß des »Bœuf sur le Toit« herunter, wobei er die beiden Parte der vierhändigen Bearbeitung nebst allen polytonalen Verwicklungen mühelos mit seinen zehn Fingern zusammenzog. Ein perfekter Musiker . . .

»Haben Sie schon vor Publikum gespielt?«

»Ja, oft. Zum erstenmal 1911 in Köln Mozarts A-Dur-Konzert.«

»Vor zwölf Jahren? Wie alt waren Sie denn da?«

»Sechs.«

Da hatte ich einen Partner, der besser spielte als ich. Wir begannen mit Satie, und der »Prestidigitateur chinois«, die »Petite fille américaine«, der »Rag-Time de paquebot« sowie alle anderen Sätze der »Parade« klangen, als hätten wir sie sorgfältig studiert. Nicht anders der »Bœuf sur le Toit«.

»Na sag mal, Kreuder, wie heißt du denn?«

»Peter, genau wie mein Vater.«

»Willst du Konzertpianist werden?«

»Ich denke nicht daran. Komponieren will ich. Aber mein Vater ist Wagnerianer, dem ist schon Mozart nicht seriös genug, drum verbietet er es mir.«

»Willst du schreiben wie Mozart?«

»Nein. Ich liebe Jazz, Ragtime, Tango, überhaupt Tanzmusik. Und die schreibe ich auch. Mein Vater gibt mir kein Geld mehr, seit er das weiß. Und deshalb mache ich hier mit.«

Wir waren nach dem Spielen ins vertrauliche Du geraten, und so blieb es. Peter ist vier Jahre jünger als ich und wurde bald berühmt. Als er schon längst zu den ersten Komponisten des U-Typus gehörte, traf ich ihn um 1930 in dem Berliner Restaurant Schlichter wieder und 45 Jahre später in Salzburg, wo wir beide mittlerweile heimisch geworden sind.

Damals in der »Jungfrau« kassierten wir jede Nacht unsere zwei Dollar für vier Hände. Als dann die Mark stabilisiert wurde, gab Hamburgs literarisches Kabarett am Gänsemarkt seinen paradoxen Zeitgeist auf.

III
Bauhaus, Wien, Paris

Von Rufer waren seit 1922 Briefe aus Wien gekommen, die ich mit Herzklopfen las. Da wurden Begegnungen mit Schönberg, Webern und Berg geschildert, und Rufer bestand darauf, wir sollten in Hamburg moderne Musik methodisch und regelmäßig aufführen.

Beim Künstlerfest im Curiohaus lernte ich den Bankier Tillmann kennen, einen eleganten Bonvivant des sephardischen Typus. Ihn amüsierten meine respektlosen Bemerkungen über Menschen und Institutionen. In vorgerückter Stunde sagte er, wenn ich einmal Rat und Hilfe brauchte, solle ich ihn aufsuchen.

Ich ging zu ihm und fragte, ob er einen Plan wie den von Rufer und mir unterstützen würde. Er hatte wohl etwas anderes erwartet, sah mich freundlich an und sagte: »Ich bin zu wenig in der Musik zu Hause, um dafür die richtige Form zu finden. Aber mein Freund Fehling könnte sich interessieren. Ich werde mit ihm sprechen. Geben Sie mir bitte Ihre Adresse.«

Als ich mich verabschiedete, fragte Tillmann: »Und sonst brauchen Sie nichts?« Er schüttelte den Kopf, weil ich verneinte.

Drei Tage später kam ein Eilbrief von Emanuel Fehling, ich solle ihn anrufen. In seinem Büro am Neuen Jungfernstieg, mit schönem Blick auf die Alster, empfing er mich. Er stammte aus Lübeck, war ein Bruder des Regisseurs Jürgen Fehling, hatte in München gelebt und dort zum Freundeskreis der Gräfin Franziska Reventlow gehört, deren unbürgerliches und sexuell freies Leben damals die literarische Welt beunruhigte. Als erfolgreicher Kaufmann konnte er sich die Unterstützung junger Musiker leisten. Denn trotz seiner Schwerhörigkeit war er ein Liebhaber und guter Kenner klassischer Musik, mit Artur Schnabel und anderen großen Interpreten befreundet und aufgeschlossen gegenüber modernen Tendenzen in den Künsten.

Ich legte ihm den Entwurf zu einem »Konzertzyklus Neue Musik« vor, der den strengen Prinzipien des Schönbergschen »Vereins für musikalische Privataufführungen« folgte und den ich mit Rufer ausgearbeitet hatte. Um den Konzerten beiwohnen zu dürfen, mußte man mit einem Pauschalbetrag die Mitgliedschaft erwerben. Eingelassen wurde nur, wer sich durch eine Mitgliedskarte mit Photo auswies. Diese berechtigte auch zum Besuch aller Proben. Fehling las den Entwurf mit sichtlicher Zustimmung. Bei dem Passus »Kritiker haben keinen Zutritt« lachte er auf. »Großartig. Für den humoristischen Teil wird anderweitig gesorgt. Aber wie denken Sie sich die finanzielle Seite des Unternehmens? Sie wollen doch erstklassige Musiker haben. Die kosten Geld. Wer soll engagieren und zu welchen Bedingungen? Und Sie selber und Ihr Wiener Kompagnon müssen doch auch bezahlt werden.«

Ich antwortete, darüber hätten Rufer und ich uns keine Gedanken gemacht. Ob er selbst uns nicht bei der kaufmännischen Organisation helfen könne. Im übrigen sei die Sache ja nicht als kommerzielles Unternehmen gedacht. Weder Rufer noch ich wollten verdienen. Auch das gefiel dem jovialen und witzigen Kaufmann. Er sagte, in seinem Freundeskreis hoffe er genügend Männer zu finden, die den Plan finanzieren würden. Nach drei Wochen hatte er eine Gruppe reicher Leute zusammen, denen ich in seinem Haus referierte. Nach einer Stunde war der nötige Betrag durch Unterschrift der Anwesenden garantiert, eine stattliche Summe in englischen Pfunden. Rufer und ich sollten für die Einstudierungen monatlich jeder ein Pfund bekommen. Heute klingt das lächerlich; damals konnten wir davon bequem leben.

Im August, bald nach der Rückkehr vom Bauhaus, traf ich Rufer in Hamburg. Er hatte gute Vorarbeit geleistet. Zwölf Programme standen fest, beginnend Mitte September, eingeleitet durch einen Vortrag von Paul Bekker, dem großen Kritiker der »Frankfurter Zeitung«, einem der einflußreichsten Vorkämpfer moderner Musik, namentlich Mahlers, Schönbergs und Franz Schrekers.

Rufer war es gelungen, den Pianisten Eduard Steuermann, Schüler Busonis und Schönbergs, für den ersten Abend zu gewinnen. Er spielte die Klavierstücke op. 23 und die Klaviersuite op. 25 von Schönberg, Werke, in denen die Zwölftontechnik zum erstenmal streng angewandt wird. Der kleine Saal der Kunstgewerbeschule, den uns Direktor Max Sauerlandt, Biograph und Freund

Emil Noldes, unentgeltlich zur Verfügung stellte, war voll. Alle Förderer unserer Sache waren da, auch Flemming und Wilkens, dazu die stattliche Menge Interessierter, die den Lichtbildausweis vorzeigten. Beifallskundgebungen waren nicht gestattet. Trotzdem gab es für Steuermanns großartiges Spiel Applaus, den er sofort durch eine abwehrende Geste erstickte, um dann die beiden Schönbergschen Werke zu wiederholen.

Die Presse war verstimmt, namentlich die beiden einflußreichen Kritiker Herrmann Chevelley vom »Hamburger Fremdenblatt« und Ferdinand Pfohl von den »Hamburger Nachrichten«. Doch unsere Sache fand einen Reflex an sehr prominenter Stelle. Carl Muck, der 1922 die Leitung der Hamburger Philharmonischen Konzerte angetreten hatte, setzte auf seine Programme Schönbergs Orchesterstücke op. 16. Eine Woche vor der Aufführung bat er Rufer und mich, zu einer Probe zu kommen, und fragte Rufer in zwei ihm unverständlichen Vortragsbezeichnungen um Rat. Die Aufführung war makellos.

Im zweiten Konzert spielte Erika Besserer die beiden Sonaten für Violine und Klavier von Béla Bartók, im dritten dirigierte Rufer die Kammerorchester-Bearbeitung von Mahlers »Kindertotenliedern«. Solistin war Martha Windernitz-Dorda, Sopranistin der Hamburger Oper. Sie hatte 1910 in Wien die Uraufführung der Stefan-George-Lieder op. 15 von Schönberg gesungen. 23 Jahre später, nun 53 Jahre alt, sang sie sie bei uns, begleitet von ihrem zweiten Mann, dem Pianisten Richard Goldschmied, einem entfernten Verwandten Schönbergs.

Auf weiteren Programmen des Zyklus standen als Komponisten Berg, Webern, Strawinsky, Milhaud und Poulenc, dessen »Rapsodie Nègre« ich dirigierte.

Auch uns machte die plötzliche Abdrosselung der Inflation zu schaffen. Das Pfund Sterling war über Nacht nur noch zwanzig Rentenmark wert, und die Honorare für Musiker stiegen auf normale Höhe.

Fehling brachte zwar noch einmal einen Stiftungsfonds zusammen. Aber auch der half uns nur noch für kurze Zeit weiter. Inzwischen arbeitete Rufer an dem kühnsten Projekt, das wir uns vorgenommen hatten: dem »Pierrot Lunaire«. Für den Sprechstimmenpart in Schönbergs Opus 21 empfahl man ihm Erika Beilke vom Hamburger Schauspielhaus, die gerade ihren Erfolg als Rhodope in Friedrich Hebbels »Gyges und sein Ring« genoß. Sie war spontan bereit und arbeitete wochenlang an der ungewöhnlichen Aufgabe. Musikalität war vorhanden, und Weihnachten konnten wir ein Datum für die Aufführung festlegen. Sie fand große Zustimmung bei unseren Mitgliedern. Sauerlandt brachte Emil Nolde als Gast mit, der Schönberg schon 1911 nach einem seiner Berliner Vorträge angesprochen und in sein Atelier eingeladen hatte.

Wir baten Schönberg, in den Kammerspielen selbst den »Pierrot Lunaire« zu dirigieren. Einer unserer Förderer, der Großkaufmann Max Temming, arrangierte in seinem Haus eine private Aufführung, für die alle Mitwirkenden großzügig honoriert wurden.

Rufer und ich erwarteten Schönberg, der aus Prag kam, am Hauptbahnhof. Er war in Trauer um seine erste Frau, die kürzlich gestorben war. Ich war sehr aufgeregt, dem großen Mann vorgestellt zu werden. Die Herzlichkeit, mit der er mich begrüßte, nahm mir alle Scheu. »Ich habe durch Rufer viel Gutes von Ihnen gehört«, sagte er. Ich flüsterte ein paar dankbare Worte. Dann brachten wir ihn zu Temming, der ihn eingeladen hatte, bei ihm zu wohnen.

Die Aufführung am 13. Februar war ein sensationeller Erfolg, und Schönberg fuhr zufrieden ab, nicht ohne mich aufzufordern, doch nach Wien zu kommen.

Kurz danach war das fällige Künstlerfest im Curiohaus. Es hieß »Cubicuria«, die seltsame Stadt. Rufer und ich arbeiteten mit. Der Geldüberschuß wurde für Stipendien an junge Künstler verwendet. Eins bekam ich. Es betrug sechshundert Mark. Rufer lud mich ein, bei ihm zu leben. Er hatte im III. Bezirk, Keilgasse 4, eine kleine Wohnung, deren Fremdenzimmer er mir unentgeltlich zur Verfügung stellte. So müßte das Geld für mehrere Monate reichen.

An einem sonnigen Frühlingstag traf ich am Westbahnhof ein. Rufer und seine Freundin Nora Haack brachten mich zu sich nach Haus.

Beim Essen erfuhr ich, daß Schönberg in Mödling sei, aber demnächst nach Wien käme. Dann würde ich ihn besuchen und mit ihm über Unterricht sprechen können. Durch die lange Reise ermüdet, ging ich bald schlafen. Am nächsten Tag stand ich zeitig auf. Ich war zeitlebens ein Morgenmensch, hatte vormittags die beste Arbeitslaune, hielt aber bei nächtlichen Gesellschaften nicht lange aus.

Da ich Berg und Webern nicht kannte, beschloß ich, Eduard Steuermann als ersten zu besuchen. Durch sein überragendes Klavierspiel, ebenso aber seine Bildung und Intelligenz, hatte er bei der Hamburger Begegnung vorigen September starken Eindruck auf mich gemacht. Er war 31 Jahre alt und stammte aus Lwow, wo sein Vater zu den freisinnigen jüdischen Patriziern gehörte. Im Hause verkehrte nicht nur die beste Gesellschaft der polnischen Stadt, sondern auch das österreichische Offizierskorps und der Landadel. Sein geistgeprägtes Gesicht mit dem rötlichen Haar hatte die charakteristische jüdische Mischung von schwermütigem und ironischem Ausdruck.

Steuermann war zu Hause, öffnete die Tür und empfing mich sehr herzlich. Er stellte mich seiner Frau vor, die selbst eine gute Pianistin war und unter ihrem Mädchennamen Hilde Merinsky im Schönberg-Verein die Toccata von Busoni gespielt hatte.

»Was haben Sie in Wien vor?« fragte Steuermann. Ich erzählte ihm von meinem Stipendium und dem kühnen Wunsch, bei Schönberg Komposition zu studieren.

»Hoffentlich haben Sie Glück. Soweit ich weiß, ist Schönberg durch allerlei private Sorgen sehr in Anspruch genommen und nimmt niemanden als Schüler. Was machen Sie, wenn er nicht kann?«

Ich meinte, das wolle ich mit Rufer besprechen. Mich interessiere vor allem die neue Zwölftontechnik.

»Die wird Schönberg sowieso nicht mit Ihnen behandeln. Er unterrichtet nur die klassische Satzkunst und hat uns lediglich in einem informierenden Vortrag von seiner neuen Methode erzählt.«

Steuermann fragte noch, ob ich Klavier spiele. Ich berichtete von meiner Mutter und meinen eigenen autodidaktischen Versuchen. Auf seinen Wunsch spielte ich ihm ein paar Takte Debussy vor.

Nach dem Gespräch durfte ich Steuermanns Bücher ansehen. Ich war von der Fülle seiner Interessengebiete sehr beeindruckt; sie reichte von der großen Literatur bis zu den österreichischen Zeitgenossen. Auf dem Flügel lag die neue Nummer der »Fackel«, und im Regal standen die Hauptwerke von Karl Kraus bis zu den »Letzten Tagen der Menschheit«.

Steuermanns Prophezeiung traf ein. Ein paar Tage später lud Schönberg seine Freunde in die Wohnung von Dr. Kolisch in der Wiedener Hauptstraße zum Kaffee ein. Rufer brachte mich mit. Obwohl die Hamburger Begegnung nur kurz gewesen war, begrüßte mich der Meister wie einen alten Bekannten. Er galt als schwieriger Mann und konnte – wie ich es später selbst und an anderen erfahren habe – den Gesprächspartner mit kaustischer Ironie verletzen. Doch in diesem Frühling schien er in einer Euphorie zu leben, die vielleicht mit Gertrud Kolisch zusammenhing. Als ich ihn aber bat, mich zu unterrichten, bedauerte er, keine Zeit zu haben.

An dem unvergeßlichen Nachmittag lernte ich außer der alten Frau Dr. Kolisch auch ihre beiden Kinder kennen, den Geiger Rudolf Kolisch und Gertrud. Rufer stellte mich Anton von Webern und Alban Berg vor. Webern, der in der Wertordnung des Schönberg-Kreises gleich nach dem Meister kam, machte mir wenig Eindruck. Er wirkte wie ein drahtiger kleiner Schulmeister, wollte von mir nur wissen, bei wem ich studiert hätte, und ließ mich bald stehen. Ob seine Frau dabei war, weiß ich nicht mehr.

Wie anders Alban Berg! Ich wurde ihm und seiner Frau Helene vorgestellt. Sie bezauberten mich jungen Menschen durch ihre Courtoisie. Beide waren hochgewachsen und elegant. Er wollte wissen, was ich schon von Wien gesehen hatte, ob ich im Wurstelprater gewesen und mit dem Riesenrad gefahren sei. Dabei lächelte er so freundlich, daß ich sofort Zuneigung für ihn empfand. Bewundern tat ich ihn seit langem.

Es fiel auf, daß sich Schönberg bald mit der Tochter des Hauses zurückzog. Die beiden sollen sich an diesem Abend verlobt haben.

Zu Hause überlegte ich mit Rufer, was zu tun sei, um den Sinn meines Stipendiums zu erfüllen. Webern lag mir als Typus gar nicht. Er war humorlos, und ich spürte, daß ich nie Kontakt mit ihm finden würde. Berg war mit Unterricht und einer großen neuen Komposition so beschäftigt, daß er keine Schüler dazu nahm. Auch war es fraglich, ob er sich in der Zwölftontechnik schon sicher genug fühlte, um sie zu lehren.

Wir beschlossen, auf eigene Faust die Gefilde der Reihenmusik zu durchstreifen. Seither setzten wir uns täglich zusammen hin, erfanden Reihen, ordneten sie nach Typen. Ich wollte weiterkommen und machte Versuche mit rhythmischen Serien, die ich zu den Tonhöhenreihen addierte. Gemeinsam entwickelten wir Spiegelverfahren. So lernten wir tatsächlich durch eigene Erfahrung vieles, was später in die Technik anderer Komponisten überging.

In der Musikalienhandlung Haslinger entdeckte ich ein seltsames Stück Musik. Es hieß »DIE MASCHINE, eine extonale Selbstsatire für Klavier zu vier Händen«. Der Verfasser nannte sich HEAUTONTIMORUMENOS. Rufer und ich fanden im Brockhaus, daß der unaussprechliche Name aus einem Lustspiel von Terenz stammt und Selbstquäler bedeutet. Viel später erfuhr ich, daß sich hinter dem Pseudonym ein Schüler Alban Bergs versteckte, Fritz Heinrich Klein. Er schrieb den Klavierauszug des »Wozzeck«.

Da gab es nun ein »Rhythmusthema«, ein »Modellthema«, ein »Intervallenthema«, eine »Neutralskala«, ein »Kombinationsthema« und den »größten Akkord der Musik«, vom Verfasser »Mutterakkord« genannt, bestehend aus zwölf verschiedenen Tönen und elf verschiedenen Intervallen (nicht zwölf, wie Klein irrtümlich schreibt).

Solche Experimente gingen damals unter den modernen Wiener Musikern um. Es gab einen Prioritätsstreit über die Erfindung zwölftöniger Melodien zwischen der Schönberg-Schule und Josef Matthias Hauer. Ich kannte seine wunderlichen Theorien schon aus Hamburg, wo seine Schrift »Vom Wesen des Musikalischen« mich gefesselt hatte, und beschloß, ihn aufzusuchen. Der große, etwas schielende, in breitem oberösterreichischen Dialekt sprechende Mann empfing mich mißtrauisch. Aber als ich ihm sagte, ich hätte schon voriges Jahr über seine Theorien in Deutschland geschrieben, schlug sein Groll in Begeisterung um. Er setzte sich ans Klavier, spielte mir vor, was er seine »Tropen-Ordnung« der zwölf Töne nannte, und erfand spontan zahllose zwölftönige Melodien, die er mir vorpfiff, wobei ich so schnell gar nicht kontrollieren konnte, ob sich wirklich kein Ton wiederholte.

Über Schönberg sprach er zurückhaltend; vielleicht, weil dieser im »Verein für musikalische Privataufführungen« mehrere Werke von ihm hatte spielen lassen. Er schien mir nicht so sehr ein Musiker als vielmehr ein spintisierender Philosoph und Mystiker, für den Musik nur ein Teil eines großen Weltsystems war. Für ihn galt nur Melos; Rhythmus und Dynamik lenkten von der Musik ab. Er verwarf beides. Seine Musik durfte nur auf temperierten Instrumenten, also Klavier, Harmonium oder Orgel, gespielt werden.

Von Beruf Volksschullehrer, wirkte der egozentrische Mann wie eine Mischung von Narr und Genie. Viele Zeitgenossen waren durch seine Strenge und Armut beeindruckt. Franz Werfel hat in dem Drama »Spiegelmensch« sein Bild gezeichnet und läßt Hauer auch in »Verdi. Roman der Oper« als Matthias Fischböck auftreten.

An einem der ersten Sonntage luden Rufers Eltern uns zum Mittagessen ein. Adolf Loos, der große, umstrittene Architekt und Freund Schönbergs, hatte für sie eine Villa im eleganten XIII. Bezirk gebaut, ein weißes Haus mit glatter Fassade und Zimmern, die türlos ineinander übergingen. Vater Rufer war ein reicher Mann, sehr liebenswürdig zu mir, doch nicht ohne die Ironie der österreichischen Oberklasse gegen die Preußen, die »Piefkes«, wie sie uns nannte. »Schmeckt es schön?« fragte er mich bei Tisch, »bei uns schmeckt es nur gut.« Ich mußte an Bernard Shaws Wort denken, daß die Engländer und Amerikaner durch eine gemeinsame Sprache getrennt sind. Als Nora mich einmal bat, beim Schlächter um die Ecke Suppenfleisch zu holen, fragte mich die Fleischersfrau, ob es vom Spitz sein solle. Ich glaubte, es handele sich um einen bellenden Spitz, und antwortete, wir wollten kein Hundefleisch, sondern Rind.

Inzwischen war es Mai geworden. Wien war von einer fast südlichen Schönheit und schon recht heiß. Am 2. Mai waren wir zu einem Hauskonzert bei dem Mäzen Schwarzmann eingeladen. Er bewohnte eine große Etage im I. Bezirk. Der Anlaß war die private Uraufführung (vor der öffentlichen in Donaueschingen) von Schönbergs Serenade op. 24. Der Meister dirigierte selbst die sieben Instrumente. Die Geige spielte Kolisch, die Klarinette der berühmte Soloklarinettist der Philharmoniker Viktor Polatschek, das Petrarca-Sonett sang Alfred Jerger. Unter den Gästen waren Paul Bekker und Hanns Eisler, den ich dort kennenlernte.

Für Juni war eine große internationale Musik- und Theaterausstellung vorbereitet. Der junge Hans Heinsheimer von der Universal Edition hatte mich zur Mitarbeit empfohlen, und ich suchte das Büro der Ausstellung auf. Da saß ein Mann mit auffallendem Gesicht, großer Nase und Falten um den Mund, die den Wogen einer physiognomischen Brandung glichen. Diplomingenieur B. Fred Dolbin war ein vielbegabter Intellektueller mit genialen Zügen. Er hatte 1908/09 an Schönbergs Kompositionskursen in den Schwarzwaldschulen teilgenommen, entdeckte aber dann sein Talent für karikaturistische Zeichnung. Blitzschnell mit wenigen Strichen verstand er, nicht so sehr das Typische als vielmehr das Charakteristische an einem Gesicht, einer Geste, einer Körperhaltung festzuhalten. Schon damals, 1924, waren seine Karikaturen aus dem Kreis der Wiener modernen Komponisten berühmt und in vielen Zeitschriften und Zeitungen veröffentlicht.

Dolbin gab mir einige Aufträge; ich schrieb für den Ausstellungskatalog kleine Texte, stellte die Verbindung mit Antheil her und machte mich auf alle denkbare Weise nützlich. Neben den Kompositionsstudien mit Rufer füllte das meine Tage reichlich aus. Nur sonntags setzte Rufer mit Nora und mir die Streifzüge durch die Stadt und ihre herrliche Umgebung fort. Wir besuchten den Prater, Schloß Schönbrunn, das hoch über Wien gelegene Hotel Kobenzl und den Wienerwald.

In diese Zeit der Lebensfreude und vielseitigen Beschäftigung traf eine Schreckensnachricht. Im »Neuen Wiener Tagblatt«, das jeden Morgen vor Rufers Tür lag, fand ich eine Notiz: Die Maskentänzer Lavinia Schulz und Walter Holdt wurden gestern früh in ihrer Hamburger Kellerwohnung tot aufgefunden. Frau Schulz hatte zuerst ihren Mann und dann sich erschossen. Den Revolver hielt sie in der Hand. Zwischen den beiden Toten lag unversehrt ihr einjähriges Söhnchen. Als Grund für die Bluttat werden Nahrungssorgen vermutet.

Sofort telegraphierte ich den Eltern Holdt und schickte einen Brief an sie nach. Wenige Tage später kam die Traueranzeige. Zwei Wochen danach schrieb mir Hinrich Holdt, im Nachlaß habe sich das Hauptbuch gefunden, das Walter täglich über seine Ausgaben und Einnahmen geführt hatte. Danach stünden mir für Arbeit als Korrepetitor 324 Mark zu, die er mit gleicher Post an mich überweise. Ich war tief bewegt und überlegte mir, ob ich diesen

Gruß aus dem Jenseits annehmen solle. Aber es hätte den Hamburger Kaufmannsstolz des alten Holdt gekränkt, wenn ich das Geld zurückgewiesen hätte. So nahm ich es an. Mein Wiener Aufenthalt konnte dadurch verlängert werden. Lavinias und Walters Lebenswerk war vernichtet. Beide waren noch nicht dreißig Jahre alt geworden. Es fand sich kein Nachfolger, das künstlerische Vermächtnis dieser einzigartigen Menschen zu erfüllen. Unbelebt standen hinfort die lebensgroßen Maskengeschöpfe in Vitrinen. Nur Fragmente davon haben den Bombenkrieg überdauert.

Mittlerweile waren die Arbeiten für die Theater- und Musik-Ausstellung beendet. Zur Eröffnung dirigierte Anton von Webern Schönbergs »Friede auf Erden«; seine Kunst, mit sparsamster Stabführung die reiche Polyphonie durchsichtig zu machen, imponierte mir. Von den vielen interessanten Objekten, die zu der Ausstellung aus anderen Ländern gesandt worden waren, fand ich neben Fernand Légers abstraktem Film »Ballet Mécanique« die Farblichtmusik von Ludwig Hirschfeld-Mack und die Raumbühne von Friedrich Kiesler besonders wichtig. Aus allen dreien sind wesentliche Gedanken und technische Mittel in künftige Theater- und Filmversuche übernommen worden.

Bei der Eröffnungsfeier, an der alle Freunde und Schüler Schönbergs teilnahmen, stellte mich Rufer dem Architekten Adolf Loos vor. Der geniale und hochoriginelle Mann fiel sofort durch die unkonventionelle Gepflegtheit seines Anzugs auf. So trug er die Bügelfalte seiner Hosen nicht vorn und hinten, sondern an den Seiten. Er verspottete im Gespräch alle Traditionen, kannte keine Tabus und war spontan, manchmal sogar etwas wahllos, begeistert für jede künstlerische Neuerung. Da er schwer hörte, saß er in Konzerten mit moderner Musik (andere besuchte er gar nicht) in der ersten Reihe und benutzte demonstrativ ein großes Hörrohr.

Auch den Kritiker Paul Stefan lernte ich bei der Eröffnung kennen. Der große, schlanke Mann mit dem immer verbindlichen Lächeln, dem braunen Spitzbart und den weichen Bewegungen gehörte seit der Jahrhundertwende zu den journalistischen Vorkämpfern der neuen Musik und darüber hinaus alles Modernen in der Kultur. Er hatte sich für Gustav Mahler und Gustav Klimt, für Arnold Schönberg und dessen Schüler, für Adolf Loos und Oskar

Kokoschka mit gleicher Beredsamkeit eingesetzt. Sein Fleiß als Kritiker der Wiener »Stunde« war legendär; Loos behauptete, er werde täglich in verschiedenen Konzerten und Opernaufführungen gleichzeitig gesehen.

Schönberg kam Anfang August aus Donaueschingen zurück, wo die öffentliche Uraufführung seiner Serenade op. 24 ihm große Ehrungen gebracht hatte. Er war von der Person des Prinzen Max Egon Fürstenberg und dem Aufenthalt als Schloßgast sehr beeindruckt und fühlte sich in seiner Neigung zu aristokratischen Lebensformen bestätigt. Mittlerweile hatte er sich mit Gertrud Kolisch verlobt. Sie heirateten am 28. August. Am 13. September war Schönbergs 50. Geburtstag. Er wurde von der Stadt Wien durch eine Feier im Rathaus mit Ansprache des Bürgermeisters Karl Seitz festlich begangen. Anschließend dirigierte Felix Greißle die Uraufführung des sozusagen noch tintennassen Bläserquintetts op. 26, das Schönberg seinem Enkel, »dem Bubi Arnold«, widmete.

Ich hatte anfangs geglaubt, meinen Wiener Aufenthalt im August beenden zu müssen. Nun blieb mir noch etwas Geld, und ich war dankbar für Rufers Einladung, weiter sein Hausgast zu sein. So nahmen wir an den Vorbereitungen zu der wichtigsten Schönberg-Premiere dieser Herbstwochen teil. Das 1913 beendete Drama mit Musik »Die glückliche Hand« war ebenso wie das 1909 entstandene Monodram »Erwartung« bis 1924 unaufgeführt geblieben. Beim Musikfest in Prag hatte Alexander von Zemlinsky am 6. Juni das Monodram dirigiert. Nun war Fritz Stiedry bei den Proben für die »Glückliche Hand«. Die Uraufführung in der Wiener Volksoper fand am 14. Oktober statt. Mit dem unentbehrlichen Alfred Jerger in der einzigen Singrolle, Staatsopern-Primaballerina Hedy Pfundtmayr als Frau, inszeniert von Josef Turnau, machte das geheimnisvolle, von sprechenden und singenden Chören getragene Werk auf uns alle den stärksten Eindruck, mehr noch als die Serenade und das Bläserquintett.

Aus Worpswede schrieb mir Hirsch, er habe gemeinsame Pläne mit mir und wolle mich bald sehen. Anfang November nahm ich Abschied von Wien, dankbar für die wahrhaft entscheidenden Eindrücke und wichtigen Begegnungen, dankbar namentlich für Rufers Gastfreundschaft und kompositorische Anregungen.

Mein Zug fuhr über Prag. Es war ein trüber Novembertag, doch als wir uns der Moldau näherten, kam ein Strahl Sonne durch. Bewundernd sah ich aus dem Fenster des Abteils dritter Klasse den Hradschin und die patinierten Barocktürme der Stadt. Ich kannte sie nur aus den Büchern von Gustav Meyrink, Max Brod und Franz Werfel, hatte mir aber von ihrer großartigen Lage und architektonischen Schönheit keinen Begriff gemacht. Nun prägte ihr Bild sich mir so stark ein, daß ich Sehnsucht verspürte, sie näher kennenzulernen.

Spät abends traf ich in Bremen ein und fand meine Eltern in der kleinen Wohnung Obernstraße wohlbehalten vor. Sie hatten mir Geschenke für den schon vergangenen Geburtstag aufgehoben. Von meinem Bruder lagen neue Nachrichten vor. Er hatte sich mit einer Bremer Kaufmannstochter, Henny Overbeck, verlobt und wollte nach der Heirat in die schwiegerväterliche Firma in Bahia, Brasilien, eintreten.

Zwei Tage später traf ich Karl Jakob Hirsch in Worpswede. Er hatte sich von Gulo getrennt und stand vor der Verheiratung mit Wera Weidemeyer, geb. Frischen. Dann wollte er nach Berlin übersiedeln und da einen Verlag gründen, an dem ich mitarbeiten sollte. Wera war Amerikanerin und verfügte über ein Vermögen, das sie in den Plan investieren wollte. Freilich hatte das alles noch gute Weile.

Ich hatte in Wien zu meinem eigenen Vergnügen mehrere Aufsätze geschrieben, die ich Paul Westheim für sein »Kunstblatt« und Heinsheimer für die »Musikblätter des Anbruch« gab und die gleich erschienen. Nun beschloß ich, in Bremen auf diesem Gebiet weiterzuarbeiten. Ich las viel Literatur über Musikgeschichte und allgemeine Ästhetik, machte mir eigene Gedanken dazu und trug so die Grundlagen für ein neuartiges Bild der Musik zusammen. Dabei leiteten mich die genialen Erkenntnisse der Schönbergschen Harmonielehre ebenso wie die aphoristischen Lehrsätze von Busonis »Entwurf einer neuen Ästhetik der Tonkunst«. Auch die Gespräche mit George Antheil über mechanische Musik, die mit Hauer über atonales Melos und die Wiener Diskussionen mit Rufer und anderen Angehörigen des Schönberg-Kreises hatten Einfluß auf meine Ideen.

Manches sah ich kritischer als vor dem Aufenthalt in Wien. Dort war – zumindest bei den Anhängern Schönbergs – alles verpönt, was mit Strawinsky und dem neufranzösischen Klassizismus zu tun hatte. Mich hingegen fesselten die Arbeiten der »Six«, die antiromantischen Gedankenspiele Jean Cocteaus. Ich spielte entzückt die »Bestiaire«-Lieder, die Francis Poulenc nach Gedichten von Guillaume Apollinaire geschrieben hatte. Auf meine eigenen Kompositionen der damaligen Zeit wirkte Strawinskys »Histoire du soldat« seit der unvergeßlichen Weimarer Aufführung im Sommer 1923 sprachbildend ein. Mein Sinn für elementaren Rhythmus blieb in der Kunst Schönbergs und Weberns unbefriedigt, und ich suchte nach einer Synthese, in der die beiden antithetischen Bekenntnisse der Wiener und der französischen Moderne sich vereinigen konnten.

All das gab Stoff genug für Glossen, längere Notizen und richtige Aufsätze, die sich auf meinem Schreibtisch ansammelten. So ging das Jahr 1924 unter neuen Aspekten zu Ende: Ich sah Aufgaben in einer persönlichen Art von Musikschriftstellerei und fand damit Gegenliebe bei immer mehr Zeitschriften und Zeitungen. Anfang 1925 riefen mich Freunde nach Hamburg, wo ein neues Künstlerfest vorbereitet wurde.

Die Alsterstadt kam mir verwaist vor, da Walter und Lavinia Holdt nicht mehr lebten. Ich fand ein möbliertes Zimmer in dem Haus, wo sie gestorben waren. Meine Zeit verteilte ich auf Partiturstudien an den Renaissancemeistern im Johanneum und Aufführungen der Kammerspiele. Die alten Freunde waren noch da. Gelegentlich bat mich Roters, ihn bei der Bühnenmusik zu vertreten.

Gustaf Gründgens hatte für das Fest im Curiohaus die Inszenierung einer Revue übernommen, für die ich Musik machte. Das Ganze hieß »Noatawa«, spielte in einer Gauguinschen Südseelandschaft und hatte einen operettenhaft-exotischen Charakter, den Otto Alfred Palitzsch' Verse ebenso betonten wie meine Musik.

Erich Ziegel brachte in den Kammerspielen Edmond Rostands »Cyrano von Bergerac« in der ausgezeichneten Übersetzung Ludwig Fuldas heraus. Roters hatte die Bühnenmusik geschrieben und gab mir eine Karte für die Premiere. Das Stück von der fatal großen Nase amüsierte mich sehr, die Aufführung war inspiriert und flüssig. Die kleine Zofenrolle spielte Lilo Dammert, Tochter des Rudolf Dammert in Berlin, der das russisch-romantische Theater gegründet hatte. Nach der Premiere lernte ich sie im H. K. kennen. Wir freundeten uns an, und wie ich ihre Proben in den Kammerspielen besuchte, so kam sie ins Curiohaus, wo ich mit Gründgens die »Noatawa«-Revue vorbereitete. Der elegante blonde Rheinländer verblüffte mich schon damals durch seine Musikalität. Er sang in einem intellektualisierten, hintergründig ironischen Operettenstil mit hübscher Baritonstimme, und er tanzte mit ebensoviel rhythmischer Präzision wie körperlicher Anmut. Alles, was ich später in Berliner Offenbach-Aufführungen wie »Perichole« und »Die Banditen« an dem reifen und berühmten Mann bewunderte, war in diesen Hamburger Jahren schon vorhanden und zur Perfektion gebracht.

Eines Wochenendes kam Lilos fünfzehnjähriger Bruder Hansjörg. Er besuchte das Berliner Französische Gymnasium, komponierte im Stil Darius Milhauds, kannte alle moderne Musik und war neugierig, mich kennenzulernen und auszufragen. Zu dritt verbrachten wir fortan die Wochenenden und machten Pläne zu einer gemeinsamen Reise nach Paris. Kurz vor dem Fest im Curiohaus traf ich den Regisseur Hans Detlev Sierck, den ich flüchtig schon in der alten Tafelrunde kennengelernt hatte. Meine Bühnenmusik zu »Ugolino« hatte ihm gefallen; ob ich Grillparzers »Der Traum ein Leben« kennte? Nein, ich kannte das Stück nicht. Sierck bat mich, es zu lesen: er wolle für seine Inszenierung im Bremer Schauspielhaus eine moderne Musik dazu. Das Stück in seiner spanisch inspirierten Märchenwärme gefiel mir, und ich sagte zu. Sierck, glänzender moderner Regisseur, wurde nach 1942 unter dem Namen Douglas Sirk in Amerika zum Star.

Das »Noatawa«-Fest war turbulent. Ich dirigierte statt des verhinderten Roters meine Musik selbst, überanstrengte mich dabei in jeder Hinsicht und brauchte Erholung. Ich fuhr nach Bremen, machte Vertrag mit dem Schauspielhaus und war unversehens im Besitz eines Vorschusses, der mich für ein paar Wochen von allen Sorgen befreite.

In diesem Moment kam ein Brief von George Antheil aus Paris. Er lud mich ein, das Hotelzimmer zu bewohnen, das er zum Klavierüben gemietet hatte, aber nie zum Wohnen benutzte. Für mich war das ein Wink vom Himmel. Ich telegraphierte, daß ich am nächsten Montag um acht Uhr dreißig früh an der Gare du Nord einträfe, packte meine Kleider und den Stoß Notenpapier mit der begonnenen Grillparzer-Musik zusammen und fuhr ab. Die Nachtfahrt in dem überfüllten Zug war eisig. Ich schlief frierend auf dem Fußboden und kam völlig übermüdet und unterkühlt in Paris an, dessen Vororte ich ebenso abscheulich fand wie die schmutzige Bahnhofshalle. Aber da standen George und Böschke, umarmten mich, nahmen meinen Koffer und setzten mich in ein Taxi, das uns zur Rive Gauche brachte. Das kleine, saubere Hotel hieß »Helvetia« und lag in der Rue de Tournon ganz nah vom Luxembourg-Park. Die alte Wirtin, Madame Lenoir, tätschelte mich: »Pauvre garçon, si pâle!« Antheils und ich fuhren in den ersten Stock: Da war das Zimmerchen, rosa tapeziert, großes französisches Bett, an der Wand ein Pianino. Es war gut geheizt, und beim Auspacken meiner Sachen, die alle im Wandschrank Platz fanden, wurde ich endlich warm.

Antheils schlugen vor, einen heißen Kaffee zu trinken und anschließend zu ihnen zu gehen, vielleicht einen Bummel durch das Quartier Latin zu machen. An der Place de l'Odéon setzten wir uns in ein kleines Caféhaus, und ich kostete zum erstenmal das seltsame Gebräu, das die Nation der Feinschmecker Café au lait nennt: Um so besser mundete der Croissant, ein Hörnchen aus Blätterteig. Wir saßen am Fenster und sahen auf das kleine Théâtre de l'Odéon mit den Bouquinistenständen an den Seiten, wo man für ein paar Sous Kostbarkeiten erstehen konnte.

Es war halb elf geworden, Zeit, Antheils Wohnung aufzusuchen. Wir bogen in die Rue de l'Odéon ein, und bald kamen wir links an einen Buchladen mit der Aufschrift »Shakespeare & Company«. Drin war Sylvia Beach, eine amerikanische Freundin von George, die sich in den Kopf gesetzt hatte, den verfemten James Joyce zu fördern. Über dem Laden war eine kleine Wohnung untergebracht: da lebten George und Böschke. Ein Klavier ließ sich hier nicht aufstellen, darum das Übezimmer im Hotel Helvetia.

George zeigte mir das noch nicht fertige Manuskript seines mittlerweile umgeschriebenen »Ballet Mécanique« für acht Klaviere, ein mechanisches Klavier und Schlagzeuggruppe, die unter anderem einen Flugzeugmotor enthielt. Es war angeregt durch Fernand Légers gleichnamigen Film, den ich aus Wien kannte.

Um zwölf brachen wir zum Essen auf. Sylvia Beach hatte Besuch von einem älteren Ehepaar. Er, ein breiter Mann mit dunkler Brille, saß im Armsessel, die Damen standen neben ihm. George stellte mich vor: es war James Joyce. Zu einer Unterhaltung kam es nicht, da die drei in einer geschäftlichen Besprechung über den »Ulysses« waren. Übrigens kannte ich damals weder den später so berühmt-berüchtigten Buchtitel noch den Namen des blinden irischen Dichters, den ich später so bewunderte.

In einem kleinen Restaurant am Ende der Rue de l'Odéon lud George mich zu einem Mittagessen mit dem besten Coq au vin, den ich je gekostet habe, und einem offenen roten Wein, der mich mehr belebte als vorher der bläuliche Milchkaffee. Nach dem Essen fuhren wir mit dem Autobus nach Montparnasse, um im Café du Dôme Freunde zu treffen. Auf dem Weg schmerzte mich das rechte Bein so, daß ich mich von Antheils verabschiedete und mit einem Taxi ins Hotel fuhr. Ich ging schlafen und erwachte am nächsten Morgen mit großen Schmerzen. Antheils schickten ihren Arzt. Ich hatte mir einen schweren Rheumatismus zugezogen und durfte das Bett nicht verlassen. Vierzehn Tage lang sah ich von Paris nur ein paar Häuser der Rue de Tournon und morgens den Aufzug der berittenen Garde Républicaine, die ihr Quartier im Luxembourg-Park hatte. Antheils und Freunde aus Hamburg wie Paul Hamann und seine bei Fernand Léger studierende Frau besuchten mich. Mühsam schrieb ich im Bett meine Grillparzer-Musik für Hans Detlev Sierck und das Bremer Schauspielhaus zu Ende. Als ich fertig war, konnte ich zu ersten Gehversuchen das Bett verlassen. Es war April geworden, Paris von lauen Lüften erfüllt.

Mein Geld war fast aufgebraucht, mittags aß ich eine Tüte frischer Pommes frites, die man auf der Straße kaufen konnte, danach im Café du Dôme zum Kaffee einen Croissant. Aber ich spürte die materielle Not kaum. Das heitere, bewegte Leben im Quartier Latin machte mich glücklich und anspruchslos. Alle paar Tage schickte ich einen kleinen Aufsatz an deutsche Redaktionen, und meistens wurde er gedruckt und brachte ein bißchen Honorar. Antheil machte mich mit amerikanischen und französischen

Freunden bekannt. Ezra Pound war überrascht, als ich ihm von meiner Übersetzung seines »Antheil and the treatise on harmony« erzählte. Der journalistisch erfolgreiche Ernest Hemingway, gerade aus Spanien zurück, fand Gefallen an mir, erzählte begeistert von Stierkämpfen und baskischen Mädchen und vergaß nie, meine bescheidene Zeche mitzubezahlen. Er benahm sich – ganz anders als Joyce und vor allem Pound – wie ein normaler Mensch, zeigte keine Extravaganzen im Anzug und hatte Sinn für die Nöte gleichaltriger oder jüngerer Kollegen.

Ein Freund Darius Milhauds war der junge Baron Jacques Benoist-Méchin, den ich bei Antheil traf. Er sagte mir, Milhaud sei gerade aus Aix-en-Provence nach Paris gekommen und er wolle mich gern bei ihm einführen. Ich besuchte den von mir bewunderten Komponisten in seiner Wohnung, 10 Boulevard de Clichy, und er nahm mich aufs freundlichste auf. Die kleine Wohnung, durch deren offene Fenster der ganze Lärm des Pariser Vergnügungsviertels drang, war mit Büchern, Noten, Manuskriptblättern bis unter die Decke gefüllt. An den Wänden hingen Bilder von heute unermeßlicher Kostbarkeit: Ein besonders schöner Picasso war nur eines der vielen Stücke in dieser Sammlung. Als ich in den fünfziger Jahren Milhaud wieder in Paris besuchte, fand ich alles unverändert, sogar ein Staubfleck unten am Picasso kam mir bekannt vor.

Ich berichtete von meinen Briefkontakten mit Florent Fels, Georges Auric und Francis Poulenc, zeigte ihm auch einen Aufsatz im »Anbruch«, den ich über neue französische Musik geschrieben hatte. Er war bemüht, mir alle Türen in Paris zu öffnen, gab mir Empfehlungen an Rolf de Maré, den Leiter des Ballet Suédois, und an Madame Bériza, eine Sängerin und Mäzenin. So bekam ich Freikarten für deren Premieren. Madame Bériza war seit kurzem mit einem schwerreichen Kaufmann verheiratet. Sie gründete eine Privatoper am Montparnasse, wo ausschließlich zeitgenössische Werke aufgeführt wurden. Ich erinnere mich an Gian Francesco Malipieros »Sette Canzoni«, die seit 1924 im Spielplan waren, und an Henri Sauguets hübsche Komödie »Le plumet du colonel«, beide modern ausgestattet und gut gesungen. Als ich 1966 einen meiner Besuche in Maurice Ravels Haus in Montfort-L'Amaury machte, fand ich eine neue Verwalterin. Im Gespräch gab sich die alte Dame als Madame Bériza zu erkennen. Sie sprach mit leuchtenden Augen von ihrem Theater, das bald Konkurs anmelden mußte. »Oui, j'ai ruiné mon mari pour ce projet, mais je ne le regrette pas!«

Ich habe Darius Milhaud oft wiedergesehen, vor 1933 in Berlin, wenn er in der Funkstunde eigene Werke dirigierte, 1934 in Paris bei der Uraufführung von Strawinskys »Perséphone« an der Grand Opéra, wo er im Frack und mit Chapeau Claque neben Picasso saß, und auch nach 1945. Am Mills College zu Oakland bei San Francisco empfing er mich 1949 mit der Bemerkung, ich sei der erste in Europa gebliebene Deutsche, den er und seine Frau Madeleine in Amerika empfingen. Seine ganze Familie sei durch die Nazis ausgerottet worden. Doch wisse er, daß ich nicht kollaboriert habe. Es gab ein gutes französisches Déjeuner; die einzige Artischocke, die Frau Madeleine aufgetrieben hatte, stand auf Darius' Platz, was sie mit einem Wort über seine Diät entschuldigte.

Mir fiel schon 1925 seine ungesunde pergamentgelbe Gesichtsfarbe auf. Milhaud litt an einer seltenen Krankheit, die jede Transpiration verhinderte. Später kamen andere Leiden hinzu, und er mußte im Rollstuhl gefahren werden. Doch sein legendärer Fleiß blieb von alledem unberührt. Als Gustav Rudolf Sellner 1963 in Westberlin die ganze »Orestie« in Milhauds genial-origineller Vertonung, mit Sprechchören und Schlagorchester, inszenierte, waren wir viel zusammen und hatten ein Gespräch vor der Fernsehkamera, bei dem die ruhige, treffsichere Schlagfertigkeit dieses großen provenzalisch-jüdischen Musikers zum Ausdruck kam.

Er war von allen Komponisten, die ich kannte, der neidloseste, ein Kollege und Kamerad, der auch solchen half, die künstlerisch nichts mit ihm gemeinsam hatten. Seine Bewunderung für Strawinsky blieb unverändert, sogar als dieser sich immer offener über Milhauds Musik lustig machte und von der Oper »Christophe Colombe« sagte: »C'est la crême de la merde.« Mit Schönberg verbanden Milhaud seit seinem Besuch in Wien und Mödling 1922 freundschaftliche Gefühle, obgleich er als Neoklassizist weder die Lösung von der Tonart noch die zwölftönige Ordnung bejahen konnte.

Gewiß ist Milhauds Tonsprache und seine Lebensleistung durch den Begriff des Neoklassizismus nicht definiert. Da spielen auch ganz andere künstlerische Züge hinein, namentlich folkloristische aus der provenzalischen Heimat, konstruktive in der methodischen Verbindung zweier und mehrerer Tonarten, geflissentlich-eklektische in der Adoptierung von Ragtime, Jazz und südamerikanischen Tänzen. Doch mit der Distanzierung vom deutsch-romantischen Musikgeist und seinem Hauptelement, dem melodisch-harmonischen Espressivo, war Milhaud ein französischer Klassizist, früher und radikaler als Strawinsky.

Paris war 1925 musikalisch eine Hochburg der neuen Klassizität und damit Wiens Antithese. Nur fand ich die Toleranz der französischen Komponisten größer als die der österreichischen. Wenn im Schönberg-Kreis von Satie oder den »Six« gesprochen wurde, dann bestenfalls mit einer Art Liebe von oben herab: ja, sehr hübsch, sehr kultiviert, sehr ästhetisch. Nur Schönberg selbst konnte sich erlauben, Milhauds »leichte Hand« zu rühmen und auf die Sicherheit des Metiers hinzuweisen, die er bei Debussy, Ravel und den Jüngeren stets anerkannte.

Für Cocteau, der ja die Atelierparolen an Frankreichs junge Musik und Malerei ausgab, war Schönberg zwar ein großer Meister, aber seine Musik eine Kunst der »table noire«, der Schultafel.

Antheil stand auf der Seite der Franzosen und somit des Neoklassizismus, den er allerdings mit einer romantischen Liebe zu Maschinen verband. Alle musikalische Konstruktion, die vom Material der Tonhöhen ausging, war ihm fremd. Als ich ein paar Wochen lang versucht hatte, ihn mit den Theorien und der Musik Josef Matthias Hauers zu befreunden, war das Resultat ein Aufsatz für die »Little Review« mit dem Titel »Hauer is a bore«.

Allmählich lernte ich Paris von anderen Seiten als der des Baedeker kennen. Es war damals eine Fußgängerstadt, mit nur wenigen Autos auf der Rive Gauche. Während meines Krankenlagers hatten mich die kleinen Melodien der Straßenhändler und Handwerker frühmorgens geweckt und erfreut. Einer dieser »Cris de Paris« war ein richtiges Miniatur-Volkslied. Ich glaube, es war der Scherenschleifer, der die G-Dur-Melodie in gemächlichem Dreivierteltakt sang. Auch in den Bals Musette tönte dieser Volksgeist, und die Cafés chantants lebten genauso davon wie der »Jockey« am Montparnasse. Hier trug Kiki, damals die Freundin des Photographen Man Ray, ihre zweideutig-unzweideutigen Moritaten vor, eine, die von den Homosexuellen der neureichen Viertel handelte, »Aux Champs-Elysées il y a des tapettes«, und eine andere von der jungen Frau, die mit ihrem Mann in einer winzigen Bleibe haust, einem »petit trou«, bis er von ihr geht und sie es stundenweise vermietet:

»Et mon mari
il est fou,
il n'm'a laissé
qu'mon p'tit trou.
J'y gagne,
j'y gagne,
j'y ga-agne.«

Zu den malerischen Figuren, die man im Café du Dôme traf, gehörte ein Deutsch-Pole, der eigentlich Hans Effenberger hieß, sich aber als polnischer Major a. D. Jan Sliwinski nannte. Er war ein stattlicher Mann Mitte vierzig, hatte in Wien gelebt und sich da mit Adolf Loos und Oskar Kokoschka angefreundet. In seiner großen Dachwohnung auf der Ile Saint-Louis verkehrten interessante Leute, Intellektuelle, Künstler und politische Emigranten. Er hatte die erstaunlichsten Beziehungen, auch zu französischen Behörden und zu reichen Leuten, und wenn irgendwo Not war, half er in der großzügigsten Weise, ohne doch selbst frei von Sorgen zu sein. Er liebte es, in einer offenen Pferdedroschke durch Paris zu fahren, und las dabei gern Freunde auf, die ihm begegneten.

»Ich habe einen Laden für ein Musikgeschäft in der Rue du Cherche-Midi gemietet«, sagte er mir eines Tages. »Wollen Sie nicht mitmachen? Wir werden vorwiegend zeitgenössische Noten führen, die könnten Sie verkaufen.« Ich war einverstanden. Der Laden hieß »Au Sacre du Printemps« und wurde mit einem Aperitif-Empfang eröffnet, an dem Antheils, Fernand Léger, Jules Pascin, Darius und Madeleine Milhaud, Hemingway, Paul und Hilde Hamann und noch ein Dutzend Leute aus allen möglichen Ländern und Zünften teilnahmen. Nur der Verkauf von Musikalien und Büchern war bescheiden. Daran änderte sich auch in den nächsten Wochen nichts, und schließlich mußte Sliwinski den Laden wieder zumachen. Ich verstand mich gut mit Pascin, der mich einlud, eines abends in sein Atelier am Montmartre zu kommen.

Es war gedrängt voll von pittoresk gekleideten Männern und schönen Mädchen, die alle Modelle und Freundinnen des sinnenfrohen Zeichners waren. Pascin stammte aus Bulgarien, hatte in München gelebt und war nach dem Krieg in Paris ansässig geworden. Trotz des Erfolgs, der ihm in keiner Situation seines bewegten Lebens untreu gewesen war, litt er an Depressionen, die ihn 1930 zum Selbstmord brachten. Unter den Gästen des Abends waren Ivan und Claire Goll, die ich dann regelmäßig im Café du Dôme sah. Eine sehr hübsche junge Freundin Pascins, Gino, fragte mich, ob ich Sonnabend mit ihr auf den Ball Bullier gehen wolle. Gern, sagte ich, aber Geld hätte ich nicht. Das mache nichts, sie wolle nur nicht allein hingehen. Ihre Eltern hatten am Boulevard Clichy eine kleine Bar, »Cosy corner« genannt. Da holte ich Gino um neun ab. Ein Grammophon spielte. Es war eine Melodie, von der ich sofort gefesselt war und die ich bis heute liebe: »Tea for two« von Youmans, aus einer heute vergessenen Operette, »No, no, Nanette«. Das Stück, damals nagelneu, hat ein halbes Jahrhundert überdauert, ist von Dimitri Schostakowitsch orchestriert und von Ernest Ansermet in seinem esoterischen musikphilosophischen Wälzer »Die Grundlagen der Musik im menschlichen Bewußtsein« 1961 gerühmt worden.

Ich fuhr mit Gino, in Breeches und Schirmmütze als Cowboy verkleidet, zum Ball Bullier, der mich enttäuschte. Er war überfüllt, die Musik schlechter Jazz, die Gesellschaft gemischt aus Künstlern (Theo und Petro van Doesburg aus Holland sah ich dort wieder) und Midinetten. Gino mit ihrem lackschwarzen Pagenkopf war betont reserviert angezogen. Da ich schlecht tanzte, suchte und fand sie rasch bessere Partner. Ich setzte mich zu Sliwinski an einen Tisch. Plötzlich stand Carl Wilkens, unser Hamburger Mukkelmann, vor mir. Er hatte geschäftlich in Paris zu tun und nutzte die Gelegenheit, sich zu amüsieren. Bei Fernand Léger hatte er schon eine kleine Zeichnung gekauft. Ich stellte ihn Gino vor. Er war entzückt und lud sie sofort nach Hamburg ein, wo sie 1926 vier Wochen Hausgast in seiner neuen, exzentrischen Wohnung war und sich mit seiner zweiten Frau, der Pianistin Lucie Brätsch, befreundete.

Gegen Mitternacht brach ich auf. Sliwinski schloß sich an, nahm die obligate Droschke und erzählte mir auf der Fahrt in die

Rue de Tournon von der bevorstehenden Weltausstellung der dekorativen Künste. Er hatte sich als Mitarbeiter für den österreichischen Pavillon angeboten und schlug mir vor, ihn am Montag zum Ausstellungsgelände zu begleiten.

Von da an fuhren wir täglich hinaus, machten Bekanntschaften mit den Vertretern von zahllosen Ländern, die alle mit ihrem Pavillon den Vogel abschießen wollten. Es war ein unübersehbarer, chaotischer Betrieb, und je näher der Eröffnungstag, der 18. Juli, heranrückte, desto aufgeregter wurde das babylonische Sprachgewirr.

Sliwinski, ein guter Organist, sollte auf der Orgel der Österreicher ein passendes Stück zur Eröffnung spielen. Wir überlegten lange. Es sollte nichts Geistliches und unbedingt etwas Österreichisches sein. Schließlich kamen wir darauf, das Finale der dritten Symphonie von Mahler vierhändig zu spielen. Das Arrangement machten wir selbst. Es klang herrlich, und alle waren begeistert von dieser feierlich melodiösen Musik.

Nun wurde es heiß in Paris. Mittags waren die Straßen leer, und an den Türen der meisten Geschäfte, meines Flickschusters, der Wäscherei nebenan und sogar des Bäckers gegenüber hingen Zettel: »A la campagne«. Auch Antheils verreisten. Ich war fast allein. Nur im Café du Dôme traf ich ein paar Seßhafte wie den ungarischen Maler Lászlo Tihany. Er war stocktaub, liebte aber Musik, die er hören konnte, wenn er die Zähne am Holz des Klaviers aufsetzte. Er machte mich mit einem jungen schwarzen Lehrer aus Senegal bekannt, der in mir als Deutschen einen natürlichen Verbündeten in seinem Haß auf die Franzosen zu finden meinte und eine schwärmerische Freundschaft zu mir entwickelte. Er schrieb surrealistische Verse und nannte sich Lapalun de Roseville. Sein Studium spielte sich vollständig im Caféhaus ab, wohin er Stöße von Büchern und Schreibpapier schleppte.

Alle Städte haben charakteristische Gerüche. Wenn man mich mit geschlossenen Augen nach Magdeburg brächte, würde ich die Stadt meiner Pubertätsjahre an dem Braunkohlenrauch erkennen, der über ihren Straßen hängt. Ich fand ihn leicht variiert in Prag wieder, mit anderen Varianten auch in Leipzig und Halle.

In Paris verändert sich der Geruch der Straßen nach der Jahreszeit. Im Winter herrschten die Parfums der eleganten, aber auch der einfacheren Frauen und Mädchen. 1925 erkannte man die Nähe von Engländern und Amerikanern, die vor allem in den Cafés du Dôme und de la Rotonde saßen, am Geruch des Virginiatabaks, den ihre Zigaretten schon ungeraucht ausströmten. Der schwarze Tabak der Gauloises, die von den Franzosen bevorzugt wurden, kämpft vergeblich gegen solche Honigsüße an. Ich selbst mochte weder die honiggelben noch die schwarzen Zigaretten, meine Marke hieß Tsigane und schmeckte so orientalisch, wie ich es für Tabak passend fand.

Unverändert bleibt durch alle Jahreszeiten der Duft der Metro, die ja überhaupt eine bewegliche Unterwelt für sich bildet. Er setzt sich, damals wie heute, aus Maschinenöl und parfümierter Seife zusammen, völlig anders als in der Berliner Untergrundbahn, der Londoner Underground und der New Yorker Subway, die namentlich downtown kräftig stinkt.

Meine Mutter wußte oder ahnte, wie dürftig ich in Paris lebte. Obwohl sie selbst sparen mußte, schickte sie doch jeden Monat ein Paket mit Lebensmitteln. Manchmal lag auch ein Stück ihrer Lieblingsseife von Roger & Gallet dabei, dessen heftiger Nelkenduft den ganzen übrigen Inhalt imprägnierte.

So verging der heiße Sommer. Tagsüber schrieb ich Aufsätze oder Lieder; auch der Anfang eines Balletts entstand hier, zu dem ich keine gegenständliche Handlung wünschte. Menschen sah ich wenig, ausgenommen im Café du Dôme, wo ich immer seltener hinging. Wenn am Spätnachmittag die Luft kühler wurde, machte ich lange Spaziergänge durch den Luxembourg-Garten, setzte mich auf den Rand des Bassins und überlegte, wie lange ich noch bleiben sollte. Ich hatte Lust, meine Freunde in Hamburg und Berlin wiederzusehen, wußte aber nicht, wie ich das Reisegeld auftreiben sollte. Ohne Hemingways Hilfe hätte ich nicht fahren können. Im Oktober brach ich auf, Antheils waren aus Tunis zurück und brachten mich zum Bahnhof. Meine Eltern waren froh, als ich eines Abends an der Tür der Wohnung in der Obernstraße stand. Aber in Bremen blieb ich nur ein paar Tage. Es zog mich nach Berlin, wo Hirsch und Wera eine provisorische Wohnung genommen hatten und an der Verwirklichung ihres Verlagsplans arbeiteten.

Ich befreundete mich eng mit Stefan Wolpe, Heinz Tiessen und dessen erster Frau. Sie wohnten in einem Neubau der Wiesbadener Straße Ecke Südwestkorso, wo es hübsche kleine Wohnungen zu erschwinglichen Preisen gab. Stefan hatte einen Bechsteinflügel. Er war ein phänomenaler Klavierspieler und beseelte mit seinem explosiven Ausdruck die späten Sonaten von Skrjabin ebenso wie die von uns beiden bewunderten Klavierwerke von Béla Bartók, namentlich die Suite op. 14 und die Sonate.

Stefan bekam den Klavierauszug von Alban Bergs »Wozzeck«. Im Dezember sollte Erich Kleiber die Uraufführung in der Staatsoper leiten. Wir stürzten uns auf das Werk. Wolpe spielte es zuerst einmal vom ersten bis zum letzten Takt durch, und wir waren beide wie betäubt von der Größe des Eindrucks. Dabei verstanden wir noch gar nichts von der genauen Konstruktion der drei Akte mit ihren je fünf Szenen, deren jede einem anderen Formgesetz angepaßt ist. Eine Woche lang saßen wir ganze Tage und halbe Nächte vor dem Flügel, machten uns Notizen, suchten und fanden die Leitmotive und kannten schließlich das ganze Werk auswendig. Wir trachteten, uns eine Vorstellung vom Klang des Orchesters zu machen, denn der Auszug enthielt ziemlich detaillierte Angaben über die Instrumentierung. Als das Aufführungsdatum feststand, schrieb ich an Kleiber und bat – auch in Wolpes Namen –, Premiere und Generalprobe hören zu dürfen. Ich legte ein paar Aufsätze bei, die kürzlich erschienen waren. Kleiber antwortete sofort und ließ Karten für uns anweisen. Anfang Dezember fragte der mir damals noch unbekannte Heinrich Strobel aus Erfurt an, ob ich für die »Thüringer Allgemeine Zeitung« die Besprechung des »Wozzeck« übernehmen wolle. Er sei verhindert, nach Berlin zu kommen. Es war mein erster seriöser Auftrag, und ich sagte zu. Die Besprechung in der »Thüringer Allgemeinen« ist oft zitiert worden.

Bei der Generalprobe am 12. Dezember 1925 waren alle Freunde und Schüler Bergs und Schönbergs, die sich die Reise nach Berlin leisten konnten, anwesend. Schönberg selbst lag krank in einem Wiener Spital, wo ihm der Blinddarm operiert worden war. Mein Nachbar in der Probe, die mit einem Tumult endete, war der junge Theodor Wiesengrund-Adorno aus Frankfurt. Wir kamen ins Gespräch und kannten natürlich gegenseitig alle unsere Aufsätze. »Sie kultivieren die Apologie der suspekten Dinge«, formulierte Wiesengrund, womit er auf meine Arbeiten über Jazz, Mechanisierung und Trivialmusik anspielte. Wir verstanden uns gut und trafen uns gleich nach der Probe bei einem Essen im Restaurant Kannenberg nahe dem Bahnhof Friedrichstraße wieder, zu dem Kleiber geladen hatte. Da saßen auch Alban und Helene Berg, Hanns Eisler und Paul Stefan.

Die Premiere am Montag, dem 14., ist ein musikgeschichtliches Datum. Das Werk hat dem sonst so gefährlichen Abnutzungsprozeß durch Zeit und Mode standgehalten wie kaum ein anderes. Mit Alban Berg und seiner Frau verband mich fortan eine verehrende Freundschaft.

Auch der Kontakt mit Wiesengrund blieb auf Lebenszeit erhalten. Wir waren persönliche Freunde trotz der immer wachsenden Distanz zwischen unseren künstlerischen Überzeugungen. Teddie – so nannte man ihn im vertraulichen Umgang – besuchte mich bei jedem Aufenthalt in Berlin. Er war ein verwöhnter, immer sehr sorgfältig gekleideter junger Mann aus reichem Haus, bei unsicherem Wetter mit Gummischuhen, warmem Mantel und Schal um den Hals. Sein Gedächtnis für Musik und Literatur war verblüffend. Klavier spielte er geläufig mit einem trockenen, poesielosen Ton. Vor attraktiven Frauen war er hilflos, sofort verliebt wie ein Primaner, immer auf der Jagd nach erotischen Abenteuern, die meist ohne Beute endete. Ruth Lorenz, eine rothaarige Freundin von mir aus Hamburg, brachte ihn nachhaltig aus dem Gleichgewicht. Als ich mich 1927 mit Thea Silbermann verlobt hatte, kam er zu meinen Schwiegereltern an den Viktoria-Luise-Platz und spielte mit mir in dem gerade erschienenen Klavierauszug von Kurt Weills »Mahagonny«, entzückt von der präzisen Satztechnik des »Alabama-Songs«.

Er meinte damals, wir zwei hätten die Aufgabe, Maßstäbe in der Musikkritik zu setzen. Dabei fühlte er sich als potentieller Fortsetzer einer musikalischen Phänomenologie, wie sie der längst zum Operndirektor avancierte Paul Bekker betrieben hatte, und wies mir die Nachfolge Adolf Weißmanns zu. In zwei Fällen waren wir Rivalen bei der Besetzung wichtiger Musikkritikerstellungen: 1928 an der Prager »Bohemia«, 1929 an der Berliner »B. Z. am Mittag«. Beide Male wurde ich engagiert.

IV
Kritiker in Prag

Nach dem Erlebnis des »Wozzeck« kamen mir die ersten Zweifel, ob ich weiter komponieren solle. Ich hatte so viele musiktheoretische, ästhetische und historische Einfälle, daß ich einen Aufsatz nach dem anderen schrieb. Sie wurden auch meistens gedruckt, einige in »Melos«, das nun Hans Mersmann herausgab, einer im »Berliner Tageblatt«.

Während der Weihnachts- und Neujahrsfesttage, die ich in Bremen feierte, besuchte ich Gulo Hirsch in Worpswede, die nun allein in ihrem kleinen Haus lebte und der mühsamen Landpraxis nachging. Mit Hirsch stand sie in freundlicher Verbindung. Aber die Ehe war mißlungen, und später gab Gulo alle Beziehungen zu Männern auf und lebte mit einer rumänischen Freundin.

Nicht weit von der Wohnung meiner Eltern hatte der Kaffee-Hag-König Ludwig Roselius einen viel gerühmten und ebenso viel gelästerten städtebaulichen Versuch unternommen. Er ließ in der Nähe des herrlichen Marktes mit dem Rathaus und dem Roland die uralte Böttcherstraße abreißen und in einer eigenartigen Synthese alter und neuer Formen aus Backsteinen wieder aufbauen. Sein Architekt war der Bildhauer Bernhard Hoetger. Ein Haus der engen, noch immer mittelalterlich wirkenden Straße war Paula Modersohn-Becker gewidmet, es gab ein Theater, ein Kino, gute Läden und Restaurants und später eine luxuriöse, von Albert Theile redigierte internationale Zeitschrift.

Nach Berlin Anfang 1926 zurückgekehrt, traf ich im Romanischen Café Hannah Höch mit ihrem Freund Raoul Hausmann. Sie erzählte mir, Kurt Schwitters, den ich einmal flüchtig durch sie kennengelernt hatte, plane eine moderne Ausstattungs-Revue nach Charells und James Kleins Vorbildern und wolle mit mir wegen der Komposition sprechen. Die Idee fesselte mich, aber ich sah vor dem Sommer keine Möglichkeit zu einem Besuch in Hannover, wo Schwitters lebte. Wir blieben durch Hannah Höch in einem indirekten Kontakt.

Theo van Doesburg hatte mir für einen Ferienaufenthalt Belle-Ile-en-Mer in der Bretagne empfohlen. Er war dort gewesen und sehr beglückt davon. So beschlossen Lilo, Hansjörg und ich, die Sommerferien im Juli dort zu verbringen. Ende Juni fuhren wir nach Hannover, um Schwitters zu besuchen. In seinem korrekten blauen Anzug wirkte er gar nicht wie ein Künstler, der die ästhetischen Gesetze auf den Kopf stellte. Aber für die Revue hatte er glänzende Ideen, und ich bekam Lust, dazu Musik zu schreiben. Wir legten unsere phantastischen Ideen fest, entwarfen auch die technischen Zutaten durch Film, Schallplatten und mechanische Klaviere, und Schwitters war zuversichtlich, daß der Agent, der ihn bewunderte, die Sache finanziell durchbringen würde. Leider wurden wir enttäuscht, und die ganze Unternehmung platzte wie eine Seifenblase. Nach dem Besuch schrieb Schwitters eine Postkarte: Endlich haben St. und ich uns gefunden. Wir arbeiten sogar zusammen. Schlager auf Schlager.

Von Hannover ging es nach Paris, wo wir ein paar Tage verbrachten und Antheils besuchten. Dann folgte eine umständliche Reise in die Bretagne, zum Schluß mit einem kleinen Dampfboot von Quiberon nach Belle-Ile und von da quer über die Insel zum Hotel Bon Acceuil. Madame Bamdé war so mütterlich und geschäftstüchtig wie alle bretonischen Wirtinnen. Wir drei waren selig über das bewegte Meer und die heiße Sonne, badeten, ließen uns wund brennen und wieder heilen. Hansjörg hatte Poulencs »Bestiaire«-Lieder mit, und wir sangen Apollinaires Texte mit Begeisterung, namentlich den von Dom Pedro d'Alfaroubeira und seinen vier Kamelen:

»... courut le monde et l'admira.
Il fit ce que je voudrais faire,
si j'avais quatre dromadaires«,

und den vom rückwärts laufenden Krebs. Krebse und Hummer standen täglich auf Madame Bamdés Menü, und wir verdarben uns zuerst gründlich die Mägen. Am zweiten Tag erschreckte uns auf der Speisekarte das Wort »araignée«, was wir mit Spinne übersetzten. Doch es erwies sich als ein wohlschmeckender Taschenkrebs.

Auf unseren Streifzügen über die Insel entdeckten wir die Villa, in der Sarah Bernhardt ihre letzten Lebensjahre verbrachte. Sonst gab es wenig Sehenswürdigkeiten. Nach vier Wochen Sonne, Meer und gutem Essen waren wir ganz zufrieden, abzureisen. Die beiden Geschwister trafen ihre Eltern im Engadin; ich fuhr nach Paris und dann weiter nach Bremen. Anfang September 1926 kam ich nach Berlin zurück. Die Arbeit mit Hirsch und Wera im Carus-Verlag begann. Wir machten eine Art kulturhistorisch fundierter Werbedrucksachen für alle möglichen Produkte, mit alten, wunderlichen Texten für Büstenhalter, hübschen barocken Stichen für optische Instrumente und witzig zusammengestellten Klassikersprüchen für Pralinés.

Ich wohnte in der Pension Bauer, Kantstraße, wo der junge Alfred Schlee, damals noch nicht Musikverleger, sondern freier Schriftsteller und Spezialist für die Notation von Tanz und Choreographie, mit seiner jungen jüdischen Frau, einer Photographin, wohnte.

Im Romanischen Café traf ich Hanns Eisler. Wir hatten uns schon in Wien 1924 gut verstanden und wurden nun Freunde. Er empfahl mir die Pension Delar, wo er sehr billig und angenehm wohnte. Das Haus lag Ecke Nürnberger und Augsburger Straße und hatte zwei Eingänge. Besitzerin war eine ältliche, dem Trunk ergebene Jungfer. Eisler war damals schon ganz in politische Beziehungen verstrickt, und Fräulein Delar hatte Sympathie dafür. Wenn polizeiliche Kontrollen von der Nürnberger Straße ins Haus kamen, warnte sie ihn telefonisch, und er verschwand zum Ausgang Augsburger Straße. Einmal saß ich mit ihm über einer satztechnischen Aufgabe, da öffnete sie halb die Tür und flüsterte: »Achtung, Herr Eisler!« Hanns griff blitzschnell in eine Schublade und schob mir einen Stoß Papiere zu, die ich sofort in meine Rocktasche steckte. Die beiden Beamten erschienen Sekunden später und durchsuchten das Zimmer, fragten mich, wer ich sei, ließen mich aber ungeschoren. Die Suche verlief ergebnislos. Als die Polizisten weg waren, sah sich Eisler noch längere Zeit vorsichtig nach ihnen um. Dann kam Fräulein Delar und sagte, die Luft sei rein. Eisler bekam seine verdächtigen Papiere von mir zurück und sagte mir: »Das werde ich dir nie vergessen.« Ich weiß heute noch nicht, was ich versteckt gehalten habe. Aber Eisler blieb ein zuverlässiger Freund, auch als ich für seine kommunistischen Tätigkeiten kein Interesse mehr hatte. Wir waren damals beide gleich arm. Wenn ein Honorar kam, trug Eisler es zu unserer Wirtin und kommentierte: »L'art pour Delar.« Unsere Hauptmahlzeit nahmen wir in einer Kneipe an der Ecke: ein Solei, ein Brot mit Gänseschmalz, ein kleines Bier.

Durch Eisler lernte ich Egon Erwin Kisch und Bertolt Brecht kennen, der mich zu Diskussions-Nachmittagen in seiner Wohnung Hardenbergstraße einlud. Ein paarmal ging ich hin, fand aber die Gespräche so kunstfremd und trocken, daß ich mich bald drückte. Mit Eisler zusammen schrieb ich ein Dutzend freche Aphorismen, die der Prager »Auftakt« unter unseren beiden Namen druckte.

Ich hatte Liebeskummer wegen einer Freundin, die aus ihrer polygamen Veranlagung kein Hehl machte. Das brachte mich in einen Zustand schwerer Depression, und ich fürchtete, seelisch ernstlich Schaden zu nehmen. Zu Eislers Freundeskreis gehörte der Schweizer Psychoanalytiker Oswald Bally mit seiner eleganten Frau, die an dem witzigen, gnomhaft häßlichen Eisler Gefallen fand. Ich vertraute mich Bally an, und er schlug mir eine Behandlung vor. Nach einigem Zögern legte ich mich auf seine Couch und redete mir alles von der Seele, was mich bedrückte. Das Resultat war überraschend für ihn wie für mich. Nach drei solchen Beichtstunden war ich den Krampf und die quälenden Wahnvorstellungen los. Ich fühlte mich erlöst und gesund.

Das alles spielte sich Anfang 1927 ab. Meine Lektüre setzte sich aus Freuds psychoanalytischen Büchern und soziologischer Literatur wahllos zusammen. Max Webers Schrift über die rationalen und soziologischen Grundlagen der Musik beeindruckte mich ebenso wie Freuds Sexualpsychologie und seine Schriften über Traum und Witz, denen ich sprachlich einige Anregungen verdanke. Aber die Kombination von Sozialismus und Trieblehre war für meinen Zustand Gift. Sie hatte zwei produktive Folgen, Aufsätze über Beethoven und den Deutschen im Konzertsaal, die in der »Weltbühne« erschienen. Der zweite hatte einen Skandalerfolg. Viele Abonnenten bestellten die Zeitschrift ab, andere Leser waren begeistert über meine freche Ablehnung des Konzertbetriebs und die boshafte psychologische Deutung seiner Motive.

Kurt Hiller, den ich persönlich nicht kannte, dessen »Weisheit der Langeweile« mich als Magdeburger Realgymnasiasten stark beeinflußt hatte, schrieb mir enthusiastisch.

Karl Jakob Hirsch hatte im Sommer 1926 mit Wera eine Italienreise im Wagen gemacht. Er war von der Meisterschaft der Renaissancemaler in Rom und Florenz so niedergeschmettert, daß er das Malen aufgab. Dagegen schrieb er mit wachsendem Können und Erfolg kleine Novellen, die gern gedruckt wurden. Er verkehrte auch viel mit Literaten. Durch ihn lernte ich Alfred Wolfenstein kennen, mit dem ich mich immer herzlicher befreundete. Er war ein echter Lyriker und Sprachkünstler hohen Ranges, dazu ein liebenswerter, gutartiger Mensch. Seine frühen Gedichte und die von ihm herausgegebene Anthologie »Die Erhebung« – neben Kurt Pinthus' »Menschheitsdämmerung« die wichtigste Sammlung expressionistischer Lyrik – standen in meiner kleinen Bibliothek. Von seinen Verlaine-Übersetzungen komponierte ich fünf Gedichte; Emmy von Stetten sang in privatem Rahmen die Uraufführung.

Im Dezember 1926 hatte die »Vossische Zeitung« einen Aufsatz von mir über Erik Satie gebracht. Monty Jacobs, der große Theaterkritiker, war ihr Feuilletonredakteur und mochte mich. So erschienen Beiträge von mir in dem ausgezeichneten Blatt immer häufiger, und mein Name wurde bekannt. Noch hatte ich das Komponieren nicht aufgegeben, und die gemeinsame Freundschaft mit Wolpe und Hansjörg Dammert zeugte die Vision einer neuen Art von Klaviermusik, die wir in drei Sonaten Gestalt werden ließen. Max Butting, der mit mir die Konzerte der Novembergruppe leitete, setzte ein Datum für einen Abend im Voxsaal, Potsdamer Straße fest, wo die Stücke aufgeführt wurden. Vom 27. April auf den 2. Mai 1927 verschoben, kam das Konzert zustande. Franz Osborn spielte Dammert, Else C. Kraus Wolpe und Wolpe mich.

Im Publikum saßen Artur Schnabel, Hanns Eisler und die Führer der Musikkritik, an der Spitze Adolf Weißmann. Meine Sonate schloß damit, daß bei getretenem rechten Pedal der Klavierdeckel »aus mäßiger Höhe« fallen gelassen wurde. Das brachte die schon vorher spürbare Erregung der gequälten Hörer zum explosiven Ausbruch. Pfiffe und Pfuirufe kämpften gegen den lauten Beifall

Verlegt auf Montag, den 2. Mai

Die Novembergruppe E. V.

erlaubt sich, Sie auf ihren am Donnerstag, den 21. April 1927, abends 8 Uhr im Vorsaal, Potsdamer Straße 4, stattfindenden

19. Musikabend

aufmerksam zu machen.

Zur Aufführung kommen:

Hansjörg Dammert	I. Sonate für Klavier, Op. 12, No. 1,	Franz Osborn
Stefan Wolpe . . .	I. Sonate für Klavier . .	Else C. Kraus
H. H. Stuckenschmidt	I. Sonate für Klavier . .	Stefan Wolpe

❖

Nach den Aufführungen wird Tee gereicht.
Danach wird das Programm wiederholt.
Der Eintrittspreis beträgt einschließlich Teegedeck Mk. **2,50.**

Karten:

Geschäftsstelle der Novembergruppe, W 50, Achenbachstr. 21; Benedikt Lachmann, Buchladen am Bayrischen Platz; K. u. E. Twardy, Potsdamerstr. 11; Neue Kunsthandlung Tauentzienstr. 6 und an der Abendkasse.

❖

Konzertflügel: Bechstein

Bemerkungen:

Es handelt sich bei den drei Klaviersonaten um eine Musik formal experimentellen Charakters, bei der das Thematische und Modulatorische zugunsten rein rhythmischer und dynamischer Gestaltung in den Hintergrund tritt.

Man kann auf diese Stücke am besten den Ausdruck „stehende Musik" anwenden, da die formalen Spannungen und Entspannungen hier aus dem Prinzip der Wiederholung (im Gegensatz etwa zur Variation) entwickelt werden.

Es wird in dieser Musik versucht, den Begriff der musikalischen Zeit bis an die Grenze des Möglichen zu analysieren.

So entstehen Wirkungen und Formen, die in der überlieferten Musik nur wenige Beispiele haben, die aber annähernd etwa von Schönberg im dritten der Orchesterstücke Op. 16 oder von Strawinsky in der Piano Rag Music erstrebt wurden.

Wenn diese Musik vom Interpreten die Verwendung von Faust und Unterarm verlangt, so ist das keine besondere Extravaganz, sondern lediglich eine Erweiterung der pianistischen Möglichkeiten, die keinen größeren Widerstand verdient, als ihn z. B. Beethoven mit seiner immensen Erweiterung der orchestralen Techniken gefunden hat.

Diese Einladung gilt als Programm.

der Novembergrüppler. Es war ein richtiger Skandal, und die Presse war fast durchweg empört über unsere »Experimente«. Weißmann vernichtete mich mit dem Satz: »Ich hatte einmal viel für ihn übrig.« Fritz von Nemitz, eigentlich Kunstkritiker, verglich meinen Schlußeffekt mit dem Zuschlagen eines Mülleimers.

Hirsch und Wolfenstein waren natürlich dabei. Sie stellten mich Lisa Matthias vor, die im bayerischen Viertel einen literarischen Salon hatte. Ich wurde bald ihr Stammgast, und wir befreundeten uns ebenso platonisch wie herzlich. Bei ihr traf ich den ihr eng verbundenen Kurt Tucholsky, den meine Frage amüsierte: »Bei wem lassen Sie komponieren?« Franz Blei war einer der Habitués und genierte sich nicht, in fast ausschließlich jüdischer Gesellschaft zu behaupten, er sei leidenschaftlicher Antisemit, es fehle den jüdischen Schriftstellern bei allem Scharfsinn und Talent an »Largesse des Geistes«. Richard Huelsenbeck, der seine Karriere als Schiffsarzt nach einigen Weltreisen aufgegeben hatte, erwiderte auf Hirschs Frage, wo es ihm als Kenner des ganzen Erdballs am besten gefalle: »In Steglitz.«

Lisa hatte einen kleinen Wagen, und manchmal fuhren wir zusammen auf populäre Berliner Veranstaltungen, die Bälle in der Hasenheide oder den Witwenball »Walterchen der Seelentröster« in der Bülowstraße. Wir wollten auch das Musikfest der Internationalen Gesellschaft für Neue Musik in Siena besuchen. Aber etwas anderes kam dazwischen. Ich hatte durch einen von Lisas Freunden, den Wiener Grafen Xaver Schaffgotsch, Thea Silbermann kennengelernt. Um diese Zeit fand ich, man müsse heiraten. Thea, die eine gut geschulte Altstimme hatte, war einverstanden, ihre Eltern auch. So kam es im Dezember 1927 im Haus Silbermann am Viktoria-Luise-Platz zu einer Hochzeitsgesellschaft, bei der mein Vater inmitten einer rein jüdischen Tafelrunde saß und zu der sich nach dem Essen Kurt Weill mit Lotte Lenya und Wladimir Vogel mit seiner Frau Katja gesellten. Weill schenkte uns ein Manuskript für Sopran, Oboen und Fagotte auf den Berliner Text:

Ick sitze da und esse Klops.
Uff eenmal kloppts.
Ich staune, kieke, wundre mir.
Uff eenmal geht se uff, die Tür.

Ick jehe raus und kieke.
Und wer steht draußen: icke.

Vogel brachte ein Klavierstück »zum gleichzeitigen Spiel auf schwarzen und weißen Tasten«.

Kurz vor der Hochzeit hatte mich der Ullstein-Redakteur Gustav Kauder zu einer Besprechung gebeten. Ob ich mich für eine Stellung als Musikkritiker interessiere. Gewiß interessierte ich mich. Kauder erzählte, der Kritiker Felix Adler an der Prager »Bohemia« sei gestorben, und man suche einen Nachfolger. Er habe meine Aufsätze in der »Vossischen Zeitung« gelesen und mich empfohlen. Ich ermächtigte ihn, nach Prag zu schreiben, daß ich bereit sei, mich vorzustellen. Vor Weihnachten traf ein Brief aus Prag ein. Verlag und Redaktion hätten den Wunsch, mich kennenzulernen; ob ich Anfang Januar 1928 auf ihre Kosten zu einer Besprechung kommen wolle.

Die »Bohemia« war mir als Blatt von hohem literarischen Niveau ein Begriff. Nun bekam ich sie täglich zugeschickt und las sie mit Neugier. Das Angebot besprach ich nicht nur mit meinen Schwiegereltern, sondern auch mit Freunden. Die meisten rieten mir anzunehmen. Nur Herbert Jhering, der im »Börsenkurier« Beiträge von mir gebracht hatte, meinte, ich dürfe doch in diesem Moment, wo mein Berliner Erfolg so evident sei, nicht weggehen, Prag sei zwar interessant, aber eben doch Provinz.

Ich folgte der Einladung. Eines Nachmittags an einem kalten Januartag kam ich am Prager Wilsonbahnhof an. Gleich daneben, im Hotel Wilson, hatte der Verlag ein Zimmer für mich reserviert. Um vier Uhr erwartete mich Gustav Pohl, einer der Verlagsdirektoren. Ich ging zu Fuß den Wenzelsplatz hinunter, dessen prachtvolle städtebauliche Anlage mich fesselte. Einen Stadtplan hatte ich schon in Berlin gekauft. Die Liliova, wo die Redaktion der »Bohemia« lag, war im Kern der alten Stadt, wo die Gassen winklig durcheinander kreuzten. Ich machte den kleinen Umweg über den Altstädter Ring, bewunderte die gotische Theinkirche und das alte Rathaus mit der astronomischen Uhr, die mich an meine Straßburger Heimat erinnerte.

Nun stand ich vor dem uralten Haus, das einmal ein Frauenkloster gewesen war, und wurde vom Portier in den ersten Stock geschickt. Pohl und ein anderer Herr namens Korn empfingen mich mit ausgesuchter Höflichkeit. Nach ein paar allgemeinen Floskeln brachte mich Pohl zum Chefredakteur Albert Wesselsky. Das war ein strenger Mann mit deutsch-konservativen Ansichten, die ich schon in einigen seiner Leitartikel kennengelernt hatte. Er verhörte mich über meine journalistischen Kenntnisse, und ich mußte ihm bekennen, keine Ahnung zu haben, wie eine Zeitung gemacht wird.

»Ausgezeichnet, dann können wir Sie ja richtig in die Lehre nehmen«, war seine Antwort. Plötzlich öffnete sich die Tür, und ein blasser, bebrillter Mann in den dreißiger Jahren kam herein. Wesselsky stellte mich vor: »Das ist Herr Stuckenschmidt, und hier ist unser Feuilletonchef Ludwig Winder.« Ich wußte, daß Winder im Ullstein-Verlag einen Roman »Die Reitpeitsche« veröffentlicht hatte, der auch von der Berliner Presse gerühmt wurde. Wesselsky schlug vor, ich solle mich mit Winder über die besonderen Aufgaben des Feuilletons unterhalten, und so gingen wir drei Türen weiter. Alle Redaktionszimmer waren klein, ein bißchen verstaubt und von altem Zigarettenrauch erfüllt. Es lag eine Stimmung aus längst vergangenen Epochen über dem ganzen Betrieb. Dabei war die »Bohemia« eine kulturell sehr fortschrittliche Zeitung, die nach den strengen Regeln des alten Prager Journalismus gemacht wurde. Winder zeigte mir, was die tägliche Kleinarbeit der Feuilleton-Redaktion bedeutete. Das rein Technische, so meinte er, würde ich in ein paar Wochen beherrschen können. Im Grunde mache die Arbeit Spaß, nur das Lesen der vielen Manuskripte, die unverlangt eingesandt wurden, sei lästig.

Um fünf Uhr war die tägliche Redaktionskonferenz. Ich wurde allen anwesenden Ressortchefs vorgestellt, dann aber wieder zu Pohl geschickt, der mich noch zu sprechen wünschte. Bei allen Begegnungen an diesem Nachmittag sprach ich unbefangen und ohne Zurückhaltung. Ich hatte den Eindruck, nicht zu mißfallen, und besonders Pohl war betont liebenswürdig, lud mich noch zum Abendessen in der Stadt ein, bis ich mich verabschiedete und in mein Hotel ging.

Nach Berlin zurückgekehrt, dachte ich über meine Zukunft nach. Der flüchtige Eindruck von Prag und von dem Milieu in der alten Redaktion war günstig. Ich hatte nun auch eine ungefähre

Vorstellung von der Arbeit, die mich erwartete. Die festen Bürostunden vor- und nachmittags schreckten mich nicht. Im Carus-Verlag hatte ich sie auch einhalten müssen, wenngleich mit größerer persönlicher Freiheit als in einem Zeitungsunternehmen. Bedenklicher schien, was ich in Berlin aufgab. Da waren die persönlichen Freundschaften, namentlich die mit Hirsch und Wera, deren täglicher Umgang mir gewiß fehlen würde. Auch mit Stefan Wolpe hatte sich eine Arbeitsgemeinschaft entwickelt, die uns an den Wochenenden zusammenspannte. Wir machten die drolligsten literarischen Experimente, schrieben verrückte Texte gespickt mit hochtrabenden, meist selbstgebastelten Fremdwörtern, komponierten Schlager mit atonaler Harmonik und zwölftönigen Melodien, entwarfen neue ästhetische Weltanschauungen und dergleichen mehr. Kurt und Lotte Weill luden mich öfters in ihre altmodische Wohnung in der Luisenstraße nahe dem Charlottenburger Schloß. Eines Tages sagte Kurt mit geheimnisvollem Lächeln: »Ich mache da gerade etwas, wovon ich mir einen gewissen Erfolg verspreche.« Und er schilderte mir die Handlung der »Dreigroschenoper«, aus der er auch ein paar Hauptmelodien spielte. Seine Prophezeiung ging, wie man weiß, in Erfüllung. Knapp ein Jahr später war die denkwürdige Premiere im Theater am Schiffbauerdamm, wo so ungleiche Geister wie Otto Klemperer, Karl Kraus und Erwin Piscator den Triumphzug eines neuen Typus von gesungenem Schauspiel einklatschten.

Klemperer hatte im August 1927 mit den Proben in der ihm anvertrauten Kroll-Oper begonnen. Ich hörte sein Eröffnungskonzert mit Artur Schnabel als Solist und der »Sinfonietta« des alten Leoš Jánaček, der sich für den Erfolg bedankte. Auch die vielumstrittene Premiere des »Fidelio«, die Klemperer inszenierte und dirigierte, ließ ich nicht aus, war allerdings von ihr nicht so begeistert, wie ich gehofft hatte. Doch die ganze Idee dieser zweiten Staatsoper, mit ihren neuartigen Formen der Inszenierung, ging mich innerlichst an, und ich wollte sie ungern versäumen. Ebenso fesselte mich Piscators Theater am Nollendorfplatz, wo ich eine der berühmten Aufführungen von Ernst Tollers »Hoppla, wir leben!« gesehen hatte. Und nicht zuletzt brachte mir der Umgang mit den Malern und den komponierenden Kollegen in der Novembergruppe viele Anregungen. Prag lag zwar nicht aus der Welt, war aber immerhin vier D-Zugstunden von Berlin entfernt. Was die Stadt selbst an moderner Kunst produzierte, kannte ich meist nur vom Hörensagen. Doch über alle Bedenken siegte die Vernunft. Als nach einer Woche der erwartete Brief von der »Bohemia« eintraf, fand ich die Vorschläge zu einem Vertrag annehmbar und sagte zu. Das Gehalt war nicht üppig, aber gemessen an den niedrigen Prager Lebenskosten mehr als auskömmlich. Es wurde gemäß den Bestimmungen der tschechoslowakischen Gewerkschaften vierzehnmal jährlich ausgezahlt, das heißt zu Weihnachten und zum Sommerurlaub gab es zwei Monatsgehälter. Ich unterschrieb und trat meinen neuen Beruf am 1. März 1928 an.

Ich fühle mich wohl in Grenzsituationen. Das muß wohl mit meiner Straßburger Kindheit zusammenhängen, mit der Zweisprachigkeit, die ich der Frankophilie meiner Mutter verdanke, aber auch mit der angeborenen Fähigkeit und Neigung, die Welt von mehreren Seiten zu betrachten. Wie die meisten Deutschen meiner Generation und meiner Bildungsgrundlage wußte ich über die Tschechen gar nichts. Erst, wie 1919 die Tschechoslowakei als selbständiger Staat in Erscheinung trat, lernte ich, daß Friedrich Smetana und Anton Dvořák nicht einfach österreichische Komponisten waren, sondern Vertreter eines selbständigen Volkes innerhalb der großen Donaumonarchie. Sogar in Wien, wo ich ja 1924 längere Zeit gelebt hatte, war mir nur klargeworden, daß die Tschechoslowakei eine andere, übrigens recht kaufkräftige Währung hatte. Rufer mit seiner Verwandtschaft in Prag und anderen tschechoslowakischen Städten verfügte manchmal über tschechische Kronen, was ihm vor allem in den Hamburger Inflationsjahren sehr zustatten kam.

Ich kam also im März 1928 ziemlich unwissend in eine neue Welt, die sich mir aber von Anbeginn sehr freundlich öffnete und die ich bald lieben lernte. Thea blieb einstweilen noch bei ihren Eltern in Berlin und überließ mir das Quartiermachen. Nach einem nicht sehr erfolgreichen Versuch, in einer alten möblierten Wohnung, die von Ungeziefer nicht frei war, fanden wir in der neuen Pension Flora oben in den Weinbergen ein nagelneues, mit modernen Möbeln ausgestattetes Domizil, wo wir bleiben konnten.

Etwas Sorge machte mir die sprachliche Verständigung. Mit den

»Tausend Worten Tschechisch«, die ich mir in Berlin besorgt hatte, war nicht sehr viel anzufangen, weil Aussprache und Betonung so von meinen Sprachgewohnheiten und -kenntnissen abwichen, daß ich einfach nicht verstanden wurde. Dann aber verriet mir mein Kollege Ludwig Winder einen Trick. Wenn man Tschechen deutsch ansprach, so antworteten sie tschechisch. Sprach man sie aber französisch an, so antworteten sie deutsch. Die Sprache der früheren österreichischen Obrigkeit war ihnen meistens verhaßt; die der bewunderten Franzosen aber hatten sie noch nicht gelernt. Mit diesem Hilfsmittel kam ich auf der Straßenbahn, beim Zigarettenhändler, der sich hier österreichisch Trafikant nannte, und in den bescheideneren Restaurants gut aus. In den feineren Lokalen konnte man nach Belieben deutsch oder französisch bestellen. Den wichtigsten Minimal-Wortschatz erlernte ich rasch. Bis hundert konnte ich mühelos zählen, und die Hauptnahrungsmittel Brot, Butter, Fleisch, Kartoffeln und dergleichen wußte ich bald zu benennen. So war die Speisekarte für mich lesbar, und ich genoß die Reize der tschechischen Küche uneingeschränkt. Bei späteren Reisen in anderen slawischen Ländern kamen mir meine Elementarkenntnisse des Tschechischen immer zugute. Denn das Zahlensystem und die Namen von Lebensmitteln sind im Serbokroatischen, Polnischen und Russischen denen im Tschechischen sehr nahe verwandt. Der starke Nationalismus der Tschechen findet auch in der Sprache seinen Ausdruck. Während die romanischen und germanischen Sprachen in der Terminologie künstlerischer und kultureller Bereiche fast ausschließlich auf gemeinsame lateinische und griechische Wurzeln zurückgreifen, haben die Tschechen dafür ihre eigenen Ausdrücke. So heißt Theater bei ihnen Divadlo, Musik Hudba, Violine Housle, Orgel Varhany. Auf Vokalen und Konsonanten gibt es Akzente, die die Aussprache verändern. Von dem Gesetz der Betonung auf der ersten Silbe existieren fast keine Ausnahmen. Erschwerend wirkt die Büschelung von Konsonanten, namentlich beim gesungenen Tschechisch. Doch hat die in Österreich oft hochmütig als Köchinnen- und Lakaienjargon bespöttelte Sprache große musikalische Reize, die in der tschechischen Lyrik, etwa den Gedichten von Březina und Bezruč, ebenso zum Ausdruck kommen wie in den Texten der Opern von Smetana, Dvořák und Janáček. Meine Versuche, die

Grammatik zu erlernen, scheiterten damals. Ich konnte mich vor allem mit den sieben Fällen der Deklination nie recht befreunden und merkte bald, daß es auch so ging. Eine tschechische Zeitung genau zu lesen, war mir nicht möglich. Aber ich konnte mich über den sachlichen Inhalt doch einigermaßen unterrichten.

In der Redaktion bestand meine Tätigkeit zunächst darin, das Einrichten von Manuskripten zu lernen, das heißt die Schriftgrade von Cicero bis Nonpareille mit ihren Abkürzungen zu kennen und richtig anzuwenden. Winder nahm mich von Anfang an gleich zum Umbruch in die Setzerei mit, wo ich den spannenden Reiz des Abziehens und Korrigierens der feuchten Blätter schätzen lernte. Der Eingang von Manuskripten war groß, und ich hatte den ganzen Vormittag mit dem Lesen der überwiegend nicht brauchbaren Texte zu tun. Glücksmomente brachten die Einsendungen von Mitarbeitern wie Heinrich Mann, die natürlich keiner sprachlichen Korrektur bedurften, sofort in Satz gingen und rasch gedruckt wurden. Nach vier Wochen beherrschte ich das Handwerk des Redakteurs recht genau und konnte Winder, der an einer Grippe erkrankt war, zwei Wochen lang vertreten, ohne daß Katastrophen eintraten.

Der Redaktionsdienst wurde nachmittags fortgesetzt, und abends mußte ich fast täglich in ein Konzert oder in die Oper. Danach begann der anstrengendste und für mich ungewohnteste Teil der Tagesarbeit. Die drei konkurrierenden deutschen Zeitungen in Prag, »Bohemia«, »Prager Tagblatt« und »Prager Presse«, glaubten ihren Lesern schon am nächsten Morgen verraten zu müssen, wie diesen das Konzert und die Oper gefallen hatten. So war der Ablieferungstermin für die Kritik elf Uhr abends. Da die meisten Konzerte bis zehn dauerten, mußte ich eiligst zur Liliova laufen oder fahren und meistens in zwanzig bis dreißig Minuten meinen druckreifen Text fertig haben. Das erzeugte bei mir anfangs ein Gefühl, als würde ich mit der Peitsche zum Schnellauf getrieben. Aber die Formulierungsschule dieser Form von rascher Nachtkritik erwies sich als segensreich. Man machte sich schon im Konzert, vor allem in der Pause, Notizen, und manchmal war die Besprechung im Kopf fast fertig, wenn ich in mein Redaktionszimmer kam. Die Korrektur auf dem nassen Fahnenabzug las ich am liebsten selbst. So wurde es oft fast Mitternacht, wenn ich die

Redaktion verließ, und ich hatte Glück, wenn ich die letzte Straßenbahn in die Weinberge noch erwischte.

Soweit ich dazu noch Zeit fand, schrieb ich Berichte über Prager Musik für die »Vossische Zeitung«, den »Börsenkurier« und gelegentlich auch für andere deutsche und Schweizer Blätter. Sie alle hatten besonderes Interesse für tschechische Musik, namentlich für Uraufführungen am Nationaltheater. Als ich in der »Bohemia« meinen ersten Bericht über eine solche tschechische Uraufführung brachte (ich glaube, es war die Oper »Brüder Karamasow« von Otakar Jeremiáš), fragte mich der Chefredakteur Wesselsky am nächsten Tag bei der Konferenz, warum ich darüber geschrieben hätte. Ich sagte ganz naiv, das sei doch eine wichtige tschechische Premiere. Worauf Wesselsky erwiderte, die deutsche Zeitung »Bohemia« habe nicht die Aufgabe, über tschechische Kulturereignisse zu berichten, solange tschechische Zeitungen die Premieren der deutschen Oper in Prag verschwiegen. An diesem praktischen Beispiel lernte ich die Spaltung des ganzen Prager Kulturlebens kennen. Hier waren tatsächlich zwei getrennte Musikbetriebe, beide auf hohem Niveau, beide mit Theatern, Orchestern, Chören, Kammermusikvereinigungen und Solisten, die in ganz Europa rivalisierten. Die deutsche Oper im Neuen Deutschen Theater, wo jahrelang Alexander von Zemlinsky geherrscht hatte, stand unter der Leitung des jungen Opernchefs Hans Wilhelm Steinberg und pflegte vorwiegend das deutsche, aber auch das französische, italienische und russische Repertoire. Da gab es vorzügliche Wagner-Aufführungen, die noch an die Tradition Gustav Mahlers und Angelo Neumanns anknüpften und von denen mir ein »Tristan« unter Steinbergs Leitung in starker Erinnerung ist. Die tschechische Oper an der Moldau im Narodní Divadlo hatte ihre landeseigenen Klassiker, vor allem Smetana und Dvořák, aber auch ihre Mozart-, Verdi- und sogar Wagner-Pflege. Mich interessierte dieses für mich ungewohnte Repertoire begreiflicherweise mindestens so sehr wie das der deutschen Oper. Ich setzte es durch, über die wichtigsten tschechischen Premieren berichten zu können, wobei mir die Rivalität der beiden anderen, ebenfalls an tschechischer Kultur sehr interessierten Zeitungen zu Hilfe kam.

Wie alle jungen Kritiker schrieb ich scharf, rücksichtslos und mit oft kränkenden Wortwitzen. Über den damals sehr theatralisch auftretenden Clemens Krauss berichtete ich am Schluß einer »Der Diri-Gent« betitelten Besprechung: »Noch sein Abgang ist wohlstudierte Attitüde. Der brave Mann denkt an sich. Selbst zuletzt.« Das machte mir ebenso viele Feinde wie Bewunderer. In einer Gesellschaft wurde ich dem Chefredakteur des »Prager Tagblatts«, Joseph Blau, vorgestellt. Er sagte: »Ich lese Ihre Kritiken mit großem Mißvergnügen, Herr Stuckenschmidt.« »Warum denn?« fragte ich. »Weil sie nicht in meinem Blatt stehen.«

In Prag gab es sogar zwei verschiedene Ortsgruppen der Internationalen Gesellschaft für Neue Musik, die deutsche und die tschechische. Nur auf den Musikfesten außerhalb der Tschechoslowakei marschierten sie vereint auf. In einer tschechischen Musikvereinigung, der Umělecka Beseda, wo damals vor allem Janáček sehr gepflegt wurde, traf ich Alois Hába wieder, den ich schon flüchtig in Berlin kennengelernt hatte. Mit dem grundehrlichen, hochgebildeten, den tschechischen Bauernsohn niemals verleugnenden Mann verband mich rasch eine herzliche Freundschaft, die sein Leben überdauerte. Er machte mich mit allen wichtigen Prager Musikern bekannt und anläßlich eines Volkskunstkongresses im Sommer 1928 mit dem von mir sehr verehrten Béla Bartók.

Zu wichtigen Premieren schickte mich die »Bohemia« auf Reisen. So hörte ich in Dresden Igor Strawinsky eigene Werke dirigieren, in Breslau die Erstaufführung von Schönbergs »Glücklicher Hand« und in Berlin Brecht/Weills »Dreigroschenoper«.

Immer mehr zog mich die geheimnisvolle Stadt Prag in ihren Bann. Die Kleinseite mit den alten Adelspalästen und Bürgerhäusern, der Hradschin mit dem gotischen St. Veitsdom, die riesigen Gärten und winzigen Gassen waren unerschöpflich an verborgenen Schönheiten und Kuriositäten. Unvergeßlich war der abschüssige Seminargarten mit der Frühlingsblüte, gekrönt vom Kloster Strahow, das übrigens eine der größten Bibliotheken des Landes einschloß.

Ich kannte diese mittelalterliche Welt und ihre Legenden und Gespenster aus Gustav Meyrinks Romanen, dem »Golem« und dem »Grünen Gesicht«. Figuren wie Tycho Brahe und Kaiser Rudolf II. waren mir durch Max Brods Bücher nahegekommen, und entzückt sah ich oben am Hradschin das Goldschmiedegäßchen mit den zwergenhaften Häusern der Alchimisten. Eine Spezialität Prags waren die labyrinthischen Durchhäuser, deren Winkelungen und Seitenkanäle sich oft durch ein Dutzend alter Häuser zogen, wahre Schlupfwinkel für lichtscheues Gesindel, doch auch voll einer nachtfrohen Poesie. Damals erst begann ich Franz Kafka zu lesen und den Geist seiner düsteren, von Lebensangst erfüllten Prosa zu verstehen.

Schon in den ersten Tagen hatte ich Besuche in den Redaktionen des »Prager Tagblatts« und der »Prager Presse« gemacht. Für die zweite schrieben Otto Pick und der blinde Dichter Oskar Baum, dessen rührende Gestalt später in den Schrecken der Judenverfolgung verdämmerte. Im »Tagblatt« lernte ich Ernst Rychnowsky kennen, dessen Smetana-Biographie mir viel Einblick in die Musikgeschichte des Landes vermittelte. Max Brods Bücher waren mir von Jugend an bekannt. Der kleine, bucklige Mann mit dem klugen Dichterkopf nahm mich sehr herzlich auf, auch neun Jahre später, als ich nach Prag zurückkehrte, um als verbotener deutscher Autor ein neues Leben zu beginnen. Unsere Freundschaft überdauerte die Hitler-Zeit und den Zweiten Weltkrieg bis zu seinem Tod in Tel Aviv 1968.

Zu den kritischen Vorkämpfern der neuen Musik gehörte Erich Steinhard, für dessen Zeitschrift »Der Auftakt« ich öfters geschrieben hatte. Er und seine Frau sowie die Pianistin Alice Herz führten Thea und mich gern sonntags durch verborgene Gassen von Prag, aber auch in benachbarte Landschaften wie die Scharka mit ihren Hügeln und Wäldern. Manchmal fuhren wir mit einem kleinen Dampfschiff die Moldau hinauf bis Königsaal und durchstreiften die Dörfer. Hier lebte das tschechische Volk noch unberührt vom Wandel der Zeiten, und in den Gasthäusern bekam man die ländlichen Spezialitäten schmackhafter zubereitet als in Prager Restaurants. Das Geselchte mit Semmelknödeln und Kraut, die Buchteln und Dalken als süße Nachspeise, dazu das würzige und leichte Bier mundeten mir ausnehmend. Auch da ließen sich Vergleiche mit dem Elsaß ziehen, dessen Choucroute es mit den böhmischen Würsten und Selchwaren aufnehmen konnte. Das bestätigte mir meine Theorie von der Verwandtschaft der Grenzsituationen.

Mein gesellschaftlicher Umgang spielte sich überwiegend in wohlhabenden jüdischen Kreisen ab. Das Prager Deutschtum war im Grunde fast ganz von den zwanzig intelligenten und erfolgreichen Familien getragen, die sich von der tschechischen Gesellschaft ebenso isolierten wie von der sudetendeutschen mit ihren engen Verbindungen zur Provinz. Der Verleger der »Bohemia«, Gustav Pohl, führte mich bei der Familie von Kahler ein. Viktor von Kahler gehörte zu den geadelten Juden, die den Glauben ihrer Väter beibehalten hatten. Sein Haus in der Villenstraße Pod Kastany war als musenfreundlich bekannt. Hier fanden Hauskonzerte mit namhaften Künstlern statt, und hier traf sich, was in Theater, Literatur und bildender Kunst einen Namen hatte. Die schöne Frau von Kahler hatte drei noch schönere rothaarige Töchter. Ich kam in diese Prager Welt wie ein exotischer Vogel, wurde aber trotz meiner nur 26 Jahre sehr gastlich aufgenommen. Nach meinem ersten Besuch kennzeichnete mich die fünfzehnjährige Ruth von Kahler mit dem Wort, das rasch die Runde machte: »Ein schwacher Siegfried.« Vor Jahren hatte ich bei Max Leon Flemming in Hamburg eine andere Beauté dieses Namens getroffen, die der galante Konsul »die unerträglich schöne Frau von Kahler« nannte.

Bald lernte ich auch Hermann Grab kennen, der eigentlich Grab Ritter von Hermannswerth hieß. Wir hatten so gleichartige Interessen, daß wir aufeinander flogen. Hermann hatte in Heidelberg Philosophie studiert und seinen zweifachen Doktor gemacht. Er war Schüler von Eduard Steuermann und Alexander von Zemlinsky, spielte virtuos Klavier und schrieb Novellen, deren eigener Tonfall den Einfluß Prousts und Kafkas nur mitunter durchscheinen ließ. Im Haus seiner Eltern verkehrten alle großen Musiker von Zemlinsky über Leo Blech bis Richard Strauss, dessen Sohn Franz eine Cousine von Hermann, Alice Grab, heiratete. Für den jungen Philosophen hatte der Meister des »Rosenkavalier« eine besondere Vorliebe. Sie machten gern Spaziergänge durch Prag, bei denen Hermann bewunderte, was Strauss über architektonische Details der Barockpalais wußte. Die Grabs hatten nach der Nobilitierung ihre Söhne katholisch taufen lassen. Hermann lernte während seiner Heidelberger Studienzeit in Frankfurt den jungen Theodor Wiesengrund-Adorno kennen, mit dem er sich anfreundete.

Durch die Familie Grab und ihre Verwandten, die Zieglers, teilte ich auch die feudale Art des Sommerlebens, das diese Prager jüdische Aristokratie auf ihren Landgütern pflegte. Und überall gedieh eine meistens sehr alte Kultur, die an literarischer Bildung, musikalischer Ausübung am Instrument wie im Gesang, oft auch an schauspielerischem Talent weit die Norm überragte.

Bei einem Abendempfang der Kahlers produzierte sich ein Hellseher, der damals nicht nur in Prag Aufsehen erregte. Er nannte sich Hanussen, und was er an telepathischem Können zeigte, verblüffte die Kahlerschen Gäste. Ich war eines seiner ersten Objekte. Während er mit seiner Assistentin, der Tochter des Physikers Professor Pringsheim, hinter verschlossener Tür im Nebenzimmer wartete, versteckte Herr von Kahler in einer der zwanzig Zigaretten in meinem silbernen Etui eine Stecknadel. Hanussen kam mit verbundenen Augen herein, vorsichtig geleitet von Fräulein Pringsheim, damit er keinen Fehltritt mache. Nach einer Runde durch das große Zimmer steuerte er auf mich zu, griff in die rechte Hüfttasche meiner Hose, öffnete das Etui und holte ohne zu zögern die eine Zigarette heraus, in der die Nadel steckte. Ein Betrugsmanöver war angesichts der vornehmen Gesellschaft ausgeschlossen. Nur telepathische, mediale Fähigkeiten erklärten das Phänomen.

Hanussen trat 1933 beim Wahlsieg der Nazis in einem Berliner Varieté auf. Es ging ein Gerücht, Hitler interessiere sich seit längerer Zeit für ihn und lasse sich von ihm beraten. Plötzlich starb er auf ungeklärte Weise. Er soll Prophezeiungen gemacht haben, die den »Führer« empörten, und in diesem Moment enthüllte die Staatspolizei obendrein das Geheimnis seiner Herkunft: Hanussen war Jude und hieß Reimann.

Prags Musik- und Theaterleben hielt mich in Atem. Im Smetanasaal neben dem Pulverturm konzertierte regelmäßig die Tschechische Philharmonie, ein glänzendes Orchester, unter Dirigenten wie dem alten Vincent d'Indy, Erich Kleiber, Clemens Krauss und Franz Schalk. Zemlinsky leitete eine Aufführung von Mahlers zweiter Symphonie, die ich nur aus Schurichts Wiesbadener Deutung von 1917 kannte und die mich hier weniger stark beeindruckte als damals. Das mag aber an meiner etwas kritischen Haltung gegenüber religiöser Musik von so romantischem Ausdruck gelegen haben.

Von Steinbergs Opernaufführungen fesselten mich »Salome« und »Meistersinger« besonders. Nach einem etwas scharfen Urteil über die Zeitmaße in der Schusterstube bat mich Steinberg zu einem Gespräch, in dem er mich von der Richtigkeit seiner Auffassung überzeugte. Ich bin ihm für diese Lektion immer dankbar geblieben.

Zweimal kam ich in Prag mit dem deutschen Kulturnationalismus in Konflikte. Bei einem Abend mit Kompositionen junger Absolventen des Deutschen Konservatoriums ließ ich an den meisten Arbeiten kaum ein gutes Haar. Im Kuratorium der Lehranstalt saß ein einflußreicher und schwerreicher Rechtsanwalt namens Wien-Claudi, der auch zu den Financiers der »Bohemia« gehörte. Empört verlangte er meine Relegierung und Entlassung. Nur durch den Einspruch des Chefredakteurs Wesselsky und der Verlagsdirektoren konnte er beruhigt werden. Er bestellte mich zu einem Gespräch in sein Büro. Ich wußte von seinen deutsch-nationalen, ja völkischen Überzeugungen und war überrascht, einem stark jüdisch aussehenden Mann gegenüber zu stehen. Er empfing mich mit den Meistersinger-Worten: »Der Junker scheint mir fehl am Ort.« Doch gelang es mir, ihn von der Stichhaltigkeit meiner Kritik so weit zu überzeugen, daß er mir verzieh. Nur wollte er, daß ich nach einigen Wochen in einem größeren Aufsatz der »Bohemia« die Vorzüge einiger Prager Komponisten deutscher Sprache kommentierte. Ich tat das und sah keine Schwierigkeit, Erwin Schulhoff, Fidelio Finke und den Schönberg-Schüler Viktor Ullmann zu rühmen.

Der zweite Fall war unangenehmer. Ich fand den Deutschen Singverein, Prags größten nicht-tschechischen Chor, in seiner Aufführung der Bachschen h-Moll-Messe unter Heinrich von Schmeidel unzulänglich und sagte das mit dürren Worten in meiner Besprechung. Was danach geschah, hätte ich mir nicht träumen lassen. Stöße von Briefen, Telegrammen und Postkarten trafen am nächsten Tag ein, teils an die Chefredaktion, teils an mich. Ich wurde beschimpft als bestochenes Schwein, als erotischer Rivale des Dirigenten, als Feind der deutschen Kultur. Man bedrohte mich und warnte mich, weiterhin in Konzerte zu gehen, sonst würde ich etwas erleben. Der Tumult dauerte ein paar Wochen. Ich ging unerschrocken weiter in Konzert und Oper, hatte aber manchmal, wenn gewisse Leute mich musterten, ein unbehagliches Gefühl.

Zu meinen großen Erlebnissen gehörte gegen Schluß meiner Prager Tätigkeit die Aufführung von Hans Pfitzners »Armem Heinrich«, den ich auch als Komposition sehr bewunderte. Ich erkannte in dieser selbständigen und meisterlichen Wagner-Nachfolge eine Art Komplement der Schönberg-Schule und ein Gegengewicht zu dem etwas oberflächlichen Klassizismus, der damals in Europa herrschte.

Ende April las ich die Nachricht vom Tode Adolf Weißmanns, der bei der Rückreise aus Palästina einen Herzschlag erlitten hatte. Ich bewunderte seine Formulierungskunst sehr und lernte als junger Kritiker viel von ihm. 1926 hatte ich ihm ein paar Aufsätze geschickt und gefragt, ob er mich an eine Zeitung empfehlen wolle. Er antwortete sehr freundlich. »Gern will ich Sie als Kritiker empfehlen. Nur muß ich dazu eine passende Gelegenheit abwarten.«

Ich rief nach der Todesnachricht meinen Gönner Monty Jacobs in der »Vossischen Zeitung« an und fragte ihn, ob es Sinn habe, mich zu bewerben. »Versuchen Sie es doch!« ermutigte er mich. So schrieb ich an einige Freunde in Berlin, sie möchten meine Kandidatur unterstützen, und bewarb mich bei Ernst Wallenberg, dem Chefredakteur der »B. Z.«, und beim Feuilletonchef Norbert Falk. Meiner Bewerbung legte ich Weißmanns Brief bei; sein Satz mit der »passenden Gelegenheit« soll bei dem Gremium, das die Nachfolge beriet, Schmunzeln hervorgerufen haben.

An eine Chance für mich glaubte ich vor allem wegen meiner Jugend nicht. Doch nach einer Woche kam ein Brief von Norbert Falk. Man interessiere sich in der Redaktion wie im Ullstein-Verlag für mich. Ob ich nicht Lust hätte, vierzehn Tage »auf Engagement zu gastieren«, wie das im Theaterjargon hieße. Ich könne ja unter einem Pseudonym schreiben. Im Juni seien die Berliner Festspiele mit einem großen Aufgebot wichtiger Konzerte und mit Gastspielen der Mailänder Scala.

Ich sagte zu, nahm Urlaub in Prag und schrieb zwei Wochen lang unter dem Namen Hans Joachim für die »B. Z«.

Der Zeitpunkt war gut gewählt, denn Berlins Festspiele liefen auf vollen Touren. Erich Urban, der als Musikkritiker dem Blatt schon lange angehörte und Weißmann koordiniert war, interessierte sich vorwiegend für Operette und Oper, Grete Fischer konnte mit ihm zusammen nicht alles Wichtige besprechen. Natürlich hatte Urban Anspruch auf die ersten Toscanini-Aufführungen, namentlich den »Falstaff« mit dem Ensemble der Scala. Aber ich bekam doch einiges von dem üppigen Festmahl ab. Am 8. Juni dirigierte Klemperer in seiner Kroll-Oper die Uraufführung von Paul Hindemiths »Neues vom Tage«. Den Text zu der »lustigen Oper« hatte Marcellus Schiffer geschrieben, einer der begabtesten literarischen Kabarettisten, die damals in Berlin einen neuen Stil kritischer Unterhaltungskunst schufen. Er und seine Frau, die Schauspielerin Margo Lion, hatten sich mit den beiden Hindemiths angefreundet. Das Stück verkörpert den damals sehr fruchtbaren Hang moderner »E«-Musiker zu leichten, tänzerischen und kabarettistischen Formen. Ernst Krenek und Kurt Weill waren die Wegweiser, und sogar Schönberg glaubte 1930 mit »Von heute auf morgen« Chancen in diesem Genre zu haben. Ich war vom Klang des Hindemithschen Stücks schon in der Ouvertüre mit ihren Schreibmaschinenrhythmen bezaubert, hatte aber Bedenken gegen den Stil des Ganzen. »Lustig? Ja. Oper? Nein«, begann ich meine Besprechung und formulierte schließlich: »Kabarettstil ist das alles nicht. Zuviel Bach, wo Offenbach am Platz gewesen wäre. Ein Brettl-Oratorium.«

Ich kannte Hindemith nur flüchtig aus Hamburg, wo er 1924 mit seinem Amar-Quartett gespielt hatte. Erst viel später befreundeten wir uns, namentlich in der Kampfzeit 1933/34, als wir beide unter Beschuß der Nazipresse standen. Er war der perfekteste Musiker, dem ich begegnet bin, ein unermüdlicher Arbeiter auf allen Gebieten des Instrumentalspiels, der Satzkunst und seit 1933 auch der Geschichte und Ästhetik. »Verglichen mit ihm sind wir alle Dilettanten«, sagte Weill zu mir nach der Premiere von »Neues vom Tage«.

Falk war ein väterlich-hilfreicher Vorgesetzter, veränderte an meinen Manuskripten fast nichts und stellte mich Franz Ullstein und den Ressortchefs der Zeitung vor. Ich wohnte am Viktoria-Luise-Platz bei meinen Schwiegereltern. Als ich mich von Falk verabschiedete, sagte er: »Ich glaube, Sie haben das Rennen gemacht.« Acht Tage später kam der Vertrag. Ich war vom 1. September an als Musikkritiker der »B. Z.« an den Verlag Ullstein engagiert. Als ich meine Eltern davon verständigt hatte, antwortete mein Vater: »Ein vornehmes Blatt ist es ja nicht. Aber ich freue mich über Deinen guten Vertrag.«

In der »Bohemia« bedauerte man mein Weggehen. Auch ich trennte mich nicht leicht von der Redaktion, die mich journalistisch geschult und gefördert hatte. Als ich am 31. Juli den Schlafwagen nach Berlin nahm, brachten mich Hermann Grab und sein jüngerer Bruder Leo zum Wilsonbahnhof.

Die Sommerferien verbrachte ich auf der Ostseeinsel Hiddensee, und zwar ohne Thea. Unsere Ehe war in der Prager Zeit auseinandergegangen. Wir glaubten an die Möglichkeit einer ehelichen Kameradschaft mit voller persönlicher Freiheit. Das erwies sich als Illusion, und so lebten wir bald getrennt. Thea hatte längst den Wunsch, zum Theater zu gehen, und fand eine Stellung am Opernhaus von Teplitz-Schönau, das zu den besten sudetendeutschen zählte.

Hiddensee war um diese Zeit eine Mischung von Romanischem Café und Preußischer Akademie der Künste. Im Haus am Meer wohnte fast jedes Jahr Thomas Mann. Ein paar hundert Meter davon hörte ich Gerhart Hauptmann auf dem Balkon seines Hauses einer Sekretärin Gedichte in die Maschine diktieren. Am Strand traf man Maler der Sezession und der Novembergruppe. Willy Jaeckel malte da schöne Frauen und wurde von seiner Nichte Katja, Wladimir Vogels Frau, betreut. In seinem Strandkorb hielt Otto Gebühr Hof, ein Schauspieler, der als virtuoser Darsteller Friedrichs des Großen ungemein populär geworden war. Brecht sagte: »Ach, das ist der, der meint, er sei Otto Gebühr.«

Hier hatte ich Muße, über mein neues Leben als Journalist nachzudenken. Durch die Aufsätze, die im »Anbruch«, der »Bohemia«, der »Vossischen Zeitung«, dem »Börsenkurier« und anderswo erschienen waren, hatte mein Name eine gewisse Geltung bekommen. In der New Yorker Zeitschrift »Modern Music« machte ein Artikel über Mechanisierung der Musik so viel Aufsehen, daß der allmächtige Olin Downes mich in der »New York Times« zitierte. All das hatte merkwürdige Folgen für meine Stellung als Komponist. Plötzlich baten mich Pianisten und Sänger um Werke, die sie in ihren Konzerten aufzuführen gedachten. Früher hatten sie mich nicht gekannt. Das mißfiel mir. Ich erkannte die Ursache, prüfte mich gewissenhaft, ob der Trieb, mich musikalisch zu äußern, so stark sei wie der, über Musik zu schreiben, und kam zu dem Entschluß, das Komponieren aufzugeben. Ich bin ihm treu geblieben und bereute es nie. Nur als Kriegsgefangener 1945/46 habe ich für einen von mir gegründeten Männerchor Volksliedsätze geschrieben und mit Freude konstatiert, daß sie gut klangen.

V
Berlin, Margot, das Verbot

Ausgeruht und sonnenbraun kam ich Ende August nach Berlin, nahm ein Zimmer in der soliden Familienpension Lüttich, Motz-, Ecke Lutherstraße, und fuhr in die Kochstraße zum Verlag. Jeden Montag sahen Urban und ich den Haufen von Opern- und Konzertbilletts durch und teilten ihn auf, auch unter Berücksichtigung Grete Fischers. Die »B. Z.« erschien gegen Mittag. Anders als in Prag war der Liefertermin für Manuskripte morgens um acht. Das bedeutete, man hatte die ganze Nacht Zeit zu formulieren. Ich setzte mich meist um elf Uhr abends an den Schreibtisch, vor mir eine Flasche Cinzano-Vermouth und ein Paket Zigaretten. Wenn ich, oft erst um zwei Uhr früh, fertig war, hatte ich die Flasche geleert und zwanzig Zigaretten geraucht. Mit brummendem Schädel fuhr ich hinunter, ging zum Nachtbriefkasten und steckte den Brief ein. Er war als Rohrpostbrief frankiert, der Kasten wurde um fünf Uhr geleert, und um sieben lag mein Bericht auf Falks Schreibtisch. Mit wachsender Übung und Formuliertechnik lernte ich, rascher zu schreiben. Doch vor eins oder halb zwei kam ich nur ins Bett, wenn am Abend keine Aufführung gewesen war. Das bedeutete für mich, den Morgenmenschen und Frühaufsteher, eine Umstellung meines biologischen Haushaltes. Bald litt ich unter nervösen Störungen, vor allem dem Augenzwinkern, das ich schon manchmal als Kind gehabt hatte. Wenn es gar zu lästig wurde, stellte ich das Rauchen ein und trank nur noch Wasser.

In Prag hatte ich einige sehr begabte junge Musiker »entdeckt« und durch meine positiven Urteile bekannt gemacht. Im Smetanasaal gab Jarmila Novotna einen Lieder- und Arienabend. Sie war außerhalb Prags noch wenig bekannt. Ich blies in der »Bohemia« einen Tusch zur Begrüßung ihres Talents. Ein Jahr später fand ich ihren Namen im Personenverzeichnis der Staatsoper. Eine der ersten Aufführungen, die ich im September besprach, war ein Abend mit französischen Einaktern in der Kroll-Oper. Es gab Ravels »Spanische Stunde«, Milhauds »Armen Matrosen« und Jacques Iberts »Angélique«. Am Pult stand, meisterlich sicher in allen drei Stilen, Alexander von Zemlinsky. Als Regisseur debütierte im Bereich der Oper Gustaf Gründgens, gestützt durch Caspar Nehers bildnerische Phantasie. Als Concepcion stand die Novotna zum erstenmal auf einer Berliner Bühne. Viel Sternenglanz an einem Abend!

Bei Norbert Falk in der Redaktion gab es täglich Besuche von allerlei Theater- und Literaturvolk. Zu den Mitarbeitern gehörte ein Sohn August Strindbergs. Ich lernte ihn kennen, als auch Anton Kuh ein Manuskript brachte und um sofortigen Vorschuß bat. Falk stellte vor: »Herr Strindberg – Herr Anton Kuh.« Ohne zu zögern drückte Kuh dem blonden Dichtersprößling die Hand und sagte: »Ganz die Mama, Herr Strindberg!«

Einmal traf ich Richard Tauber in der Redaktion. Ich hatte ihn, der jetzt auf der Höhe seines Operettenruhms stand, in Prag als Rudolf in »La Bohème« und als Belmonte in Mozarts »Entführung« bewundert. Wie er vor mir stand, merkte ich erst, wie deformiert seine linke Hand war, die er meist halb versteckt trug. Es hieß, sein Gelenkrheumatismus sei die Folge einer zu spät behandelten venerischen Krankheit. »Kommen Sie in mein Konzert?« fragte er. Ich wußte, daß er ein Lehár-Programm singen würde.

»Wollen Sie nicht mal ein ganz strenges Programm machen, Lieder von Schubert, Arien von Mozart, vielleicht auch Puccini, Herr Kammersänger?« – »Ausgezeichnete Idee«, antwortete er, »und im zweiten Teil Lehár.«

Ich liebte seine Schallplatten mit Volksliedern sehr, hatte auch in der »Bohemia« darüber geschrieben. Die Schallplatte wurde damals von seriösen Kritikern noch nicht ernst genommen, ähnlich wie der Film, für den erst Kurt Pinthus den Bann brach, indem er für das »Acht-Uhr-Abendblatt« darüber schrieb. Ich hatte 1926 im »Kunstblatt« ein »Lob des Grammophons« geschrieben und 1929 im »Auftakt« einen Artikel »Moderne Musik auf der Grammophonplatte«. In der »Bohemia« brachte ich – wohl als erster im deutschen Sprachbereich – Sammelbesprechungen neuer Schallplatten.

Bei Falk traf ich auch den jungen Hans Wallenberg, Sohn des Chefredakteurs, der mir erzählte, er sei ein begeisterter Schallplattensammler. Ich bat ihn, über Platten, die ihm wichtig seien, zu schreiben. Wir sind uns später wieder begegnet, als Wallenberg 1946 nach Berlin kam und mich an die von ihm geleitete »Neue Zeitung« verpflichtete. Aus der beruflichen Verbindung wurde eine Freundschaft, die erst mit seinem Tod im April 1977 endete.

Willy Jaeckel, den ich durch Wladimir Vogel kennengelernt hatte, lud mich im November nach einem Konzert in seine schöne Wohnung in der Motzstraße, nah von der Pension Lüttich. Seine Frau Charlotte war Mezzosopranistin und sang in einer Aufführung des »Stabat Mater« von Pergolesi die Altpartie. In dem von Walter Gmeindl geleiteten Konzert wirkten auch die Pianisten Franz Osborn und Hans Erich Riebensahm mit. Als ich gegen elf Uhr bei Jaeckels ankam, wurde ich der schönen anderen Solistin vorgestellt, die ich seit einiger Zeit bewunderte. Sie kam aus Köln, wo sie als Oratoriensängerin zum erfolgreichsten Nachwuchs gehörte, hieß Margot Hinnenberg-Lefèbre und war mir durch ihre Wiedergabe der »Zeitungsausschnitte« von Eisler aufgefallen. Im Schönberg-Kreis galt sie als die beste Interpretin der Stefan-George-Lieder aus dem »Buch der hängenden Gärten« und der Gesangssätze im fis-Moll-Streichquartett. Wir kamen ins Gespräch und gefielen uns gleich. An gemeinsamen Bekannten von Eduard Steuermann bis Hanns Eisler, von Gustav Havemann – dem damaligen Pionier modernster Musik nebst Alois Hábas Vierteltonquartett – bis Paul Hindemith fehlte es nicht. Als man aufbrach, versicherten wir uns auf die übliche berlinische Art, wir würden bald telefonieren. Dabei blieb es bis zum Januar 1930. Sie reiste zu ihren Konzerten im Rheinland; ich hatte meinen fesselnden Frondienst zwischen Philharmonie und Singakademie, Bechsteinsaal und Kroll-Oper. Kleiber brachte Unter den Linden das Erfolgsstück der späten zwanziger Jahre: »Schwanda, der Dudelsackpfeifer« von Jaromir Weinberger. Da ich die Quellen böhmischer Volkslieder kannte, ließ ich mich durch das satztechnische Können des ehemaligen Reger-Schülers nicht blenden. Trotz der Bearbeitung des Originaltextes durch Max Brod blieb »Schwanda« für mich (und so schrieb ich in der »B. Z.«) »Theater von unmittelbarem Effekt, aus derbem Jux, biederer Sentimentalität und Märchenstimmung bedenkenlos gemixt«. Aber was für eine Aufführung! Mit Erich Kleiber als Leiter der Staatskapelle, dem riesigen Theodor Scheidl als Schwanda und Maria Müller als herrlich singender und anmutig spielender Dorata war es ein Sieg des Klangs und Rhythmus, wie ihn das Haus lange nicht errungen hatte.

Ende Januar fuhr ich nach Frankfurt, um Generalprobe und Uraufführung von Schönbergs »Von heute auf morgen« zu hören. Das Werk war aus einer Zwölftonreihe im strengen Stil gesetzt, hochpolyphon, dissonant, rhythmisch höchst verwickelt. Zu dem operettenhaften Text, den Getrud Schönberg unter dem Pseudonym Max Blonda geschrieben hatte, einer modischen Vierecksfabel mit unwahrscheinlichen Situationen, stand die Tonsprache in kaum versöhnlichem Gegensatz. Schönberg hatte sich von dieser »Zeitoper« einen Schlagererfolg versprochen, vielleicht im Hinblick auf Kreneks »Jonny spielt auf«, Hindemiths »Neues vom Tage« oder Weills »Dreigroschenoper«. Beim Verlag Bote & Bock, mit dem er in Geschäftsverbindung stand, trieb er seine Forderungen immer höher. Als schließlich der Verlag ihm statt der verlangten 50000 nur 30000 Mark Vorschuß bot, brach er die Verhandlungen ab, ließ das Material auf eigene Kosten drucken, durch einen ahnungslosen Gemüsehändler mit musischem Ehrgeiz namens Benno Balan vertreiben und setzte schließlich ein kleines Vermögen zu.

Bei der Probe zur Frankfurter Aufführung, die Hans Wilhelm Steinberg leitete und Herbert Graf inszenierte, traf ich Margot Hinnenberg-Lefèbre. Zusammen mit Dolbin, Theodor Wiesengrund-Adorno und anderen gingen wir anschließend essen. Das Restaurant lag am Main; als wir zur Brücke kamen, umflatterten uns Scharen von Möwen. Margot klagte: »Hätte ich doch Brot, um sie zu füttern.« Ich entdeckte eine Bäckerei und kam blitzschnell mit vier Semmeln zurück, die ich zum Füttern zerbröckelte. Sie war entzückt und lächelte mich mit ihren vollen Lippen und den kräftigen, dunklen Augenbrauen so dankbar an, daß ich es bis heute nicht vergessen habe.

Nach dem Essen hielt ich die gründliche Siesta, die mir seit der häufigen Nachtarbeit unentbehrlich war und zur Lebensgewohnheit wurde. Nachmittags machte ich Notizen über Stück und Aufführung. Am nächsten Vormittag schrieb ich meine Kritik druckfertig zu Ende. Das hatte sich als praktisch erwiesen, und meistens mußte ich nur noch den Schluß über den Erfolg der Premiere anhängen; selten fiel der Eindruck anders aus als in der Probe.

Das Stück hatte einen Achtungserfolg, weil viele Freunde des Meisters aus Wien gekommen waren und den Applaus schürten. Die meisten von uns wohnten im Hotel Carlton, wo ich nachher die Schönbergs begrüßte. Todmüde schrieb ich »Gute Nacht« auf einen Zettel, kuvertierte ihn und ließ ihn Margot Hinnenberg-Lefèbre bringen, die an einem großen Tisch lebhaft diskutierte. Dolbin mit seinen Hellseher-Gaben betastete den noch geschlossenen Umschlag und sagte ihr, was auf dem Zettel stand.

Bei der Rückfahrt traf ich sie im Zug mit dem Schönberg-Ehepaar und dem Frankfurter Intendanten Josef Turnau, der Margot an seine Oper engagieren wollte. Aber sie hatte schon einen Vorvertrag mit Essen, wo Rudolf Schulz-Dornburg sie im lyrischen Fach brauchte. Doch sie konnte sich zur Theaterlaufbahn nicht entschließen und sagte in beiden Städten ab. Nur konzertante Opernaufführungen sang sie, wie die von Schönbergs Komödie.

Nach Berlin zurückgekehrt sahen wir uns täglich. Wir hörten zusammen die turbulente Uraufführung von Brecht/Weills »Aufstieg und Fall der Stadt Mahagonny« am 9. März in Leipzig, wo ein völlig verwirrter Mann gleichzeitig applaudierte und zischte, Klemperer wortlos das Theater verließ, der Dirigent Gustav Brecher mit Sängern und Orchester manchmal Mühe hatte, den Lärm im Parkett zu übertönen.

Musikalisch war 1930 ein aufregendes Jahr. Anfang Mai brachte die Staatsoper Unter den Linden die Uraufführung von Darius Milhauds »Christophe Colombe« in einer phantastischen Wiedergabe, die Franz Ludwig Hörth inszenierte. Der Text von Paul Claudel war mit neuen Mitteln realisiert; fast dreiviertel Stunden der dreistündigen Aufführung wurden durch Filme begleitet. Die Bühne war mitunter in zwei oder drei Schauplätze aufgeteilt. Der Chor, wichtiger Kommentator der Handlung, stand auf einem Vorbau im Zuschauerraum. In einem grandiosen Tauziehen der aztekischen Götter wurde der Ozean zur Raserei entfesselt: unvergeßlichstes der Bilder von Panos Aravantinos. Kleiber dirigierte, Delia Reinhardt als Königin Isabella und Theodor Scheidl als zeitlicher Columbus, die junge Margarete Perras und Fritz Soot in drei gesungenen und gesprochenen Rollen waren die Hauptdarsteller. Nach dem sehr erfolgreichen ersten Teil nahm Milhaud den starken Beifall entgegen. Im Parkett und auf den Rängen saß Berlins künstlerische und gesellschaftliche Elite. Obwohl Claudel, als französischer Botschafter durch einen Kongreß in London ferngehalten, die Premiere versäumte, war fast das ganze diplomatische Korps anwesend. Gegen Schluß des Abends wurde das Publikum unruhig. Dann brach ein Sturm los. Pfeifend und johlend suchte die Opposition sich durchzusetzen. Doch in dem viertelstündigen Kampf der Meinungen siegte der Beifall.

Als die Kritiken erschienen, gab es keinen Zweifel, wer protestiert hatte. Die chauvinistische und völkische Presse hetzte gegen den Juden Milhaud, den katholischen Franzosen Claudel und vor allem gegen Kleiber, der in monatelanger Arbeit die Aufführung vorbereitet hatte.

Im Frühjahr war die Berliner Uraufführung des Films »Der blaue Engel« von Josef von Sternberg gewesen. Sie wurde ein Ereignis nicht nur wegen des literarischen Hintergrundes: Der Stoff war Heinrich Manns »Professor Unrat« entnommen, das Drehbuch hatte der seit dem »Fröhlichen Weinberg« erfolgreichste deutsche Dramatiker, Carl Zuckmayer, geschrieben. Aber die große Faszination ging von der bis dahin nur in einigen Kurfürstendamm-Revuen aufgetretenen Marlene Dietrich aus, die mit Friedrich Hollaenders Chansons allen Zuschauern den Kopf verdrehte. Gleich nach der Premiere rief mich Friedrich Kroner an, der Herausgeber des »Uhu«, einer Monatsschrift, in der alle Aktualitäten auf eine journalistisch witzige, gleichzeitig intellektuelle und populäre Art behandelt wurden. »Warum schreiben Sie für den ›Querschnitt‹ und nicht für uns?« fragte Kroner. Der »Querschnitt«, den Hermann von Wedderkop auf seine vorurteilslos snobistische Manier zur Lektüre der eleganten Welt gemacht hatte, war für Kroner ein gehaßtes und widerwillig bewundertes Vorbild, von dem er sich freizumachen trachtete. Im April 1930 hatte Wedderkop eine Musiknummer herausgebracht, zu der Schönberg, Milhaud, Krenek, Walter Gieseking, Klaus Pringsheim und – beide auf meine Empfehlung – George Antheil und Marc Blitzstein beitrugen. Mein Aufsatz »Gegen das 19. Jahrhundert«, der von Max Ernsts Collagenbuch »La femme 100 têtes« ausging, machte Kroner Spaß. Wir trafen uns in seiner Redaktion, einen Stock über der »B. Z.« im Ullsteinhaus, und er fragte sofort, ob ich den »Blauen Engel« gesehen hätte. Ich verneinte. »Bitte gehen

Sie heute noch hin. Sie müssen über Marlene Dietrich für den ›Uhu‹ schreiben.«

Aus Kroners Anregung wurde ein Aufsatz »So wird heute gesungen«, der im Juni-»Uhu« erschien und mit dem Untertitel »Choräle aus dem Schlamm« die ungenierte Lyrik bezeichnete, die ich bei der Dietrich, Lotte Lenya und anderen Diseusen der Berliner zwanziger Jahre fand.

Kroner hatte sich als Hauptredakteur Peter Suhrkamp geholt, der mit Brecht eng befreundet war und an seinen »Versuchen« mitarbeitete. Zwischen Suhrkamp, Kroner und uns entstand eine Freundschaft auf der Basis häufiger Mitarbeit am »Uhu«. Kroner war ein phantasievoller, unablässig neue journalistische Ideen produzierender Mann, stolz auf seinen Vater, den jüdischen Schneidermeister Abraham Kroner aus der Ackerstraße. Seine Spielfreude äußerte sich, wenn er die kleine elektrische Eisenbahn in Betrieb setzte, die mit ihren Licht- und Lautsignalen, Tunnels, Serpentinschrauben, automatischen Barrieren und Weichen ein kleines Zimmer der Wohnung in der Charlottenburger Sybelstraße einnahm. Er hatte eine verwöhnte, elegante Frau, die lieber mit Aristokraten als mit Juden umging. Brachte er eine neue Zwerglokomotive heim, so jammerte sie halb scherzhaft: »Wie viele Hüte hätte ich dafür gekriegt!«

Suhrkamp, ernst, pädagogisch, ein hochgewachsener Oldenburger Bauernsohn, war das Gegenteil von Kroner, für diesen aber darum eine unentbehrliche Hilfe. Er hat, als es in Deutschland dunkel wurde, als Mann des inneren Widerstandes Heldenmut bewiesen und gegen alle offiziellen Widerstände den ihm anvertrauten Verlag S. Fischer auf hohem literarischen Niveau gehalten, bis die Nazis ihn einsperrten.

George Antheil hatte seine Pariser Wohnung nebst dem Zimmer im Hotel Helvetia 1927 aufgeben müssen und war nach New York gegangen, wo er an allerlei Opernversuchen arbeitete. 1929 schrieb er mir, sein »Transatlantic« sei von der Universal Edition gekauft worden und komme demnächst in Frankfurt zur Uraufführung. Es war ein wunderliches Stück, handelte vom Wahlkampf für einen amerikanischen Präsidenten, Zeit: Gegenwart, die Personen mit griechischen Namen aus Homers »Odyssee«. Trotz Steinbergs perfekter Stabführung, Herbert Grafs Regie mit ihrer Häufung filmischer und technischer Mittel, einem kosmopolitischen Publikum mit großer amerikanischer Minorität, gab es am 25. Mai 1930 keinen Erfolg. George wollte eine Oper machen und war nicht konsequent genug, Puccini zu kopieren. Er wollte amerikanisch sein und glaubte, daß eine Mischung von Amerikanismen und moderner Szenerie nebst klassizistischen Äußerlichkeiten genügten. »Transatlantic« war sein wirklicher Abschied von Europa.

Ich fuhr leicht enttäuscht nach Berlin, wo die Festwochen anliefen, diesmal ohne Scala-Gastspiel, dafür aber mit Konzerten der New Yorker Philharmoniker unter Toscanini. Die Aufführung von Debussys »La Mer« war in ihrer atmosphärischen Vielwendigkeit und der mechanischen Makellosigkeit unvergeßlich. Sie ließ ahnen, welchen Grad der Vollendung amerikanische Orchester später erreichen würden. Am 7. Juni kamen in der Kroll-Oper Schönbergs Einakter »Erwartung« und »Die glückliche Hand« heraus.

In der zweiten Junihälfte schloß sich ein »Fest der neuen Musik Berlin« an, dessen Vorbereitung durch öffentlich ausgetragene Streitereien zwischen Brecht und Weill einerseits, Hindemith als geistigem Vertreter des Festes andererseits gestört wurde. Als Fortsetzung der in Donaueschingen und Baden-Baden begonnenen Versuche hatte man »Gebrauchsmusik«, mechanische Musik, Rundfunkmusik, Haus- und Kindermusik zu Schwerpunkten gemacht. Es gab Lehrstücke wie Ernst Tochs »Das Wasser«, Kinderopern wie Hindemiths »Wir bauen eine Stadt«, eine Sprechfuge von Toch; aber »Der Jasager« von Brecht und Weill mußte in anderem Rahmen aufgeführt werden. Die beiden Autoren hatten sich geweigert, den Text des bei ihnen in Auftrag gegebenen Lehrstücks vorzulegen, bevor es angenommen wurde. Dieses politische Risiko wollten Hindemith, Georg Schünemann und Heinrich Burkhard nicht eingehen, woraufhin Brecht und Weill die drei Herren aufforderten, von der Leitung des Festes zurückzutreten.

Man sieht, welchen Einfluß politische Gedanken damals auf das Musikleben ausübten oder doch auszuüben versuchten.

Im April war Cosima Wagner gestorben. Obwohl ihr Sohn Siegfried längst der eigentliche Leiter der Bayreuther Festspiele war, übte ihre starke Persönlichkeit doch noch immer herrschenden Einfluß auf die künstlerische und administrative Führung aus. Dabei hatte es Auseinandersetzungen über das Engagement des Italieners Toscanini gegeben, der 1930 »Tannhäuser« dirigieren sollte. Die Redaktion der »B. Z.« wünschte, daß ich darüber schreibe. So fuhren Margot und ich Ende Juli nach Bayreuth, das wir beide nicht kannten. Toscaninis Leistung war außerordentlich. Man spürte in ihr eine entfettete Ästhetik, die von Wagners Pathos bisweilen wohltuend Distanz hielt, und gleichzeitig die Autorität des großen Opernmannes, dessen Bekenntnis zu Verdi und Puccini seine Verehrung Wagners nicht minderte. Von dem Bayreuther Betrieb waren wir beide eher peinlich berührt. Aber der Zauber, der von den Aufführungen und dem alten hölzernen Theater zwischen den grünen fränkischen Hügeln ausging, war unwiderstehlich.

In Berlin erwartete uns eine anstrengende Saison. Wir hatten beschlossen zu heiraten und fanden eine schöne, große Wohnung am Hohenzollerndamm, die wir allmählich nach unserem Geschmack einrichteten. Margot hatte viel zu singen, ihr Repertoire reichte nun von Bach bis Webern. Mit Franz Schreker am Pult hatte sie schon im März 1930 die Rundfunk-Uraufführung seiner Orchesterlieder nach Texten Walt Whitmans gesungen. Nun setzte Kleiber die Lieder, ebenfalls mit Margot, auf ein Konzertprogramm der Staatskapelle in der Staatsoper Unter den Linden. Gleich danach folgte Hermann Scherchen seinem Beispiel in der Volksbühne. Alle Aufführungen waren große Erfolge, für Schreker wie für Margot.

Mit Schönberg waren wir in ständigem Kontakt; seine Wohnung am Nürnberger Platz war nur ein paar Minuten von unserer entfernt. Auch sonst wohnten wir praktisch. Man hatte Autobus, Untergrund- und Straßenbahn in der Nähe. Im Haus nebenan war Margots Gesangslehrer, Professor Oskar Daniel, mit dem damals eine Elite von Sängern der Berliner Opernhäuser arbeitete. Margarete Perras, die junge Maria Cebotari und der Bariton Herbert Janssen waren dabei. Aus Schweden kam Göta Ljungberg. Mit ihnen allen, vor allem der Cebotari, stand Margot freundschaftlich.

Wir hatten viel Geselligkeit. Schönbergs kamen ein paarmal, und wir brachten sie mit Herbert Jhering, dem Brecht-Freund und »linken« Theaterkritiker, zusammen. Schönberg sagte nachher: »Ein intelligenter Mensch, nur glaubt er etwas anderes als ich.«

Auch der amerikanische Komponist Roger Sessions lernte bei uns Schönberg kennen. Später wurden sie in Amerika Freunde.

Einmal luden wir Hans Pfitzner, dessen »Von deutscher Seele« Margot im Rheinland gesungen hatte, zum Fünf-Uhr-Tee und auf seinen Wunsch dazu Hans von Benda, den musikalischen Leiter der Funkstunde. Pfitzner, feierlich im Gehrock, kam auf die Minute. Allmählich folgten einige unserer Freunde, und wir setzten uns zu Tisch. Pfitzner sah alle fünf Minuten auf die Uhr und rügte mit wachsender Verstimmung: »Schlechte Kinderstube, Herr von Benda.« Als es halb sechs war, erinnerte sich Margot, daß die Ljungberg nebenan bei Daniel Stunde hatte. Sie bat sie telefonisch, gleich zu uns zu kommen. Sie setzte sich neben Pfitzner, den schöne Frauen immer entflammten, und sofort wurde seine Laune strahlend. Als gegen sechs Benda erschien, war Pfitzner versöhnt und rückte allein mit ihm in eine Ecke, um Geschäftliches zu bereden. Ich brachte ein andermal mit Pfitzner die Rede auf Schönberg. »Wir standen früher gut«, sagte Pfitzner, »er ist ein großer Könner, aber für mich ein Herostrat.«

Eisler hatte durch mich Hansjörg Dammert kennengelernt, der ihn bald bis an den Rand der Hörigkeit verehrte und durch ihn zum Marxismus-Leninismus bekehrt wurde. Eisler schickte ihn 1927 zu Schönberg, in dessen Meisterklasse er bis September 1930 blieb. Margot und ich kamen mit Eisler oft zusammen, machten Ausflüge an die Havelseen, aßen in Onkel Toms Hütte, wo der witzige, kahlköpfige Mann ein Quakkonzert der Frösche dirigierte. Er verehrte Margot seit der sensationellen Aufführung der »Zeitungsausschnitte« in Wien, wo das Publikum von ihr so begeistert war, daß sie jedes der frechen Lieder wiederholen mußte.

Zwischen 1917 und 1930 schämte sich jeder avancierte Komponist seines eigenen Sentiments. Die antilyrische Front der Dadaisten fand Anhang in der Musik. Man hielt Umschau nach Texten aus dem Alltag, teils um Gefühl und Pathos zu meiden, teils »pour épater le bourgeois«. Darius Milhaud schrieb 1919 Lieder nach einem Prospekt für landwirtschaftliche Maschinen und 1920 den »Catalogue de Fleurs«, den allerdings Lucien Daudet in Verse gebracht hatte. Aus ähnlichen Motiven entstanden 1926 Eislers »Zeitungsausschnitte«.

Über Margots zwei Konzerte Ende Februar 1928 hatte Alban

Berg hingerissen an Schönberg berichtet, vor allem nach den Stefan-George-Liedern mit Eduard Steuermann und dem fis-Moll-Quartett mit Kolisch und seinen auswendig spielenden Genossen.

Eislers Urteile über Kunst und Menschen wurden immer boshafter und völlig bestimmt durch kommunistische Ideologie. Es gab kein objektives Gespräch mehr mit ihm. Die Kroll-Oper lehnte er als bürgerlich-kapitalistische Dekadenz-Erscheinung ab, Verdis »Luisa Miller« war ihm so suspekt wie Kreneks »Leben des Orest« oder Strawinskys »Oedipus Rex«. Alle »diese Burschen« standen mit ihren klassizistischen oder gar religiösen Irrlehren der Entwicklung der Gesellschaft im Wege und mußten erledigt werden.

Klemperer nahm er bei seinen blutigen Hohnsprüchen aus. Der war ein genialer Musiker, dessen private Haltung man nicht ernst nehmen dürfe. Damals probierte Karl Rankl, Klemperers Chordirektor, für die Uraufführung der »Maßnahme«, eines abendfüllenden Chorwerks nach Brecht. Ich werde den 13. Dezember 1930 nie vergessen. Um acht veranstaltete der »Kampfbund für deutsche Kultur« in der Singakademie ein Konzert von mäßigem Niveau, bei dem sich ein Komponist in brauner SA-Uniform für den schütteren Beifall nach der Aufführung seines Quartetts bedankte. In der ersten Reihe saß ein kleiner klumpfüßiger Mann, der mich scharf ansah, als ich ihm begegnete: Dr. Joseph Goebbels.

Um elf waren wir in der überfüllten Philharmonie inmitten eines Publikums von Musikern, Schauspielern und Intellektuellen, Klemperer eingeschlossen, um die »Maßnahme« zu hören. Der Eindruck dieses anspruchsvollsten Stückes politisch engagierter Musik war fesselnd und überzeugend, auch dank den Leistungen der Mitwirkenden, allen voran Ernst Busch und Helene Weigel und Rankl mit seinem Arbeiterchor Groß-Berlin.

Die Weltwirtschaftskrise, die durch den New Yorker Schwarzen Freitag 1929 eingeleitet worden war, hatte auch in Deutschland zu Arbeitslosigkeit und politischer Radikalisierung geführt. Zunächst blieb das Konzert- und Theaterwesen davon unberührt; erst an der Schließung der Kroll-Oper 1931 merkten wir, daß wirtschaftliche und politische Motive verhängnisvoll zusammenwirkten. Die Zeitungen hatten keinen Schaden. Wie immer in Krisenzeiten blühten sie auf. Anfang Januar 1931 fuhr Margot nach Nürnberg zu einer Aufführung der »Gurrelieder«. Von da aus mußte sie nach London, wo Schönberg für die »Erwartung« probte. Es war das erstemal, daß er das schwere Stück dirigierte. Dennoch kam eine Aufführung zustande, die nicht nur vom Publikum mit Begeisterung quittiert wurde. Die Kritiken der sonst meist zurückhaltenden Londoner Zeitungen überboten sich an Lob und rühmten Margots »consummate mastery«.

Schönberg und Edward Clark, der mit seinem Einsatz für die Wiener Schule am Rundfunk keinen leichten Stand hatte, waren glücklich. Margot kam zufrieden und mit einer Tasche voller Pfundscheine heim. Nach einer Woche Entspannung ging sie zum Friseur und bat mich, inzwischen auf einer nahen Bank die Pfundnoten wechseln zu lassen. Zu meinem Schreck erfuhr ich, daß an diesem Morgen die englische Währung auf die Hälfte ihres Wertes gefallen war. Ich lief zum Friseursalon und fand Margot mit rot gefärbtem Haar. Als ich sagte, das Pfund sei gefallen, antwortete sie: »Laß mich mit deinem Pfund in Ruhe. Mein Haar ist verdorben.« Man hatte ihr einen »Henné-Guß« vorgeschlagen; eine Fuchs-Krone war daraus geworden. Nach einer Stunde war die Hälfte der unwillkommenen Farbe wieder beseitigt. Nachmittags mußte Margot zur Probe in das Funkhaus, Masurenallee, den schönen neuen Bau von Hans Poelzig. Es gab eine Funkoper »Überall her aus der Welt« von Alexander Ecklebe, einem Schreker-Schüler. Trude Hesterberg machte mit. Margot begrüßte sie: »Sehen Sie mich nicht an, der Friseur hat mich verdorben.« Die Hesterberg musterte neugierig, was unter dem Hut versteckt war: »Schade, ein bißchen röter müßte es sein.«

Hans von Benda hatte ein anspruchsvolles Musikprogramm aufgestellt. Schönberg und seine Schule waren ebenso regelmäßig vertreten wie Strawinsky und moderne Franzosen. Scherchen leitete eine Aufführung von Kreneks »Orpheus und Eurydike« nach Kokoschkas genial-verrücktem Text. Eugen Jochum dirigierte das »Fragment Maria« des jungen, gerade erst bekannt werdenden Wolfgang Fortner, Klemperer die Uraufführung von »Salambo«, einem Opernversuch von Josef Matthias Hauer. Und überall, wo schwierige moderne Sopranparte rasch zu lernen waren, mußte Margot dabei sein. Klemperer hatte Lust, sie den Cherubin im »Figaro« singen zu lassen.

Ihre Scheidung von Hinnenberg ging sehr glatt vonstatten. Ich selbst war schon in Prag von Thea geschieden worden und reichte unsere Papiere beim Standesamt Wilmersdorf ein. Da erwies sich, daß meine tschechoslowakische Scheidung in Deutschland ungültig war. Nach langen Verhandlungen mußte ich mich ein zweitesmal von derselben Frau scheiden lassen. Endlich, Anfang 1932, war alles in Ordnung. Wir heirateten am 11. Februar.

Ich stand schon seit 1930 unter dem Beschuß der Nazipresse. Meine Richtung paßte den Herren nicht. Die positive Besprechung der Eislerschen »Maßnahme« und schnoddrige Beiträge zum »Querschnitt« taten ein übriges. Als mir die bösen, ehrenrührigen Angriffe eines Dr. Fritz Stege lästig wurden, gab ich ihm einige gut placierte Florettstiche mit einem Aufsatz »Hüter der Kultur«, den der Wiener »Anbruch« veröffentlichte. Seit diesem Tage war er mein Todfeind.

Benda ließ jedes Jahr Igor Strawinsky als Dirigenten eigener Werke nach Berlin kommen. Die Konzerte, für Sendungen der Funkstunde »produziert«, fanden anfangs im Sendesaal, später öffentlich statt. Dabei war es eine Art Ritual geworden, daß ich einleitende oder kommentierende Worte sprach. 1931 kam Strawinsky mit dem Geiger Samuel Dushkin zur Uraufführung seines Violinkonzerts in D. Er reiste mit dem fürstlich honorierten Auftrag ab, ein Stück für Geige und Klavier zu schreiben, das er, ebenfalls mit Dushkin, am 28. Oktober 1932 im Funkhaus Masurenallee zum erstenmal spielte.

Drei Tage danach war Serge Prokofieff Solist eines Philharmonischen Konzerts unter Furtwängler. Er spielte die Uraufführung seines fünfsätzigen fünften Klavierkonzerts G-Dur. Ich besuchte ihn im Hotel Fürstenhof zu einem Interview für den Rundfunk. Er sprach gut Deutsch, gefiel mir in seiner knabenhaften, optimistischen Art und wirkte wie ein etwas größer und schlanker geratener Hindemith. Sein Klavierspiel war von einer anarchischen Virtuosität, mit Fingersätzen, vor denen sich jeder Klavierprofessor bekreuzigt hätte, blitzschnellen Drehungen der Hände, die an Chico Marx erinnerten.

Furtwängler gehörte zu den empfindlichsten Musikern der Epoche. Adolf Weißmann hatte ihn durch eine Kritik derart verletzt, daß er sich – übrigens in gemeinsamer Aktion mit noch anderen Opfern des Kritikers – jede weitere Besprechung in der »B. Z.«

verbat und tatsächlich erreichte, daß fortan seine Konzerte von Erich Urban rezensiert wurden. Auch mein nicht immer respektvoller Ton war ihm unangenehm, und ich hörte, namentlich nach einem in »Melos« erschienenen Aufsatz »Furtwängler äußert sich«, er habe heftig dagegen beim Herausgeber Hans Mersmann protestiert. Margot stellte mich dem großen, mageren, langhalsigen Mann mit dem Idealistengesicht in Bayreuth vor. »So sehen Sie also aus«, war seine Reaktion. Doch es kam zu einem Gespräch, in dessen Verlauf wir beide Grund zum gegenseitigen Respekt fanden. Später näherten sich unsere Beziehungen einer reservierten Freundschaft, vor allem, seit wir in gemeinsamer Opposition gegen die Musikpolitik der Nazis standen.

Auf allen möglichen Gebieten gab es unter dem Druck der Tagespolitik Bündnisse, die vorher undenkbar gewesen wären. Ich war als junger Mensch ein großer Verehrer Franz Schrekers und seiner Opern »Der ferne Klang«, »Die Gezeichneten« und »Der Schatzgräber« gewesen. Doch seit der Uraufführung des »Singenden Teufels« 1928 an der Berliner Staatsoper konnte ich mit diesem Nachwagnertum nichts mehr anfangen. Persönlich blieben unsere Beziehungen aber gut, und wie 1932 die kulturpolitische Hetze gegen Schreker als Hochschuldirektor begann, stand ich natürlich auf seiner Seite.

1933 rückte näher. Unter Goebbels' Führung waren die Berliner Nazis ihrer Sache schon sicher. Im »Angriff« wurden täglich schwere Schläge gegen alle moderne Musik, Literatur und Malerei geführt, die unter dem sinnlosen Begriff »Kulturbolschewismus« als volksfremd und jüdisch-zersetzend figurierten. »Wie lange noch, Herr Stuckenschmidt« war die Überschrift eines massiven Hiebes gegen mich. Um so enger schlossen sich die Gemeinschaften derer, die auf der anderen Seite standen. Wir hatten uns mit Heinrich und Hilde Strobel befreundet. Er war aus Erfurt an den Berliner »Börsenkurier« geholt worden. Sie, seine zweite Frau, kam aus Köln und hieß mit Mädchennamen Levy. Zu unserem Kreis gehörte K. H. Ruppel, damals Kulturredakteur der »Kölnischen Zeitung« in Berlin und ein ebenso entschiedener Anhänger Strawinskys, Hindemiths und Weills wie Strobel. In meiner geistig-künstlerischen Welt hatte die Wiener Schönberg-Schule etwas höhere Geltung als bei ihnen, aber das minderte unser Kombattan-

11.6.

tentum keineswegs. Strobel und Ruppel hatten Spaß an vielerlei Mummenschanz und Verstellungskomödien. Es gab urkomische Aufführungen eines von Ruppel gedichteten Germanenstücks, dessen blonder Held Wigilallmund die noch blondere Wigilundis liebte, die ihm einen Knaben Wigiwuz gebar. Auch bei gemeinsamen Fahrten in der Untergrundbahn führten wir nach Opernpremieren laute Gespräche, in denen der echt deutsche Tiefsinn und die wehrhafte Gesinnung einer korpulenten Sopranistin gepriesen, die zersetzende kulturbolschewistische Stabführung eines Nazikapellmeisters kommentiert wurde.

Aber hinter dieser munteren Attitüde versteckte sich bei uns allen die Sorge, was bei den Wahlen im Januar 1933 herauskommen würde. Am Ende des Monats wußten wir Bescheid. Margot und ich fuhren zu Hirsch und Wera und überlegten, was zu tun sei. Im Grunde glaubten wir nicht an die Dauerhaftigkeit des Hitler-Regimes und unterschätzten weit dessen Entschlossenheit, die antisemitische Politik Wirklichkeit werden zu lassen. Margots ältere Schwester Irene war in Köln mit dem wohlhabenden jüdischen Kaufmann Max Nethe verheiratet. Er war Frontkämpfer im Ersten Weltkrieg gewesen, Träger des Eisernen Kreuzes und ein überzeugter deutscher Sozialdemokrat. Er weigerte sich hartnäkkig, an die Gefahr zu glauben, die Irene deutlicher sah als er.

Zunächst schien das Leben weiterzugehen wie gewohnt. Die Städtische Oper leitete seit September 1931 Carl Ebert. Ich hatte seine Arbeit als Regisseur und Generalintendant der Darmstädter Bühnen seit einiger Zeit beobachtet und zunehmend bewundert. In Berlin gelang es ihm, den schwankenden Kurs des Opernhauses in Charlottenburg, dessen Weiterbestehen immer wieder in Frage stand, zu festigen. Gleich am Beginn der Ära, die seinen Namen trägt, fesselte uns die neue Inszenierung von Verdis »Macbeth«, bei der das Triumvirat Ebert–Stiedry–Neher triumphierte. Am 10. März 1932 folgte die Uraufführung der »Bürgschaft« von Kurt Weill nach einem Text von Caspar Neher. Das Stück enthielt bedeutende Szenen und musikalische Einfälle, wich aber so sehr von dem Brecht-Weillschen Musiktheater der »Dreigroschenoper« und der »Mahagonny«-Versionen ab, daß wir es etwas zögernd rühmten. Der Spottvogel Eisler sprach in der Premierenpause laut von »Avant-Gartenlaube«. Grandios aber war wieder das Triumvirat.

Es bewährte sich zum dritten und letzten Mal zwei Wochen nach Hitlers Machtergreifung in der Premiere von Wagners »Fliegendem Holländer«. Die Aufführung am 13. Februar 1933 unter einem jüdischen Dirigenten im Hause eines sozialdemokratischen Intendanten hatte ein bemerkenswertes Publikum. Neben den Habitués der Oper saßen SA-Männer, in einer Loge klatschte Hermann Göring. Zum Schluß gab es stürmischen Beifall, aber Pfiffe gegen Stiedry.

Wenige Tage danach verließen Ebert und Stiedry Deutschland. Am 15. März wurde im Rundfunk die Sendung von »Neger-Jazz« verboten, am 16. in Leipzig ein Gewandhauskonzert unter Leitung Bruno Walters abgesagt. Schönberg hatte eine Sitzung der Akademie verlassen, als der Präsident Max von Schillings eine antisemitische Erklärung abgegeben hatte, und erklärte am 20. März seinen Rücktritt von der Akademie. Nachdem am 1. April eine Reihe berühmter Musiker unter Führung Toscaninis einen vergeblichen telegraphischen Appell an Hitler wegen der Verfolgung ihrer Kollegen aus religiösen und politischen Gründen gerichtet hatten, veröffentlichte die »Vossische Zeitung« einen Brief Furtwänglers an Goebbels gegen die Ausschaltung jüdischer Künstler wie Max Reinhardt, Otto Klemperer und Bruno Walter. Der Minister wies ihn zurecht.

Noch hatte Artur Schnabel im ausverkauften Beethovensaal einen Zyklus Beethoven-Sonaten mit demonstrativ starkem Beifall zu Ende führen können. Noch hielt Göring – dem als preußischem Ministerpräsidenten die Berliner Staatsbühnen zu Goebbels' Mißvergnügen unterstellt waren – das Regime Tietjen, den großen Dirigenten Leo Blech und jüdische Sänger wie Alexander Kipnis. Aber weitblickende jüdische Künstler suchten den Weg ins Ausland. Es knisterte im Gebälk. Margot und ich wurden von übereifrigen Kollegen kaum noch gegrüßt. Im Pressezimmer der Philharmonie konnten Kritiker und ihre Damen die Garderobe aufhängen. Nach einem Konzert, das alle Nazigrößen besuchten, fand Margot in ihrem Pelz einen Schnitt. Am 17. Mai verließen Schönbergs mit dem einjährigen Töchterchen Nuria fluchtartig Berlin, nachdem ihnen Rudi Kolisch in einem Telegramm aus Italien dringend Klimawechsel empfohlen hatte.

Wir beschlossen, den Sommer in Berlin zu verbringen. Margots

Mutter war in Tempelhof. Wir saßen viel mit ihr im Garten des Lefèbreschen Hauses und dachten an die ungewisse Zukunft. Noch hatten wir gute Freunde in Berlin. Auch mit Hindemiths kamen wir oft zusammen. Er wurde von der Nazipresse viel angegriffen, hatte aber auch Anhänger in der jungen Generation und sogar unter offiziellen Vertretern der Hitlerjugend. Denn auch in der Nazi-Ästhetik gab es Schattierungen, die oft zu Gegnerschaften anschwollen. Goebbels und Göring waren sich einig nur in Grundsätzen wie der Rassenfrage, sonst vielfach offen kontrovers. Baldur von Schirach mit seiner organisierten Jugend stand beiden nicht allzu positiv gegenüber. Dann gab es noch die Kulturpolitik der »Kraft durch Freude«, vertreten durch einen Dr. Ley. Die Reichskulturkammer, der jeder künstlerisch Tätige in einer ihrer Abteilungen angehören mußte, war durchsetzt von Männern, die von der Nazi-Ideologie frei blieben und in ihrem Machtbereich durchsetzten, was sie für gut hielten. Sogar an dem weitgehend gleichgeschalteten Rundfunk hielten Hans von Benda und am Kurzwellensender Gerhart von Westerman das Leistungsprinzip höher als das politische Vorurteil. Nicht zu reden von der Presse, von Zeitungen wie der »Vossischen«, der »Deutschen Allgemeinen«, der »Frankfurter« und dem »Berliner Tageblatt«.

In der »B. Z.« sorgte Franz Höllering als Chef für Liberalität und oft zweideutige Formulierungen, die der geschulte Leser sofort durchschaute. An Norbert Falks Stelle war Otto Ernst Hesse getreten, ein ausgezeichneter Kritiker und Schriftsteller, berühmt durch eine Polemik mit Karl Kraus. Dieser hatte in der Abschrift eines Wahnsinnigen ein Gedicht kennengelernt, das er als Genietat der Epoche rühmte; es stammte aber von Hesse, der sich nun unter dem Titel »Ich bin der größte lebende Dichter« zu seinem Geisteskind bekannte. Kraus aber fand, daß sich die beiden Versionen durch ein Komma unterschieden und daß eben dieses die ganze Genialität ausmache.

Bei Ullstein gab es, zunächst fast unmerklich, auch weitere Veränderungen. Der »Querschnitt« hatte nach Hermann von Wedderkops freiwilligem Abschied einen neuen Herausgeber, Victor Wittner, der die Zeichen der Zeit wahrnahm. Im April 1933 erschien das letzte von ihm redigierte Heft der bei den Nazis besonders verhaßten Zeitschrift. Auf dem Titelblatt sah man eine bunte, mit kabbalistischen Zeichen geschmückte Montgolfière abfliegen. Drin standen Aufsätze teils höchst ernster, teils ironischer Art: General Groener schrieb über die Marneschlacht, Carl Zuckmayer über die jungen Lyriker Usinger und Schiebelhuth, ich über Militärmusik, Filippo Tommaso Marinetti über die futuristische Funktion des Hutes, Hans Robert über den Umgang mit Staatsoberhäuptern. Bis 1936 erschien die Zeitschrift weiter. Ihre Mischung von Kühnheit und Unangreifbarkeit war kennzeichnend für den höheren Journalismus in totalitären Staatsformen.

Darin lernten wir alle von den Diplomaten. Berlin hatte ein interessantes diplomatisches Korps. Den Heiligen Stuhl vertrat Nuntius Pacelli, der spätere Papst Pius XII., in der französischen Botschaft am Wilhelmsplatz residierte André François-Poncet, im Haus des Fascio, Viktoriastraße, Vittorio Cerruti. Seine Frau Elisabetta, eine ungarische Schauspielerin, geborene Paulay, führte ein musisches Haus und veranstaltete Konzerte, die weder im Programm noch in der Auswahl der Mitwirkenden den Idealen des Naziregimes entsprachen. Bei ihr traf man jüdische Künstler, die noch in Berlin lebten wie Fritz und Harriet Kreisler, den deutschen Kronprinzen, den tschechischen Gesandten Mastny und seinen Kultur- und Presseattaché Camill Hoffmann und natürlich auch die allmächtige Louise Wolff, Chefin der weltbedeutenden Konzertagentur Wolff & Sachs. Diese »Königin Louise« war eine imposante Figur, ehemals Schauspielerin, später Protektorin zweier Generationen von großen Musikern, in deren Salon man wahrhaft den Hauch der Welt spürte.

Ich kannte Louise Wolff seit 1927 durch ihren Mitarbeiter Erich Simon, einen Onkel meiner ersten Frau Thea. Als ich aus Prag im April 1929 zu Besuch in Berlin war, hörte ich das denkwürdige Debut des dreizehnjährigen Yehudi Menuhin in der Philharmonie, wo er unter Bruno Walters Leitung Violinkonzerte von Bach, Beethoven und Brahms spielte. Ich war begeistert, ging in Louise Wolffs Loge, küßte ihr die Hand und wurde zum Mittagessen am nächsten Tag, dem 13. April, eingeladen. Yehudi war mit seinem Vater da, und ich bewunderte nicht nur den genialen Knaben, sondern auch den klugen, seine Erziehung voller Güte und Weitblick ordnenden Mann, der mit ihm die Welt bereiste.

Cerrutis protegierten in der Galerie Alfred Flechtheim eine

große Futuristen-Ausstellung, wo italienische Gäste wie der Maler Prampolini gefeiert wurden. Bei der Eröffnung sah man viele Männer und Frauen, die als Gegner der nazistischen Kulturpolitik bekannt waren, Vertreter der Kirche beider Konfessionen, Juden, Sozialisten und Monarchisten. Auch Werner Finck fehlte nicht. Sein Kabarett »Die Katakombe« im Haus der »Scala«, Lutherstraße, war ein Treffpunkt der lachenden Opposition, bis Goebbels es schloß.

Ein Programm neuer italienischer Musik in dem von Erich Mendelssohn noch kurz vor seiner Emigration umgebauten Botschafterhaus brachte unter Leitung des jungen Oreste Piccardi ausschließlich Werke der Richtung, die von den Nazis als volksfremd und entartet abgelehnt wurde, namentlich Stücke für Kammerorchester des Herzogs Leone Massimo, der an pathosfeindlicher Ironie sein Vorbild Erik Satie übertrumpfte. Bald ging in Berlin das Bonmot um, wenn man kulturbolschewistische Kunst suche, brauche man nur in die Veranstaltungen der faschistischen Botschaft zu gehen.

François-Poncet, der ausgezeichnet Deutsch sprach, lud gern Gesellschaften zu Tisch, die in sich Widersprüche verkörperten. Am Tag vor einem Konzert Alfred Cortots trafen wir bei ihm den Pianisten selbst und den Direktor der Nationalgalerie, Eberhard Hanfstaengl, der wegen unbeugsamer künstlerischer Überzeugungen 1937 aus seinem Amt entfernt wurde. Ihm gegenüber saß »Putzi« Hanfstaengl, sein Vetter, ein witziger, respektloser Mann, der durch sein virtuoses Klavierspiel Hitlers Gunst erworben hatte, dem »Führer« aber so viele bittere Pillen zu schlucken gab, daß er kurz vor seiner Verhaftung nach England floh. Er mokierte sich während des Essens laut über den »Völkischen Beobachter«, den er »keine Zeitung, sondern eine vergrößerte Briefmarke« nannte. Außer Margot und mir waren noch Robert Oboussier, der ausgezeichnete, 1938 nach Zürich ausgewanderte Kritiker der »Deutschen Allgemeinen Zeitung«, und seine Mutter dabei. François-Poncet machte nach Tisch Wortwitze über den Nazibegriff des guten Ariers und reinen Ariers, »bon-à-rien« und »propre-à-rien«, wie er sie nannte.

Im Juli 1933 kam, zuerst in Dresden, dann an der Berliner Staatsoper, das letzte Werk heraus, das Richard Strauss auf ein

Libretto von Hofmannsthal geschrieben hat: »Arabella«. Strauss war in einer ähnlichen Situation wie Furtwängler, kein Nazi, mit vielen Juden eng befreundet, von Natur unpolitischer Individualist, eben darum aber auch kein Kämpfer für seine Überzeugung. Solange sein Werk und sein Privatleben unberührt blieben, ließ er mit sich geschehen, was die Umstände erforderten. Wurde er auf Mißstände und Unrecht hingewiesen, so half er durch Briefe oder mündlichen Einspruch. Ich kannte Strauss seit 1917. Er begleitete in Magdeburg eine Sängerin am Klavier. Meine Mutter und ich ließen uns in der Pause vorstellen, und ich Halbwüchsiger murmelte etwas Bewunderndes über »Salome«. Als ich an die »B. Z.« gekommen war, rief mich sein Verleger Adolph Fürstner an, Strauss habe den Wunsch, mich kennenzulernen. Er empfing mich mit der Liebenswürdigkeit eines Grandseigneurs und fragte gleich, ob ich das Autograph der »Jupitersymphonie« kenne. Er habe es gerade in der Berliner Staatsbibliothek studiert, weil er die Symphonie bei einem Mozart-Abend mit der Staatskapelle dirigieren wolle. Im Andante cantabile enthalte in den gedruckten Partituren der zweite Takt eine falsche Note. Celli und Kontrabässe müßten da g statt c spielen, genau wie in der Reprise.

Ich war erstaunt über die Sorgfalt, mit der dieser weltberühmte, als Dirigent überall gefeierte Mann sich um Einzelheiten in einem Werk bemühte, das er sicher oft musiziert hatte. Strauss war darin auf allen künstlerischen Gebieten unermüdlich. Ich wußte von Hermann Grab, wie genau er sich in kleinen Details der Barockbaukunst auskannte, wie er Säulenkapitelle zu bestimmen wußte, Abweichungen von der Regel mit einem Blick erkannte. Und ähnlich war seine Analyse Hofmannsthalscher Textvorschläge, die ich aus dem Briefwechsel der beiden Männer kannte. Ich machte damals mancherlei Einwände gegen die Strauss-Opern nach »Elektra«. Die »Ägyptische Helena«, die ich für die »Bohemia« in Dresden besuchte, hatte mich nicht sehr glücklich gemacht. Um so mehr Gefallen fand ich 1933 an »Arabella«, die zu Unrecht als Sklerosenkavalier geschmäht wurde, aber im ersten und dritten Akt Musik von reifer Schönheit enthielt.

Als ich später Strauss um Hilfe gegen die Vernichtungsschläge der Nazis bat, griff er sofort ein und versuchte maßgebende Stellen für meinen Fall zu interessieren. Jahre nach seinem Tod las ich in seinen gedruckten Briefen eine Stelle, wo er mich gegen meinen Hauptfeind Stege verteidigt.

Mittlerweile hatte sich eine »Fachgruppe Musikkritik« gebildet, der alle meine Kollegen angehörten. Ihre Sitzungen bestanden zum großen Teil aus Denunziationen gegen mich. Durch Freunde wie den jungen Karl H. Wörner wurde ich genau informiert und konnte mich sofort wehren. Ein Siegfried Burgstaller tat sich neben Stege besonders hervor. In der Sitzung vom 27. Februar 1934 behauptete er, einen Artikel von mir zu kennen, in dem ich zur Verbrennung von Partituren des »Parsifal« und der Frau Winifred Wagner aufgefordert hätte. Auf meinen Protest hin mußte er diese plumpe Lüge in der nächsten Fachgruppensitzung zurücknehmen und den Irrtum bedauern. Schon vorher hatte Stege beim Reichsverband der deutschen Presse eine Reihe von Anwürfen gegen mich erhoben, die meine vorläufige Eintragung in die Berufsliste der Schriftleiter rückgängig machen sollten. Auch diese Vorwürfe beruhten zum Teil auf Lügen oder Verdrehungen, ebenso wie die Behauptung, die Mitglieder der Fachgruppe hätten einstimmig meine Entfernung aus dem Kritikerstand beschlossen. Im Reichsverband, Tiergartenstraße, wo ich nun häufig vorsprechen mußte, saß ein ehrenwerter Mann, der Historiker Professor Alfred Herrmann. Er tat, was er konnte, um mir die Wege zu einem gerechten Verfahren zu ebnen. Als wir 1949 in der Humanistischen Fakultät der Technischen Universität Kollegen wurden, erzählte er mir, welche Sorgen er sich damals um mich gemacht habe.

Das Gefühl, von einem Haufen zu allem entschlossener Feinde umgeben zu sein, bohrte an unseren Nerven. Als ich eines Morgens in die »B. Z.«-Redaktion kam, erfuhr ich, Stege habe dem Verlag mitgeteilt, eine Anzeige gegen mich bei der Geheimen Staatspolizei gemacht zu haben. Ich fuhr sofort heim. Wir mußten mit Hausdurchsuchung rechnen. Es war ein kalter Märztag, und unsere großen Anthrazitöfen strahlten Glut aus. Ich holte aus meinem Bücherregal alle belastende Literatur: Stöße von »Weltbühne«-Heften, Schriften von Marx und Lenin, die »Kulturgeschichte des Proletariats« von Rühle, alte Nummern der »Aktion« und der »Sozialistischen Monatshefte«. All das steckten wir in unsere Öfen in der naiven Annahme, es würde brennen. Aber Bücher brennen nicht, und Zeitschriften verstopfen nur die Abzugswege für den Rauch. Wir hatten in wenigen Minuten verqualmte Zimmer, mußten die angesengten Bücher aus den Öfen holen und lüften. In diesem Moment läutete die Türklingel. Ich lief hinaus und erwartete die Polizei. Es war der Geldbriefträger.

Aber nun sollte die linke Literatur aus dem Haus. Wir packten alles in einen Handkoffer, bestellten ein Taxi und fuhren den Hohenzollerndamm hinunter bis gleich hinter dem Roseneck, wo ein Weg zum Grunewaldsee führte. In großer Eile schleppten wir den Koffer durch den Wald. Als wir am See eintrafen, sahen wir Scharen von Schlittschuhläufern. Das Wasser war dick zugefroren. Rasch entschlossen, warfen wir unsere Konterbande in die Gebüsche, nicht ohne vorher meinen Namen aus den Büchern entfernt zu haben.

Der Besuch der Gestapo blieb aus. Doch der Kampf ging weiter. Stege hatte schon im Dezember 1933 Material eingereicht, das mich vernichten sollte. Als »der vom Propagandaministerium legitimierte Führer der Musikkritik« warf er mir vor: mangelnde sittliche Eignung, mangelnde fachliche Eignung, Verbreitung lügnerischer Kritiken, Verächtlichmachung des eigenen Berufsstandes, Beschimpfung der deutschen Musikkultur, Verächtlichmachung des Nationalsozialismus und Irreführung der öffentlichen Meinung. Zum vorletzten Punkt zitierte er mein Wort »Reich der dritten Atonale« aus dem Anti-Stege-Aufsatz »Hüter der Kultur«, der von der »jüdischen Universal-Edition« gedruckt worden sei. Ich erwiderte, die jüdische »U. E.« sei der Verlag von Werken Paul Graeners, Max von Schillings', Emil Nikolaus von Rezniceks, Paul von Klenaus, Richard Strauss', Max Regers, Hans Pfitzners usw. Zum letzten Punkt (»Irreführung«) zitierte Stege aus meinem Webern-Aufsatz in der »B. Z«. vom 2. Dezember 1933 meine Worte über die ethische Kraft dieser Musik, die »nur einer Elite geschultester Ohren zugänglich« sei, und den Hinweis auf Schönberg. Ich hätte die Stirn, »noch heute diesen gemeingefährlichen Juden in Schutz zu nehmen, von dem ich bereits 1920 schrieb: ›Arnold Schönberg, wir glauben an Sie und Ihre Musik, trotz allen Geiferern wider Sie! Wir glauben, daß Sie uns die große neue Musik gaben.‹«.

Ich erwiderte, daß ich nach wie vor in Schönberg eine der bedeutendsten Erscheinungen der Musik der Gegenwart sähe und daß mit wenigen Ausnahmen die Musiker der ganzen Welt diese Ansicht teilten. Furtwängler, der 1928 in einem Philharmonischen Konzert eins seiner größten Orchesterwerke uraufgeführt habe, sei ein sachlicher und persönlicher Verehrer Schönbergs und habe ihn 1933 in Paris aufgesucht. Was die Zwölftönetechnik angehe, so sei auch Paul von Klenaus am 4. November 1933 in Stuttgart uraufgeführte und durch den einleitenden Vortrag eines Oberregierungsrates vom württembergischen Kultusministerium als eines der wichtigsten Werke neuer nationaler Kunst bezeichnete Oper »Michael Kohlhaas« in dieser Technik geschrieben. Außerdem habe Richard Strauss den Komponisten Paul Hindemith, der eine dem »atonalen« Stil verwandte Richtung vertrete, in den Führerrat deutscher Komponisten berufen.

In diesem Tohuwabohu einander widersprechender Meinungen, zu denen übrigens auf der Naziseite noch die des Amtes Rosenberg kamen, musikkritisch vertreten durch Herbert Gerigk und Friedrich Wilhelm Herzog, kannte sich kaum noch jemand aus. Ich hatte längst beschlossen, von meiner Linie nicht abzuweichen und nur gewisse taktische Kunstgriffe anzuwenden. Zu ihnen gehörte der Hinweis auf Graener als Verlagsautor der Universal Edition und auf Paul von Klenau als Zwölftonkomponist. Ich spielte auch einmal die relativ fortschrittliche Kulturpolitik Mussolinis gegen die Nazi-Ideologen aus. Anfang Januar rief mich Alfred Schlee an, der nun in Berlin die Universal Edition vertrat. In Braunschweig sei eine interessante Uraufführung. Er wolle mit seinem neuen Wagen hinfahren. Ob wir nicht Lust hätten mitzukommen. Wir kamen mit, sahen abends eine recht gute Ballettaufführung nach Volksliedern in der schönen Bearbeitung von Joaquin Nin und am nächsten Tag »Die Fabel vom vertauschten Sohn«, Text von Luigi Pirandello, Musik von Gian Francesco Malipiero. Das Stück wie die Inszenierung von Oskar Walleck verblüfften uns durch konzessionslose Modernität. Den großen Erfolg beklatschte auch das Botschafterpaar Cerruti. In der »B. Z.« erschien die Besprechung, die man in meinem Sammelbuch »Die Musik eines halben Jahrhunderts« nachlesen kann. Das Faß der Angriffe gegen mich lief nun fast voll. Ende Januar brachte Tietjen Unter den Linden Zemlinskys »Kreidekreis«, den ich schon bei der Stettiner Aufführung kurz vorher gesehen und gepriesen hatte. Daß der Komponist

»Nichtarier« war, hatte sich herumgesprochen. Bei solchen Premieren traf man ein besonderes Publikum, etwa das gleiche, das im Staatlichen Schauspielhaus bei Posas Satz: »Sire, geben Sie Gedankenfreiheit« demonstrativ und anhaltend klatschte. Auch Zemlinskys ausgezeichnetes Stück fand betonten Erfolg. Meine Besprechung wurde dem Material einverleibt, das die Fachgruppe Musikkritik sammelte.

Von den befreundeten Kollegen blieben Strobel, Ruppel und Rufer trotz ihrer unveränderten Haltung relativ ungeschoren. Man flickte ihnen am Zeug, wenn sie sich spürbar systemkritisch äußerten, doch man ließ sie gewähren. Unter den jüngeren Feuilletonredakteuren war Wolfgang von Einsiedel in der »Vossischen Zeitung« so mutig, einen Aufsatz von Rufer über Alban Berg zu drucken, der Schönbergs Errungenschaften rühmte. Die »Neue Rundschau« hatte in Peter Suhrkamp seit 1933 einen Herausgeber, der in der Wahl der Themen und der Mitarbeiter selbständig und tapfer den Geist der Zeitschrift überlieferte.

Wir kamen mit ihnen allen häufig zusammen, schmiedeten Pläne, wie den Kulturschergen der Nazis zu wehren sei, verabredeten Strategie und Taktik der Verteidigung. Hindemith rückte immer mehr in den Brennpunkt des Kampfes. Er hatte sich von seinen lausbübischen Jugendstreichen zur Reife entwickelt, trieb philosophische und musikhistorische Studien, bei denen ihm Professor Johannes Wolf eine Zeitlang half, und erzählte uns 1933 von einer geplanten Oper um Fragen religiöser und künstlerischer Überzeugung. Bald hörte man, daß Furtwängler als neuer Chefdirigent der Staatsoper das Werk zur Uraufführung erworben habe. Es war »Mathis der Maler«. Um diese Uraufführung entbrannte ein Kulturkampf.

Für Furtwängler hatte Hindemith eine dreisätzige »Symphonie« aus Szenen der Mathis-Oper zusammengestellt, vielleicht nach dem Vorbild der Bergschen drei Bruchstücke aus »Wozzeck«. Die Aufführung in einem Philharmonischen Konzert am 12. März 1934 hatte ein Publikum, in dem kein Vertreter der kulturpolitischen Opposition fehlte. Es bereitete dem umstrittenen Werk einen beispiellosen Erfolg, der sich in der Presse spiegelte. Dabei wurde Hindemiths Wendung zur Reife ideologisch vielfach mißdeutet, und es gab Radikale, die in der Verwendung von alten

Volksliedern und gregorianischen Themen faschistische und klerikale Anbiederung sahen.

Das Propagandaministerium war hellhörig und sah wohl, was eine von Göring protegierte Uraufführung Unter den Linden für Folgen haben könnte. Es setzte das Verbot des Projektes durch. Das brachte Furtwängler in Harnisch. Am 25. November erschien in der »Deutschen Allgemeinen Zeitung« sein Aufsatz »Der Fall Hindemith« mit dem provozierenden Satz: »Wo kämen wir überhaupt hin, wenn politisches Denunziantentum in weitestem Maße auf die Kunst angewendet werden sollte?«

Was folgte, glich einer Demonstration. Furtwängler wurde am nächsten Tag vor einer öffentlichen Generalprobe in der Philharmonie so stürmisch und anhaltend akklamiert, daß er mit zwanzig Minuten Verspätung beginnen mußte. Sein Kopf war Symbol des Widerstandes gegen die Macht geworden.

Mittlerweile war auch der Kampf gegen mich weitergegangen. Ich hatte nach den positiven Besprechungen der Werke von Malipiero in Braunschweig, von Zemlinsky in Stettin und Berlin auch Klenaus »Michael Kohlhaas« in Stuttgart besucht, Furtwänglers Uraufführung von Hindemiths »Mathis«-Symphonie gepriesen und keine Gelegenheit versäumt, auf die Mängel der offiziellen Ästhetik hinzuweisen.

Am 30. April hatte die Pariser Große Oper eine Strawinsky-Premiere. Ida Rubinstein tanzte die in ihrem Auftrag komponierte »Perséphone«, eine bizarre klassizistische Mischung von Ballett, Melodram und Oper. Der Komponist dirigierte. Margot und ich benutzten die Gelegenheit zu einer Reise nach Paris und kurzem Aufenthalt in Köln bei Max und Irene Nethe. Ich weiß noch, mit welchem Hochgefühl wir den D-Zug bestiegen, der uns in ein Land der Freiheit brachte. Wir hatten es so eingerichtet, daß wir die Generalprobe am 29. und die Uraufführung am 30. April hören konnten. Wegen der Karten hatte ich in Berlin mit dem Russischen Musikverlag gesprochen, der alles arrangierte. Im Hotel eingetroffen, rief ich Strawinsky an. »Sie werden nicht in die Probe und Premiere gehen!« sagte er grollend. »Warum nicht?« »Weil die Aufführung schlecht ist und ich nicht wünsche, daß darüber geschrieben wird.«

Ich machte dem Meister klar, daß ich nicht nach Paris geschickt worden sei, um zu schweigen, und daß ich die Karten schon hätte. »Machen Sie, was Sie wollen«, erwiderte er. »Mich werden Sie nicht sehen.« Natürlich gingen wir in Probe und Aufführung. Die Rubinstein war über ihre große Zeit längst hinaus. Als Tänzerin noch ansehnlich und technisch glänzend, rezitierte sie André Gides Text mit einer wunderlichen Mischung von pseudogriechischem Pathos und gestelzter Comédie Française. Strawinsky dirigierte das mäßig spielende Orchester mit spürbarer Lustlosigkeit. Bei dem starken Schlußbeifall zeigte er sich nicht; er soll unmittelbar nach Empfang seines Honorars die Oper verlassen haben.

Alle Journalisten in Deutschland wußten, was sie riskierten, wenn sie sich der Presse-Gleichschaltung schreibend entzogen. Keiner von uns zweifelte daran, daß ein provozierender Satz uns um Arbeit und Brot bringen konnte, wenn die »B. Z.« meine Besprechung von »Hänsel und Gretel« mit der Überschrift veröffentlichte: »Böse Werke dauern nicht« oder wenn in der Kritik von Benatzkys »Bezauberndes Fräulein« mit Lizzy Waldmüller und Max Hansen von der Genugtuung gesprochen wurde, die jeder empfindet, weil der Macht ungestraft die Wahrheit gesagt werden kann. In einer freiheitlichen Gesellschaft und unter einer toleranten Regierung sind solche Äußerungen kein Wagnis. Totalitäre Regime rächen sich an ihnen, rechts genau wie links. Das sollten sich die heutigen linken Intellektuellen klar machen, die so stolz sind, wenn sie gegen das »Establishment« schreiben und damit nur ihre Honorare aufbessern.

Als die Angriffe immer schärfer, die Verleumdungen unverschämter wurden, fand ich unerwartet Zeichen der Sympathie bei Gustav Havemann. Der Geiger, seit Jahren mit seinem Quartett ein Vorkämpfer moderner Musik von Schönberg bis Hába, war einflußreiches Mitglied des »Kampfbundes für deutsche Kultur«. Er sorgte für eine Verhandlung über meinen Fall, zu der er als Zeugen den liberalen Fritz Brust und den deutsch-völkischen Paul Zschorlich vorlud. Brust sagte wahrheitsgemäß aus, daß er die Beschlüsse der Fachgruppe mit dem Ziel meines Ausschlusses nicht billigte und daß sie ohne seine Mitwirkung gefaßt worden waren. Zschorlich, seit Jahren mein schärfster publizistischer Gegner, drückte mir kräftig die Hand und gab zu Protokoll, wir seien zwar immer Feinde gewesen, doch müsse er den Hut vor meiner unbestechlichen Haltung und Überzeugungstreue ziehen. Ähnlich wie Pfitzner war er ein Antisemit der konservativen Art, der nach 1933 oft nachdrücklich für jüdische Kulturleistungen eintrat.

Havemanns Einsatz nützte so wenig wie die Briefe von Strauss, Furtwängler, Gründgens und Winifred Wagner. Nur verstummten für eine Weile die Angriffe gegen mich in der Öffentlichkeit der Nazipresse.

Im Sommer besuchten wir meine Eltern in Bremen. Sie bewohnten seit 1926 ein eigenes kleines Haus mit Garten in der Neustadt. Im Arbeitszimmer meines Vaters hing weiterhin das Bild Wilhelms II., und er las keine Nazizeitung. Von dem Kampf gegen mich war er unterrichtet, ohne ihn recht ernst zu nehmen.

Meine kleine Mutter führte ihr eigenes musikerfülltes Leben. Schon seit den Nachkriegsjahren hatte sie eine krankhafte Furcht vor der Zahl 13. Summen, die durch dreizehn teilbar waren, beunruhigten sie. Wenn eine Rechnung solche Zahlen enthielt, kaufte sie noch irgend etwas dazu. Am 13. und 26. jeden Monats hatte genau das gleiche zu geschehen wie tags zuvor. In der dreizehnten Stunde, also zwischen zwölf und ein Uhr mittags, schlief sie. Das komplizierte den Tagesablauf ein wenig, aber mein Vater, die Dienstboten und Lieferanten gewöhnten sich an diese Marotten, die Muni mit ihrem großen Charme durchsetzte. Als unser Haus in der Erlenstraße die neue Nummer 91 bekommen sollte, erreichte sie beim Magistrat, daß diese in 89 a verändert wurde. Auch die Telefonnummer wurde korrigiert.

Mein Bruder Kurt kam diesen Sommer. Er hatte Brasilien verlassen, als die deutsche Wehrmacht neu aufgebaut wurde, und ließ sich als Hauptmann wieder aktivieren. Sein Glaube an ein neues Deutschland wurde ihm zum Verhängnis. 1943, als Oberst in Südfrankreich schwer verwundet, kam er nach Oran in ein amerikanisches Lazarett und starb dort zu Weihnachten.

Mein Vater war mit seinen fast siebzig Jahren sehr rüstig und aktiv. Er hatte eine führende Stellung im Bremer Roten Kreuz und machte dafür häufig Reisen, die auch nach Berlin führten. Gleichschalten ließ er sich nicht, obwohl die Bremer Partei um ihn warb.

Margot reiste im September wieder einmal nach London, wo sie Schönberg, Hindemith und Alban Berg sang. Als ich sie abholte, war in Berlin die musikpolitische Spannung bis zum Zerreißen gewachsen. Wir hatten schon im Sommer unsere teure Wohnung am Hohenzollerndamm gekündigt und eine kleinere bezogen. Hier erlebten wir die Kämpfe um Hindemith und andere Exponenten der als volksfremd denunzierten zeitgenössischen Musik.

Es war den Nazis gelungen, die angesehenste deutsche Musik-Monatsschrift, »Die Musik«, für ihre Zwecke zu kaufen. Sie erschien seit Ende 1933 mit dem Untertitel »Amtliches Mitteilungsblatt der Reichsjugendführung« und wurde später vom Amt Rosenberg usurpiert. Im Juniheft 1934 stand die sehr positive Besprechung eines Chorliederzyklus »Die Rache der Verfolgten«, den Herbert Wintzel nach Gedichten von Baldur von Schirach komponiert hatte. Im Text wurde das Goebbels-Wort vom »romantischen Realismus« zitiert. Der Autor, der Aufführungen dieser Schirach-Chöre sehr befürwortete, war Theodor Wiesengrund-Adorno. Er hatte wohl als Halbjude die Lage wirklich falsch beurteilt, als er diese von ihm selbst später »dumm-taktisch« genannten Sätze schrieb.

Nach Furtwänglers mutigem Aufsatz in der »D. A. Z.« wurde »Die Musik« zum Forum des Kampfes gegen ihn und alle, die ihn unterstützten. Er selbst trat von der Leitung der Staatsoper und seinen anderen öffentlichen Ämtern zurück.

Am 30. November 1934 dirigierte Erich Kleiber mit der Staatskapelle vor ausverkauftem Haus die fünfsätzige »Lulu«-Symphonie, die Alban Berg aus Bruchstücken der noch unvollendeten Oper für diesen Zweck geschrieben hatte. Die Uraufführung fand einen starken Erfolg, den nur ein »Heil Mozart«-Ruf aus dem Olymp störte. Berg war nicht gekommen, weil sein Gesundheitszustand ihm die Reise nicht gestattete, vielleicht auch, weil er Demonstrationen und Feindseligkeiten fürchtete. Die Kritik war säuberlich in zwei Lager gespalten. Meine Besprechung in der »B. Z.« erschien am 2. Dezember. Zwei Tage danach schickte der »Reichsverband der deutschen Presse« mir die Mitteilung, meine Eintragung in die Berufsliste der Schriftleiter sei gestrichen, und ich hätte mich jeder journalistischen Tätigkeit in Deutschland zu enthalten. Begründung: ich sei wegen meiner kulturpolitischen Haltung und des Eintretens für eine »zweifellos jüdischerseits beeinflußte Richtung« nicht geeignet, am Aufbau der nationalen Kultur mitzuwirken. Einspruch gegen diese Entscheidung gab es nicht.

Der Schlag traf uns nicht unvorbereitet. Wir hatten unseren Lebensstandard vorsorglich eingeschränkt. Der Verlag Ullstein hielt die gesetzliche Kündigungsfrist ein und zahlte mein Gehalt bis 31. März 1935 weiter. Bis dahin war ich beurlaubt. Margots Schwester Alex hatte 1932 ihren Mann verloren und lebte mit dem neunjährigen Sohn in Tempelhof. Sie bot uns an, das Haus mit ihr zu teilen. Am 1. April zogen wir ein. Wir hatten etwas Geld gespart, und ich ließ mir auszahlen, was der Verlag zusammen mit mir für die Altersversorgung zurückgelegt hatte, etwa 5000 Mark. Damit konnten wir bescheiden ein paar Jahre auskommen.

VI
Prager Tagblatt, Soldatenzeit

Meinen »Fall« machten Presse und Rundfunk in vielen Ländern zur cause célèbre. Neben Furtwängler, Hindemith und bald auch Kleiber, der freiwillig auf weitere Tätigkeit in Deutschland verzichtete, wurde ich als Opfer nazistischer Kulturknebelung behandelt. Zum ersten- und letztenmal war mein Name auf den ersten Seiten der ausländischen Zeitungen. In der ersten Adventszeit stand mein Telefon nicht still. Freunde, Bekannte und Fremde versicherten mich ihrer Sympathie. Ehemalige Gegner meiner künstlerischen Überzeugungen hatten ihre Haltung geändert. Mich grüßten Leute, die ich nicht kannte. Andere allerdings vermieden meinen Gruß, aber sie waren in der Minderheit.

Ein amerikanischer Kollege, Louis P. Lochner, guter Musikkenner und Autor einer Biographie Fritz Kreislers, rief mich an. Er war Vorsitzender des »Vereins der ausländischen Presse« und hatte bei dessen Sitzung veranlaßt, mich zum Mitglied zu ernennen, ohne daß ich Beiträge zu zahlen hatte. Auf diese Weise konnte ich Pressekarten für Premieren und Konzerte bekommen. Gleichzeitig empfahl er mich als Mitarbeiter an den »New York Herald Tribune«, den »Christian Science Monitor«, die »Daily Mail« und andere ausländische Zeitungen. Es war die nobelste kollegiale Haltung, die mir je begegnet ist.

Auch für die »Bohemia« arbeitete ich nun wieder regelmäßig. Die Honorare, die so zusammenflossen, reichten wohl nicht für unser Leben, halfen aber doch spürbar. Margot war zwar durch mein Berufsverbot nicht direkt betroffen. Aber viele Dirigenten, die sie früher oft engagiert hatten, ließen nun nichts mehr von sich hören. Zu den rühmlichen Ausnahmen gehörten Carl Schuricht und Hermann Abendroth, der selbst seine Erfahrungen mit den Nazis gemacht hatte, Köln verlassen mußte, aber in Leipzig Gewandhaus-Dirigent wurde.

In diesen bewegten Monaten schrieb ich mein erstes Buch, die »Geschichte der Dissonanz«, die bis heute ungedruckt geblieben ist. Eine stark gekürzte Fassung des Inhalts gab ich Suhrkamp für die »Neue Rundschau«, die 1934 noch eine Arbeit von mir über Zwölftontechnik gebracht hatte. Er setzte es beim Propagandaministerium durch, daß die »Wandlungen des Dissonanzbegriffs« 1937 erscheinen konnten.

Im Juni brachte die Dresdener Staatsoper, die Fritz Busch wegen zunehmender politischer Intrigen 1933 verlassen hatte, Richard Strauss' »Schweigsame Frau« heraus. Die Uraufführung war politisch unerwünscht, weil Stefan Zweig das Libretto geschrieben hatte, kam aber schließlich zustande. Auf dem Zettel fehlte der Name des Librettisten, mit dem Strauss einen Briefwechsel führte, den die Geheime Staatspolizei kannte. Ich berichtete über das Werk, die glänzende, von Karl Böhm dirigierte Aufführung und ihre Hintergründe für die »New York Herald Tribune«, die mich im Sommer auch nach Bayreuth schickte.

In meinen Monatsberichten für den »Christian Science Monitor« nahm ich kein Blatt vor den Mund. Radio Genf hatte mich – auf Empfehlung von Willi Reich, einem alten Bekannten aus dem Kreis um Alban Berg – für kritische Sendungen verpflichtet. All das wurde vom Propagandaministerium genau beobachtet und verbesserte meine politische Lage nicht. Aber ich ließ mich durch halb drohende Versprechungen nicht bestimmen, meine Auslandsarbeit »gleichzuschalten«, um vielleicht wieder in Gnaden zugelassen zu werden. Statt dessen prüften wir unsere Möglichkeiten für eine Auswanderung nach Amerika.

Im Oktober 1935 kam völlig unversehens ein Brief vom Polizeipräsidium. Ich wurde vorgeladen, am übernächsten Tag in Zimmer 118 des Präsidiums am Alexanderplatz zu erscheinen. Ein Grund war nicht angegeben. Das konnte, nach allen Erfahrungen politisch belasteter Freunde, die Festnahme bedeuten. Margot begleitete mich auf dem schweren Weg und wartete unten am Eingang. Ich kam pünktlich in das bezeichnete Zimmer und fand einen älteren Beamten, der mich freundlich bat, Platz zu nehmen. Vor ihm lag eine Mappe: mein Aktenstück. Der Beamte, in Zivil übrigens, sagte: »Wir haben hier eine Anzeige gegen Sie, weil Sie atonale Musik propagieren und sich für kulturbolschewistische Komponisten wie Webern und Hindemith einsetzen. Dazu wollten wir Sie befragen.«

Die Eltern zu Pferde. Aufnahme aus Thorn 1893

H.H.S. Aufnahme Görlitz 1920

H.H.S. und Karl Jakob Hirsch, Berlin 1929

Lavinia Schulz und Walter Holdt in den Masken »Kipplefips«, »Toboggan« und »Springvieh«

Arnold Schönberg (l.) und Josef Rufer, Berlin 1926 – George Antheil, Paris 1925

Bauhaus-Meister, 1926: Wassily und Nina Kandinsky, Georg Muche, Paul Klee, Walter Gropius (v. l.)

Margot Hinnenberg-Lefèbre, Berlin 1931

Margot und O.E. Hasse,
Prag 1939

H.H.S. und Margot,
Ahrenshoop 1935

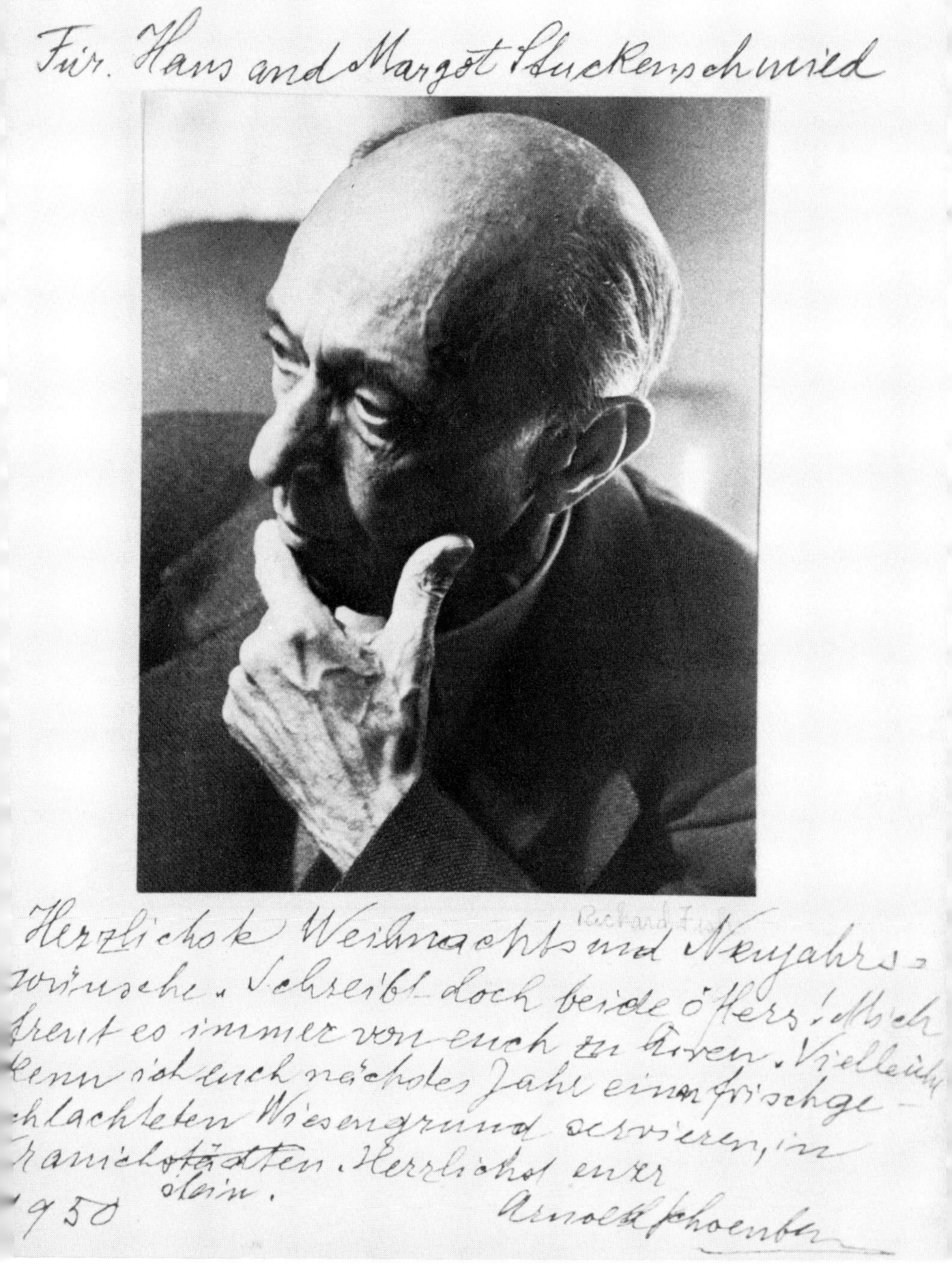

Weihnachtsgruß Arnold Schönbergs an H.H.S. und seine Frau, 1950

Mit Yehudi Menuhin, Berlin 1947 (oben), und Boris Blacher, Berlin 1948 (unten)

Ich spürte sofort, daß der Mann mir helfen wollte. So fragte ich, von wem die Anzeige komme. Das, antwortete er, dürfe er mir beim besten Willen nicht sagen. Aber der Anzeiger behaupte, im Auftrag einer Fachgruppe im »Reichsverband der deutschen Presse« zu handeln. Damit wußte ich genug.

»Könnten Sie mir erklären«, fuhr der Polizeimann fort, »was atonale Musik und was Zwölftonmusik ist?« Ich versuchte ihm zu schildern, was in der Musik seit 1910 geschehen war, fügte aber gleich hinzu, daß auch Werke, die in Deutschland seit 1933 aufgeführt wurden, zwölftönig geschrieben waren, und nannte Klenaus »Michael Kohlhaas«. Er notierte alles, was ich sagte.

»Und was ist mit den Komponisten Webern und Hindemith?« fragte er weiter. Ich sagte ihm, daß Anton von Webern ein international anerkannter österreichischer Komponist sei, dessen Bearbeitung der »Deutschen Tänze« von Schubert erst vorige Woche im Reichsrundfunk gesendet wurde, Hindemith ebenfalls weltberühmt sei und außerdem Professor an der Staatlichen Hochschule für Musik. Mein Bericht wurde protokolliert und von mir unterschrieben. »Nun machen Sie sich keine Sorgen«, sagte der Beamte. »Sammeln Sie Briefmarken?« Überrascht von der Frage erwiderte ich, mein zehnjähriger Neffe sei ein eifriger Sammler. »Na, dann suchen Sie sich mal hier was aus; ich kriege immer viel Auslandspost und kann selbst mit den Dingern nichts anfangen.« Er öffnete eine Schublade. Als ich mir die besten Stücke ausgesucht hatte, steckte er alles in einen Umschlag und sagte: »Kleines Pflaster auf den Schreck. Hoffentlich nicht auf Wiedersehen!«

Ich eilte zu Margot, die mir glücklich um den Hals fiel. Wir fuhren nach Tempelhof.

Unsere einflußreichen Freunde waren nicht untätig. Ich hatte sofort nach meinem Verbot mit Elisabetta Cerruti telefoniert. Sie riet mir, in Österreich Arbeit zu suchen, und empfahl mich an den österreichischen Gesandten, der die »Neue Freie Presse« verständigte. Sie bat mich um Mitarbeit, hatte aber keine Vakanz in Wien. Endlich beschloß ich, selbst hinzufahren, um Kontakte aufzunehmen. Auf der Durchreise machte ich Halt in Prag, sprach mit den Redaktionen der »Bohemia« und des »Prager Tagblatts« sowie mit Kestenberg. Alle waren bereit, mir die Wege zu ebnen, wenn ich Deutschland verließe.

In Wien machte ich meinen Besuch in der »Neuen Freien Presse«, wo ich nichts Neues erfuhr. Am zweiten Tag fuhr ich zu Alban und Helene Berg nach Hietzing. Sie nahmen mich mit wärmster Freundlichkeit auf. Berg sagte: »Ich fühle mich nach Ihrer schönen Besprechung der ›Lulu‹-Bruchstücke mitverantwortlich für Ihr Schicksal. Aber Einfluß habe ich hier nicht mehr. Gehen Sie doch zu Alma Werfel.« Als ich ihm sagte, ich kenne sie zu wenig, ging er ans Telefon und sprach mit ihr. Sie bat mich selbst an den Apparat und lud mich am nächsten Tag zum Mittagessen. Ich fuhr zur Hohen Warte hinaus und aß mit ihr und Werfel. Beide waren in bezug auf Deutschland und Österreich pessimistisch. Werfel glaubte fest an die Beständigkeit des Hitler-Regimes und seine Ausbreitung. Sie rieten mir, nach Amerika zu gehen. Das Luxusmilieu, in dem Werfels lebten, bildete einen drastischen Gegensatz zu der bescheidenen Bergschen Wohnung in der Trauttmansdorffgasse. Ich aß zum ersten- und letztenmal von goldenen Tellern.

Am Abreisetag sprach ich noch mit der Pädagogin Eugenie Schwarzwald und ihrem Mann, der Sektionschef in einem Ministerium war. Doch bei allen hatte ich das Gefühl, daß sie selbst ihrer beruflichen Sicherheit nicht trauten. Der Wiener Besuch bestärkte Margot und mich in dem Entschluß, unser Glück in Amerika zu versuchen. Ich schrieb an Bekannte und Freunde wegen Arbeitsmöglichkeiten. Die meisten Antworten waren nicht sehr ermutigend. Walter Gropius riet, erst einmal hinzukommen, dann werde sich schon etwas finden. Auch der Kritiker Olin Downes von der »New York Times« gab ähnliche Auskunft.

Unser Leben in Tempelhof war still und glücklich. Margots Mutter kam oft wochenlang zu Besuch und erfüllte Haus und Garten mit ihrer mütterlichen Wärme und Güte. Auch meine kleine Mutter erschien überraschend zu meinem Geburtstag und brachte Geschenke. Noch waren einige jüdische Freunde in Berlin. Hirsch und Wera mochten sich nicht von ihrem kleinen Zehlendorfer Haus trennen und blieben bis Ende 1935. Dann gingen sie in die Schweiz, wohin auch Hindemiths nun zogen. Ich schrieb für ausländische Zeitungen und Zeitschriften und machte meine Sendungen für Radio Genf. Aber trotz fleißiger Arbeit schmolz unsere Barschaft zusammen.

Manchmal gab es freudige Überraschungen. Aus Stockholm meldete sich ein alter Hamburger Bekannter, der russische Maler Adja Yunkers, der eine Zeitschrift »Tidswittnen« herausgab und bei mir einen großen, hoch bezahlten Aufsatz über Jazz bestellte. Eines Tages rief mich eine Unbekannte aus der Deutschen Grammophon Gesellschaft an und bat um meinen Besuch. Sie hieß Erna Elchlepp und hatte mit ernster Musik zu tun. Ich fand eine gütige Frau in mittleren Jahren, die mir sagte, sie wünsche mich als Mitarbeiter für Texte über symphonische und musikdramatische Schallplatten. Auf meine Entgegnung, ich hätte Schreibverbot, sagte sie lächelnd: »Das weiß ich, und darum habe ich Sie hergebeten.«

Aus dem ersten Kontakt wurde eine enge Mitarbeit. Die Texte erschienen ohne Verfassernamen. Sie behandelten Werke von Schubert, Beethoven, Verdi, Mozart und Wagner. Ich hielt auch für das Verkäuferpersonal der Grammophon-Filialen einführende Vorträge über Schallplatten.

Alle diese Arbeiten machten das Leben leichter. Aber sie befriedigten nicht. Nebenher schrieb ich strengere Artikel für ausländische Zeitschriften wie die »Schweizerische Musikzeitung«; »Music and Letters« in London brachten einen großen Essay über Karol Szymanowski, der Prager »Auftakt« über »Verbotene Musik«, »Kritik als pädagogisches Mittel« und »Hindemiths neuen Stil«.

Unter den amerikanischen Kollegen war die Korrespondentin von »Musical America«, Geraldine de Courcy, mir besonders freundschaftlich gesinnt. Sie hatte einen flammenden Aufsatz über meinen Fall geschrieben. »Musical America« gehörte zwar zu den kommerziellen Blättern, lebte von Anzeigen der Konzertagenturen und Schallplattenfirmen. Aber es wurde von Musikern in der ganzen Welt gelesen, informierte vorzüglich und beschäftigte einen Stab von Mitarbeitern, die unbestechlich urteilten. Der damalige Chefredakteur, A. Walter Kramer, bat mich um Beiträge, und ich schrieb einen Hanslick-Artikel, der den Beginn einer langjährigen intensiven Mitarbeit bildete. Der Verleger und Herausgeber John F. Majesky wurde ein zuverlässiger Freund vor allem nach 1946, als ich wieder in Berlin lebte.

1937 gab es in der Staatsoper eine Uraufführung mit kosmopolitischem Anstrich: Othmar Schoecks »Massimilla Doni«. Wieder einmal kam die ausländische Presse nach Berlin. Ich schrieb für Wien und Prag darüber. Schoeck hatte mich als Komponist von Eigenart und Können immer interessiert, vor allem mit der Vertonung von Kleists »Penthesilea«, die ich 1932 in Zürich hörte.

Ermutigt durch den internationalen Erfolg, nahm Tietjen auch Schoecks nächste Oper zur Uraufführung an, »Das Schloß Dürande«. Nach einer Novelle von Eichendorff war das Libretto von dem Romancier Hermann Burte in einer etwas wunderlichen Sprache geschrieben worden. Burte galt seit seinem Roman »Wiltfeber« als einer der führenden Dichter national-mystischer Haltung und als – sicher gegen seinen Wunsch – literarischer Vorkämpfer des politischen Führertums. Die Premiere am 1. April 1943 fiel in die Zeit der ersten schweren Luftangriffe auf Berlin. Robert Heger dirigierte, Wolf Völker führte in Bildern von Emil Preetorius Regie. Auf der Bühne stand ein Meister-Ensemble: Maria Cebotari, Marta Fuchs, Peter Anders, Willi Domgraf-Faßbaender und Josef Greindl sangen die Hauptrollen. Schoeck war aus der Schweiz in das bombenbedrohte Deutschland gekommen. Der Erfolg, auch in der deutschen und schweizerischen Presse, war herzlich.

Nur einem mißfiel das Eichendorff-Burtesche Libretto sehr. Das war Hermann Göring. Als ich 1946 die alte Verbindung mit Heinz Tietjen wiederaufnahm, zeigte er mir zur Kennzeichnung seines Verhältnisses zu seinem Chef folgendes Telegramm vom 14. April 1943:

»Habe soeben das Textbuch der zur Zeit aufgeführten Oper Schloß Dürande gelesen. Es ist mir unfaßbar wie die Staatsoper diesen aufgelegten Bockmist aufführen konnte. Der Textdichter muß ein absolut Wahnsinniger sein. Jeder einzige, dem ich nur einige Zeilen vorgelesen habe verbittet sich das Weitere selbst zum Lachen. Als absoluter Schwank ist es noch zu blöde. Ich wundere mich, daß unsere Mitglieder derartige Schafsrollen übernommen haben. Sie hätten sich insgesamt weigern sollen, diesen aufgelegten Bockmist zu singen. Ich nehme an, daß Sie selbst den Text noch nicht gelesen haben. Entweder ist der Dramaturg oder Professor Heger der Schuldige an diesem Skandal. Wie konnte Professor Heger mir in Rom davon derart vorschwärmen. Der Text dieser Oper reiht sich würdig dem Moritaten Gesang des Mörders von

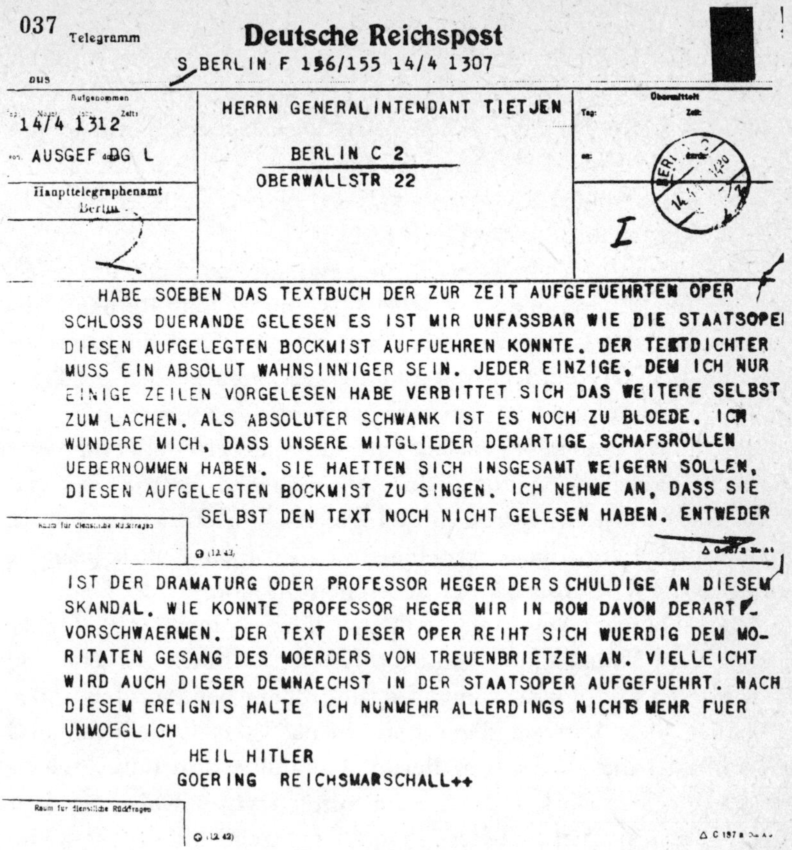

037 Telegramm **Deutsche Reichspost**

aus S BERLIN F 156/155 14/4 1307

Aufgenommen 14/4 1312 — AUSGEF DG L — Haupttelegraphenamt Berlin

HERRN GENERALINTENDANT TIETJEN
BERLIN C 2
OBERWALLSTR 22

HABE SOEBEN DAS TEXTBUCH DER ZUR ZEIT AUFGEFUEHRTEN OPER SCHLOSS DUERANDE GELESEN ES IST MIR UNFASSBAR WIE DIE STAATSOPER DIESEN AUFGELEGTEN BOCKMIST AUFFUEHREN KONNTE. DER TEXTDICHTER MUSS EIN ABSOLUT WAHNSINNIGER SEIN. JEDER EINZIGE, DEM ICH NUR EINIGE ZEILEN VORGELESEN HABE VERBITTET SICH DAS WEITERE SELBST ZUM LACHEN. ALS ABSOLUTER SCHWANK IST ES NOCH ZU BLOEDE. ICH WUNDERE MICH, DASS UNSERE MITGLIEDER DERARTIGE SCHAFSROLLEN UEBERNOMMEN HABEN. SIE HAETTEN SICH INSGESAMT WEIGERN SOLLEN, DIESEN AUFGELEGTEN BOCKMIST ZU SINGEN. ICH NEHME AN, DASS SIE SELBST DEN TEXT NOCH NICHT GELESEN HABEN. ENTWEDER

IST DER DRAMATURG ODER PROFESSOR HEGER DER SCHULDIGE AN DIESEM SKANDAL. WIE KONNTE PROFESSOR HEGER MIR IN ROM DAVON DERARTIG VORSCHWAERMEN. DER TEXT DIESER OPER REIHT SICH WUERDIG DEM MORITATEN GESANG DES MOERDERS VON TREUENBRIETZEN AN. VIELLEICHT WIRD AUCH DIESER DEMNAECHST IN DER STAATSOPER AUFGEFUEHRT. NACH DIESEM EREIGNIS HALTE ICH NUNMEHR ALLERDINGS NICHTS MEHR FUER UNMOEGLICH

HEIL HITLER
GOERING REICHSMARSCHALL++

Treuenbrietzen an. Vielleicht wird auch dieser demnächst in der Staatsoper aufgeführt. Nach diesem Ereignis halte ich nunmehr allerdings nichts mehr für unmöglich. Heil Hitler. Göring Reichsmarschall.«

So schwierig waren die hohen Naziherren selbst im Umgang mit ihren Protégés!

Wir hatten im Sommer 1937 die nötigen Papiere für die geplante Auswanderung nach Amerika. Ich buchte Plätze für die »Ile de France«, die am 15. Oktober fahren sollte. Am 25. August läutete das Telefon. Rudi Thomas, Feuilletonredakteur des »Prager Tagblatts«, sagte mir, sein junger Mitarbeiter Walter Seidl sei in Neapel an Typhus gestorben; ob ich Lust hätte, seine Funktionen im festen Vertrag zu übernehmen. Spontan sagte ich ja.

In unserer damaligen Lage war ein solcher Anruf etwas ähnliches wie die Nachricht, man habe das große Los gezogen. Prag galt 1937 als sicher. Die Tschechoslowakei genoß seit dem Präsidenten Masaryk und auch unter Eduard Benesch die wirtschaftliche und politische Hilfe der Vereinigten Staaten. Die deutschsprachige Presse hatte hohes Niveau, und das »Prager Tagblatt« zeigte in seiner Kulturpolitik großes Geschick.

Walter Seidl war ein blonder Sudetendeutscher, vielseitig gebildet und von liberal-demokratischer Gesinnung. Sein Roman »Anasthase und das Untier Richard Wagner« hatte durch die Konfrontierung der Bayreuther Welt mit der Avantgarde der dreißiger Jahre Aufsehen gemacht. Ich kannte ihn von einem Besuch, den er mir 1935 in Tempelhof gemacht hatte. Er war befreundet mit einer schönen jüdischen Apothekersfrau, die später in Amerika Sekretärin Albert Einsteins wurde. Im »Tagblatt« schrieb er über Musik, Schauspiel, Film, Bücher und bildende Kunst: ein Kulturspezialist und vorzüglicher Kenner der deutschen Situation.

Rudi Thomas' Angebot war finanziell bescheiden, enthielt aber neben dem Monatsfixum von 2500 Kronen noch die Zusicherung von Spesen und Sonderhonoraren für größere Beiträge. Ich unterzeichnete den Vertrag, der schon am nächsten Tag eintraf, und informierte alle Freunde in Berlin. Geraldine de Courcy telefonierte mit New York und teilte mir mit, ich würde Korrespondent von »Musical America« in Prag. Der tschechische Gesandte Mastny und sein Attaché, Camill Hoffmann, informierten ihre Regierung und gaben positive Auskünfte über uns.

Am 31. August nahm ich den Mittagszug. Am nächsten Morgen ging ich in die Panská Ulice, wurde von Rudi Thomas mit freundschaftlicher Wärme empfangen und dem Verlagsleiter Keller vorgestellt. Im Lauf des Vormittags kamen alte Freunde wie Max Brod und Erich Steinhard, um mich zu begrüßen. Ihre Kollegialität war vorbildlich. Beide verzichteten zu meinen Gunsten auf einen Teil des Musikreferats, dem obendrein im Feuilleton mehr Raum gegeben wurde. Mittags erschienen auch Graf und Gräfin Nostitz-Rieneck, die zu den Eigentümern des Verlages Mercy gehörten und dadurch eine Art Besitzrecht an der Zeitung hatten. Sie fragten mich, ob ich die Möglichkeit hätte, gelegentlich Veranstaltungen in Deutschland zu besuchen, was ich bejahte.

Nachdem ich eine provisorische Wohnung im Sokolhaus Wrschowitz gemietet hatte, machte ich den erforderlichen Besuch in der deutschen Gesandtschaft. Der Gesandte, Ernst Eisenlohr, galt als liberaler Nichtnazi und empfing mich kurz aber freundlich. Dann hatte ich ein längeres Gespräch mit dem Presseattaché, Herrn von Chamier. »Sie wissen, daß Sie für den Feind arbeiten?« fragte er. Ich erwiderte, in Deutschland müßte ich auf die Dauer verhungern. Übrigens sei meine Arbeit auf Kunst und Kultur beschränkt. Als Sohn eines preußischen Generals und Vetter eines hohen Generalstabsoffiziers hätte ich wohl ein Anrecht auf Schutz durch die Gesandtschaft. Chamier wurde etwas freundlicher: In Anbetracht meiner Lage als Journalist mit Schreibverbot werde man ein Auge zudrücken, falls ich mir nichts zuschulden kommen lasse. Ein offizielles Auge blieb zugedrückt; ich konnte ungehindert nach Deutschland reisen. Aber jedesmal, wenn Margot und ich es taten, saß ein verdächtiges Individuum im Nebenabteil, das offene Auge, das uns unauffällig beobachtete. Das unheimliche Gefühl, »beschattet« zu werden, ist mir seit diesen Jahren vertraut.

Im Oktober kam Margot mir nach. Die Freiheit und der Reichtum des Prager Kulturlebens versöhnten uns mit unserer Armut. Beide Opernhäuser brachten gute, manchmal vorzügliche Aufführungen. Im Neuen Deutschen Theater hatte Karl Rankl als Nachfolger Georg Szélls die Stellung des Opernchefs. Wir kannten den vorzüglichen österreichischen Musiker seit Jahren aus dem Schönberg-Kreis und später von seinen Aufführungen Eislerscher Chöre, die »Maßnahme« eingeschlossen. Oberregisseur des Hauses war Friedrich Schramm. Mit den Ehepaaren Rankl und Schramm verband uns eine herzliche Zuneigung. Das deutsche Opernensemble wurde von einigen schönen jungen Stimmen getragen. Aus Köln war der Tenor Kurt Baum gekommen. Aus Amerika hatte Széll die Sopranistin Harriet Henders und die Altistin Risé Stevens geholt, die uns als Marschallin und Octavian in einem von Rankl glänzend musizierten »Rosenkavalier« bezauberten.

Nach langer Tätigkeit in Schweden war Václav Talich als Chef des Nationaltheaters nach Prag zurückgekehrt. Er gehört zu den größten Dirigenten, denen ich begegnet bin. Auch ihn lernten wir später als Menschen von hoher universeller Bildung und vornehmer Moral schätzen. Seine Aufführungen von »Don Giovanni« im alten Ständetheater (wo einst Mozart die Premiere geleitet hatte), Smetanas »Verkaufter Braut« im Nationaltheater, Dvořáks »Slawischen Tänzen« mit der Tschechischen Philharmonie im Repräsentationshaus sind unvergeßlich und an geistigem Rang nicht überbietbar.

Nicht weniger üppig als in den Opern war das Angebot an internationaler Musik in den Konzertsälen. Alle großen Solisten und Dirigenten, die Deutschland mieden, erschienen hier, von Toscanini bis Walter und Klemperer, von Bronislaw Huberman bis Jascha Heifetz, von Artur Schnabel bis Artur Rubinstein und Wladimir Horowitz. Die leichte Kunst hatte in den Kabarettisten Voskovec und Werich brillante einheimische Vertreter, und im riesigen unterirdischen Konzertsaal der Lucerna am Wenzelsplatz faszinierte Lucienne Boyer dreitausend Hörer mit ihrem »Parlez moi d'amour«.

Prag war damals eine heitere Stadt, und am heitersten ging es in der »Tagblatt«-Redaktion zu. Rudi Thomas war für Besucher und hübsche Besucherinnen immer zu sprechen. Bei ihm traf man Literaten aus Deutschland und Österreich wie den fast blinden Lyriker Ernst Blass und den jungen Friedrich Torberg, den Berliner Musik- und Rundfunkkenner Frank Warschauer und den Prager Komponisten Hans Krása. Wenn das Feuilleton fertig umbrochen war, saß man noch lange bei Wein und Bier zusammen.

Fast täglich erschienen Berichte von mir im »Tagblatt«. Wie Seidl schrieb ich nicht nur über Musik. Im Frühjahr 1938 schickte mich Thomas in die drei westböhmischen Bäder Karlsbad, Marienbad und Franzensbad. Margot kam mit, wir genossen die schönen Städte und Landschaften, und ich schrieb ein großes Feuilleton »Dreibäderfahrt«, in dem ich zwei wenig bekannte Goethe-Zitate und andere kleine Entdeckungen unterbrachte. Ende Mai kam in Zürich Hindemiths »Mathis der Maler« nach dem endgültigen Verbot der deutschen Uraufführung heraus. Das »Tagblatt« schickte mich hin, und auch der »Daily Telegraph« bat um einen Bericht. Der überzeugende künstlerische Eindruck von Werk und Wiedergabe wurde durch den Eindruck des Publikums vertieft. Neben den führenden Schweizer Kritikern war auch italienische, englische und französische Presse vertreten. Aus Deutschland kamen viele sympathisierende Musiker und Intellektuelle. Man feierte Wiedersehen mit Emigranten, die sich in der Schweiz meist recht kümmerlich durchschlugen. Hindemiths waren tief bewegt von dem großen Erfolg und den Begegnungen mit so vielen Freunden. Was die Freude dämpfte, war das Fehlen der Wiener. Die Besetzung Österreichs durch Hitler im März 1938 war für uns ein fast unbegreiflicher Schock. Wir hörten von den Tragödien, die sich in Wien abspielten, von Egon Friedells Fenstersturz und der Massenflucht jüdischer Künstler und Intellektueller.

Ernst Krenek war schon 1937 nach Nordamerika gegangen. Seine für Wien geschriebene Oper »Karl V.« konnte in Österreich nicht gespielt werden. Rankl setzte die Uraufführung am Prager Neuen Deutschen Theater durch. Sie wurde am 15. Juni 1938 zur letzten Großtat des altberühmten Hauses. Rankl dirigierte, Schramm inszenierte das Werk, mit dessen Text und Musik Krenek eine Summe seiner vielseitigen Genialität zog. Die Titelpartie gestaltete Pavel Ludikar. Der bedeutende tschechische Bariton hatte eine internationale Laufbahn hinter sich, die ihn als Star über europäische und amerikanische Bühnen geführt hatte. In seiner engeren Heimat fand er sich vernachlässigt; er lebte zurückgezogen und etwas verbittert in Prag, sang im Ausland, aber nicht am Nationaltheater. Als Karl V. zog er noch einmal alle Register seines gesanglichen und darstellerischen Könnens. Die Aufführung, einen halben Monat nach Hindemiths »Mathis der Maler« in Zürich, wirkte wie dessen Gegenpol und Ergänzung: auf das protestantische folgte das katholische Credo. Wir ahnten damals nicht, daß diese grandiose Uraufführung so kurz vor dem Ende des Prager deutschen Opernlebens stehen sollte. Denn nach der Abtretung des Sudetengaus an Hitler verlor auch das deutsche Theater in Prag sein Hinterland und seine Existenzberechtigung. Der tschechoslowakische Staat hatte bis dahin die beiden deutschen Bühnen großzügig finanziert; das entsprach den Wünschen Masaryks, der viele Premieren im Neuen Deutschen Theater besuchte und zu jedem österlichen »Parsifal« erschien. 1938 schleppten sich Oper und Schauspiel noch eine Weile hin; eine »Tosca« im Herbst fand mit 24 Orchestermusikern statt. Dann kam das Ende.

Für den Sommerurlaub hatte man uns die seenreiche Gegend

um Reichenberg empfohlen. Alex Lefèbre kam mit dem dreizehnjährigen Hanns, der von Mitte Juli bis Mitte August Ferien hatte. Wir trafen uns in Hammer am See. Auch Rankls und Schramms kamen hin, und wir verbrachten herrliche Sommertage mit ihnen, schwimmend, plaudernd, durch die Wälder spazierend.

Auf einem Spaziergang trafen wir eine gute Bekannte aus Berlin, die Kritikerin und ehemalige Sängerin Nora Boas-Pisling, die in ihre holländische Heimat zurückgekehrt war. Sie stellte uns ihrer Begleiterin vor: Julia Culp. Ich kannte den Namen der weltberühmten Liedersängerin, die sich aber seit Jahren aus der Öffentlichkeit zurückgezogen hatte. Die beiden luden uns mit Rankls ein.

Die Gespräche gingen um Politik und Musik. Auf Rankls beharrliches Drängen hin entschloß sich die Culp, Schubert zu singen. Margot und ich hatten sie nie vorher gehört und waren sehr gespannt. Es wurde eine peinliche Viertelstunde. Von der Stimme war nur ein Schatten übrig; die Culp mußte das wissen und war durch dieses Bewußtsein in ihrer vielgerühmten Vortragskunst gehemmt. Auf dem Heimweg machte sich der boshafte Rankl über sie lustig; wir fanden die Sache gar nicht heiter und schwiegen.

Als wir nach Prag zurückkamen, fanden wir die Stimmung bei unseren Freunden recht deprimiert. Das Hitler-Regime zeigte immer mehr die Zähne. Innenpolitisch verstärkte sich der Druck auf Juden und liberal Denkende; außenpolitisch nahmen der Expansionsdrang und die imperialistische Anmaßung der »Herrenrasse« oft bedenkliche Formen an.

Im September wurde die Münchener Konferenz mit Mussolini, Daladier und Chamberlain angekündigt. Die Nachricht alarmierte uns. Wir beschlossen, den heißen Prager Boden wenigstens vorübergehend zu verlassen. Ich kaufte Bahnbilletts nach Zürich über Budapest und zurück. Mit ein paar Koffern fuhren wir ins Ungewisse. Nach erschöpfender Nachtfahrt kamen wir früh morgens in Budapest an und zogen in eine billige Pension am Südbahnhof. Unsere Barschaft bestand aus einem Bündel Schecks: Honorare in Dollars und Pfunden. Ich wußte, daß solche Valuten in Ungarn über dem offiziellen Kurs gehandelt wurden. Gegen Mittag spazierten wir durch die schöne Stadt. Ich sah mir das Schaufenster der Musikalienhandlung Roźsavölgy an und überlegte, was ich mit den Schecks machen sollte. Da kam aus dem Laden ein guter Bekannter, der in der Berliner Tauentzienstraße einen Schallplattenladen geleitet hatte, Herr Alberti. Er begrüßte mich sehr herzlich. Als ich ihm von unseren Prager Sorgen und den Geldproblemen der Schecks erzählte, sagte er sofort Hilfe zu. Er übernahm die Valuten zu einem für uns sehr günstigen Kurs, und wir waren vorläufig sorglos.

Intendant der Oper war der ehemalige Kritiker Aladar Tóth. Er lud uns zur Premiere von Liszts »Christus«, der szenisch zwischen Bühnenbildern nach Gemälden Tiepolos aufgeführt wurde: Stoff für Berichte nach New York, Prag und Zürich. Der Komponist Alexander Jemnitz, Bekannter aus der Berliner Zeit, lud uns in sein Elternhaus zum Essen. Überall fanden wir Sympathie und Freundschaft.

Am zweiten Tag rief ich Béla Bartók an. Er bat uns zum Kaffee. Seine Wohnung lag weit draußen, gute zwanzig Minuten Fahrt mit der Straßenbahn. Er kam uns ernst entgegen: »Sie sind also Flüchtlinge?« Ich erklärte ihm, daß unser Schicksal vom Ausgang der Münchener Konferenz abhänge. In seinem Arbeitszimmer stand ein Grammophon. Noch bevor wir uns setzten, sagte er: »Ich spiele Ihnen eine Volkstanzaufnahme vor. Bitte bestimmen Sie den Takt.« Wir hörten, von einem Geiger virtuos und in raschestem Tempo gespielt, einen rumänischen Tanz. Ich bat Bartók, ihn noch einmal zu spielen. Dann war ich sicher. »Das sind zwölf Achtel, aber unregelmäßig betont: zwei plus drei plus zwei plus drei plus zwei!«

»Sie haben es richtig erkannt«, sagte Bartók, »bitte nehmen Sie Platz.« Er wollte mich prüfen, und ich hatte bestanden.

Auf dem Schreibtisch lagen Notenblätter. Bartók arbeitete an den »Contrasts« für Klarinette, Geige und Klavier. In Ungarn werde er nicht mehr lange bleiben. Die Bedrohung durch die ihm verhaßten Nationalsozialisten machte ihn unglücklich. Im ganzen fanden wir ihn pessimistisch und weitblickend. Helfen konnte er uns nicht, aber daran hatten wir ja auch nicht gedacht. Zum Abschied gab er Margot eine kleine Münze, wie man sie für die Budapester Straßenbahn brauchte. Es war das letztemal, daß ich ihn sah.

Nach dem scheinbar friedlichen Ergebnis der Münchener Konferenz fuhren wir heim nach Prag. Durch die Abtrennung des Sudetengaus an Hitlers Reich verlor das »Tagblatt« viele Leser in der Provinz. Der Verlag mußte sparen und halbierte alle Gehälter. Gottlob hatten wir eine schöne möblierte Wohnung bei einer Frau Valerie Zadák gefunden, die wenig kostete.

Von meiner Tätigkeit an der »Bohemia« her kannte ich die Sopranistin Olga Forrai. Mit ihr und ihrem Mann, dem Zahnarzt Franta Demant, befreundeten wir uns sehr eng. Olga war eine hochmusikalische und gebildete Frau, als »Salome« und für moderne französische Lieder ausgezeichnet, dazu eine hilfreiche Person mit dem goldenen Herzen der ungarischen Halbjüdin. Politisch blickte sie weiter als Demant, der sich in Prag völlig sicher fühlte, ähnlich wie Margots Schwager Max Nethe mit seinem Eisernen Kreuz in Köln. Olga beschwor Margot, auf Nethes einzuwirken, damit sie Deutschland verließen. Ihre Warnungen kamen zu spät. Nach dem »Scherbentag« Anfang November 1938 wurde Max Nethe mit Tausenden von anderen Juden verhaftet und in das Konzentrationslager Dachau gebracht. Gottlob gelang es, ihn nach vier Wochen zu befreien. Aber nun mußten er und Irene Deutschland völlig mittellos verlassen. Sie fanden vorläufig Asyl bei Verwandten in Amsterdam.

Oscar Thompson, der neue Chefredakteur von »Musical America«, beauftragte mich, für die von ihm herausgegebene »International Cyclopedia of Music and Musicians« alle Beiträge über tschechoslowakische Musik und Musiker zu schreiben. Es war eine streng wissenschaftliche Arbeit, an der ich viel Freude hatte. Wir hatten übrigens, seit wir in Prag lebten, alle Honorare in »harter Währung«, das heißt die Dollar- und Pfundschecks, für den Fall einer zweiten Emigration gespart. Das Leben in Prag war billig, auch wenn man gut aß und sich elegant kleidete.

Zu den täglichen Freuden gehörte das Musizieren mit Margot. Sie war stimmlich in Prag wieder auf ihrer alten Höhe. In Deutschland hatten die seelischen Spannungen ihr noch mehr zugesetzt als mir. So war sie 1937 bei der Aufnahme einer Gruppe Schubert-Lieder für den Rundfunk in eine Stimmkrise gekommen, die zu ernsten Schwierigkeiten beim Singen führte. Der Spezialist, Professor van Eyken, verordnete einen Monat völligen Schweigens. Margot hielt es mit ihrer eisernen Energie durch und war geheilt. Aber der Schock des Erlebnisses blieb für lange Zeit haften.

Im Prager Rundfunk bekam sie öfters zu tun, einmal sogar mit mir zusammen: Ich begleitete sie bei einer Sendung italienischer Volkslieder, in der das »Funicoli, funicola« nicht fehlte. Als besondere Kostbarkeit der einheimischen Musik lernten wir die Bearbeitungen böhmischer Volkslieder durch Václav Štěpán kennen, den ausgezeichneten Pianisten, Begleiter und Kompositionsschüler Vitěszlav Nováks. Ich kenne keine kultiviertere Fortsetzung des Weges, den Brahms bei Arrangement und Harmonisierung volkstümlicher Melodien als erster begangen hat.

Olga Forrai, die wie Margot kaum mehr öffentlich sang, bat sie um Kontrolle bei ihren täglichen Gesangsstudien. Margot selbst hatte immer größere Freude am Lernen als am Unterrichten, erfüllte aber den Wunsch der Freundin. In ihrem gastlichen Haus hatten wir die letzte Begegnung mit Alexander von Zemlinsky, den ich als Dirigenten und Komponisten gleichermaßen schätzte. Auch ein jüngerer Dirigent, Peter Hermann Adler, gehörte zum Kreis der Demant-Forrais. Er hat sich später in Amerika besonders um Oper in Rundfunk und Fernsehen verdient gemacht.

Gelegentlich reisten wir nach Deutschland. Ich hatte für das »Prager Tagblatt« Leni Riefenstahls Olympiafilm »Triumph des Willens« mit recht kritischen Einwänden besprochen. 1938 gab es in Dresden eine für mich wichtige Uraufführung. Zu den Unbekannten, die mich Ende 1934 nach meinem Schreibverbot anriefen, gehörte der Komponist Richard Mohaupt. Seine gescheit-impertinente Art gefiel mir am Telefon so, daß ich ihn bat, mir Musik von sich zu zeigen. Er kam und spielte mir ein gerade beendetes Ballett »Die Gaunerstreiche der Courage« nach Szenen aus Grimmelshausens »Simplicius Simplicissimus«. Die rhythmisch glänzende, melodisch und harmonisch durch und durch inspirierte Musik fesselte mich so, daß ich einen alten Bekannten anrief, den Verleger Johannes Oertel, der die Firma Fürstner, Richard Strauss' Hauptverlag, nach der »Arisierung« übernommen hatte. Er machte sofort Vertrag mit Mohaupt, und das Ballett kam 1936 mit großem Erfolg an der Berliner Städtischen Oper zur Uraufführung. Unter den Stars des Abends war Daisy Spies, am Pult stand ihr Bruder Leo, von dem nach der Pause zwei kleine Tanzspiele aufgeführt wurden: »Apoll und Daphne« und »Der Stralauer Fischzug«.

1946 traf ich Spies wieder. Er hatte den Krieg in seinem Haus in Berlin-Eichkamp überlebt und spielte eine große Rolle im Kulturbund Jägerstraße. Überzeugter Kommunist, zog er später nach Ostberlin und wurde ein musikalischer Vermittler zwischen Sowjetunion und DDR. In Moskau 1899 geboren, sprach er Russisch wie Deutsch. Felsenstein verpflichtete ihn als Ballettdirigenten; 1950 erschienen in der Komischen Oper Mohaupts »Gaunerstreiche der Courage« unter Spies' Leitung. Von ihm selbst brachte die Staatsoper im Admiralspalast 1949 das Ballett »Don Quixote« zur Uraufführung, die er dirigierte.

Mohaupt erzählte mir schon damals von einem Opernplan nach Goldonis »Mirandolina«, deren Handlung er nach Rußland verlegte. Nun brachte 1938 die Dresdener Staatsoper unter Karl Böhms Leitung »Die Wirtin von Pinsk« mit noch größerem Erfolg heraus. Anschließend fuhren wir nach Berlin, wo gerade Herbert von Karajan seine sensationellen Erfolge gehabt hatte. Tietjen, den ich in seinem Staatsopernbüro Oberwallstraße besuchte, gab mir Karten für die »Zauberflöte« in der Regie Gustaf Gründgens' mit Karajan am Pult.

Abgesehen von einigen künstlerischen Genüssen fanden wir Berlin bedrückend. Durch die Einführung der Nürnberger Gesetze waren unsere jüdischen Freunde entweder vertrieben worden, oder sie lebten unter würdelosen Bedingungen. Der jüdische Kulturbund gab den in Deutschland Verbliebenen eine Art unterirdischen Kunstlebens, an dem auch meine geschiedene Frau, nun Thea Silten genannt, teilhatte. Die Aufführungen waren nur jüdischen oder »jüdisch versippten« Hörern zugänglich. Werke deutscher Herkunft durften nur aufgeführt werden, wenn ein »Nichtarier« an ihrer Entstehung beteiligt war. Mendelssohn, Meyerbeer, Mahler und Schönberg waren zugelassen, aber auch die Mozartschen Opern, deren Libretti von dem Juden Lorenzo da Ponte stammten, also »Figaro«, »Don Giovanni« und »Così fan tutte«.

Geschäfte mit jüdischen Inhabern wurden geschlossen oder durch neue Eigentümer »arisiert«. Dabei gab es oft genug Fälle, in denen nahe Freunde der jüdischen Inhaber an ihre Stelle traten und so retteten, was bei vorsichtiger Anwendung der Gesetze zu retten war. Ein Modellfall solcher uneigennützigen Rettung war die unerschrockene Haltung Peter Suhrkamps, der den Verlag S. Fischer leitete, sich aber in keiner Hinsicht gleichschalten ließ und den Herren im Goebbels-Ministerium kaltblütig erklärte, Samuel Fischer sei und bleibe sein Vorbild.

Zu den jüdischen Künstlern, die noch längere Zeit am offiziellen Musikleben teilhatten, gehörte Leo Blech. Tietjen hatte seinem Chef Göring klargemacht, der alte Dirigent sei mit seiner Erfahrung und dem Vertrauen bei allen internationalen Sängern unentbehrlich, und der »Reichsmarschall« entschied positiv. So konnte man noch bis zum Sommer 1938 Unter den Linden Blech seine unübertreffliche »Carmen« und andere ausländische Werke musizieren hören. Länger ging es nicht. Doch Tietjen und Göring gaben ihm mit seiner Familie und seiner gesamten Habe Geleitschutz nach Riga, wo er bis 1941 die lettische Nationaloper leitete. Von dort kam er unbehelligt nach Stockholm. 1949 holte Tietjen ihn nach Berlin an die Städtische Oper zurück. Blech war ein origineller, sehr gebildeter Rheinländer. Im Umgang mit Künstlern und Kritikern liebte er es, kleine, spontan auf Zettel gekritzelte Botschaften zu versenden, Ratschläge, Rechtfertigungen bemängelter Aufführungen, meist mit einem Goethe-Zitat gewürzt. In seinen letzten Jahren war er so taub, daß er beim Dirigieren weder Sänger noch Orchester hörte. Ich erinnere mich einer »Zauberflöten«-Aufführung 1957, die zwar reibungslos, aber nicht immer synchron mit seinem Taktstock verlief.

Dem Jahr 1939 sahen wir mit schwerer Sorge entgegen. Immer unverhüllter trat das wahre Gesicht des Nationalsozialismus zutage. Die Gerüchte über Gewalttaten gegen Juden und freiheitlich Denkende ließen bald keinen Zweifel mehr an den Zielen der Hitler-Politik aufkommen. Viele Freunde von uns in Prag packten ihre Koffer und zogen die Unsicherheit der Emigration der Möglichkeit eines gleichgeschalteten Mitteleuropa vor. Wir waren seit 1938 viel mit Oskar Kokoschka zusammen, der wie wir mittags im Restaurant Černy Kun aß. Er nahm uns mit in das Atelier, das er im Dachgeschoß des Hotels Julis am Wenzelsplatz bewohnte. Damals malte er wenig, war aber ganz erfüllt von der Arbeit an einem Schauspiel über Komensky-Comenius, den großen tschechischen Humanisten und Theologen des 17. Jahrhunderts. Manchmal sprach er lange über die schöpferischen Anlagen der Tschechen. Er hatte sich mit der Geschichte der Westslawen, namentlich mit Johann Hus und dem Hussitentum, gründlich beschäftigt und sah die neuzeitliche Geschichte ganz aus diesem Blickwinkel. Als wir im September mit dem möglichen Ziel der Schweiz abreisten, kam er an die Bahn und gab uns Aufträge an seine in Zürich lebende Schwester. Nach der Münchener Konferenz brach er die Zelte in Prag ab und verließ mit seiner tschechischen Frau das von ihm geliebte Land.

Unsere tschechischen Freunde waren optimistischer. Vor allem Alois Hába, zeitweise auch Rudi Thomas und andere Mitarbeiter des »Tagblatts« glaubten an den Verteidigungswillen der kleinen Republik und des Volkes.

Anfang März folgte Margot einer Einladung ihrer Schwester Alex in Berlin. Meine Arbeit fürs »Tagblatt« hatte an Reiz verloren. Das deutsche Kulturleben schrumpfte merklich zusammen. Aber auch die Konzerte internationaler Künstler wurden seltener, da viele nicht mehr gern durch Deutschland reisten.

Die politischen Nachrichten widersprachen einander. Am 15. März vormittags machte ich meinen gewohnten Fußweg über den Karlsplatz zur Panska. Die Straßen waren auffallend leer. Als ich zum Wenzelsplatz kam, sah ich Panzer und deutsche Soldaten. Die Tschechoslowakei war in einem Handstreich besetzt worden. In der Redaktion machten einige nichtjüdische Kollegen Dienst. In fieberhafter Aufregung erschien Ossip Kalenter, ein glänzender Feuilletonist, der sich persönlich bedroht fühlte und noch ein paar ihn belastende Sachen aus der Redaktion entfernen wollte. Da er sich nicht in sein Hotel zu gehen traute, nahm ich ihn mit nach Na Slupi, wo wir inzwischen wieder höchst bescheiden untergekommen waren. Er übernachtete bei mir und fuhr am nächsten Tag in die Schweiz.

Ich schrieb an Margot über die Prager Lage und bat sie zu kommen, damit wir weitere Schritte überlegen konnten. Wir hatten Affidavits für Amerika und mußten uns um Visa kümmern. Geld für die Überfahrt war da. Margot kam sofort. Als wir in unserem kleinen Zimmer ihren Koffer auspackten, läutete das Telefon. Walter Wannenmacher, ein sudetendeutscher Wirtschaftsjournalist, den ich dem Namen nach kannte, stellte sich als Chefredakteur eines neuen Blattes vor, das in den Redaktionsräumen und der Druckerei des »Tagblatts« gemacht werden sollte. Er bat mich um meinen Besuch.

Ich traf ihn am Nachmittag in der Redaktion. Er war ein hochgewachsener, schlanker Mann mit einem klugen Gesicht, das manchmal ein bißchen verschlagen lächelte. »Also wollen Sie mitmachen?« fragte er. Ich erwiderte, daß ich von der Berufsliste der Schriftleiter gestrichen sei und nach Amerika gehen wolle.

»Wir wissen alles über Sie, sind aber im Protektorat nicht so an das Schriftleitergesetz gebunden wie im Reich. Nach Amerika werden Sie nicht mehr ausreisen können. Sie sollen bei uns über Musik und andere Kulturdinge schreiben, was und wie Sie wollen.«

Ich bat ihn um einen Tag Bedenkzeit. Margot und ich erwogen alle Chancen. Wir besprachen die Lage mit Olga und Frank Demant sowie mit Alois Hába. Alle rieten, zu bleiben und für die neue Zeitung zu arbeiten, solange es gehe.

Ich ging nochmals zu Wannenmacher und erklärte ihm, mitarbeiten zu wollen, wenn ich auch über tschechische Kulturereignisse schreiben dürfe. Er sagte mir alles zu. So wurde ich Kritiker der amtlichen Zeitung des Reichsprotektors in Böhmen und Mähren, des »Neuen Tags«. In der Redaktion traf ich neben einigen Kollegen, die mir als Nichtnazis von früher gut bekannt waren wie Albert Komma, eine Reihe neuer Männer. Fast alle zeigten mir eine freundschaftlich-hilfreiche Haltung; der Wirtschaftler Josef Bös und seine Frau wurden wirkliche Freunde, vor allem nach 1945, als wir sie in Salzburg wiedersahen.

So waren wir unserer Existenzsorgen unversehens enthoben. In diesen Zustand der Erleichterung kamen Nachrichten, die uns tief bedrückten. Rudi Thomas hatte mit seiner Frau Veronal genommen und war gestorben. Jüdische Freunde verloren ihre Stellungen und ihre Geschäfte. Der Haß des tschechischen Volkes gegen die deutschen Eroberer war spürbar auf Schritt und Tritt und richtete sich oft gegen jeden, der deutsch sprach. Wannenmachers Prophezeiung, daß wir nicht mehr nach Amerika ausreisen könnten, war richtig: Die Polizei nahm uns zeitweise die Pässe ab.

Die Kollegen im »Neuen Tag«, die meine Lage verstanden, versuchten mir moralisch zu helfen. Meine Berichte und Artikel wurden mit Vorzug behandelt. Ich schrieb viel über tschechische Musik und sogar mitunter über jüdische Künstler, soweit sie noch arbeiten konnten wie der Hába-Schüler Karl Reiner. Es gab auch manchmal gute Nachrichten über Freunde, die noch durchgeschlüpft waren wie Max Brod. Olga und Frank Demant hatten Beziehungen zu englischen und amerikanischen Diplomaten, die ihnen die Ausreise und die Ausfuhr ihres Eigentums garantierten. Für tschechische Staatsangehörige war das noch möglich, für uns mit unseren deutschen Pässen nicht. Hitlers Politik der Einschüchterung und scheinheiligen Friedensliebe war für uns so unverständlich wie für seine Anhänger. Wie sollte man sein plötzliches Bündnis mit Stalin und der Sowjetmacht deuten, nachdem er jahrelang die Notwendigkeit betont hatte, dem »Volk ohne Raum« durch Expansion nach Osten neue Möglichkeiten zu eröffnen?

Margot und ich litten unter der Besonderheit unserer Lage. Als halbe Emigranten nach Prag gekommen, waren wir durch die Besetzung der Tschechoslowakei sozusagen zurückgeholt worden. Der gleiche Zwang, unser tägliches Brot zu verdienen, der uns aus Deutschland vertrieben hatte, hielt uns nun im »Protektorat« fest. In Prag mißtraute man uns auf beiden Seiten. Radikal denkende Tschechen wie E. F. Burian, der 1936 das ausgezeichnete Avantgarde-Theater »Divadlo 36« gegründet hatte, vermieden es, mich zu grüßen. Von deutscher Seite gab es unangemeldete Besuche harmlos tuender Bekannter, die sich in meiner Bibliothek und unseren Noten umsahen.

Wir beschlossen, im Sommer vier Wochen lang richtig auszuspannen. Nach Deutschland konnte man nur mit sogenannten Durchlaßscheinen. So fuhren wir in den Böhmerwald, zuerst nach Rosenberg, wo uns das Elend der Bevölkerung mit ihren vielen verkrüppelten und imbezilen Menschen erschreckte, dann nach Margarethenbad. In dem hübsch gelegenen Ort gab es ein Kneipp-Kurhaus, wo man recht komfortabel unterkam. Wir fühlten uns inmitten der Heilung suchenden Gäste sehr isoliert. Unser Tisch war der einzige, auf dem nicht morgens zum Frühstück ein Glas Brennesselsaft, mittags Yoghurt und Haferschleimsuppe standen. Statt der Barfußpromenaden durch taunasse Wiesen und kleine Wasserlaken machten wir ausgiebige Spaziergänge durch die schönen Mischwälder und Besteigungen der bescheidenen Berge. Es war ein heißer August, und ich pflückte und aß die süßesten und aromatischsten Brombeeren meines Lebens. Eines Mittags, als wir zum Essen kamen, standen mehrere Gäste vor dem Radio-Lautsprecher. Hitlers Außenminister Ribbentrop hatte in Moskau sein Bündnis mit Stalin geschlossen. Das »Regime der Mörder« ging die unheilige Allianz mit dem Führer der Herrenrasse ein. Der Krieg schien abgewendet.

Wir und alle Umstehenden waren verblüfft. »Na, so etwas . . .«, sagte ein alter Herr; seine Frau zog ihn erschrocken fort. Schweigend ging die Hörerschar auseinander. Später lief in Deutschland ein trauriger Witz um. Ein Gefangener bekommt Gesellschaft in seiner Zelle. »Warum sitzen Sie denn hier?« fragt der Neuankömmling. Antwort: »Weil ich im Juli gesagt habe, die Russen seien gar keine Verbrecher. Und Sie?« »Weil ich vorgestern das Gegenteil gesagt habe.«

Anfang September waren wir wieder in Prag. Hier begann eine neue Art von deutschem Kunstleben. Berlin schickte einige der besten Musiker in die neuen Teile des »Großdeutschen Reiches«. Davon profitierte auch das Protektorat unter dem Freiherrn Konstantin von Neurath. Wir hörten Walter Gieseking, den Geiger Georg Kulenkampff, das Kammerorchester Hans von Benda und andere erfreuliche Dinge, daneben allerdings auch Nazikünstler wie den Dirigenten Otto Wartisch und ähnliche Figuren.

Als Generalintendant des deutschen Theaters schickte man Oskar Walleck, der in Braunschweig ausgezeichnetes Theater gemacht und dessen Uraufführung von Malipiero-Pirandellos »Fabel vom vertauschten Sohn« uns gefesselt hatte. Er brachte nach Prag zu der kleinen Schar guter nichtjüdischer Schauspieler ein Ensemble von Kräften, die in Deutschland aus irgendwelchen Gründen nicht ganz erwünscht waren oder sich selbst eine Luftveränderung wünschten. Unter ihnen waren der schon aus seiner Münchener Tätigkeit an den Kammerspielen und durch einige Filme bekannte Charakterspieler O. E. Hasse, der Regisseur Friedrich Siems, die Tragödin Maria Schanda, die wir aus Berliner Inszenierungen Jürgen Fehlings kannten, und die jugendlich-naive Edith Heerdegen. Schauspielreferate gehörten zu meinen Pflichten; oft schrieb ich sie lieber als Musikkritiken. O. E. Hasse gefiel uns spontan; als Dr. Jury in Hermann Bahrs »Konzert« 1939 ist er mir ganz gegenwärtig.

Margot hatte 1934 ihre Opernprüfung gemacht und erwog, wieder zum Theater zu gehen. Da sie Schauspielunterricht für ihr Partienstudium wünschte, rief ich den mir noch persönlich unbekannten Hasse an und fragte, ob er mit einer jungen Sängerin arbeiten wolle. Er kam zu uns, wir spielten die Mimi aus »Bohème« durch und fanden alle drei Gefallen aneinander. O. E. erzählte uns von gewissen Schwierigkeiten, die er in München gehabt hatte. In Prag fühlte er sich freier, und auch im Ensemble hatte er angenehme Kontakte. Unbedingt sollten wir die Heerdegen kennenlernen.

Es war ein schöner Apriltag 1940. Am Riegerkai gab es als Dépendance des Malercafés »Manes« ein großes Boot, auf dessen Deck man sitzen und essen konnte. Hier trafen wir uns zu viert. Margot und Edith waren entzückt voneinander, und bald wurden wir unzertrennlich. Die Schanda, später die zierliche Elsbeth von Lüdinghausen wurden in unseren Kreis aufgenommen, dem am Rande auch Erich Klevenow und der Dramaturg Max Heinrich Fischer angehörten. Wir verbrachten weinselige Abende und halbe Nächte miteinander, bummelten durch Prags verwunschene Gassen und vergaßen oft die immer bedrohlicher werdende europäische Lage.

Aber wir erlösten die Welt, erfanden Denkspiele über das Verhalten in hoffnungslosen Situationen, O. E. rezitierte aus seinem unerschöpflichen Gedächtnis die halbe deutsche Literatur von Goethe bis Wedekind, und mit Gusto schmähten wir den verhaßten Hitler und alles, was zu seinem Regime gehörte. Mitunter kam aus Dresden Erich Ponto, dem Edith freundschaftlich verbunden war. Dieser große Schauspieler und hochgebildete Mensch war musikalisch, und oft taten sich Margots Sopran und sein Bariton zu Duetten von Mendelssohn zusammen. In den Kammerspielen gab Ponto einen Rezitationsabend mit Gedichten von Goethe und Matthias Claudius. Ein Ruck ging durch das Publikum, als er mit seiner unnachahmlichen Betonung die Verse sprach:

»'s ist Krieg, und ich begehre
nicht schuld daran zu sein.«

Mein Chefredakteur Wannenmacher kam auf die Idee, mich Reiseberichte schreiben zu lassen. Ich entwarf eine Tournee, die im Frühjahr 1940 über Budapest nach Zagreb, Belgrad, Sofia, Bukarest und Preßburg führte. Dabei hörte ich ein paar sehr gute Opernaufführungen, namentlich in Belgrad, wo Lovro von Matacic dirigierte. Ich traf Komponisten und Theaterleute. In der Zagreber Oberstadt besuchte ich den Bildhauer Iwan Mestrovic, dessen monumentale Goethe-Büste mich so stark beeindruckte wie seine kultivierte Persönlichkeit. Zu den großen künstlerischen Erlebnissen der Reise gehörten die Fresken des Klosters Bojana bei Sofia, präromanische Arbeiten, die sich mit den Fresken Giottos in Padua messen können.

Nach Prag zurückgekehrt, fand ich Margot noch leidend an den Folgen einer Grippe. Es gab auch Nachrichten, die uns bedrückten. Nethes waren entschlossen, das holländische Asyl zu verlassen und nach Amerika zu emigrieren. Die Papiere hatten sie bekommen, das Geld für die Überfahrt auch. Was ihnen an Barschaft für den Anfang in New York fehlte, war minimal. Wir beschlossen, ihnen die gesparten Dollar- und Pfundschecks aus meinen Honoraren zu überlassen. Aber Geld nach Holland zu schicken, war in Prag unmöglich. Demants empfahlen uns, zu einem Attaché der englischen Gesandtschaft zu gehen und von ihm die Sendung durch Kurierpost zu erbitten. Wir hatten Glück. Nach einer Woche kam aus Amsterdam die Postkarte mit dem vereinbarten Text. Nethes hatten nun ein bescheidenes Grundkapital für die USA.

Gegen mich kamen neue Schläge aus Berlin. Das Goebbels-Ministerium wollte meine Ausschaltung auch in Prag erzwingen. Die Partei in Reichenberg und Prag wurde mobilisiert; man machte schon Vorschläge für meine Nachfolge. Ich erreichte es durch Offiziersbeziehungen meines Vaters, vom Reichsprotektor Neurath empfangen zu werden. Als ich ihm meinen Fall vortrug, zeigte sich, daß er gut darüber informiert war. Er sagte mir sehr offen, daß die Partei schon mehrfach versucht habe, ihm gute Mitarbeiter abzuschießen, daß er aber auf seinen Sonderrechten in Prag bestehe und mich weiter stützen werde. Er hielt Wort, ebenso sein zuständiger Mann für Kultur und Presse, Freiherr von Gregory. Eine Galgenfrist war uns geschenkt.

Damals schlossen wir uns eng an Václav Talich und seine Lebensgefährtin, die Sopranistin Ota Horáková, an. Ursprünglich Geiger, hatte er sich zu großer Meisterschaft als Dirigent entwikkelt. Seine Liebe gehörte Mozart und den tschechischen Meistern Smetana und Dvořák; doch war es sein Lebenswunsch, Wagners »Tristan« und Verdis »Otello« in Modellaufführungen herauszubringen. Die Horáková, eine schöne vollschlanke Brünette, hatten wir in vielen Partien, vor allem als Marie in der »Prodaná nevěsta« bewundert. Die beiden verstanden sich auf die Kunst, das Leben zu genießen. Talich und ich hatten viele Kunstgespräche. Moderne Musik machte ihm Schwierigkeiten, aber er rang um Bartók und Strawinsky, dirigierte die frühen Werke Schönbergs und hatte in Stockholm 1934 die Erstaufführung des Schönbergschen Konzerts für Streichquartett und Orchester nach Händels Concerto grosso g-Moll mit dem Kolisch-Ensemble geleitet.

Wie Hába stammte er aus einer Bauernfamilie, wie Ludikar hatte er seine Karriere hauptsächlich außerhalb der Tschechoslowakei gemacht. Ich fragte ihn, ob er komponiere. Er verneinte, fand aber, daß jeder Dirigent Komposition studiert haben müsse. Er selbst hatte seit seiner Jugend die Gewohnheit, jeden Morgen einen Choral zu harmonisieren.

Als nationaler Tscheche haßte er Hitler und die nationalsozialistischen Machthaber. Man zwang ihn, zu Hitlers Geburtstag im April 1940 »Lohengrin« im Nationaltheater anzusetzen. Er sollte dirigieren. Zwei Tage vorher ging er in die chirurgische Klinik der Universität und ließ sich einen harmlosen Bruch operieren; den »Lohengrin« dirigierte ein anderer. Als er mit den Tschechischen Philharmonikern nach Berlin eingeladen wurde, setzte er auf das erste Programm Smetanas »Má Vlast« (»Mein Vaterland«) und auf das zweite Dvořáks »Slawische Tänze«. Trotz seiner einwandfreien Haltung wurde er nach 1945 als Kollaborateur behandelt, durfte in Prag nicht mehr dirigieren und mußte seine eminente Kunst auf Schallplattenproduktion einschränken.

Für das Orchester des Neuen Deutschen Theaters wurde ein Dirigent gesucht. Nach wenigen mißlungenen Versuchen verpflichtete man den 32jährigen Joseph Keilberth. Als Opernchef und jüngster deutscher Generalmusikdirektor hatte er sich in seiner Heimatstadt Karlsruhe einen Namen gemacht, in Berlin sowohl an der Staatsoper als auch mit den Philharmonikern große Erfolge gehabt und galt schon 1940 neben Karajan als der beste unter den Nachwuchsdirigenten. Seine Prager Programme waren unkonventionell, erwiesen ihn aber auch als gründlichen Kenner der großen Symphonik. Unter ihm wurde das Orchester auf der Höhe gehalten, die es seit Zemlinsky und unter Steinberg, Széll und Rankl bewahrt hatte. Mit einer fulminanten Wiedergabe der Mozart-Variationen von Reger überzeugte er mich von seiner musikalischen Berufung.

Wir lernten ihn bald kennen. Er hatte ein lebhaftes, liebenswürdiges Temperament und fesselte uns nicht nur durch sein profundes Musikertum, sondern auch durch außergewöhnliche literarische Bildung. Aus seiner Bewunderung für Hindemith machte er kein Hehl, und in seinem Bücherschrank standen sämtliche Werke Thomas Manns, den er vergötterte. Seinem Sohn gab er den Namen Thomas, seine Tochter hieß Claudia nach dem Vorbild der Madame Chauchat im »Zauberberg«. Auch er und seine Frau Inge gehörten bald zu unserem Kreis von Theaterleuten.

Obwohl wir mit Talich, Hába und anderen Tschechen der Oberschicht befreundet waren, gelang es uns nicht, die nationalen Schranken einzureißen und unseren doppelten Freundeskreis zu verschmelzen. O. E. Hasse und Talich mochten sich gut leiden, ebenso Hába und Keilberth. Aber ohne uns als Mittler blieben ihre Sphären säuberlich geschieden. Der Geiger Vasa Přihoda war nicht nur ein fulminanter Musiker und Virtuose auf seinem Instrument. Durch seine Frau war er Mitinhaber eines eleganten Caféhauses am oberen Wenzelsplatz, wo viele Künstler und Intellektuelle nach Tisch ihren Schwarzen tranken. Eines Tages kam ich mit Keilberth hin und sah Talich an einem Tisch. Ich machte die beiden Dirigenten bekannt, doch die Begrüßung war eisig von beiden Seiten. Dabei wußte ich, daß sie sich gegenseitig als Künstler schätzten.

Neurath war längst der Partei in Berlin und der Gauleitung in Reichenberg ein Dorn im Auge. Als Offizier und schwäbischer Aristokrat hing er an traditionellen Ehrbegriffen und toleranten politischen Gedanken. Man setzte ihm seit Kriegsbeginn so hart zu, daß er am 27. September 1941 um Beurlaubung bat. Sein Stellvertreter, in Wirklichkeit sein Nachfolger, war der SS-General Reinhard Heydrich, einer der rücksichtslosesten Henker des Naziregimes. Zwei Tage nach diesem Umsturz von oben ließ mich Wannenmacher kommen. Er sagte mir, die Angriffe gegen mich seien in ein gefährliches Stadium getreten, er fürchte einen Haftbefehl der Gauleitung. Es gebe für mich nur eine Rettung: die freiwillige Meldung zur Wehrmacht. Damit sei ich dem Zugriff der Partei entzogen. Er werde mich mit sofortiger Wirkung beurlauben, der Verlag mich weiter honorieren, bis ich eingezogen würde. Er rate uns beiden, ganz zurückgezogen zu leben, vielleicht auch die Zeit irgendwo auf dem Lande zu verbringen. Ich folgte seinem Rat, meldete mich freiwillig und weiß heute, daß er mir das Leben gerettet hat. Margot und ich blieben noch bis zum Frühjahr in Prag, wo das Leben für Tschechen und Nichtnazis immer schwieriger wurde. Jeden Morgen brachten die Zeitungen im Lokalteil die Namen von Prager Bürgern, die wegen eines kleinen Delikts, namentlich wegen Schwarzhandels, hingerichtet worden waren. Unser eigener Delikatessenhändler gehörte zu den Opfern. Eines Vormittags traf ich auf dem Graben unseren alten Freund Camill Hoffmann. Er trug den gelben sechszackigen Judenstern, den Mogen Dovid, am Anzug. Ich fragte, warum er nicht ins Ausland gegangen sei. Er war überzeugt, daß das Hitler-Regime in kurzer Zeit zusammenbrechen würde. Bald nach diesem Gespräch wurde er mit seiner Frau deportiert und in Auschwitz ermordet. Gottlob hatten Olga und Frank Demant rechtzeitig nach Amerika ausreisen können.

Im April fuhren Margot und ich nach Unhost, einer kleinen Sommerfrische im Mischwald zwanzig Kilometer westlich von Prag. Nach drei Wochen wurden alle Gäste aus dem bescheidenen, sauberen Hotel entfernt, um einer Schar von Hitlerjugend Platz zu machen. Wir gingen nach Konopist, wo der 1914 ermordete österreichische Erzherzog Franz Ferdinand ein Jagdschloß besessen hatte. Es lag in tiefen Wäldern mit uralten, haushohen Bäumen. Der tschechische Staat hatte ein Jagdmuseum daraus gemacht. Direkt daneben gab es ein Gästehaus, das nun als Hotel diente. Die Zimmer waren mit alten Möbeln gut eingerichtet. Fließendes Wasser gab es nicht, dafür trugen Waschschüssel und Kanne aus gutem Porzellan die Initialen FFE (Franz Ferdinand d'Este). Um das Schloß lief ein Graben mit einer Zugbrücke. Unten lebte ein alter Bär. Manchmal warfen wir ihm ein Stück Zucker hinunter. Er fraß es gierig, hatte aber offenbar einen kranken Zahn, denn beim Fressen verzog sich sein Maul zu einer schmerzlichen Grimasse. So büßt auch ein Bär für Genußsucht.

Im Schloß war eine gewaltige Waffensammlung untergebracht, Pistolen, Gewehre und Kanonen aus allen Epochen seit der Erfindung des Schießpulvers. Auch Wilhelm II. hatte mit einem prunkvollen Geschütz zu der erzherzoglichen Kollektion beigetragen. Dieser Franz Ferdinand war ein unersättlicher Wildschlächter. Jeden Herbst veranstaltete er Treibjagden, bei denen Tausende von Hirschen, Rehen, Wildschweinen und Hasen zusammengetrieben und niedergemacht wurden.

Es war Mai geworden; da kam ein Brief aus Prag, der mich zur Ausbildung bei einer Wehrersatzkompanie in Potsdam einberief. Am 25. Juni hatte ich mich zu melden. Eine kleine Galgenfrist war uns geschenkt. Wir machten unseren Nachmittagsspaziergang, aßen früh das frugale, aber mit böhmischer Kunst bereitete Nachtmahl und hörten im Rundfunk die Nachrichten. Heydrich war durch ein Bombenattentat schwer verletzt worden. Wir hörten es mit einer Mischung von Genugtuung und Sorge. Was würde das für Repressalien geben! Gut, daß wir fern von Prag waren. Denn nicht nur die Tschechen, auch alle verdächtigen Deutschen waren gefährdet. Sechs Tage später, am 2. Juni, starb der Mann, der Hunderttausende von ermordeten Juden, Polen und Tschechen auf dem Gewissen hatte und sich von seinem Mordgeschäft abends erholte, indem er Bach-Sonaten geigte. Ein unheimlicher Fall von Ambivalenz.

Die Rache für seinen Tod war furchtbar. Das Dorf Lidice, in dessen Nähe das Attentat verübt worden war, zerstörten die Nazis. Seine männlichen Einwohner über sechzehn Jahre wurden erschossen, die Frauen in Konzentrationslager verschleppt, die Kinder an deutsche Familien gegeben.

Wir kamen in schwerer Depression nach Prag zurück. Von unseren Freunden waren Talich und Keilberths da. O. E. Hasse war zur Luftwaffe eingezogen, Edith Heerdegen bei ihrer Mutter in Dresden. Mitte Juni fuhren wir nach Berlin und wohnten bei Margots Schwester in Tempelhof. Ihr Sohn Hanns näherte sich dem wehrpflichtigen Alter und war beim Arbeitsdienst.

Ich meldete mich bei der Propaganda-Ersatzkompanie zur Ausbildung. In der Baracke, wo ich untergebracht war, traf ich lauter Intellektuelle, meistens über dreißig. Es gab ein Wiedersehen mit Wilhelm Wagenfeld vom Bauhaus. Vier schwere Wochen begannen. Wir wurden von einem besonders scharfen, sadistischen Unteroffizier namens Purbs geschliffen, der uns keine der preußischen Quälereien ersparte, vom blitzschnellen Hinlegen und Wiederaufstehen bis zum Dreißig-Kilometer-Marsch mit schwerem Gepäck. Am nächsten Tag, einem Sonnabend, waren meine Füße so unmäßig geschwollen, daß ich kaum einen Schritt gehen konnte. Wir bekamen Stadturlaub bis Montag früh, und ich schleppte mich zur S-Bahn nach Tempelhof, wo Margot mich weinend aufnahm, meine Füße salbte und mich im sonnigen Garten ruhen ließ.

Nach Ende der Ausbildung warteten wir alle auf weitere Verwendung. Meinen Einsatz bei einer Propagandaabteilung verweigerte das Goebbels-Ministerium. Ich war froh darüber, denn er hätte bedeutet, daß ich für die Nazi-Ideologie arbeitete, die mir verhaßt war. Man machte mich zu einer Art Briefträger in Potsdam. Ich hatte dienstliche Sendungen morgens und nachmittags von der Post zu holen und andere hinzubringen. Mit Hilfe eines Fahrrades war das kein schwerer Dienst. Ich erreichte es, außerhalb der Baracke wohnen zu dürfen. So kam Margot zu mir. Wir fanden ein Zimmer in der alten Familienpension von Thümen, die von zwei jungen Mädchen geleitet wurde, Oda von Thümen und Evchen Reich. Da verlebten wir ein paar glückliche Monate. Unter den Stammgästen war eine alte Baronin Spiegel, die wöchentlich Cercle machte und wo man angenehme Leute traf. Es gab kein Hitler-Bild im Hause. Einmal kam der Schriftsteller Curt Langenbeck, dessen Drama »Der Hochverräter« damals viel gespielt wurde. Obwohl ein Günstling der Nazis, sprach er auffallend frei zu mir, dessen Situation als verbotener Autor er kannte.

Meine Tätigkeit als besserer Briefträger veränderte sich, als ich den Befehl bekam, Kurierpost nach Osten zu bringen. Zweimal reiste ich im Güterwagen nach Rußland, lernte das furchtbar zerstörte Warschau, Riga, Kiew und Charkow kennen. Drei Tage verbrachte ich in Smolensk, dessen Kathedrale als Museum eingerichtet war. Es war ein dürftiges Leben, mitunter gefährlich, wenn Flieger über dem Zug kreisten.

Sonntags fuhren Margot und ich nach Berlin, um in Tempelhof bei Alex Lefèbre zu entspannen. Nebenan wohnte der Zahnarzt Dr. Kurt Schaefer mit seiner Familie. Wir hatten uns schon lange mit ihm angefreundet. Als Reserveoffizier war er sofort eingezogen worden und hatte es zum Oberstleutnant gebracht. Wir trafen ihn Weihnachten 1942, als er Urlaub in Tempelhof machte. Ich erzählte von der albernen militärischen Arbeit, die man mir aufgehalst hatte. »Passen Sie nur auf, daß Sie nicht eines Tages als Fußvolk nach Rußland kommen!« meinte er. Die Möglichkeit bestand, und ich wußte es auch ohne Schaefer. »Wollen Sie zu mir in den Divisionsstab kommen?« fragte er. »Ich könnte Sie mit Ihren Sprachkenntnissen als Schreiber für I C gut brauchen.«

Der Stab der 3. Panzergrenadier-Division lag in Frankreich. Sein Chef war Generalleutnant Gräser, ein Haudegen, der schon 1914 in Rußland ein Bein verloren hatte. Wie viele deutsche Offiziere war er staatstreu ohne politische Interessen. Er haßte alles, was er »Drückebergerei« nannte, und war berüchtigt dafür, daß sein Divisionsstab immer dicht hinter der Hauptkampflinie lag. Schaefer selbst war ein begeisterter Soldat, sammelte Helme aller Waffengattungen und Epochen und verachtete die Nazis. Er machte mich auf die Risiken einer Zugehörigkeit zu Gräsers Stab aufmerksam. Dennoch bat ich ihn, meine Versetzung zu betreiben. Wenige Monate später fand sie statt. Gräsers Stab lag in Salies-de-Béarn, einem hübschen Badeort nahe den Westpyrenäen.

Es war Frühling, die Magnolienbäume trugen zahllose Blüten von ungewohnter Größe, und ich erfreute mich an der Landschaft. Die Franzosen hatten Vertrauen zu mir, weil ich ihre Sprache beherrschte und manchen bei ihren kleinen und großen Sorgen helfen konnte.

Nach vierzehn Tagen ließ mich Dr. Schaefer kommen. »Stuck, streng vertraulich, können Sie Italienisch?« Ich hatte mit Margot in Prag am Istituto Italiano Kurse gehört und kannte mich in Aussprache und Grammatik aus. »Lernen Sie es, so rasch Sie können. Mehr darf ich nicht sagen.« Ich beschaffte mir Bücher und büffelte. Nach ein paar Tagen verließen wir das Béarn. Die Fahrt ging ostwärts an den Pyrenäen vorbei. Wir übernachteten in Carcassonne, der mittelalterlichen Stadt mit dem hochgelegenen Festungsteil und der romanischen Kathedrale. Aber von da ging es nicht zur Mittelmeerküste, wie ich erwartet hatte. Wir kamen nach Charbonnière bei Lyon und wurden im Schloß der Grafen Lavalle untergebracht. Die Herrschaft war in Paris. Josèphe, der Kammerdiener, fragte mich sofort, ob die Offiziere adlig seien, mußte sich aber mit dem jungen Grafen Schwerin begnügen. Er kam in größte Verlegenheit, als General Gräser sein morgendliches Bad verlangte. »Monsieur le comte s'est contenté d'un seul bain par semaine«, klagte er. So mußte jeden Morgen ein großer Kessel Wasser erhitzt und in die Wanne des Kommandeurs gegossen werden.

Nach zwei Wochen ging es weiter. Wir fuhren die Bahnstrecke an der Rhône bis Marseille und Toulon, dann an der Côte d'Azur bis Ventimiglia, wo die Nacht begann. Am nächsten Morgen waren wir tief in Italien und nahmen Quartier zwischen Florenz und Rom, in dem toskanischen Bergnest Abbaddia San Salvatore. In den zwei Tagen, die wir da blieben, bewährte sich mein dreiwöchiger Fleiß als neugebackener italienischer Dolmetscher. Ich verstand und wurde verstanden.

Es ging weiter über Rom in die Albanerberge. Der Rechtsanwalt in Castelgandolfo, bei dem ich einquartiert wurde, sprach etwas Deutsch. Als er erfuhr, daß ich Musikkritiker bin, sagte er: »Wie finden Sie Heine und Mendelssohn? Ich liebe beide!« So viel Kühnheit und Offenherzigkeit gegenüber einem ihm doch völlig unbekannten deutschen Soldaten, in einem Lande, das von den Nazis besetzt war, überraschte mich. Aber das Erlebnis blieb kein Einzelfall. Oft begegnete ich Menschen verschiedenster Stände, die freimütig ihre Überzeugungen äußerten, auch wenn diese nicht faschistisch oder gar nazistisch gleichgeschaltet waren. Nach ein paar Monaten wurde unser Stab nach Rom versetzt. Wir wohnten an der nördlichen Peripherie in der Via Cassia, nahe dem Ponte Milvio. Die unvergleichliche Stadt lernte ich damals von ihren schönsten Seiten kennen. In der Oper gab es zu meinem Erstaunen eine glänzende Aufführung von Alban Bergs »Wozzeck«. Es war Alfredo Casella, der dieses Wagnis durchgesetzt hatte, obwohl er wußte, daß die Oper in Deutschland »unerwünscht« war.

Da ich kein Zivil tragen durfte, vermied ich, Freunde zu besuchen, denen das Erscheinen eines deutschen Soldaten vielleicht geschadet hätte. Nur Enrico Mainardi, den Cellisten und vorzüglichen Musiker, suchte ich nach telefonischer Vorbereitung in seiner

Wohnung auf. Eines Tages erschien in elegantem Zivil bei unserer Dienststelle Werner Finck. Er ahnte nicht, daß ich in Rom war, erkannte mich trotz meiner Verkleidung und begrüßte mich mit den Worten: »Das ist doch der Stuckenschmidt aus der Zeit, als ich selber noch entartet war!«

Doch meine Feinde im Propagandaministerium vergaßen mich nicht. Ich hatte es gerade zum Gefreiten gebracht, da erhielten die deutschen Zeitungen am 2. April 1943 unter den V(ertraulichen) I(nformationen) die Anweisung: »Beiträge, die der ehemalige Musikkritiker Hans Heinz Stuckenschmidt verschickt, sind nicht zu veröffentlichen.«

An einem Sonnabendvormittag, im Oktober 1943, ging ich mit zwei Kameraden über den Corso Umberto. Wir begegneten einem gutaussehenden Herrn in mittleren Jahren, der höflich den Hut zog und uns ansprach. »Meine Herren, verzeihen Sie mein ungewöhnliches Benehmen«, sagte er in fließendem Deutsch. »Mein Name ist Lagerberg, ich bin seit ein paar Tagen hier schwedischer Gesandter und habe mir vorgenommen, den ersten deutschen Soldaten, den ich in Rom treffe, einzuladen. Machen Sie mir die Freude, morgen Nachmittag bei mir Kaffee zu trinken?« Wir nahmen die freundliche Einladung mit Dank an, sagten dem Gesandten aber, daß wir vorher unsere Vorgesetzten um Erlaubnis bitten müßten. Die Erlaubnis erfolgte. Wir kamen in die Diplomatenwohnung des schwedischen Junggesellen und wurden mit Kaffee und Kuchen opulent bewirtet. Außer dem Hausherrn war noch einer seiner Attachés da. Als ich Lagerberg sagte, ich kennte seinen Namen aus Prag, wo er Generalkonsul gewesen war, fragte er mich, was ich denn in Prag gemacht hätte. Auf meine Antwort, ich sei Musikkritiker am »Tagblatt« und am »Neuen Tag« gewesen, antwortete er lächelnd: »Dann sind wir beinahe Kollegen. Ich habe Klavier studiert und wollte eigentlich Konzertpianist werden.« Ich bat ihn zu spielen. Er setzte sich an den Steinway und spielte virtuos ein Programm von Bach über Chopin bis Debussy. Nun fehlte es nicht an Gesprächsstoff, und wir gingen nach zwei Stunden fort, sehr beglückt von diesem musischen Nachmittag auf neutralem Boden. 1965 besuchte ich mit Margot das sommerliche Musikfest in Stockholm, wo Karl-Birger Blomdahls Oper »Herr von Hancken« uraufgeführt wurde. Es gab ein großes Eröffnungsbankett im Foyer der Königlichen Oper. Nach der Ansprache des Intendanten Göran Gentele stand ein alter Herr auf, dessen Gesicht mir bekannt vorkam. Es war Lagerberg. Er begrüßte als Minister und Zeremonienmeister des Königs die anwesenden Ehrengäste und Herren von der Presse, unter denen er mich namentlich nannte. Als er geendet hatte, ging ich an seinen Tisch, dankte ihm für die Begrüßung und fragte ihn, ob er sich an den ersten Tag seines Aufenthaltes als Gesandter in Rom erinnere. »Ja, da habe ich drei deutsche Soldaten zum Kaffee eingeladen«, antwortete er. »Einer von den dreien war ich«, sagte ich. Er war außer sich vor Freude, behauptete nachträglich, mein Gesicht zu erkennen, und lud Margot und mich am nächsten Tage mit dem Komponisten Sten Bromann zum Mittagessen ins Grand Hotel. Unter den vielen Diplomaten, denen ich begegnet bin, war er der musikalisch gebildetste, ein Grandseigneur besten Stils von großer Toleranz auch gegen Musik, die er nicht verstehen konnte. Mehrfach in meinem Leben habe ich völlig unerwartet Menschen wiedergefunden, die ich unter ganz anderen Umständen vor langer Zeit in anderen Ländern kennengelernt hatte. Mitunter scheint mir, als ob irgendwelche unbekannten Kräfte da walteten, die an Marionettenfäden ziehen und denen es Vergnügen macht, ihre Puppen wieder einmal zusammenzubringen.

Wir kamen bald weiter nach Süden, machten die Kämpfe um Monte Cassino mit, zogen uns dann, nachdem die Amerikaner in Süditalien gelandet waren, in Richtung Toskana zurück, wobei die Angriffe durch Tiefflieger zu schweren Verlusten auch innerhalb unseres Divisionsstabes führten. In der Nähe von Lucca, der schönen alten Geburtsstadt Puccinis, hörten wir die Nachricht von dem Offiziersaufstand am 20. Juli 1944 und dem mißglückten Attentat auf Hitler. Kurz danach wurden wir nach Lothringen geschickt und machten dort den Rückzug der deutschen Truppen mit. Im sogenannten Ruhrkessel kamen wir in ein westfälisches Dorf. Unsere kleine Dolmetschertruppe ergab sich den anrückenden Amerikanern. Wir waren gefangen. In Frankreich kam ich zuerst nach Attichy in ein riesiges Lager, wo die Amerikaner uns kaum ernähren konnten. Dann meldete ich mich freiwillig in ein sogenanntes Arbeitslager nahe Reims, wo mich der deutsche Lagerleiter für kulturelle Aufgaben einsetzte. Ich gründete einen

Chor, schrieb kleine Sätze für ihn, studierte sie ein und dirigierte Aufführungen. Ein Theater wurde gebaut, eine Leihbibliothek aus den Büchern der etwa dreihundert Gefangenen zusammengestellt. Ich hielt Vorträge, arrangierte Theateraufführungen und Lesungen. Unter den kulturell interessierten Kameraden war der junge Elmar Tophoven, der vorzüglich Französisch sprach. Ich habe ihn später als Übersetzer Peter Suhrkamp empfohlen, für dessen Verlag er noch heute arbeitet.

Meine Entlassung stieß auf Schwierigkeiten. Nach Prag konnte man nicht, nach Berlin war es schwierig. So gab ich als Heimatadresse die meiner Mutter an. Aber Bremen war amerikanische Enklave in der britischen Besatzungszone. Meldete man sich zu den Amerikanern, wurde man an die Engländer verwiesen und umgekehrt. Endlich wurde ich aus dem Arbeitslager in ein Entlassungslager bei Mailly-le-Camp versetzt. Der amerikanische Feldwebel Sindoni, ein junger Kalifornier, brauchte einen Maschinenschreiber, der Englisch konnte. Ich übernahm die Arbeit und hatte ein relativ leichtes Leben. In der amerikanischen Soldatenbibliothek fand ich Oscar Levants »A Smattering of Ignorance«, ein äußerst witziges Buch des Pianisten, der sich vor allem als Interpret Gershwinscher Musik einen Namen gemacht hatte. Er war eine Zeitlang in Los Angeles Schüler Arnold Schönbergs gewesen, von dem er sehr amüsante Geschichten erzählte. Zu meiner Überraschung fand ich meinen Namen neben denen von zwei oder drei anderen europäischen Kritikern in dem Buch. Auch mein Chef, Feldwebel Sindoni, las gern. Ich saß an meiner Maschine, da rief er mir zu: »Hey, Hans. Did you ever wear a monocle?« Ich bejahte. »Do you know one George Antheil?« Ich nickte zustimmend. »Then read this!« Dabei reichte er mir eine Zeitschrift »Omnibook«, die aus Abdrucken von neu erschienenen Büchern bestand. Ich las ein Kapitel aus George Antheils »Bad Boy of Music«, das vorwiegend von mir handelte. Offenbar war Feldwebel Sindoni stolz, einen ehemaligen Monokelträger als Schreiber zu beschäftigen. Er verwöhnte mich von diesem Tag an durch gutes Essen, Zigarettengeschenke und allerlei Aufmerksamkeiten.

Mittlerweile hatte ich als Entlassungsadresse den Namen meiner Schwägerin Henny Stuckenschmidt in Bad Godesberg genannt. Im April 1946 bekam ich Befehl, meine Sachen zu packen und den

Transportzug nach Deutschland zu besteigen. Am Ostermontag fuhren wir ab, am Freitag, den 26. April wurde ich um dreizehn Uhr in Bonn entlassen. Eine Stunde später war ich in Godesberg bei Henny und ihren Kindern, dem ebenfalls aus Kriegsgefangenschaft heimgekehrten Rolf und den beiden Töchtern.

Inzwischen hatte ich Kontakt mit Margot, die auf abenteuerliche Weise aus Prag nach Berlin-Tempelhof gekommen war. Ihr Weg hatte aus einem tschechischen Gefangenentransport zu Fuß durch das Erzgebirge nach Dresden geführt, wo Edith Heerdegen und Erich Ponto sie freundschaftlich aufnahmen. Sie sang viel, reiste später nach Berlin und wurde hier Dozentin am Internationalen Musikinstitut in Zehlendorf, das Josef Rufer und Paul Höffer leiteten. Auch von meiner Mutter aus Bremen kam Nachricht. Alle waren gesund, und ich war glücklich in diesem Bewußtsein.

VII
»Trümmer und heile Welt«

Bald nach der Entlassung 1946 fuhr ich zu meiner Mutter nach Bremen, hörte mit ihr eine Aufführung des »Barbier von Sevilla«, und sprach mit Manfred Hausmann, der mich zur Mitarbeit am »Weser-Kurier« aufforderte. Zurück in Godesberg, traf ich meinen Neffen Hanns Lefèbre, der auch entlassen war. Endlich, am 11. Mai, bekam ich den Marschbefehl in östlicher Richtung. Erst ging es in das Barackenlager Wipperfürth, dann nach ein paar Tagen weiter nach Hannover, von da über das Flüchtlingslager Poggenhagen an die Zonengrenze nach Friedland. Ich vermied den Transportzug, um nicht wieder in Gefangenschaft zu kommen, kaufte ein Billett 3. Klasse nach Berlin und kam am 22. nach endloser Fahrt in fürchterlich vollgestopften Waggons zur Ruine des Anhalter Bahnhofs. Meinen schweren Gepäcksack mußte ich nach Tempelhof schleppen, da die Untergrundbahn nur kurze Strecken fuhr. Um halb neun abends stand ich vor Margot und Alex. Es war ein Gefühl unbeschreiblichen Glücks und kaum erträglicher Freude, die geliebte Frau wohlbehalten in die Arme schließen zu können.

Rasch begann der Wirbel um den neu aufsteigenden Berliner Kunstbetrieb. Nach Erfüllung aller Formalitäten bei Polizei und Ämtern besuchten wir Freunde wie O. E. Hasse und Peter Suhrkamp. In einem Reger-Konzert des Hauses am Waldsee sang Margot. Rufer und Höffer freuten sich, daß ich heimgekommen war, und ich genoß die seit so langer Zeit ungewohnte Freiheit und die Aussicht auf neue künstlerische Tätigkeit. Sie kam rascher, als ich geglaubt hatte. Am 31. Mai stand ein Auto vor der Tür des Hauses in Tempelhof. Der Fahrer übergab mir einen Brief des Intendanten Franz Wallner-Basté, der mich zu einer Besprechung im DIAS (Drahtfunk im amerikanischen Sektor), dem heutigen RIAS, bat. Ich setzte mich in den Wagen, fuhr hin und kam zu dem sehr kultivierten, mit merkwürdig hoher, fast weiblicher Stimme sprechenden Mann, der mir anbot, die Leitung eines Studios für Neue

Musik zu übernehmen. Ich sagte zu und begann am Montag, den 3. Juni. Tags zuvor hatte ich in einem Philharmonischen Konzert Nicolas Nabokov getroffen, der als Musikoffizier der Amerikaner in Berlin lebte.

Margot hatte viel zu tun. Neben ihren Kursen im Zehlendorfer Institut sang sie öffentlich und in den beiden Rundfunksendern. Freie Abende verbrachten wir im Schauspiel, sahen im Hebbel-Theater die glänzende Aufführung von Thornton Wilders »Wir sind noch einmal davongekommen« mit O. E. Hasse, im russisch lizenzierten Deutschen Theater Sternheims »Snob« mit Gustaf Gründgens. Die Ost-Berliner Staatsoper spielte unter der Intendanz Ernst Legals im ehemaligen Admiralspalast, nahe dem Friedrichs-Bahnhof. Für die Philharmonischen Konzerte wurde ein Behelfssaal im Steglitzer Titania-Palast, einem ehemaligen Kino, gefunden.

Die Städtische Oper in der Bismarckstraße war 1943 durch einen Bombenangriff völlig zerstört worden. Nach dem Zusammenbruch fanden sich allmählich wieder die in Berlin verbliebenen Sänger, Instrumentalisten und Tänzer zusammen. Unter Leitung Michael Bohnens wurde im Theater des Westens, Kantstraße, mit »Fidelio« am 4. September 1945 neu begonnen. Aus dem alten Ensemble hatten ein paar gute Sänger wie Irma Beilke, Hans Beirer und Josef Metternich überlebt. So konnte langsam ein Repertoire aufgebaut werden.

Die Arbeit im DIAS-RIAS gab mir viele Anregungen und brachte Begegnungen mit Spielern und Sängern wie den Berliner Pianisten Gerhard Puchelt und Helmut Roloff, aber auch Ausländern wie Monique de La Bruchollerie. Zu den ersten, die wieder nach Berlin kamen, gehörte Yehudi Menuhin, der mich 1947 als alten Bekannten begrüßte und wie ein rettender Engel in Berlin ausschließlich zu wohltätigen Zwecken spielte. Eines seiner Konzerte, nur vor amerikanischem Publikum, das in harter Dollarwährung den Eintritt bezahlen mußte, galt der Hilfe für die Berliner Philharmoniker, denen es an französischen Rohrblättern und anderem ausländischen Zubehör für ihre Instrumente fehlte. Er musizierte für hungernde deutsche Kinder, für die Insassen eines Lagers von »displaced persons«, kurz für alle, bei denen Not zu lindern war.

Berlins amerikanischer Sektor, zu dem auch Tempelhof gehörte, war kulturell sehr aktiv. Musische Offiziere wie Nabokov und John Bitter, später John Evarts und Matteo Lettunich, sorgten für Kontakte und Geld. Im Zehlendorfer »Haus am Waldsee« saßen Männer wie Karl Ludwig Skutsch und Josef Rufer, die Konzerte, Vorträge, Ausstellungen und Theateraufführungen veranstalteten.

Die Konkurrenz der vier Besatzungsmächte, die sich im Seelenfang den Rang ablaufen wollten, wirkte segensreich. Im russisch besetzten Sektor versuchte der »Kulturbund zur demokratischen Erneuerung Deutschlands« alle geistigen Kräfte an sich zu ziehen, die kulturell und politisch als fortschrittlich galten. Der Club in der Jägerstraße war bald beliebtester Treffpunkt für Künstler und Intellektuelle. Seine Mitglieder bekamen Coupons für Speisen und Getränke. Man tafelte gemeinsam mit den Kulturoffizieren aller Besatzungsmächte, die damals noch eine Entente cordiale bildeten. Mich bat man im Oktober 1946, Konzerte mit zeitgenössischer Musik zu organisieren. Ich begann mit einem Programm, das Violinstücke von Prokofieff, Michelangelo-Sonette von Benjamin Britten, die Trompeten-Sonate von Hindemith, eine Violin-Klavier-Sonate von Aaron Copland und die »Saudades do Brazil« von Milhaud enthielt. Heinz Tiessen hielt einen Vorspruch, die Geigerin Helga Schon und Staatskapellentrompeter Wilhelm Bode spielten, Margot sang, am Klavier saß Leo Spies. Im zweiten der höchst erfolgreichen Konzerte, die um achtzehn Uhr dreißig begannen, gab es Berg, Eisler, Webern und Schönberg, im dritten Olivier Messiaen, Alan Bush, Virgil Thomson und Michael Tippett, im vierten lebende Berliner Komponisten: Boris Blacher, Paul Höffer, Konrad Friedrich Noetel und Hans Heinz Tiessen.

An einem dieser Nachmittage sprach der amerikanische Musikoffizier Major John Bitter. Er stellte mich seinem russischen Kollegen Major Sergej Barsky vor. Dieser wiederum hielt einen Vortrag bei den Amerikanern im Zehlendorfer »Haus am Waldsee«. Im Gespräch erwies er sich als hochgebildeter Musiker und künstlerisch auch für vieles Moderne aufgeschlossener Mann. Als ich ihm einmal in der Maison de France begegnete, hatte ich gerade eine Mappe mit Graphik von Picasso gekauft. Er sah sie genau durch und sagte: »Darf ich Sie um eine Gefälligkeit bitten? Kaufen Sie so eine Picasso-Mappe für mich.« Ich erwiderte, er brauche nur nach unten in die Buchhandlung zu gehen, da gebe es genug davon. »Sie müssen verstehen«, sagte er darauf, »daß ich in dieser Uniform das nicht tun kann.« Ich verstand und holte ihm die Mappe, die ich gut einpacken ließ.

Über politische Belastung durch die Hitler-Zeit dachten die Russen, soweit es Künstler betraf, höchst tolerant. Furtwängler war in den westlichen Sektoren und Zonen noch verboten, genau wie Karajan und Keilberth. Aber im Admiralspalast, dem Behelfshaus der Staatsoper, dirigierte er, und das Publikum strömte ihm aus dem ganzen, noch ungeteilten Berlin zu. Auch Keilberth, Dresdener Opernchef seit 1945, trat dort häufig auf. »Ich gehöre zur privilegierten Klasse der klassenlosen Gesellschaft«, sagte er, als wir uns wiedersahen und ich fragte, wie es ihm gehe.

Beide, Furtwängler wie Keilberth, wurden schließlich »entnazifiziert«. Bei dem Kampf um Furtwängler bewährte sich neben Boleslaw Barlog, dem Chef des besten Berliner Schauspiels im Schloßparktheater und leidenschaftlichen Musikfreund, der junge Sergiu Celibidache. Er hatte 1945, kaum der Hochschule entwachsen, die Leitung der Philharmoniker übernommen, als im August Leo Borchard einem tragischen Irrtum zum Opfer gefallen war. Rumäne, in Deutschland erzogen, entwickelte er sich an der großen Aufgabe mit verblüffender Geschwindigkeit zum bedeutenden Dirigenten. Namentlich in der Darstellung französischer und russischer Musik hatte er in Deutschland kaum einen Rivalen. Wenn er immer wieder nach stürmischen Erfolgen seine Tätigkeitsfelder verließ und anderswo von neuem beginnen mußte, so lag das an seinem schwierigen, aggressiven Charakter und der bizarren Unfähigkeit, zwischen seinen Wunschbildern und der Wirklichkeit zu unterscheiden. Um Furtwängler stritt er ebenso mutig wie diplomatisch geschickt bis zum siegreichen Ende. Musik- und Theaterleben waren damals durch viele Freundschaften verbunden. Celibidache stand dem Regisseur Jürgen Fehling und dessen Lebensgefährtin, der Schauspielerin Joana Maria Gorvin, sehr nah. Die beiden Männer hatten kühne Pläne, und eines Tages brachte mir Celibidache die Neuigkeit, die Mailänder Scala habe ihn und Fehling ausersehen, die künstlerische Leitung zu übernehmen und das Theater völlig zu revolutionieren. Es war wohl ein Wunschtraum.

Obwohl die Tätigkeit im Drahtfunk mich fesselte, hatte ich

doch den Wunsch nach musikkritischer Arbeit. Gelegentlich schrieb ich für den französisch lizenzierten »Kurier«, wo Ernst Lewalter und Carl Linfert ein gutes Feuilleton machten. Aber die Musikkritiker-Stellen waren alle besetzt. Bewährte Kollegen wie Erwin Kroll und Kurt Westphal, bis 1948 auch Walter Harth, schrieben für die wichtigsten Blätter.

Bei Gesprächen mit Rufer entstand der Plan, eine Monatsschrift für Musik zu gründen. Im Büro der Philharmoniker arbeitete eine im Werbefach geschickte und unternehmende Frau: Hedwig Knauer-Rittelmayer. Sie war sofort für unser Projekt gewonnen, als wir sie Ende 1946 zu unseren Gesprächen hinzuzogen. Ich erfand den Namen »Stimmen«, der mir in seiner Doppeldeutigkeit den Geist der Musik treffend zu vermitteln schien. Nicolas Nabokov besorgte die amerikanische Lizenz. Wir schrieben an unsere Freunde in vielen Ländern, fanden überall Interesse und Bereitschaft, auch ohne materielle Entschädigung (die Mark galt im Ausland nichts) mitzuarbeiten. So erschien im November 1947 die erste Nummer mit Beiträgen von Arnold Schönberg (»Symphonien aus Volksliedern«), Nabokov (»Strawinsky 1947«), Peter Wakkernagel, Josef Rufer (»Musik denken lernen«), mir (»Maßstäbe«) und aktuellen Berichten von Ernst Krause aus Dresden, Friedrich Luft aus Edinburgh und Edmund J. Pendleton aus Paris. Als weitere Mitarbeiter kündigten wir Boris Blacher, Max Brod (Tel Aviv), Wolfgang von Einsiedel (London), Wilhelm Furtwängler, Alois Hába (Prag), Ernst Krenek (St. Paul), Hans Mersmann, Klaus Pringsheim (Tokio), Hans Rutz (Wien), Hermann Scherchen (Zürich) und Heinz Tiessen an. In den nächsten Nummern gab es Beiträge von Aaron Copland, Pringsheim, Max Brod und Nachdrucke aus Büchern von Adolf Loos und Ferruccio Busoni.

Durch Major Sergej Barsky bekam ich einen Aufsatz des verstorbenen Leningrader Mahler- und Schönberg-Propheten Sollertinsky, den wir gekürzt, von Blacher übersetzt, unter dem Titel »Symphonische Dramen« veröffentlichten.

Im Dezember 1946 hatte mich Hans Wallenberg zu einem Gespräch ins Tempelhofer Ullsteindruckhaus gebeten. Er gehörte zu den Amerikanern, die eine Zeitung mit Redaktionen in München, Frankfurt und Berlin aufmachen wollten. Ob ich Lust hätte, in Berlin das Musikreferat zu übernehmen. Friedrich Luft solle Feuilletonredakteur werden. Ich kannte Luft aus seinen blitzklaren, in einem neuartigen intellektuellen Reportstil geschriebenen Theater- und Filmkritiken, die er sonntäglich für den DIAS sprach. Er war mir auch persönlich sympathisch und verkörperte trotz seiner Jugend im Jahrgang 1911 ein Stück altes Berlin. Ich zögerte keinen Moment, Wallenbergs Vorschlag anzunehmen. Die »Neue Zeitung« wurde – und nicht zuletzt durch ihre Berliner Redaktion – zu einem der besten Blätter in deutscher Sprache, die ich je gekannt habe. Im Feuilleton arbeiteten Luft und ich freundschaftlich zusammen. Später kam Will Grohmann als Kunstfachmann zu uns. Es war ihm gelungen, mit seiner Frau, seiner Assistentin Annemie Zilz und seinem ganzen Besitz an Büchern, Graphik und unschätzbar wertvollen Bildern von Klee, Kandinsky und anderen Meistern der deutschen Moderne aus Dresden nach Westberlin zu kommen.

Von März 1947 an schrieb ich fast täglich für diese Zeitung. Berlins musikalisches Angebot war fabelhaft. Keine Woche verging ohne Opernpremiere in Ost oder West. Im Titaniapalast traten Furtwängler mit Menuhin, an Soloabenden Walter Gieseking und Emmy Leisner auf. Mit den Philharmonikern hatte der junge Georg Solti seine große Stunde; aus dem Pianisten war ein Dirigent höchsten Ranges geworden, der nur seine allzu wilde Gestik beruhigen mußte, um die rein musikalische Leistung nicht zu gefährden. Als wichtige Erstaufführung hörte ich in Hamburg »Peter Grimes« von Benjamin Britten, an der Städtischen Oper »Jeanne d'Arc au Bûcher« von Arthur Honegger und Paul Claudel mit Käthe Braun in der Titelrolle.

Im Herbst 1946 lud Wolfgang Steinecke Margot und mich ein, zu den Internationalen Ferienkursen für Neue Musik nach Darmstadt zu kommen. Diese hatten im Sommer eine große Anzahl junger Musiker angelockt, die ihren Nachholbedarf an moderner, von den Nazis unterdrückter Musik bei Dozenten wie Heinrich Strobel und Wolfgang Fortner befriedigen wollten. Ich sagte Steinecke zu, verlangte aber, daß die Wiener Schule mit ihren Hauptvertretern Schönberg, Berg, Webern und Eisler in den Mittelpunkt der Vorlesungen und Aufführungen gestellt würde.

Auch in Berlin gab es Konzertzyklen mit zeitgenössischer Produktion. Fast gleichzeitig präsentierten Ende Mai und Anfang Juni

1947 deutsche und englische Musiktage ein Zuviel an Musik, für die sich nur wenige Hörer fanden. Dabei trat das vom DIAS-RIAS neu gegründete Symphonieorchester unter verschiedenen Dirigenten wirksam in Erscheinung. Neben Brittens »Variationen über ein Thema von Frank Bridge«, William Waltons erster Symphonie und Ralph Vaughan Williams' Tallis-Fantasie hielt sich mit Anstand die Neu-Berliner Kammermusik von Boris Blacher, Heinz Tiessen und Rudolf Wagner-Regeny.

Das Reisen von Berlin in eine der westlichen Besatzungszonen war an Rituale gebunden. Wollte man nach Baden-Baden, so mußte man bei der französischen Militärregierung die Erlaubnis zur Benutzung eines Transportzuges für Soldaten einholen. Margot und ich bekamen sie Ende Juli, rechtzeitig, um im August 1947 zu den Darmstädter Ferienkursen einzutreffen.

Sicher hatten die hessischen Fürsten nicht geahnt, was sich in ihrem barocken Jagdschloß Kranichstein vor den Toren Darmstadts abspielen würde. Jahrhundertelang hörten Rehe und Keiler, Hirsche und Auerhähne keine andere Musik als die Hornquinten der Rotröcke und weidgerechtes Knallen. Nun blickten die Ahnenbilder mit der kecken Unterlippe neben den Mumien der Sechzehnender befremdet auf die bunte Musikantengesellschaft herab, die hier Einzug gehalten hatte. Aus den Fenstern schallten Ganztonleitern, Quartenakkorde und atonale Klänge, auf den Korridoren vermischte sich Debussys »Clair de lune« mit Prokofieffs Marsch aus der »Liebe zu den drei Orangen«, einem klagenden Schönberg-Lied und kanonischen Duetten von Hindemith.

Sechzehn Tage lang wurde in Seminaren, Vorträgen und Konzerten die Gesetzlichkeit moderner Kompositionen beleuchtet. 140 Lernbegierige aus allen deutschen Besatzungszonen, vorwiegend junge Leute, schliefen in spartanischen Betten, nährten sich von Wassersuppen, wuschen sich in einem großen Duschraum, um bei Spezialisten für zeitgenössische Musik Belehrung zu empfangen. Wolfgang Steinecke, ein ideenreicher, wortkarger Mann, lenkte unmerklich den Apparat. Sehr verschiedenartige Individualitäten wirkten auf die Hörer ein: der weltoffene, kluge Wolfgang Fortner und der stille Zwölftonapostel Hermann Heiß als Komponisten, Helmut Roloff und Udo Dammert als Pianisten, Hermann Scherchen und Mathieu Lange als Dirigenten, Margot und Günter

Baum als Sänger, Karl Holl und Hans Mayer als Vortragende, Heinrich Strobel und ich als Kritiker.

Mit Strobel, der nun auch »Melos« wieder herausgab, hatte ich gleich nach der Heimkehr die Verbindung aufgenommen. Er baute an dem französisch lizenzierten Rundfunk in Baden-Baden ein modernes Repertoire auf. Wir und unsere Frauen verstanden uns gut wie ehemals. In der Zerstörung von Vorurteilen als Folgen zwölfjähriger Verdummungspolitik waren wir erfolgreiche Rivalen.

Die gleichzeitig veranstalteten Darmstädter Musiktage lieferten praktische Ergänzung zu so viel Theorie. Carl Orffs »Mond« wirkte neben Bartók, Hindemith, Schönberg und Strawinsky als Rückfall ins Primitive, Boris Blachers »Flut« als stilklarer Versuch, Weills Songoperntypus mit gereinigten Verdi-Mitteln auszubauen. Bartóks und Fortners Violinkonzerte hielten sich die Waage als moderne Virtuosenmusik, jenes von Günter Kehr, dieses von Gerhard Taschner musiziert. Starke Erfolge hatten Schönbergs George-Lieder mit Margot und Roloff und sein fis-Moll-Quartett mit dem Lenzewski-Streichquartett.

Die letzten sechs Tage beherrschte Scherchens dynamische Persönlichkeit. Unermüdlich sprach, kommentierte, probte und dirigierte er. Von Bachs »Kunst der Fuge« bis zu Strawinskys »Geschichte vom Soldaten« und Reihentechnik bei Beethoven reichte der Horizont seiner subjektiven Schilderungen. Ein Orchesterkonzert unter seiner Leitung beschloß und krönte die Tagung. Es begann brüllend mit Rolf Liebermanns zwölftönigem »Furioso«, endete agitatorisch mit Karl Amadeus Hartmanns Ouvertüre »China kämpft« und brachte dazwischen Fortners Violinkonzert und einen Symphoniesatz des 22jährigen Hans Werner Henze.

Scherchen kam mit Gefolge. Er brachte eine Züricher Harfenistin mit, die er als »Fräulein H., meine Frau« vorstellte. Sein Schüler Rolf Liebermann war ein eleganter, gut informierter Schweizer, der für uns alle einen Koffer voll lang entbehrter Dinge wie Schokolade, Kaffee und amerikanische Zigaretten leerte. Mit ihm, Scherchen, den Hartmanns und dem aus München gekommenen Werner Egk gab es viele, oft hitzige Gespräche über Musik und Politik. Scherchen fand uns alle zu formalistisch. Mir hingegen widerstrebte seine hermeneutische Art, Beethoven-Themen mit selbsterfundenen Texten zu verbinden. Seine sozialistische

Inhaltsästhetik konnte ich nur als Produkt des Überdrusses am Formalen, gleichsam als Tolstoische Konsequenz gelten lassen. Neben der Begegnung mit neuen Begabungen wie Hartmann und Henze war mir in Kranichstein der Kontakt mit anderen Ländern am wichtigsten.

Mit »Musical America« und der »Neuen Zürcher Zeitung« hatte ich schon 1946 wieder Verbindung. Ich schrieb ihnen Berichte über Berlins Kulturleben. Die Honorierung erfolgte in Paketen mit Lebensmitteln. Sie waren wichtiger als Geld, dessen Kaufkraft minimal war, soweit nicht rationierte Waren gebraucht wurden.

Im Kulturbund, Jägerstraße, hatte ich durch die Veranstaltung der Konzerte mit moderner Musik viel Sympathie gefunden. Hier traf ich nach langen Jahren Erich Weinert wieder, den alten Kameraden aus der Magdeburger »Kugel«. Er war inzwischen eine Art Klassiker der kommunistischen Kampflyrik geworden und machte mich mit Johannes R. Becher, dem einstigen »Verfall und Triumph«-Dichter und späteren Kulturminister des ostdeutschen Staates, bekannt. Auch Klaus Gysi, Herausgeber der kulturpolitischen Wochenschrift »Aufbau«, verkehrte und aß im Club. Ich lernte ihn durch Herbert Jhering kennen und schrieb auf seinen Wunsch zwei Aufsätze für ihn über die Verfolgung der »kulturbolschewistischen« Musik durch die Nazis.

Weinert forderte mich auf, Mitglied des Kulturbundes zu werden. Ich lehnte es ab, weil die politischen Tendenzen des Bundes immer deutlicher wurden. Bald verging kaum ein Tag, ohne daß Gysi oder Becher oder der grimmige Alexander Abusch mich für die Mitgliedschaft zu gewinnen versuchten. Wenn ich schon dem Club angehöre und dort esse, könnte ich doch auch Mitglied des Bundes werden.

Inzwischen hatten die Amerikaner in der Zehlendorfer Goethestraße ebenfalls einen Club für Künstler und Intellektuelle geschaffen, in dessen Räumen und dessen geistiger Atmosphäre ich mich wohler fühlte als in der Jägerstraße. Allmählich teilten sich die Lager. Nach einer sehr offenen Diskussion im Kulturbund, bei der ein brillanter amerikanischer Journalist, Melvin J. Lasky, sich unbeliebt auf der östlichen Seite machte, mieden die Amerikaner die Jägerstraße und die Russen westliche Kulturzentren.

In einer der Kantinen, wo die Angestellten amerikanisch lizenzierter Kunstbetriebe aßen, traf ich im Frühjahr 1947 Walter Felsenstein, der damals Regisseur des Hebbel-Theaters war. Er erzählte mir von dem Ostberliner Angebot, im Metropoltheater eine Art Opéra Comique zu gründen und zu leiten, und bat um meinen Rat. Ich antwortete, das hinge allein von den künstlerischen Bedingungen ab, unter denen er arbeiten könne. Drei Wochen später meldeten die Zeitungen, Felsenstein sei berufen worden. Die klugen russischen Kulturoffiziere, Barsky, Tulpanow und Dymschitz, hatten den richtigen Mann gefunden, um dem erstarkenden westlichen Theater- und Musikleben Paroli zu bieten. Die Eröffnung der Komischen Oper in der Behrensstraße am 28. Dezember 1947 mit der »Fledermaus« war ein Sieg des heiteren Realismus, dem Felsenstein in seinen besten Inszenierungen Ausdruck gab. Sein Erfolg wuchs, wann immer er selbst Regie führte. Auch die traditionelleren Operettenkünste, die Artur Maria Rabenalt und Theo Mackeben auf einer anderen Ostberliner Musikbühne in Lehárs »Lustiger Witwe« sehr erfolgreich boten, konnten Felsenstein nichts anhaben. Offenbachs »Orpheus in der Unterwelt« mit Sonja Schöner und Aribert Wäscher im August 1948 zeigte seinen Stil in ästhetisch-technischer Vollendung.

In der ganzen sowjetischen Besatzungszone spürte man die Tendenz, künstlerisch die Zügel zu lockern. Aus Leipzig kam an Margot und mich die Einladung des Oberbürgermeisters, bei einer Veranstaltung »Tage Neuer Musik« mitzuarbeiten. Vom 11. bis 21. November sollte da ein Programm abgewickelt werden, dessen Organisatoren offenbar von den Beschlüssen des Zentralkomitees der russischen kommunistischen Partei im Februar 1948 und seinen Verdammungen aller westlich-formalistischen Musik noch nicht Notiz nahmen. Wir sagten zu, bei einer »Ratsmusik« am Spätnachmittag des 20. November mitzuwirken, die Schönberg gewidmet war. Der Leipziger Generalmusikdirektor Paul Schmitz dirigierte die erste Kammersymphonie, Margot sang, mit Klaus Billing am Klavier, die Stefan-George-Lieder op. 15, dann sprach ich zwanzig Minuten lang über Schönberg, und schließlich wurde die Kammersymphonie wiederholt. Der Erfolg im überfüllten Rathaussaal war überwältigend.

Mittlerweile suchten die Amerikaner Verbindungen zwischen

Geselligkeit und Kunst. Für die Berliner Kulturaufgaben schickten sie Männer, die mit dem deutschen Geistesleben von früher her vertraut waren wie Benno Frank als Theaterspezialist und Walter Hinrichsen als Musikverleger. Sein Vater, Geheimrat Henri Hinrichsen, hatte in Leipzig den Verlag Peters zu einem der führenden der Welt ausgebaut und auch Werke von Mahler und Schönberg verlegt, Walter in England und New York die Haustradition fortgesetzt. Er und seine Frau Evelyn erwiesen sich als barmherzige Samariter von einzigartiger Hilfsbereitschaft und Herzensgüte. Ihr Haus in der Dahlemer Fabeckstraße wurde bald Treffpunkt vieler Musiker und Musikfreunde. Im Herbst 1947 kam John Evarts, der in München seit 1945 in gleicher Funktion gearbeitet hatte. Hinrichsens mußten allzu früh nach Amerika zurück; Evarts blieb bis 1950. Er hatte vor der Nazizeit in Deutschland studiert, war am kalifornischen Black Mountain College in Verbindung mit Schönbergs Freund Heinrich Jalowetz und mit Krenek gewesen und wurde in Berlin neben den Hinrichsens der aktivste Musikerfreund. Durch die beiden lernten wir viele amerikanische Intellektuelle und Musiker kennen, darunter den Cembalisten und Domenico-Scarlatti-Forscher Ralph Kirkpatrick, den Dramatiker Thornton Wilder und den Lyriker Wystan Hugh Auden.

Für besondere gesellschaftlich-kulturelle Aufgaben wurden Frauen gewonnen. Die erfolgreichste war Beryl McClaskey. In ihrem Dahlemer Haus trafen sich Deutsche und Amerikaner aller Kultursparten, darunter der Regierende Bürgermeister Ernst Reuter, der gern Streitgespräche mit Friedrich Luft und mir über unsere letzten Kritiken führte und dabei eine enzyklopädische Bildung zeigte. Eines Nachmittags fragte mich Beryl McClaskey, ob man nicht eine Gesellschaft gründen könne, die sich der Förderung junger Musiker widmen sollte. Wir setzten uns mit John Bitter, Evarts, Josef Rufer, Gerhard Puchelt und Celibidache zusammen und entwarfen Statuten für die »Dahlemer Musikgesellschaft«. Die Mitglieder mußten Beiträge zahlen, die Deutschen in Mark, die Amerikaner in Dollar, Menuhin wurde für wohltätige Konzerte gewonnen. Wir vergaben Stipendien und Geldhilfen, kauften im Ausland Musikinstrumente und veranstalteten Aufführungen, bei denen junge Musiker vorgestellt wurden. Anfang Januar 1948 trat in der Dahlemer Gertraudenschule vor einem kleinen Hörerkreis ein junger aus der Kriegsgefangenschaft heimgekehrter Bariton auf und sang Lieder von Schumann und Hugo Wolf. Es war Dietrich Fischer-Dieskau. Mit den Besprechungen dieses Debuts begann sein Ruhm. Wir alle waren wie elektrisiert von seiner eminenten Kunst. Die »Dahlemer Musikgesellschaft« machte mich zu ihrem »Chairman«. Durch sie konnte ich manche Hürden überwinden, die noch immer zwischen deutschen Musikern und der amerikanischen Militärregierung bestanden. Noch war es schwierig, von Berlin in die westlichen Zonen und zurück zu reisen. Man brauchte Permits und Travel Orders, die es nicht ohne Zeitverlust gab.

Im Mai kam Otto Klemperer. Er war an der Budapester Oper und hatte die Einladung der Philharmoniker angenommen, im Titaniapalast zu dirigieren. Bei der ersten Probe erschien der riesige Mann in ungarischen Wasserstiefeln aus Gummi. Einige Musiker lächelten bei seinem Anblick. Aber kaum hatte er die Rechte erhoben und den Auftakt zu Mozarts »Prager Symphonie« gegeben, waren alle unter seinem Bann. Mahlers vierte Symphonie ergänzte sein Programm. Er musizierte sie mit seiner unvergleichlichen Mischung von gläubigem Ernst und analytischer Heiterkeit. Auch seine alte Selbstironie hatte er sich bewahrt. »Wundern Sie sich nicht darüber, wie ich aussehe«, meinte er bei unserer ersten Begegnung in einem amerikanischen Haus, »ich hatte einen Gehirntumor. Die dummen amerikanischen Ärzte haben mich operiert. Das Gehirn haben sie rausgenommen, den Tumor dringelassen.«

Berlin veranstaltete wieder Musiktage mit zeitgenössischen deutschen Werken. Von dem viel zu opulenten Schmaus gefiel mir am besten das erste Klavierkonzert von Boris Blacher, das seine Frau Gerty Herzog mit Bravour zu Klang und Rhythmus brachte. Wir befreundeten uns rasch mit den beiden. Blacher war eine starke Persönlichkeit, gutmütig und sensitiv hinter einer zynischen, ironischen Außenseite, als Komponist von virtuoser Sicherheit in allen Satztechniken, dazu Pädagoge von Rang.

Die doppelte Tätigkeit für den RIAS und als Kritiker mußte ich zugunsten der Zeitung aufgeben. Schon 1946 hatte mich im Funk eine verhungert aussehende Pianistin im schwarzen Trainingsanzug besucht, die aus dem böhmischen Konzentrationslager Theresienstadt entlassen worden war. Sie hieß Elsa Schiller und hatte als

Jüdin die Lagerhaft überlebt, indem sie für die Mitgefangenen Konzerte spielte und organisierte. Ich gab ihr sofort regelmäßig zu tun. In Gesprächen erkannte ich ihre überragende Klugheit und Phantasie. Bald konnten wir sie für Planungen und besondere Aufgaben einsetzen. Sie verwirklichte den Gedanken, ein Orchester für den RIAS zu gründen, das bald Zulauf vorzüglicher Ostberliner Musiker hatte. Als ich den RIAS verließ, empfahl ich sie als Nachfolgerin und später als Leiterin der Hauptabteilung Musik. Sie bewährte sich über alle Erwartung und wurde durch die Verbindung mit der Deutschen Grammophon Gesellschaft zu einer der wichtigsten Kräfte im Aufbau des Westberliner, später des bundesdeutschen Musiklebens.

Im Juni 1948 fuhr ich nach Amsterdam zum Fest der Internationalen Gesellschaft für Neue Musik. Neben zahlreichen Begegnungen mit alten Freunden wie Alois Hába, dem Bassisten Hermann Schey und dem Cellisten Maurits Frank brachte es künstlerische Eindrücke wie die zweite Symphonie von Roger Sessions, die Sonate für zwei Klaviere von Hans Henkemans und die Sinfonietta von Walter Piston, die ein noch unbekannter Amerikaner im Scheveninger Kursaal bravourös und mit einer erstaunlichen Rhythmik des Körpergefühls dirigierte: Leonard Bernstein.

Strobel und ich setzten gegen mancherlei politische Widerstände die Aufnahme der deutschen Sektion durch; die Annahme erfolgte einstimmig bei Stimmenthaltung der Polen und Tschechen.

In Berlin fand ich schlechte Nachrichten von meiner Mutter. Ich beeilte mich, ein Permit für die Reise nach Bremen zu bekommen. In dem kleinen Haus meiner Eltern waren vierzehn Menschen untergebracht, weil Wohnraum rationiert war. Unter den Mietern war auch die langjährige Pflegerin meines 1941 gestorbenen Vaters, die sich nun um meine Mutter kümmerte. Diese lag sterbend in einem winzigen Zimmer. Als Offizierswitwe völlig ohne Geld (bis ich ihr helfen konnte), hatte sie sich durch Klavierspiel in einem amerikanischen Offizierskasino wenigstens gutes Essen erarbeiten können. Der Blüthner-Flügel im halbverbrannten Salon war unbrauchbar geworden. Das Musizieren, einst ihr Lebensinhalt, hörte auf. Sie lebte in der Erinnerung, sah Familienphotos an, las in Briefen meines 1945 gefallenen Bruders und meines Vaters. Am 14. Juli 1948 erlosch die zarte Lebensflamme.

Aus Zürich schrieb Martin Hürlimann, den ich beim Amsterdamer Fest getroffen hatte. Er wollte für die Musikbücherei seines Atlantis-Verlages eine kurze Biographie Arnold Schönbergs. Auf Anraten Karl Wörners bitte er mich, sie zu schreiben. Das kam meinen Wünschen entgegen. Ich hatte schon lange Material über Schönberg gesammelt und ging bald an die Arbeit. Mit dem Meister war ich seit 1947 wieder in brieflichem Kontakt. Er begrüßte Hürlimanns und meinen Entschluß, korrigierte eine kleine Zeittafel, die ich ihm schickte, und half mir mit Büchern und Dokumenten. Auch als ich ihn 1949 in Los Angeles wiedersah, gab er mir wichtige Hinweise für das Buch. Es war im Oktober 1949 abgeschlossen, fand Hürlimanns Zustimmung, konnte aber erst 1951 gedruckt werden. Die ersten Exemplare bekam ich im Juli. Ich schickte sofort eins mit einer Widmung an Schönberg, der seit Monaten schwerkrank zu Bett lag. Es erreichte ihn am 14. Juli, dem Morgen nach seinem Tod!

Trotz der sehr günstigen Urteile meiner Freunde und einigen glänzenden Rezensionen befriedigte mich das nur 128 Seiten starke Bändchen nicht. Als die erste Auflage vergriffen war, erweiterte ich es 1957 um fünfzig Seiten, berichtigte einige Fehler und fügte neues biographisches und analytisches Material hinzu.

In Berlin gab es 1948 Veränderungen des Musik- und Theaterlebens. Die Intendanz Michael Bohnens in der Städtischen Oper war nur eine Zwischenlösung. Ich hatte Heinz Tietjen, der auf seine Entnazifizierung wartete, mehrmals besucht. Er hauste mit seiner viel jüngeren Frau, einer ehemaligen Tänzerin, sehr bescheiden in einer möblierten Wohnung in der Joachimsthaler Straße und hatte Ideen für die Aufgaben, die ihn erwarteten. Im August wurde er von der englischen Besatzungsmacht zum Leiter der Städtischen Oper berufen. Sein Nimbus als großer Theatermann war geblieben. Sänger, Dirigenten und Regisseure vertrauten ihm. Seine besonderen Mittel, mit Menschen und politischen Verhältnissen fertig zu werden, stammten aus der Kinderstube des Diplomatensohns. Nun verkündete er ein vorsichtiges Programm, in dem auch alte Pläne wie Mozarts »Così«, Wagners »Tannhäuser«, Hindemiths »Cardillac« und Frank Martins »Le Vin Herbé« figurierten. Darüber hinaus versprach er als Uraufführung Werner Egks »Circe«, als neue Inszenierungen »Die Flut« und das Ballett

»Harlekinade« von Blacher. 67jährig war Tietjen, bewährt als Dirigent wie als Regisseur, einer der gewiegtesten Praktiker auf seinem Gebiet. Das schwankende Schiff der Charlottenburger Oper wollte er flott machen. »Man hat einen Kapitän gesucht und einen Admiral gefunden«, schrieb ich in der »Neuen Zeitung«.

Am 21. Juni war durch die Währungsreform die deutsche Wirtschaft wieder auf eine feste Basis gestellt worden. Theater und Musik wurden allmählich dem internationalen Geldkreislauf angeschlossen.

Tietjen hatte die große Chance, seine Intendanz mit einem Budget zu beginnen, das auf einer städtischen Subvention in guter Währung ruhte. Zusammen mit seinem Namen ermutigte diese Situation viele Künstler, die noch überwiegend in der Ostberliner Staatsoper mitgearbeitet hatten, zu ihm zu kommen. Er sicherte sich Fischer-Dieskau sofort nach dessen Debut als Liedersänger. Und er verpflichtete den 34jährigen Ferenc Fricsay, der in Salzburg bei der Uraufführung von Gottfried von Einems Oper »Dantons Tod« für Klemperer eingesprungen war und einen sensationellen Erfolg errungen hatte. So wurde im November die Premiere von Verdis »Don Carlos« mit Josef Greindl als König Philipp, Josef Herrmann als Großinquisitor, Fischer-Dieskau als Posa und Fricsay am Pult zu einem mächtigen Erfolg.

Im September rief mich ein Unbekannter an, Lászlo von Szalay, Dozent der Technischen Hochschule. Die Zeit des wieder erstarkenden akademischen Lebens hatte begonnen. Gegen die Ostberliner Humboldt-Universität, die unter russischem Einfluß stand, war in Dahlem die Freie Universität gegründet worden. Einer ihrer Gründer, der Kunsthistoriker und ehemalige Reichskunstwart Edwin Redslob, hatte mich gefragt, ob ich Interesse an Vorlesungen hätte. Ich verneinte. Nun stellte sich Szalay am Telefon als Beauftragter eines Komitees vor, das mit dem Aufbau einer neuen Fakultät befaßt war. Man wollte mich für das musikalische Gebiet gewinnen. Ich erwiderte ihm, daß ich dafür die Voraussetzungen nicht hätte. Meine Ausbildung sei eine praktisch-musikalische gewesen. Und ich nannte drei Männer, die in Berlin lebten und dafür geeigneter seien: Kurt Westphal, Georg Kinsky und Peter Wackernagel. Szalay bedauerte meine Weigerung, von der er sein Komitee informieren werde.

Nach einer Woche rief er wieder an. Meine Argumente hätten seine Kollegen nicht überzeugt. Er bitte mich zu einer Unterredung in der Hochschule. Sie fand am 24. September bei Professor Paul Riebensahm statt, der den Lehrstuhl für Werkstofftechnik innehatte. Beide Herren drangen in mich, die Aufgabe zu übernehmen. Ich zögerte, folgte aber schließlich ihrer Bitte, am 2. Oktober vormittags einen Vortrag in der Hochschule zu halten, dessen Hörer nur Professoren unter Führung des Rektors sein würden. Ich sprach über »Musik im technischen Zeitalter«. Man war zufrieden, der Rektor gratulierte mir und sagte, ich würde nach der nächsten Senatssitzung weitere Nachrichten bekommen. Im Dezember telefonierte Riebensahm, er und Szalay wollten ausführlich mit mir sprechen. Ich lud sie zum Essen in den Goetheclub, und sie eröffneten mir, man rechne fest auf meine Mitarbeit in der Humanistischen Fakultät, durch die übrigens die Hochschule zur Universität befördert werden sollte.

Noch immer hatte ich Bedenken. Aber ich schlug vor, probeweise ein paar Wochen lang Vorlesungen zu halten; danach sollten sie und ich entscheiden.

Die Vorlesungen begannen im Januar 1949. Ich sprach über Richard Strauss und hatte einen für mich völlig überraschenden Zulauf. Da ich freies Sprechen nicht gewohnt war, arbeitete ich das Manuskript jeder Vorlesung genau aus. Ich brachte Musikbeispiele am Klavier und auf Schallplatte. Szalay war in jeder Vorlesung, und auch andere Professoren saßen im Hörsaal. Einige musikalisch geschulte Studenten fragten mich um Rat. Der Kontakt mit den jungen Menschen machte mir Freude. Dennoch zögerte ich, mich fest an die Lehrtätigkeit zu binden. In diesen Zustand der Unsicherheit kam eine Nachricht, die mich zwang, die Entscheidung aufzuschieben. John Evarts teilte mir mit, das State Department lade mich zu einer Studienreise in die Vereinigten Staaten ein. Zwei bis drei Monate sollte ich herumreisen, die musikalischen Einrichtungen studieren, Gespräche mit Musikern und Universitätslehrern führen. Ich stünde auf der Liste von Vertretern des deutschen Musiklebens als Nummer Eins.

Ich nahm die Einladung an, bat aber, die Reise auf zwei Monate zu beschränken.

Am 25. Februar ging ich in Bremerhaven an Bord der »George

W. Goethals«, eines 10 000-Tonnen-Dampfers für Angehörige amerikanischer Soldaten. Nach einer Woche recht windiger Fahrt sah man die Silhouette von New York im Dunst des frühen Morgens. Wir landeten am Pier 11, eine Blaskapelle spielte, der Immigration Officer sah die Papiere durch, der Zollbeamte betastete nachsichtig das Gepäck. Auf der Manhattan-Fähre riß mir ein scharfer, kalter Wind den Hut vom Kopf. Links winkte in hellgrünem Patinaglanz die »Old Lady«, das Freiheitsmädchen, und in dem seidenblauen Himmel wuchsen die gelben, weißen und grauen Türme, Kathedralen aus Glas, Stahl und Beton. Ich begann die Stockwerke zu zählen: 20, 30, 40, bis mein Auge ermüdete. In dem kleinen Hotel Embassy warteten Irene und Max Nethe. Wer mit dem alten mitteleuropäischen Musikleben von vor 1933 verbunden war, hatte in New York mehr Freunde und Bekannte als in Berlin. Es war des Telefonierens, Sichwiedersehens, Umarmens und Freuens kein Ende. Amerika hatte die Menschen alle geprägt und umgeformt. Sie bewegten sich leicht, waren nonchalanter, in einem schwer definierbaren Sinne jünger geworden. Die kleine Kreolin mit dem kirschroten Mantel, die im Drugstore Grapefruit frühstückte, der würdige alte Chinese auf der Fifth Avenue, der Busschaffner mit dem abgetragenen Jackett der US Navy, der freundliche Kölner Manager in Peterson's Tabakladen – sie waren allesamt dieser Metamorphose unterworfen und dennoch Individualisten mit dem starken Sinn für Freiheit und Menschenwürde, der auch ihre kleinen nationalen Eigentümlichkeiten konservierte. In der Taverne der Carnegie Hall, wo nach dem Konzert von Bruno Walter die Musiker Bratwurst und Sauerkraut aßen, bedienten dicke Kellner aus München oder Leipzig, die noch immer nicht recht Englisch konnten. Da traf man Alfred Polgar, den eleganten Rudolf Bing aus Edinburg, Fritz Stiedry und Erika Wagner, die soeben Schönbergs »Pierrot Lunaire« aufgeführt hatten.

Kurz hintereinander hörte ich Sergej Kussewitzky mit seinen Bostoner Symphonikern und Leopold Stokowski mit dem Philadelphia Orchestra. In seinem Konzert saß, ernst und unnahbar, Dimitrij Schostakowitsch.

Von den 300 Symphonieorchestern der Vereinigten Staaten standen die meisten unter der Leitung von Dirigenten, die aus Berlin, Wien, Prag, Budapest, Paris oder Mailand emigriert waren.

Am Pult der Metropolitan Opera standen in dieser Saison drei Fritze: Stiedry, Busch und Reiner. Den Beethoven-Zyklus der New York Philharmonic-Symphony leitete Walter. In Cleveland war George Szell, in Buffalo Hans W. (jetzt William) Steinberg. Artur Schnabel und Eduard Steuermann lebten in New York, Olga Forrai, Herbert Janssen, Charles Kullmann, Gerhard Pechner, Hermann Grab, Richard Mohaupt, Karol Rathaus, Stefan Wolpe – man kann sie nicht alle aufzählen.

Es waren die letzten Wochen der »Met«, bevor sie auf Reisen ging. Das mittlerweile abgerissene Haus, würdig und ernst mit Samt und Goldstuck, war schon zu Carusos Zeiten nicht mehr neu. Nicht so riesenhaft, wie man sich's vorstellte, faßte es mit seinen 3480 Plätzen immerhin doppelt so viele Hörer wie unser Theaterdurchschnitt. Das Tagesgespräch war »Salome« mit Ljuba Welitsch. Ich wurde in die ausverkaufte Vorstellung eingeschmuggelt, bewunderte die rothaarige Primadonna mit den starken erotischen Akzenten, der sehr leicht geführten Stimme, dem fast soubrettenhaften Vortrag und den verschleierten Zwischentönen nach dem Kuß auf das blutende Haupt Jochanaans. Mit Herbert Janssen als Prophet, Kerstin Thorborg als Herodias, Fritz Reiner am Pult, in Herbert Grafs Inszenierung war es ein starker, etwas überwürzter Gesamteindruck. Wie in allen deutschen, französischen und italienischen Opern hier wurde in der Originalsprache gesungen.

»In der Oper Verdi oder Wagner – zum Dinner Schraffts« – diese Reklame eines beliebten Restaurants beleuchtet den konservativen Geschmack und den genießerischen Anspruch des New Yorker Opernpublikums. Die »Met« hatte einen musealen Charakter, im guten wie im schlechten Sinne. Sie war ein Star-Theater, konnte ihr Publikum nur mit einer Ansammlung des Exquisiten befriedigen. Die Musikstudenten, die im 3. Rang an erleuchteten Pulten Partituren mitlasen (eine neue, durch Stiftungen ermöglichte Einrichtung), werden vielleicht einmal die Idee der Oper weitertragen. Schon meldeten sich neue Kräfte an den Universitäten, die eigene Operntruppen aufbauen wollten.

In Amerika gibt es ungeheuer viel begabte Jugend. Es herrscht ein großes Angebot schöner Stimmen, guter junger Darsteller. Aber nur ein Bruchteil findet Unterkunft in der »Met« und den

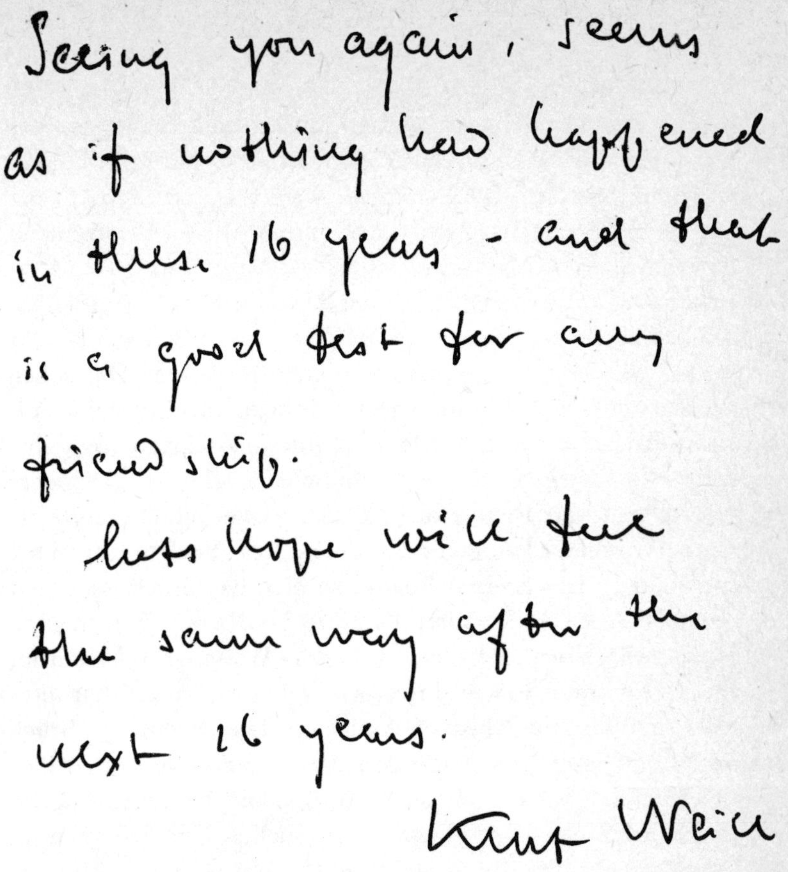
Seeing you again, seems as if nothing had happened in these 16 years – and that is a good test for any friendship.
Lets hope will feel the same way after the next 16 years.
Kurt Weill

anderen wenigen Opern des Landes. In Deutschland, Österreich und Italien brauchte man Stimmen wie das liebe Brot.

In der 55. Straße begann die City Center Opera als Rivalin der »Met« ihre Arbeit. Ein Ungar, Laszlo Halasz, baute ein Repertoire mit Verdi, Mozart, Puccini und anderen gängigen Stücken auf. Die beste Opernaufführung, die ich überhaupt bei diesem ersten Besuch in Amerika sah, brachte Gian-Carlo Menottis »The Medium«. Das kurze Stück war mit »The Old Maiden and the Thief«, ebenfalls von Menotti, kombiniert. Musikalisch von mittlerer Substanz, bezeugen die Werke glänzenden Theatersinn; ihre Wiedergabe im Geist des Broadway-Theaters überzeugte.

Im Café Rumpelmayer am Central Park traf ich Kurt Weill und

Lotte Lenya. Friedrich Luft, Ita Maximowna und O. E. Hasse, die mittlerweile auch nach New York gekommen waren, saßen mit uns zusammen, und wir fanden Gefallen aneinander. »Alle avantgardistischen Versuche der amerikanischen Bühnen sind vom Broadway aufgenommen und weitergeführt worden«, erklärte Weill. Und er sprach von der modernen Opernform, die er zusammen mit Elmer Rice in »Street Scene« versucht hatte. Nun wollte er Deutschland wiedersehen.

Weills hatten am 21. März 1933 per Auto Deutschland verlassen und gingen zuerst nach Paris, wo in Zusammenarbeit mit Brecht das durch Monolog und Gesang kommentierte Ballett »Die sieben Todsünden« entstand und im Théâtre des Champs Elysées uraufgeführt wurde. Neben der »Kleinen Sinfonie« schrieb Weill eine Operette und Gelegenheitsstücke für Schauspiele. 1935 erreichte ihn der Auftrag Max Reinhardts, Musik zu einer biblischen Revue von Franz Werfel zu komponieren, die in New York uraufgeführt werden sollte. »The Eternal Road«, so hieß das Stück, kam erst 1937 heraus. Aber Weills waren längst in New York. Neben alten Freunden wie Brecht, Eisler, Theodor Wiesengrund-Adorno, George Grosz und Erwin Piscator fanden sie neue, darunter George Gershwin und Maxwell Anderson. Dieser hatte ein Stück aus der Gründerzeit New Yorks geschrieben, »Knickerbocker Holiday«. Weill schrieb die Musik dazu, und die Uraufführung im September 1938 wurde zu einem sensationellen Erfolg. Er wurde 1941 noch übertroffen durch »Lady in the Dark«, ein psychoanalytisches Musical, zu dem Gershwins Bruder Ira die Gesangstexte geschrieben hatte.

Weills Tonsprache hatte sich amerikanisiert. Er wollte das Publikum ansprechen. Mit »One touch of Venus« 1943 und »Street Scene«, einer »Broadway-Opera«, 1947 war das Ziel erreicht. Das »Icecream«-Sextett war ein Schlager. Unter Gershwins Einfluß träumte Weill davon, eine amerikanische Volksoper wie »Porgy and Bess« zu schaffen. Auf dem Weg dahin entstand die ursprünglich für den Rundfunk geschriebene Schuloper »Down in the Valley« unter Verwendung amerikanischer Volkslieder.

Das letzte große Werk, das Weill vollendete, war »Lost in the Stars«, eine musikalische Tragödie von Maxwell Anderson, die im Oktober 1949 am Broadway uraufgeführt wurde.

Seine Schaffenskraft war in diesen Jahren enorm. Sie brachte ihm Ruhm und Reichtum. Aber der Körper war überanstrengt. 1950, gerade fünfzig Jahre alt, starb Weill an einem Herzschlag.

Olga Forrai und Frank Demant gaben eine große Party, wo ich Freunde wiedersah. Ich hatte ein Souvenirbuch gekauft, in das sich alle eintrugen. Stiedry begann, Edgard Varèse, Elliot Carter, Met-Intendant Edward Johnson und Eduard Steuermann folgten.

Nach vierzehn Tagen ging die Reise weiter; noch lebten wir im Zeitalter der Eisenbahn. Bequeme Pullmanzüge trugen mich nach Boston, wo ich in der Harvard-Universität Walter Piston traf, und nach Chicago. Dann saß ich im »California Zephyr«, der mich drei Tage lang an Schluchten, Wildbächen, Schneegipfeln und Kiefernwäldern der Sierra Nevada vorbeitrug. Aus der Einsamkeit der Berge wurden Rudel von Rehen aufgeschreckt, die einzigen Lebewesen weit und breit. In den Rocky Mountains gab es Felsen, die der Phantasie des Hieronymus Bosch entstammen könnten: gewaltige Pyramiden, groteske Fratzen in Domgröße, Rokokotische aus Sandstein, geschweifte chinesische Vasen, die auf einer Kante balancieren. Ich sah endlose Strecken versandeter Wüste, Salzflächen von der Größe der Mark Brandenburg, Lavabildungen wie die Haut eines Übermammuts, Berge, die geschichtet waren wie eine Doboschtorte.

In meiner Roomette, einem Abteil, das der schwarze Schaffner abends in ein Schlafcoupé umbaute, war ich bald heimisch. Am 2. April hielten wir in Berkeley. Auf dem Bahnsteig stand Roger Sessions, der alte Freund aus Berliner Tagen. Ich besuchte die Universität, wo er und der Berliner Musikwissenschaftler Manfred Bukofzer lehrten. Wir machten Ausflüge nach San Francisco. Keine nordamerikanische Stadt kann sich an vielseitiger Schönheit mit ihr vergleichen, die auf steilen Hügeln zwischen Küste und Bucht ihre breiten Avenuen zieht, mit zwei Weltwundern von Brücken, eine über das Goldene Tor, die andere, zwölf Kilometer lang, zu den Schwesterstädten Berkeley und Oakland. International wie die Stadt ist auch ihr Kunst- und Musikleben. San Francisco hatte eines der modernsten Museen und zeigte gerade eine Gesamtschau der Bilder von Paul Klee. Gleich neben dem Museum steht die Oper. Hier probte der 74jährige Pierre Monteux mit dem Symphonieorchester für einen Beethoven-Zyklus.

Am nächsten Tag Besuch bei Darius Milhaud in dem paradiesisch gelegenen Mill's College, einem berühmten Mädcheninternat der Westküste zu Oakland. Er hatte die richtige Lebenseinteilung gefunden: ein Jahr hier, das andere am Conservatoire in Paris. Auf seinem Schreibtisch lag das Manuskript der Streichquartette Nr. 14 und 15, die zuerst getrennt und dann als Oktett zusammen gespielt werden sollen. Milhauds baten mich zum Lunch. Frau Madeleine unterrichtete in der Theaterabteilung des College, der achtzehnjährige Sohn Daniel, ein begabter Maler, war gerade aus Italien zurück.

Nach fünf Tagen ging die Reise weiter nach Los Angeles. Ich hatte mich bei mehreren Freunden und Bekannten schon aus New York brieflich angemeldet. Arnold Schönberg antwortete in seiner impulsiven Art: »Das ist eine kolossale Überraschung, daß Sie in New York sind. Warum schreiben Sie mir nicht? Ist Ihre Frau mit Ihnen? Ich nehme dabei immer an, daß Sie derselbe Stuckenschmidt sind und nicht jemand anderer des gleichen Namens, der bei mir in meinen Klassen gewesen ist und bei uns immer so viel verkehrt hat. Wie können Sie zweifeln, daß ich mich sehr freuen werde, Sie zu sehen.« Von Strawinsky kam ein lakonisches Telegramm »delighted to see Stuckenschmidt«. George Antheil schrieb überschwenglich, ich müsse bei ihm wohnen. Er und seine Frau Böschke standen an dem spanischen Hauptbahnhof von Los Angeles und fuhren mich gleich in ihr Haus am Laurel Canyon Boulevard. Die zehn Tage in Los Angeles waren fast so turbulent wie die in New York. In Kalifornien kann man nicht ohne Auto leben; Antheils hatten zwei Wagen, und Esther, ihre schwarze Putzfrau, kam im eigenen Chevrolet vorgefahren. Fußgänger waren bei der Anlage der Riesenstadt vergessen worden. Zur nächsten Bushaltestelle waren es zwei Meilen.

Um Hollywood und Beverly Hills herum hatte sich nach 1933 viel europäische Intelligenz angesiedelt. Thomas Mann, den ich durch seinen Schwager und Hausgast Klaus Pringsheim kannte, stand kurz vor der Abreise nach Europa, als ich bei ihm zum Lunch geladen wurde. Sonnabend, 9. April, 13 Uhr San Remo Drive, steht in meinem Taschenkalender, und auf derselben Seite: 15 Uhr N. Rockingham Avenue. Das war Schönbergs Adresse.

Als ich pünktlich zum Essen kam, war Thomas Mann noch

To Stuck

My oldest and close friend, the first person after my teachers to give me real encouragement, the first to give me public recognition; but whose greatest meaning in my life has been to stick through thick and thin, to forgive when forgiveness was not easy, to understand when understanding demanded great character —

in heartfelt devotion over a lifetime from his friend and sincerest admirer

George Antheil
April 9, 1949

To the most pleasant houseguest and friend from

Boske Antheil

nicht zu Hause. Er machte jeden Vormittag nach dem Schreiben einen Spaziergang. Pringsheim und seine Zwillingsschwester Katja empfingen mich. Nach ein paar Minuten erschien der Hausherr, begrüßte mich und verschwand gleich wieder. Dann kam er zurück, spitzbübisch lächelnd, in der Hand eine Flasche elsässischen Weins. Pringsheim hatte ihm erzählt, daß ich in Straßburg geboren bin. Zum Essen kam auch Erika. Unser Gespräch berührte viele Themen. Beim Dessert kam es zum Streit zwischen Katja und dem Dichter. Sie hatte in den »Wahlverwandtschaften« gelesen und fand das Buch miserabel. Thomas Mann verwahrte sich energisch gegen solchen Tadel; er verteidigte die Schilderung des adligen Milieus und rühmte die Figur des Mittlers. Je mehr er Goethe lobte, desto schärfer rügte seine Frau den Roman.

Ich fragte, ob er nach Deutschland kommen werde. »Würden Sie es mir raten oder abraten?« war seine Gegenfrage; es gebe doch wohl noch viele unbelehrbare Nazis. Ich erwiderte, die führenden Intellektuellen seien ausnahmslos Demokraten oder Kommunisten; Nazis hätte ich in meinen Berliner Kreisen nicht getroffen, und die Praxis der Entnazifizierung werde sehr ernst genommen. Wenn er nach Deutschland käme, so würde er von allen begeistert aufgenommen werden.

Hier mischte sich Erika ein. »Du wirst nicht nach Deutschland gehen, Vater. Das ist und bleibt ein Naziland, wo du nichts zu suchen hast. Wenn überhaupt, dann nur in der russisch besetzten Zone.«

Er wollte wissen, wie das Kulturleben sei. Ich schilderte ihm, was ich wußte, und nannte auch die Darmstädter Kurse mit so talentierten Komponisten wie Hartmann, Fortner, Henze und Klebe. »In der Musik wird Deutschland wohl immer wieder schöpferische Kräfte entwickeln«, meinte er.

Nun kam die Rede auf Schönberg und sein Zerwürfnis mit Mann. »Werden Sie ihn sehen?« fragte er. Ich erwiderte, daß ich gleich anschließend zum Kaffee dort eingeladen sei. »Bitte sagen Sie ihm nicht, daß Sie von mir kommen«, riet er mir. »Er würde es Ihnen übelnehmen.« Mann wirkte körperlich sehr frisch und zufrieden in seinem kalifornischen Paradies. Nur das ermüdende Klima und den Jodmangel im Wasser nannte er lästig.

Kurz vor drei Uhr fuhr mich Erika nach Brentwood Park, wo Schönberg wohnte. Aber sie ließ den Wagen vor der Einfahrt an der Straße stehen, um nicht erkannt zu werden.

Schönbergs Haus im spanischen Stil mit Garten war isoliert und exklusiv, wie es ihm entsprach. Er und Gertrud nahmen mich mit wärmster Herzlichkeit auf und bedauerten nur tief, daß Margot nicht mit mir gekommen war. Sie fragten nach gemeinsamen Freunden in Deutschland, nach Josef Rufer, Winfried Zillig und

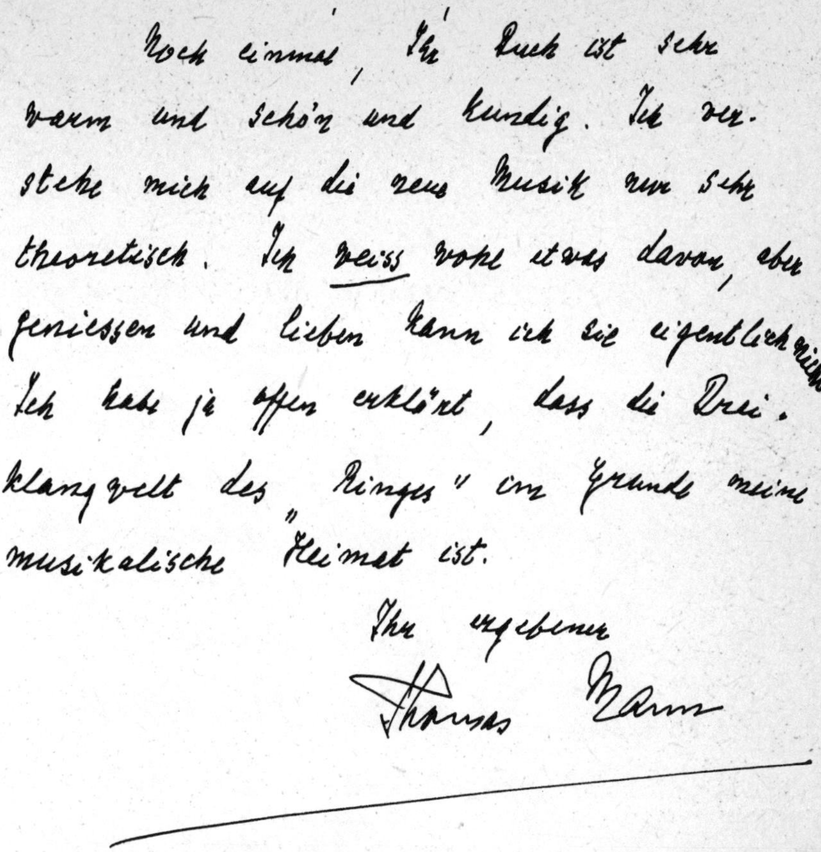
Noch einmal, Ihr Buch ist sehr warm und schön und kundig. Ich verstehe mich auf die neue Musik nur sehr theoretisch. Ich *weiss* wohl etwas davon, aber geniessen und lieben kann ich sie eigentlich nicht. Ich habe ja offen erklärt, dass die Dreiklangwelt des „Ringes" im Grunde meine musikalische Heimat ist.

Ihr ergebener

Thomas Mann

Hans Rosbaud. Schönberg hatte sich in den sechzehn Jahren sehr verändert. Er war mager wie Haut und Knochen, und tiefe Falten durchschnitten das Gesicht mit den bohrenden Augen. Da er sehr schlecht sah, hatte er sich Notenpapier mit Lineaturen von zehn Zentimeter Höhe machen lassen. Weil meine Zeit begrenzt war und er alles über Deutschland wissen wollte, kamen wir nicht dazu, von seiner eigenen Arbeit zu sprechen. Ich versprach ihm, bald anzurufen, um eine ausführlichere Begegnung zu verabreden. In mein Buch schrieb er:

»Es ist ein Vergnügen, sich wieder einmal so ausdrücken zu können, wie man verstanden zu sein wünscht. Sie können daran leicht ermessen, daß, abgesehen von allem anderen Ihr Besuch mir große Freude gemacht hat. Herzlichst Ihr Arnold Schoenberg, April 9, 1949.«

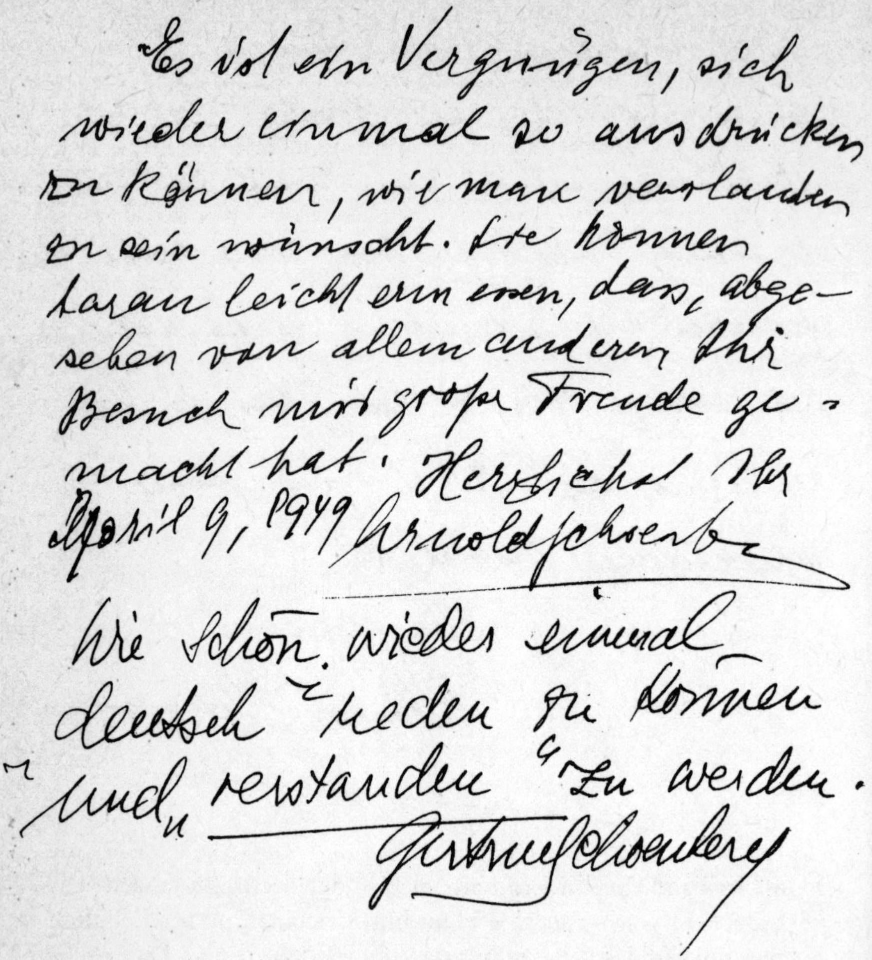
Es ist ein Vergnügen, sich wieder einmal so ausdrücken zu können, wie man verstanden zu sein wünscht. Sie können daran leicht erkennen, dass, abgesehen von allem anderen Ihr Besuch mir große Freude gemacht hat. Herzlichst Ihr
April 9, 1949 Arnold Schoenberg

Wie schön, wieder einmal deutsch reden zu können und verstanden zu werden.
Gertrud Schoenberg

Am nächsten Tag besuchte ich Strawinsky. Zwischen Rosen stand sein Haus am North Wetherley Drive. »Chaben Se viel Geld?« war seine erste Frage. Ich wollte wissen, warum. »Nu, so eine Reise von Europa nach hier ist doch teuer«, meinte er. Ich sagte ihm, daß die amerikanische Regierung mich eingeladen hatte.

Die Junghans-Uhr an meinem Handgelenk interessierte ihn. Ob man so etwas in Deutschland kaufen könne. Ich bejahte. Nun kam er auf die Lage bei uns zu sprechen. »Sie haben einen großen Mann, Adenauer. Er steht Rom nahe. Ich bin sicher, daß er Deutschland retten wird.« Nächste Frage: »Waren Se bei Schön-

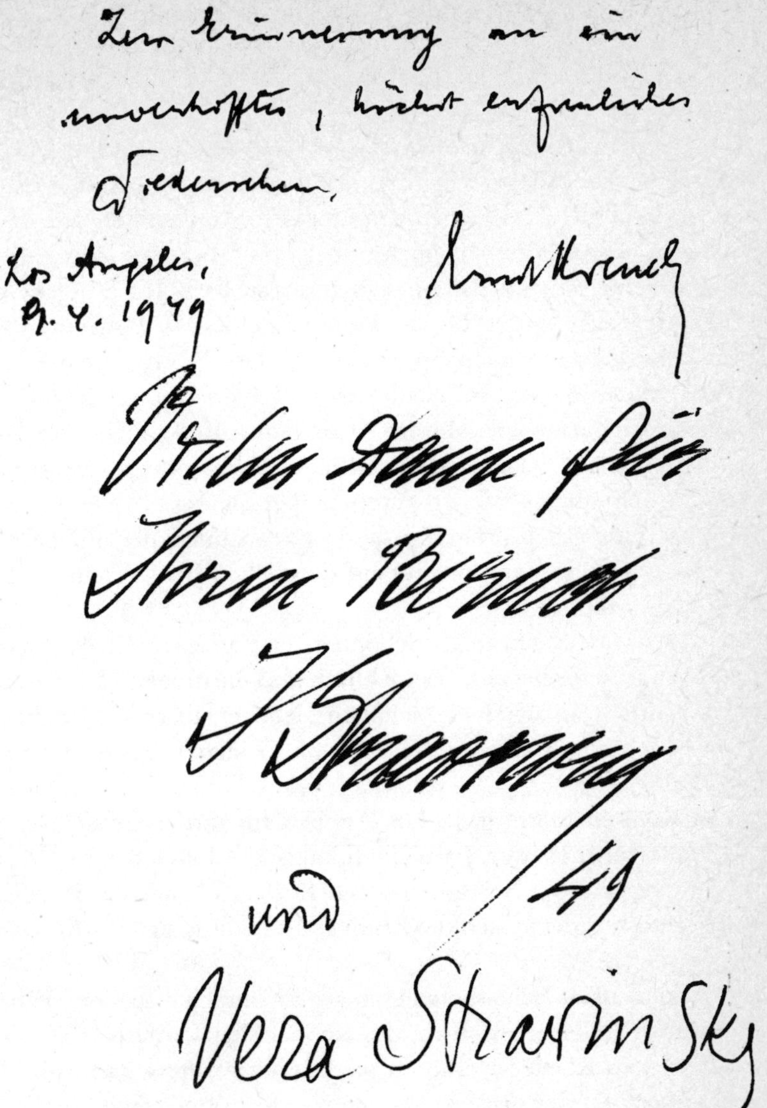

Zur Erinnerung an ein unverhofftes, höchst erfreuliches Wiedersehen.

Los Angeles, 17. 4. 1949

Ernst Krenek

Vielen Dank für Ihren Besuch

I Strawinsky /49

und

Vera Stravinsky

berg?« Er bedauerte, daß er mit seinem Antipoden keine Verbindung hatte. Er selbst wünsche sich, mit Schönberg zu verkehren. Aber es gehe »wegen der Damen« nicht. Vera Strawinsky und Gertrud Schönberg mochten sich nicht.

Das Temperament und die Eleganz des Gesprächs in drei Sprachen hatte er sich ebenso erhalten wie seinen scharfen Intellekt. Er rauchte stark und trank den schottischen Whisky »straight« ohne Wasser.

Ich fragte nach seiner Arbeit. »Ich schreibe eine Oper. Das Libretto ist von Wystan Hugh Auden und heißt ›The Rake's Progress‹ nach den Kupferstichen von Hogarth. Kennen Sie Auden?« Der Name war mir damals noch unbekannt, aber Hogarths Kupferstiche liebte ich. »Es ist ein sehr bizarrer Text. Ich bin gerade bei der Altpartie, Mother Goose. Das ist eine richtige Puffmutter.« Strawinsky liebte in allen Sprachen populäre Wörter, merde im Französischen, Arsch und eben Puffmutter im Deutschen. »Die Musik klingt genau wie Mozarts ›Così fan tutte‹«, meinte er lächelnd. Als ich ihm beim Abschied mein Buch vorlegte, freute er sich über Schönbergs Schrift, rümpfte aber die Nase, als er dahinter Ernst Kreneks Eintragung fand. Die Namen der Ehepaare Schönberg und Strawinsky sind auf demselben Blatt vereint. Das dürfte ein Unikum sein.

Am 13. April luden mich Schönbergs zusammen mit Antheils zum Abendessen. Die alte Frau Kolisch und die drei Kinder waren dabei. Nuria war zu einem schönen siebzehnjährigen Mädchen herangewachsen. Ronny und Larry, die beiden Knaben, gingen zur Schule.

Frau Kolisch, die in ganz Los Angeles für ihre österreichische Kochkunst berühmt war, hatte ein lukullisches Essen bereitet, das mit dem berühmten Schönbergschen Kaffee beschlossen wurde. Dann verabschiedeten sich die Kinder, und wir gingen ins Musikzimmer.

Ich fragte nach Schönbergs Arbeit. Er sprach von der »Fantasy«, für den Geiger Adolf Koldofsky, der sie nächstens mit Leonard Stein am Klavier aufführen werde. Ich wollte wissen, ob er die Komposition des dritten Aktes von »Moses und Aron« fortgesetzt habe. »Ich hoffe«, sagte er, »daß ich die Oper und die ›Jakobsleiter‹ noch vor meinem Tod beenden werde.«

Nun sagte ich, wir seien alle sehr ungeduldig, »Moses und Aron« zu hören; in Deutschland würden die großen Opernhäuser das Werk sofort aufführen, wenn es nur beendet wäre.

»Aufführen?« schnappte Schönberg zurück. »Das Stück ist nicht zur Aufführung geschrieben. Da ist eine Szene, wo vier nackte Jungfrauen von vier Priestern umarmt und auf dem Höhepunkt der sexuellen Lust erstochen werden. Wie wollen Sie das auf der Bühne zeigen? Auch musikalisch kann man es nur mit synthetischem, elektrisch erzeugtem Ton wiedergeben.« Er war beinahe zornig, als ich auf dem Wunsch bestand, das Stück im Theater zu erleben.

George Antheil, der gut Deutsch verstand, hörte fasziniert zu. Als wir in später Nachtstunde aufbrachen, schwieg er am Steuer des Wagens, bis wir zu seinem Haus am Laurel Canyon Boulevard kamen. Drin im Haus fing er an zu sprechen. Sein musikalisches Weltbild war erschüttert. Er, der einseitige Bewunderer Strawinskys, dessen Musik er so virtuos spielte, hatte Schönbergs Genius erlebt. Er blieb sein Bewunderer und befaßte sich praktisch mit seiner Klaviermusik.

Zwischendurch gab es eine große Gesellschaft im Haus der reichen deutschen Emigrantin Elvira Marquis. Hier traf ich Tilly de Garmo, die Sopranistin der alten Berliner Staatsoper, und ihren Mann Fritz Zweig, Carl Ebert und seine Frau Gerti, die Komponisten Ernst Krenek, Ernst Toch und Werner Richard Heymann (»Das gibt's nur einmal, das kommt nicht wieder«), die Dirigenten Richard Lert und Harold Byrns, die Cembalistin Alice Ehlers, den alten persönlichen Freund und sachlichen Gegner Teddie Adorno und seine Frau Gretel. Albert Goldberg von der »Los Angeles Times« machte ein Party-Interview mit mir, und ich gab ihm auf seine diskreten Fragen indiskrete Antworten.

Auf dem Rückweg aus Kalifornien hatten meine Gastgeber als besondere Überraschung eine Besichtigung des Grand Canyon organisiert. Am 17. April früh sieben Uhr hielt der Schlafwagen in der seltsamsten Landschaft, die ich je gesehen habe. Es war Ostersonntag. Gelbrote Morgensonne schien durch den Schlitz des Vorhangs. Gestern war draußen noch Wüste mit staubig-ledergrünen Kakteen. Nun sah ich Sand, Felsen und große Kiefern. Dazwischen unregelmäßige weiße Flecken. Waren wir wieder im Salzgebiet? Nein, es sei Schnee, belehrt mich der schwarze Schaffner. Im Lauf der Nacht sind wir zweitausend Meter hoch geklettert, hier gibt es Nachtfröste bis in den Sommer. Vor dem Plateau öffnet sich eine Versenkung, ein Loch von solchen Dimensionen, daß ich mir winzig scheine wie eine Ameise. Senkrecht stürzten

Felswände hinab in ein Tal, dessen Sohle die Bäume wie Grashalme erscheinen läßt. In der Morgensonne leuchten die Steine violett, hellgelb, grasgrün, blau und ziegelrot. Ein Bus fährt uns den gefährlichen Randweg, von dem es fast senkrecht hinuntergeht in die bunte Tiefe. Im Tal herrscht tropische Glut, wachsen Pflanzen und leben Tiere der Äquatorialzone. Oben liegt Schnee. Seltsame Vögel und Säugetiere gedeihen noch heute in den Tiefen des Canyons, darunter eine Herde Zwergponys, von denen nur jährlich ein paar gefangen werden dürfen. Plötzlich fallen Tropfen, der Regen wird zum Hagelsturm, ein mächtiger Regenbogen spannt sich über die Schlucht. Man kann auch auf Maultierrücken ins Tal hinab, aber der Ritt ist gefährlich und dauert lange.

Nachmittags tanzen die Hopi-Indianer vor uns. Die Männer tragen bescheidenen Federkopfschmuck, an ihren Knien klingeln metallene Glöckchen. Sie singen düstere Melodien in dem urtümlichen Fünftonsystem ohne Halbtonschritte. Nach der Pause folgt der sehr beliebte Adlertanz, für den sich der Chef einen besonders schönen Federschmuck aufsetzt. Seine Arme wedeln wie große Flügel, weite Sprünge deuten die Flugbewegung an. Abschließend noch der Siegestanz mit einem Rufgesang aus seltsamen Fisteltönen. Das Ganze macht einen traurigen, deklassierten Eindruck, der Mensch neben der gewaltigen Natur eine schlechte Figur. Die Rothäute, einst Herren des Kontinents, sind armselige Rückstände vergangener Herrlichkeit.

Über Washington ging es zurück nach New York. Nach Bruno Walter nahm mich Artur Schnabel mit besonderer Herzlichkeit auf. »No more war!« schrieb er mir in mein Buch. Ich nahm einige seiner Kompositionen mit nach Berlin. Der Music Critics Cercle of New York gab einen Empfang für mich. In meinem Gepäck trug ich ein Geschenk der Dahlemer Musikgesellschaft. Wir hatten durch das RIAS-Symphonie-Orchester unter Leitung von Ferenc Fricsay sechs große Langspielplatten mit zeitgenössischer deutscher Musik herstellen lassen, die in einer kleinen Auflage für Universitäten, Bibliotheken und Musikfreunde bestimmt waren. Sie enthielten Stücke von Karl Amadeus Hartmann, Boris Blacher, Hans Werner Henze, Wolfgang Fortner, Ernst Pepping, Werner Egk und Carl Orff. Ich schenkte sie dem Kritikerverband und spielte gleich einige Sachen daraus vor. Das Interesse war

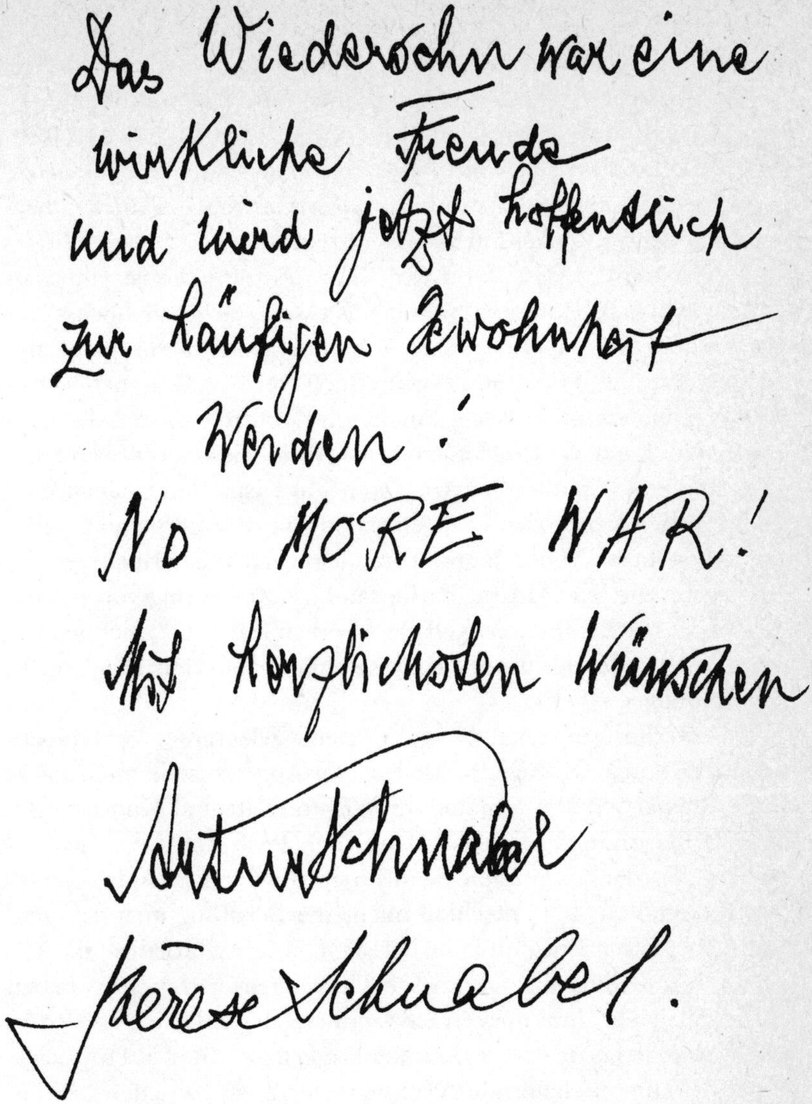
Das Wiedersehn war eine
wirkliche Freude
und wird jetzt hoffentlich
zur häufigen Gewohnheit
werden!
NO MORE WAR!
Mit herzlichsten Wünschen
Artur Schnabel
Therese Schnabel.

äußerst lebhaft. Es war die erste Begegnung amerikanischer Kritiker mit deutscher Musik aus der Nach-Hitlerzeit. Parmenter bat mich, einen Aufsatz über alle diese Komponisten für die »New York Times« zu schreiben, der am 15. Mai erschien.

Auf der Rückreise von Kalifornien hatte ich die Yale-Universität in New Haven besucht und dabei Paul und Gertrud Hindemith wiedergesehen. Im Mai veranstaltete die Columbia-Universität ein Fest mit zeitgenössischer Musik. Hindemiths waren nach New York gekommen und saßen neben mir. Das Programm war anstrengend und nicht sehr erfreulich. Zum erstenmal hörte ich Musik für »prepared piano« von John Cage. Nach einer halben Stunde apart zirpender, klirrender und brummender Klänge, die den Klavierton bis zur Unkenntlichkeit entstellt zeigten, wirkte Hindemith erschöpft. »Wissen Se was, hier um die Ecke ist ein gutes Hummernlokal. Kommen Se mit uns essen.« Ich war höchst einverstanden. Wir aßen, tranken und unterhielten uns glänzend. Dann legte ich Hindemith mein Buch vor. Er zeichnete einen klavierspielenden Hummer hinein und schrieb dazu: »Es geht nichts über ein Festival of modern Music, besonders wenn der ›Lobster Pond‹ nicht allzu weit vom Cage ist.« Und neben dem Bild stand: »A prepared Lobster playing a prepared piano for prepared listeners.« Drei Jahre später legte ich mein Buch Arthur Honegger vor. Er blätterte darin, fand die Zeichnung von Hindemith und sagte sofort, er wolle auch einen Hummer zeichnen. Er legte das Schalentier unter das Passacaglia-Thema aus Hindemiths »Harmonie der Welt«.

Aus Berlin kam nach New York ein Telegramm vom Hochschulreferenten des Senats Friedrich Cruspi, ich solle mich sofort nach Rückkehr beim Senator für Wissenschaft und Kunst wegen meiner Berufung als außerordentlicher Professor für Musikgeschichte an der Technischen Universität melden. Damit war der Würfel gefallen. Ich entschloß mich, die Berufung anzunehmen, und habe diesen Entschluß nie bereut. Die achtzehn Jahre, die ich, später als Ordinarius, an dieser Universität verbrachte, haben mich viel gelehrt und meinen Horizont erweitert. Da ich als Bedingung gestellt hatte, meine Kritikertätigkeit beizubehalten, wurde mein Leben eine dauernde Auseinandersetzung zwischen den bewahrenden Kräften der Geschichte und den sich täglich wandelnden des Musiklebens.

In der Fakultät traf ich mit Kollegen sehr verschiedener Geistesart und hohen Niveaus zusammen. Der Germanist Paul Altenberg, ein Kenner und Bewunderer Thomas Manns, der Historiker Alfred Herrmann, dem ich schon 1934 im Reichsverband der Deutschen Presse begegnet war, der Kunsthistoriker Fritz Baum-

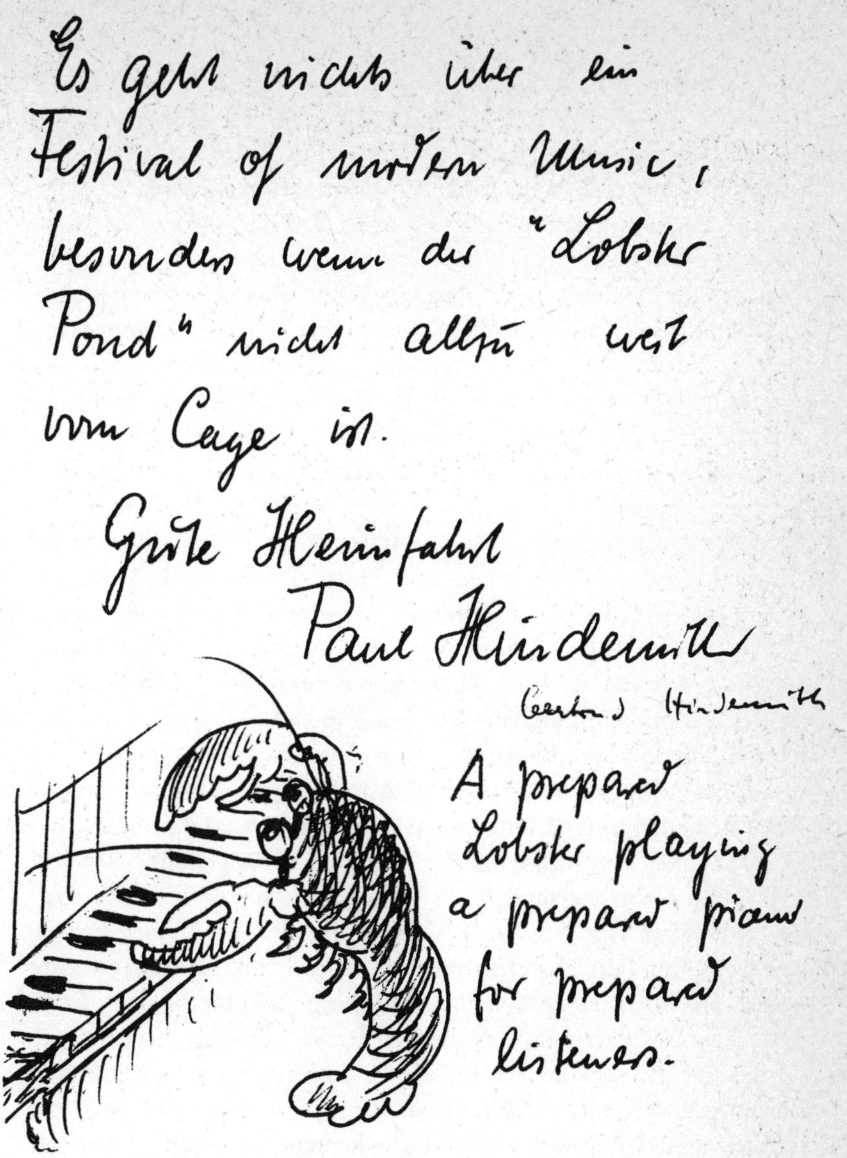

Es geht nichts über ein Festival of modern Music, besonders wenn der "Lobster Pond" nicht allzu weit vom Cage ist.

Gute Heimfahrt

Paul Hindemith

Gertrud Hindemith

A prepared Lobster playing a prepared piano for prepared listeners.

gart, der alte katholische Anthropologe Hermann Muckermann, der Philosoph Johannes Erich Heyde, in der späteren Generation Kurt Hübner, Walter Höllerer, Johann Albrecht von Rantzau, in meinem eigenen Lehrgebiet der Akustiker Fritz Winckel gehörten nun zu meinem täglichen Umgang und halfen mir, die akademische Welt zu erforschen, die mir unbekannt gewesen war. Zweimal mußte ich je ein Jahr lang als Dekan die Schicksale der Fakultät betreuen. Es war die Zeit, als man in dieser Stellung noch mit Spektabilis angeredet wurde. Auch die Sprachwissenschaften wurden bald in den Aufgabenkreis unserer Humanistischen Fakultät aufgenommen. Der Anglist Douglas Blackett und die Romanistin Elena Dabcovich gehörten dazu.

Nicht alle Kollegen unter den Physikern und Chemikern waren unserer »Unterhaltungsfakultät«, wie manche sie boshaft nannten, sehr grün. Zu unseren Verteidigern gehörte der alte, weltberühmte bulgarische Chemiker Ivan Stranski. Auch die Architekten, die sich uns musisch verwandt fühlten, standen auf unserer Seite. Mit Hans Scharoun, der stärksten Persönlichkeit unter den Berliner Baumeistern, verband mich rasch eine große gegenseitige Sympathie. Er entwarf für meine immer mehr anschwellende Bibliothek ein Gestell aus Stahl und Holz, das ich noch heute benutze, und 1953 einen Schreibtisch, von dem ich mich nie trennen werde. Als 1958 der Kampf um die Ausführung seines genialen Entwurfs für die Berliner Philharmonie entbrannte, konnte ich, zusammen mit Herbert von Karajan und Fritz Winckel, dazu beitragen, daß sie gebaut wurde.

Im Juli waren wieder die Darmstädter Kurse und Konzerte. Aber nun diskutierte und hauste man auf der Marienhöhe, wo einst Isadora Duncan Barfußtanz und freie Liebe gelehrt hatte und jetzt die Adventisten täglich das Weltende fromm erwarteten. 1947 waren Margot und ich noch Vorkämpfer der Schönberg-Schule gewesen. Ein Jahr später schlug das Pendel um, und 1949 traute sich kaum noch jemand, nicht zwölftönig zu komponieren. René Leibowitz aus Paris malte säuberlich Reihen und ihre drei Spiegelungen auf die schwarze Tafel. Rufer dozierte die geschichtlichen Bindungen der neuen Technik an Bach bis Brahms. Henze, mit Klaviervariationen und einer Marienkantate vertreten, war noch auf der Schwelle zum Reihendenken. Als neue Begabung von Eigenart und Eigensinn machte Bernd Alois Zimmermann mit einem Konzert für Orchester von sich reden. Mitten in den Diskussionen über reine Kunstübung (l'art pour l'art) und soziale Funktionskunst (Musik für alle) erreichte die ideologische Verwirrung einen Gipfel, wie Olivier Messiaen zusammen mit der als Schmetterling verkleideten Yvonne Loriod auf zwei Klavieren seine endlosen »Visions de l'Amen« spielte, wobei der marxistisch gefärbte Nihilist Louis Saguer kommentierend den Evangelisten darstellte. Hier brach zum erstenmal ein apokalyptischer Hintersinn der Neuen Musik durch, eine mystische Ichversenkung, die von Massenets Gefühlszucker und Gershwins Tanznaivität bis zu geräuschnahen Akkordbündeln jedem Sprung der Phantasie nachgab. Die nachhaltigen Eindrücke kamen aus Paris, wo damals Karl Marx, Jesus Christus und Jean Paul Sartre um die Hegemonie stritten.

Zu Besuch aus Frankfurt kam Peter Suhrkamp mit dem Schweizer Dichter Max Frisch. Margot und ich hatten uns mit »Suhr« schon in der Berliner Trümmerwelt wieder und noch enger angefreundet. In dem traurigen Kampf, den er gegen Samuel Fischers Schwiegersohn Gottfried Bermann zu führen hatte, waren wir ganz auf seiner Seite. Er hatte die Genugtuung, daß Hermann Hesse, Bertolt Brecht, George Bernard Shaw, T. S. Eliot und viele andere ihm treu blieben. Suhrkamp war musikalisch sehr interessiert und hatte als junger Lehrer Orgel gespielt. Durch uns wurde er auf die Welt Schönbergs aufmerksam, und als er in Frankfurt seinen Verlag eröffnete, ließ er bei der Feier durch Margot und Klaus Billing die Stefan-George-Lieder aufführen.

Bei einem Spaziergang auf der Darmstädter Marienhöhe entwikkelte er den Plan, in einer Bücherreihe die künstlerischen und philosophischen Neuerungen zwischen den beiden Weltkriegen darzustellen. Er bat mich, über den Bereich der Musik Vorschläge zu machen. Aus dieser Idee wurden die drei Bände von Will Grohmann, Max Bense und mir, die unter dem Sammelnamen »Zwischen den beiden Kriegen« 1951 herauskamen. Leider gab der Mitarbeiter, der den Band Literatur übernommen hatte, die Arbeit im letzten Moment auf. Suhrkamp selbst wollte die Lücke ausfüllen, fand aber nicht die Zeit dazu.

Brecht, den wir manchmal mit Suhrkamp im Theater am Schiffbauerdamm besuchten, wurde in dem neuen Verlag mit kritischer Sorgfalt und Vorsicht gedruckt. Seine Proben zum »Kaukasischen Kreidekreis« und die Aufführung von »Mutter Courage« mit Helene Weigel und Angelika Hurwicz sind mir in großer Erinnerung. Suhrkamp wußte, daß er sich für seinen englischen Antipoden T. S. Eliot interessierte. Eliot, der gerade zu Verhandlungen über seinen »Familientag« in Berlin war, teilte dieses Interesse. Suhrkamp lud beide ein, am 2. November 1949 im Zehlendorfer Club Goethestraße zu Mittag zu essen. Die Tierbildhauerin Renée Sintenis, Hans Schürenberg und ich waren mit eingeladen. Die beiden großen Männer kamen fast gleichzeitig. Suhrkamp setzte sie nebeneinander. Ihre Begegnung war ein beinahe grotesker Mißerfolg. Während der ganzen zwei Stunden halfen sie sich äußerst höflich mit den Schüsseln, sprachen aber auch beim Kaffee kein wesentliches Wort miteinander. Der Konservative und der Revolutionär hatten sich nichts zu sagen. Ernst und korrekt schwiegen sie sich an.

Noch hatte auch das Leben in Berlin groteske neben den tragischen Seiten. Betrat man den stehengebliebenen Seitenflügel der Ruine in der Wilhelmstraße, die vom Glanz des alten Hotel Adlon übrig war, so fühlte man sich in längst vergangene Zeiten zurückgezaubert. Da führte Klemperer ein Gespräch mit Ferenc Fricsay. Am Frühstückstisch diskutierte Brecht mit Paul Dessau über eine Szene der »Courage«. Die Treppe hinunter kam Werner Egk auf der Suche nach Brecht. Arnold Zweig hatte sich für längere Zeit hier eingerichtet. Wenn Hans Mayer, der Leipziger Ordinarius für Kulturgeschichte und Autor des glänzenden Büchner-Buches, auf der Durchreise nach Breslau, Frankfurt oder Brüssel durch Berlin kam, stieg er im Adlon-Rest ab.

Aus den Ruinen der Weststadt, fünf Minuten von der gespenstigen Silhouette der einstigen Gedächtniskirche, hatte sich Berlins neue Kleinkunst aufgetan. Hinter derselben Fassade der Nürnberger Straße, wo Günter Neumann, blendender Pianist und Kompositionsschüler Heinz Tiessens, sein »Ulenspiegel«-Kabarett startete und den Schwarzen Jahrmarkt besang, hausten in schöner Eintracht die Surrealisten und Existentialisten. Die Kellerbar des Gebäudes war mit wilden Gemälden und sanft bestickten Wandbehängen aus Großmutters Zeit geschmückt. Eine Wanne en miniature war das Aushängeschild des Unternehmens, das sich schlicht »Badewanne« nannte. Von zehn Uhr abends an wurde das Programm abgewickelt. Der Hauspianist spielte Hot-Jazz und Boogie-Woogie. Sein geigender Partner hatte den Auftrag, zu ignorieren, was am Klavier vorging. So klangen jeweils zwei Stücke zusammen, die weder in Takt und Tonart noch in Harmonie und Melo-

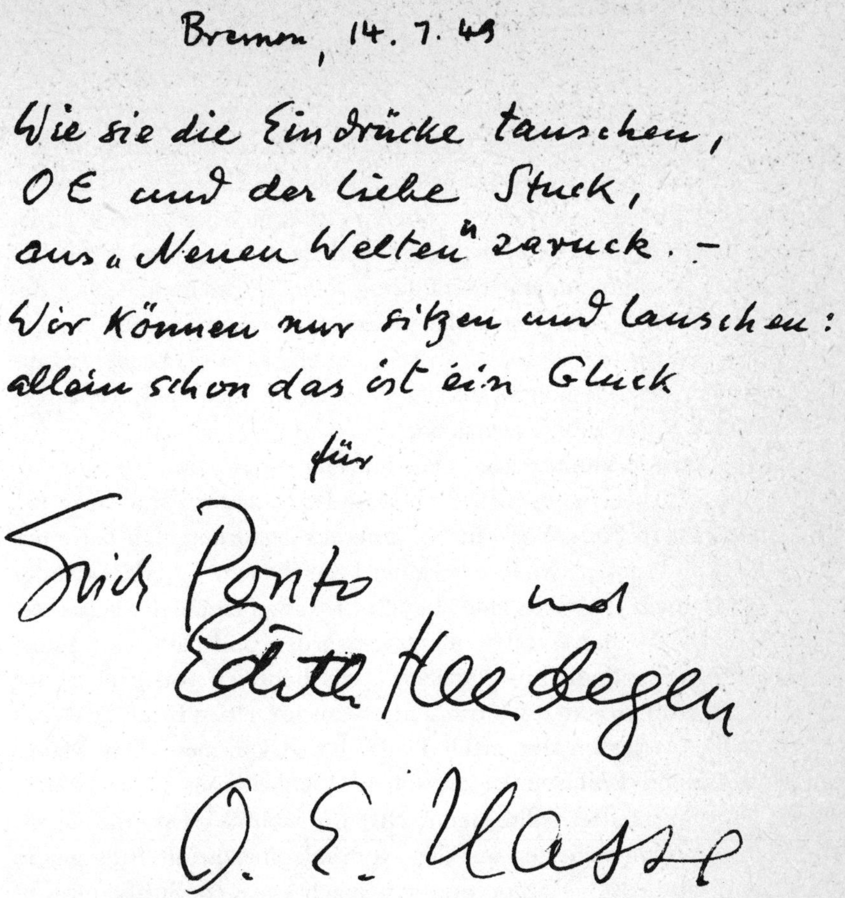
Bremen, 14. 7. 49

Wie sie die Eindrücke tauschen,
OE und der liebe Stuck,
aus „Neuen Welten" zurück. –
Wir können nur sitzen und lauschen:
allein schon das ist ein Glück

für

Erich Ponto und
Edith Heerdegen

O. E. Hasse

die zusammenpaßten. Zwei Sprecher traten vor die Gardine. Einer las pathetisch den »Faust«-Beginn, während der andere in monotoner Schülerart Schillers »Glocke« rezitierte. Oder zu den Klängen des Deutschlandliedes (passender, aber nicht zulässig, wäre das Horst-Wessel-Lied gewesen) spielten zwei zarte Maiden Ball mit einem Totenschädel, dieweil ein papierbehelmter Jüngling trommelte und ein anderer eine Guillotine bediente und an der Linken das blutende Haupt eines krummnasigen Teufels schwenkte. Bester Einfall der sympathischen Laienspieler: die erste Szene aus Wagners »Rheingold« ohne Musik, sonst unverändert aufzuführen. Man wußte, daß die Maler Alexander Camaro und Werner Heldt zur »Badeverwaltung« des Hauses gehören, wo außer

Schauspielern, Schriftstellern, Malern und Musikern viele Besatzungsoffiziere verkehrten.

Manche waren auch Stammgäste bei Luft, Grohmann, Charlotte Stephan, Hans Schwab-Felisch und mir in der Redaktion der »Neuen Zeitung«, wo mittags immer der Chef vom Dienst grüßen kam, Egon Bahr, noch ohne hohen politischen Ehrgeiz. Manchmal erschien der eher reservierte Gottfried Benn mit einem gegen hohes Entgelt ihm entrungenen Beitrag. Jede Woche meldete sich der alte, donquixotteske Riese Markus Behmer: »Pumpen Sie mir zehn Mark, ich bin nämlich Vollwaise«, bettelte er und schrieb uns die verrücktesten Memoiren aus der Zeit, als er noch zu Europas berühmten Buchschmückern gehörte.

Aus Santa Monica kam ein trauriger Brief von Theodor W. Adorno. Unser gemeinsamer Freund Hermann Grab war am 2. August in New York an Nierenkrebs gestorben. Ich hatte ihn dort noch besucht, wo er mit seiner Frau Blanche und dem Bruder Leo Grab ein Westside-Haus besaß. Er war zu einem der gesuchtesten Klavier- und Cembalolehrer geworden und hatte eine Reihe Novellen aus dem ihm gemäßen Zwischenreich von Proust und Kafka veröffentlicht. Adorno schrieb mir im selben Brief, er werde Amerika verlassen und nach Deutschland kommen. Das Manuskript seiner »Philosophie der Neuen Musik«, das er mir in Kalifornien gezeigt hatte, sollte demnächst im Mohr-Verlag erscheinen. Rufer und ich sicherten uns den Abdruck eines Kapitels daraus in den »Stimmen«. Margot und ich machten auch Suhrkamp auf Adornos Arbeiten aufmerksam und rieten ihm, sich mit Teddie in Verbindung zu setzen.

Hanns Eisler hatte nach Europa heimgefunden, nachdem ihm in seiner Wahlheimat ein Prozeß wegen unamerikanischen Verhaltens gemacht worden war. Im Februar 1949 sprach er in der Ostberliner Humboldt-Universität, eingeführt von Ernst Hermann Meyer, dem Ordinarius für Musiksoziologie, über »Hörer und Komponist«. Er rühmte Schönberg, Strawinsky und Bartók, zitierte Max Weber, warnte vor Mißbrauch der Musik als Rauschmittel, führte Marcel Prousts Lob der schlechten Musik an. Keinesfalls dürfe Musik gefordert werden, die sofort verständlich ist.

Ein paar Wochen danach gab es im Hörsaal 405 der Freien Universität, Berlin-West, lebensgefährliches Gedränge. Paul Hindemith sprach über »Musikerziehung in den USA«, nachdem er zwei Konzerte der Philharmoniker vorbereitet hatte, in denen er als Dirigent, Solist und Autor fungierte. Als Professor Walter Gerstenberg den Gast aus Amerika begrüßte, trommelte es gegen verschlossene Türen, und Sprechchöre der Abgewiesenen skandierten: »Wir wollen unseren Hindemith sehen«, bis auch sie Einlaß fanden. Dann stand er am Pult, heiter, behaglich wie eh und je, in der Atmosphäre gelassener, in sich ruhender Meisterschaft und Kameraderie, durch die er sich jedem Musiker verbunden fühlte. Alles, so erklärte Hindemith nach einem gründlichen musikhistorischen Rundgang, ist erlernbar, wenn man überhaupt begabt ist, sogar das absolute Gehör.

VIII
Reisen: Italien, England, Edinburgh

In Amerika hatte ich Lust am Autofahren bekommen. Der Wagen war da längst kein Luxus mehr, sondern ein Gegenstand des täglichen Bedarfs. Schon in Berlins zwanziger und dreißiger Jahren hatten Freunde mir von den magischen Kräften des Vehikels erzählt. Kurt Weill, der sich gleich nach dem Erfolg der »Dreigroschenoper« einen Wagen kaufte, sagte: »Wenn ich völlig erschöpft aus einer langen Probe mit verrückten Schauspielern komme, setze ich mich ans Lenkrad. Und sofort fällt alle Spannung, alle Wut, alles Unbehagen von mir, und ich genieße die Bewegung ohne eigene Mühe.«

Margot und ich beschlossen im April 1950, eine Fahrschule zu besuchen. Unser Lehrer ließ uns ein paar Wochen durch Tempelhofs fast leere Straßen kutschieren, machte kleine Witze wie »das Lenkrad ist kein Rettungsring«, riskierte schließlich einen Abstecher auf den Kurfürstendamm. Nach anfänglichen Ängsten fanden wir immer mehr Spaß an der Sache, machten am 25. Mai unsere Prüfungen und bekamen gleich das wichtige Papier. Inzwischen hatten wir ein hellblaues Opel-Olympia-Kabriolett ausgesucht, in das wir uns schon Ende Mai zur ersten Fernfahrt setzten. Im bedächtigen 40-Kilometer-Tempo rollten wir über die Avus nach Helmstedt, wo wir übernachteten, dann über Braunschweig nach Göttingen zur zweiten Übernachtung, weiter über Heidelberg nach Lörrach. Vor den Schweizer Gebirgsstraßen hatten wir Respekt; so blieb der Wagen an der Grenze, und wir nahmen den Zug nach Zürich, um den Honegger-Abend im Stadttheater und ein paar Konzerte des Eidgenössischen Tonkünstlerfestes zu hören. Am 6. Juni waren wir wieder in Lörrach und genossen, nun mit eingefahrenem Wagen, schon etwas rascher die Rheinfahrt über Mannheim und Rüdesheim bis Aachen. Hier ließen wir unser Wägelchen wieder stehen, um die Bahn und das Trajektschiff nach England zu nehmen. Karl Rankl, Opernchef von Covent Garden, hatte uns eingeladen, in London seine Hausgäste zu sein und die neue »Ring«-Inszenierung zu hören. Wir trafen die Freunde Schramm wieder, begegneten der norwegischen Sängerin Kirsten Flagstad und dem Tenor Set Svanholm. Peter de Mendelssohn und seine Frau Hilde Spiel luden uns mit Richard Friedenthal ein, dessen Goethe-Buch später Aufsehen erregte. Rankl fand bei aller Arbeit mit dem »Ring« die Zeit, uns Oxford und Cambridge zu zeigen.

An einem sommerlichen Sonntagmorgen durch südenglische Landschaft zu fahren, ist nicht nur ein hoher Genuß. Man lernt dabei mehr von den Eigentümlichkeiten der Engländer kennen als in einer Woche Baedeker-Spaziergängen. Nimmt London kein Ende? Seit zwanzig Minuten fuhren wir hinaus durch die Parks und Rasenflächen von Middlesex. Hinter Beaconsfield wurde die Landschaft gebirgig wie ein Stück Schwarzwald oder nördliche Schweiz. Nach ein paar Dörfern kam Flachland. Wir waren am Ziel. Oxford war, zum Kummer seiner Traditionshüter, zur Hälfte moderne Industriestadt geworden. Da standen Häuser aus Stahl und Beton, und die Arbeiterschaft hatte die Einwohnerzahl auf 300 000 gebracht.

Wir überquerten die Themsebrücke, und mit einem Schlag war die Welt verzaubert. Ein Hauch längst vergangener Jahrhunderte umfing uns. Im Stadtbild leben Mittelalter und Renaissance, englischer Barock und 19. Jahrhundert nebeneinander. Man traut sich nicht, mit dem Auto durch das steinerne Geschichtsbuch zu fahren. So blieb der Rolls Royce nebst Chauffeur am Straßenrand, und wir gingen zu Fuß. Irgendwo läuteten Kirchenglocken. Ein Radler kam um die Ecke. Er trug ein viereckiges Barett, einen mittelalterlichen Doktorhut, schwarzen Talar mit Kapuze auf dem Rücken. Die große Brille gab dem Gesicht ein magistrales Aussehen, dem der Regenschirm in der Linken nur geringen Abbruch tat. Kein Zweifel: ein Fellow, der zu akademischer Verrichtung fuhr. Auch Vorlesungen werden in Amtstracht gehalten.

Hier die berühmte Buchhandlung Blackwell. Von den drei Schaufenstern war eins mit deutscher Literatur gefüllt, die Zusammenstellung 1950 bemerkenswert: Ernst Jünger überwog, Erich Kästner hielt ihm fast die Waage, dann folgte Hermann Hesse.

An der Magdalen- (sprich: Modlin-)Brücke hört die Universitätsstadt auf. Aus dem Zauberreich hochfliegender Ideen und klösterlicher Konzentration, aus einem weltfernen Treibhaus der Wissenschaft und Menschenformung tritt man zurück in die Vita activa.

Südlich rollen wir aus Oxford heraus, steigen eine Chaussee hinauf. Wir sind im aristokratischen Boar's Hill, fahren durch ein Tor und halten. Vor dem Haus mit offenen Türen und Fenstern steht eine Bank, von einer Linde beschattet. Gilbert Murray und Lady Mary begrüßen uns, beide 85 Jahre alt, ein gepflegtes greises Paar. Er, ein Freund von Rankls, ist der grand old man der englischen Altphilologie und war 1923/38 Präsident des Völkerbundes. Bald sind wir in angeregtem Gespräch über George Bernard Shaw, den intimen Freund des Hauses, und über die Geschichtsphilosophie Arnold Toynbees, der den Murrays verwandtschaftlich nahesteht.

Der Hausherr sagt zwar: »I'm feeling very old«, führt uns aber aufrecht über sein Grundstück. Wir klettern steil hinunter. Der Abhang ist gegen Wind und Kälte geschützt. Exotische Bäume und Blumen gedeihen unten. Wir trauen unseren Augen nicht. Ist das möglich, dicht unter dem 52. Breitengrad? Vor uns wuchert Dschungel, Bambusstämme wachsen himmelwärts, Schlingpflanzen dazwischen, die an Indien und Zentralamerika erinnern, Palmen, die nicht winters ins Haus getragen werden, ein Kamelienbaum, der im Februar jeden Jahres Blüten treibt.

In England gedeiht der Mistelzweig neben der Feige, wie in Oxford Gotik neben Barock, Tudorstil neben romantischem Klassizismus, pedantischer Traditionsglaube neben fortschrittlicher Methodik.

In Hamburg hatte ich Günther Rennerts Inszenierung von »Peter Grimes« gesehen, der Oper, die Benjamin Brittens frühen Ruhm begründete. Die Musik hatte mich durch ihre Unabhängigkeit gefesselt. Bei Rankls trafen wir Erwin Stein, den einstigen Schönberg-Schüler. Seine Tochter Marion, eine gute Pianistin, hatte durch Britten den Earl of Harewood kennengelernt und war seine Frau geworden. George Harewood, ein Vetter des Königs von England, liebte Musik von Jugend auf. In deutscher Kriegsgefangenschaft war er an eine Sammlung Schallplatten geraten, durch die er das Opernrepertoire gründlich kennenlernte. Er kam 1945 als Opernkenner heim, schrieb Aufsätze über sein Hobby und gründete die Monatsschrift »Opera«, die noch heute in der

Welt führend ist. Harewoods rieten uns, Brittens Musikfest in Aldeburgh, East Anglia, zu besuchen; durch Stein erhielten wir die Einladung des Verlags Boosey & Hawkes und machten die kleine Reise an die englische Ostküste. Britten empfing uns in dem alten Crag House, das er modernisiert und mit Noten, Büchern und Kunstwerken gefüllt hatte. Um den liebenswürdigen Mann sammelte sich seit 1948 allsommerlich ein Kreis künstlerisch interessierter Menschen, der aus Boheme, Hochadel und Musikern zusammengesetzt ist. Beim Aperitif trafen wir den Tenor Peter Pears, Brittens Freund und Mitarbeiter, den Schriftsteller E. M. Forster und die Harewoods.

Britten zeigte mir sein Studio im ersten Stock mit dem weiten Blick übers Meer. Das Panorama sei fesselnd »und dabei nicht zu schön, nicht so aufdringlich wie die Riviera oder die Dolomiten«, meint der Hausherr. Wir sprechen über Theaterdinge. Er rühmt die Züricher Aufführung von Brechts »Mutter Courage« mit Therese Giehse, die ihn so tief beeindruckt hat, daß er daran dachte, eine Oper aus dem Stoff zu machen.

Nachmittags hören wir in der Jubilee Hall »Let's Make an Opera«. Der Autor, Eric Crozier, läßt in einem gesprochenen Schauspiel Kinder und ein paar Erwachsene eine Handlung improvisieren, die sofort komponiert und aufgeführt wird: »The Little Sweep«.

Aldeburgh wurde zum großen künstlerisch-menschlichen Erlebnis. Peter Pears als Sänger der »Dichterliebe« von Schumann, Brittens sensitives Klavierspiel, seine Variationen für Bratsche über John Dowlands »Lacrimae«-Lied, von ihm und William Primrose gespielt, überzeugten uns von Englands Beiträgen zur Musikkultur der Epoche. Man vergißt die Aura der kleinen Fischerstadt so wenig wie etwa den Reiz der norddeutschen Künstlerkolonie Worpswede.

Wir waren diesen Sommer unersättlich. Von London reisten wir nach Brüssel zum Fest der Internationalen Gesellschaft für Neue Musik, nun unter Beteiligung der deutschen Sektion, zu deren Präsidenten man mich gewählt hatte. Unter den 34 Werken des Riesenprogramms beeindruckte uns die damals noch kaum bekannte zweite Kantate von Anton von Webern unter Herbert Häfners Leitung am stärksten. Als deutsche Beiträge waren Wolfgang

Fortners Cellosonate und Karl Amadeus Hartmanns Streichersymphonie gut gewählt. Das Brüsseler Rundfunkorchester musizierte unter dem Dirigenten Franz André mit Genauigkeit und Einfühlung in viele Stile.

Mitte Juli fanden wir in Aachen unser Wägelchen unversehrt vor. Es brachte uns zurück nach Berlin und hieß hinfort Leporello, rückwärts gelesen oller Opel.

Kaum daheim, wurde ich mit akademischen Pflichten überschüttet. Neben den Vorlesungen gab es die recht anstrengenden Prüfungen, dazu Rektorwahl und Wahl des Dekans. Ich las dreimal wöchentlich zwei Stunden. Das eine Kolleg wurde alljährlich wiederholt und legte als Einführung in die Musikgeschichte die Fundamente aller anderen. Diese behandelten im Sommersemester 1950 zwei ungleiche und doch innerlich verwandte Themen: Johann Sebastian Bach und Arnold Schönberg. Mich überraschte der Zulauf, nicht nur von Studenten der Baufakultät, für die humanistische Fächer obligat waren, sondern auch von künftigen Chemikern, Physikern und Wirtschaftswissenschaftlern.

Am Katheder sprach ich nun frei auf Grund sorgfältig ausgearbeiteter Notizen. Nach den ersten beiden Semestern, für die ich zu jeder Vorlesung Manuskripte von etwa dreißig Seiten schrieb, war das eine große Erleichterung. Ich entwickelte so eine Vortragstechnik, die mir erlaubte, auf vielen Reisen an Universitäten und in den Goethe-Instituten über die verschiedensten Gegenstände unvorbereitet zu sprechen, wenn nötig auch englisch oder französisch.

Die Berliner Konzertsaison ruhte im Juli, so daß ich mich ganz auf universitäre Arbeiten konzentrieren konnte. Aber nun drängte Peter Suhrkamp, der schon die Erscheinungstermine für seine Buchreihe »Zwischen den beiden Kriegen« festgelegt hatte. Grohmann sollte den Band über bildende Kunst schreiben. Mit ihm zusammen entwarf ich das Gerüst für seine und meine Arbeit. Dabei freundeten wir uns trotz des Altersunterschiedes an. In seinem Lankwitzer Haus trafen wir nicht nur Maler und Bildhauer, sondern auch die Tänzerin Gret Palucca, die zu seinen treuesten Freunden gehörte. Damals sah ich die ersten Metallplastiken von Hans Uhlmann. Der schweigsame Mann, seine heitere Frau und sein bildnerisches Werk zogen uns rasch in Bann. Wie ich, war Uhlmann durch die Nazis verfolgt und mit Arbeitsverbot belegt worden. Sogar Gefängnishaft war ihm nicht erspart geblieben. Doch gerade in ihr hatte er sich zu künstlerischer Größe entwickelt. Wir besuchten Uhlmanns später oft in ihrem Haus Schorlemer Allee, hatten Gespräche über moderne Musik, die ihn sehr anzog, und konnten zwei Metallplastiken von ihm kaufen.

Anfang August begannen die Semesterferien. Wir setzten uns in den Wagen und fuhren auf herrlichen Umwegen nach Salzburg, wo es dieses Jahr nicht nur eine von Karl Böhm dirigierte, von Rudolf Hartmann inszenierte Aufführung des »Capriccio« von Richard Strauss gab, sondern sogar zwei moderne Opern. Seit 1947 war man mit vorsichtig tastenden Schritten neue Wege gegangen. Gottfried von Einems Erstling »Dantons Tod« eröffnete den Reigen von Ur- oder Erstaufführungen so erfolgreich, daß Frank Martins Tristan-Variante »Le vin herbé« und Carl Orffs »Antigonae« folgen durften. Nun, 1950, gab es im Landestheater Stücke von lebenden Komponisten gleichen Monogramms, aber ungleicher Herkunft und Geistesart: Benjamin Britten und Boris Blacher. Brittens »Rape of Lucretia« war 1946 für seine »English Opera Group« von acht Solisten und zwölf Orchestermusikern plus Klavier entstanden. Das erstaunliche, zweifellos geniale Stück objektiviert die altrömische Handlung durch zwei Ansager, die, rechts und links auf der Szene postiert, den männlichen und den weiblichen Chor verkörpern. In der Musik gibt es afrikanische Trommelstücke, verdihaft ariose und mit puccinesker Süße gewürzte Vokalparte, Neoklassizismus in den Soli und Duetten der Chor-Ansager und als Krone des Ganzen eine Einleitung mit Oboe solo im Stil barocker Klagearien, aus der sich das Liebesduett Lucretia-Collatinus entwickelt.

Blachers »Romeo und Julia« ist der Versuch, Shakespeares Tragödie auf ein Handlungsgerüst, ein Diagramm zurückzuführen. Die Kernszenen bleiben stehen; die erweiternden, romantisierenden, detaillierenden Beigaben fallen ebenso weg wie Nebenfiguren. Mit einer winzigen musikalischen Gestalt, einem ostinaten Baß, einem schwebenden Metrum, einem 3-3-2-Achteltakt werden szenische Situationen gleichsam endgültig charakterisiert. Die Magie der einfachsten Mittel ist entdeckt, die noch des richtigen Sujets bedarf, um zu voller Wirkung zu kommen. Bald danach hat Blacher im »Preußischen Märchen«, einem Hauptmann-von-Köpenick-Stoff, die Prinzipien seiner spiegelklar reflektierenden Kunst treffender angewandt.

Für beide Stücke hatte Josef Gielen in Caspar Nehers Bühnenbildern ein Ensemble singender Darsteller verzaubert: Hilde Güden und Julius Patzak, Richard Holm, Elisabeth Höngen und Sieglinde Wagner. Josef Krips beherrschte Sänger und Spieler durch seinen nie nachlassenden, zusammenfassenden Willen. Das Publikum, mehr wegen Furtwängler und Bruno Walter, Kirsten Flagstad und Käthe Gold, Julius Patzak und Will Quadflieg nach Salzburg gekommen als wegen zeitgenössischer Opern, zeigte sich dennoch beifallsfreudig, namentlich für Britten.

Aus den Darmstädter Ferienkursen für Neue Musik war seit 1946 eine Institution geworden, die auf der ganzen Welt beobachtet wurde. Ursprünglich als Mittel der »re-education« gedacht, wurden sie zum Laboratorium neuer Techniken und Stile für Komponisten sehr ungleicher Provenienz und Vorbildung. Herrschte anfangs der Geist Hindemiths und des neoklassischen Strawinsky vor, so wurde später die Wiener Dreieinigkeit Schönberg-Berg-Webern noch einseitiger verherrlicht. Konstruktion der Musik vom Material her, möglichst auf Grund rechnerischer Ordnungen, setzte den aus der Vor-Hitlerzeit überlieferten Weg der Antiromantik noch konsequenter fort. 1950 war eine Synthese im Geist Béla Bartóks geplant, vor allem durch Aufführung und Analyse seiner sechs Quartette. Aber stärker als die Planung zeigte sich die Ausstrahlung einiger Persönlichkeiten, die zum erstenmal in Darmstadt auftraten.

In New York hatte ich 1949 Edgard Varèse kennengelernt und in seinem Haus, Sullivan Street im Bohemeviertel von Greenwich Village, besucht. Einst mit Debussy und Erik Satie befreundet, von Richard Strauss und Busoni hochgeschätzt, hatte sich der geborene Franzose in Amerika zu einem der kühnsten und unabhängigsten Komponisten und Musikdenker entwickelt. Ich empfahl ihn sofort an Wolfgang Steinecke und ebnete bei den amerikanischen Militärbehörden die Wege, ihn nach Europa zu holen. Anfang August 1950 in Darmstadt eingetroffen, war er verdutzt über die Wissenslücken seiner deutschen Hörer. Er glaubte, bei ihnen die Kenntnis aller Werke der Schönberg-Schule voraussetzen zu können, und mußte nun den Ansatzpunkt der Vorlesungen tiefer legen als geplant. Doch der Kontakt festigte sich rasch. Von Varèse gingen bald wichtige Impulse auf die Darmstädter Jugend aus. Mit seinen 65 Jahren war er der innerlich jüngste, am wenigsten akademisch befangene Dozent auf der Marienhöhe.

Eine Schar von Studenten und Hospitanten drängte sich um den Flügel, wo, spielend, entziffernd und zielsicher kommentierend, Ernst Krenek Arbeitsproben seiner Schüler durchnahm. Es waren einstimmige Inventionen in der Zwölftontechnik. An jedem Beispiel war Grundsätzliches demonstriert. Krenek, übrigens kurz vor seinem 50. Geburtstag, wies auf die Wichtigkeit der Interpunktion, der Phrasierung und dynamischen Bezeichnung in diesem Stil hin. Bei der mehrsätzigen Klavierarbeit eines Studenten machte er auf die Abhängigkeit von Schönberg aufmerksam. Er betonte, daß diese Dinge durch die expressionistische Haltung gewisse Willküren herausfordern, und empfahl als Korrektiv Arbeit an größeren Formen.

Scherchen fehlte auch dieses Jahr nicht. Er probte, dirigierte und setzte sich in einem Vortrag mit »musikalischer Realisation« auseinander. Ein Beispiel verfälschender Interpretation nannte er den häufig als Tarantella-Triole gespielten Anfang der Beethovenschen Fünften. Als Geiger der Berliner Philharmoniker hatte er kurz hintereinander das Allegretto der Siebenten von drei Dirigenten erlebt: Nikisch spielte es als Trauermarsch, Strauss als Tänzchen, Carl Muck in korrektem Zeitmaß, aber wie einen preußischen Marsch. Er sprach von komplizierten Takten, neuer Motivik, neuen Klangfarben und Formen, er charakterisierte kurz Werke von Schönberg, Hauer, Krenek, Varèse und Fortner, die sein nächstes Programm bildeten.

Überall in Darmstadt ging es unorthodox zu. Hier wurde die Tonsprache unserer Zeit analysiert, von Menschen und für Menschen, die geistige Zusammenhänge mit Erscheinungen der modernen Literatur und Philosophie, der Malerei und des Theaters von heute erarbeiten wollten.

Am 28. August beschloß Scherchen mit einem Novitätenkonzert die ereignisreichen Tage. Zwischen die Sphärenklänge von Humphrey Searles »Poem« für 22 Solostreicher und Hans Werner Henzes genial-bombastische zweite Symphonie gebettet, machten die »Variazioni canoniche« auf eine Schönbergsche Zwölftonreihe von Luigi Nono den nachhaltigsten Eindruck. Entmaterialisierung im Geist Weberns, trotzige Auflehnung gegen klangliches Behagen sind die Wesenszüge des Stücks. Es provozierte einen Skandal, an dem sich pfeifend, miauend, bravorufend und klatschend fast die ganze Hörerschaft in der Stadthalle beteiligte. Nono, ein großer, schöner Venezianer, stand totenbleich in der Brandung. Man spürte in seiner Musik die Intensität, das »Ich lasse dich nicht, du segnest mich denn«, das dem Vierundzwanzigjährigen die Feder führte.

Am 17. August fuhren wir nach Norden. Ich hatte beschlossen, Margot Worpswede zu zeigen. Aber die Freunde von einst lebten nicht mehr, und das Dorf schlief in der glühenden Spätsommerhitze. Wir fuhren weiter durch die karg-schöne Landschaft, als ich ein Ortsschild »Zeven« erblickte. Mir fiel ein, daß meine Mutter hier gegen Kriegsende ein paar Wochen Zuflucht vor dem Bremer Bombenhagel gefunden hatte. Kurz vor ihrem Tod erzählte sie mir, sie habe damals einen Kasten mit Tafelsilber mit nach Zeven genommen, um es vor der Zerstörung zu schützen. Eine Adresse konnte sie mir nicht sagen, aber sie meinte, es sei im Haus des Konditors gewesen. Wir fuhren durch den kleinen Ort, und an einer Ecke sagte Margot: »Sieh mal, die Konditorei.« Wir hielten, ich ging hinein. Eine Frau in mittleren Jahren stand hinter der Vitrine mit Gebäck. Ich stellte mich vor. »Sind Sie der Sohn von Frau General?« fragte sie. Und als ich bejahte: »Gott sei dank, daß Sie kommen. Ich habe noch immer den Silberkasten von Ihrer lieben Mutter hier.« Dann holte sie das wertvolle Paket, öffnete es, und ich sah die schweren silbernen Bestecke mit dem Brautmonogramm CC, das die junge Clara Cerf mit in die Ehe gebracht hatte. Gerührt von so viel Ehrlichkeit, kauften wir der Zevener Konditorin ein Geschenk und fuhren glücklich weiter. Wer das Chaos der Nachkriegsjahre in Deutschland erlebt hat, weiß, was es bedeutet, ein solches Wertstück jahrelang aufbewahrt zu haben; meine Mutter hatte nicht einmal eine Quittung dafür verlangt.

In Berlin ging das Konzert- und Opernleben turbulent weiter. Seit 1948 hatte Ferenc Fricsay das von Elsa Schiller gegründete RIAS-Symphonie-Orchester zu immer größerer Perfektion erzogen. Im Ostsektor pflegte die Staatsoper unter Ernst Legals Direktion ihr Repertoire zunächst noch im Haus des ehemaligen Admiralspalastes neben dem Bahnhof Friedrichstraße. Da dirigierte Joseph Keilberth, längst wohlbestallter Opernchef in Dresden, einen von Wolf Völker inszenierten Verdischen »Macbeth« mit der überragenden Martha Mödl als Lady. Kurz danach brachte Tietjen in der Städtischen Oper einen »Tristan« unter Fricsays Leitung mit Margarethe Klose als dämonischer Brangäne. Und in derselben Woche Bruno Walters Wiederkehr in die Heimatstadt, die er siebzehn Jahre zuvor hatte verlassen müssen. Grauhaarig, kaum gebeugt von 74 Jahren tätigen Lebens, las er im Sendestudio des RIAS aus seinen noch unvollendeten Memoiren. Dann beantwortete er Fragen der Hörer über Aufführungsprobleme alter Musik. Er will Bach gefühlvoll dargestellt wissen. Für große Säle wie die Carnegie Hall findet er kleine Besetzungen ebenso ungeeignet wie den Ton des Cembalos, den er durch Lautsprecher verstärkt haben möchte. Am Sonntagmorgen tritt er ans Pult des Titaniapalastes vor die Philharmoniker. Das Publikum huldigt ihm mit immer neuen Beifallsstürmen. Man hört ein echtes Bruno-Walter-Programm: Nach Beethovens »Egmont«-Ouvertüre, Mozarts g-Moll-Symphonie und Straussens »Don Juan« krönt eine wahrhaft gesungene Deutung von Brahms' zweiter Symphonie die Matinee.

Einen Monat später an gleicher Stelle und ebenfalls mit den Philharmonikern bringt Furtwängler ein sorgfältig ausgewogenes Programm: Webers »Freischütz«-Ouvertüre, Brahms' Erste und Bartóks Konzert für Orchester mit dem meisterlich disponierten »Giuoco delle coppie«. Das Ganze ist wie der Triumphzug eines siegreichen Feldherrn vor seiner ruhmreichen Armee. Furtwängler ist nun wieder ein integrierender Bestandteil des Berliner Musiklebens, östlich wie westlich, in der Oper wie im Konzert.

Zu kurzem Besuch ist Jean Cocteau gekommen. Er macht bei dem Empfang im französischen Centre Culturel kein Hehl aus seiner Deutschfreundlichkeit. Werner Egk, seit Höffers Tod Direktor der Hochschule für Musik, erneuert die alte Freundschaft. Bei einem Abstecher nach Ostberlin sieht der Dichter in Felsensteins Komischer Oper Oscar Fritz Schuhs magische Inszenierung seines von Milhaud vertonten »Pauvre Matelot«, der mit Puccinis »Gianni Schicchi« als Satyrspiel nach der Tragödie sinnvoll kombiniert ist.

Ein reiches Jahr ist vergangen. Der kulturelle Wettbewerb der vier Besatzungsmächte hat Berlin wieder zum künstlerischen Mittelpunkt Deutschlands gemacht. Dabei haben die Engländer in ihrem British Centre am Lehniner Platz, wo einst das Kabarett der Komiker zu Hause war, eine Vormachtstellung als Förderer junger Musiker erobert. Seele des Ganzen ist Friedrike von Wedelstädt, eine erstaunliche Person, ausgebildete Pianistin, glänzende Reiterin bis ins hohe Alter, Frau eines schwerverwundeten Obersten, organisatorisch begabt und mit dem Flair für junge Begabungen wie den Bariton Hermann Prey, der bei ihr sein erstes Berliner Konzert gibt. Hier hört man auch den Pianisten Peter Stadlen spielen und über Musik in England sprechen. Er war es, der in London Anton von Weberns Klaviervariationen op. 27 aufgeführt hat. In Berlin interpretiert er das amerikanische Klavierkonzert op. 42 von Schönberg. Stadlen trifft man auch bei den Darmstädter Kursen wieder. Er hat später die Pianistenlaufbahn quittiert und ist am »Daily Telegraph« zu einem der führenden Musikkritiker Englands geworden.

Das neue Jahr 1951 beginnt mit einer Menotti-Premiere in Basel. »Der Konsul«, mit der Aktualität des Buches überzeugender als mit der eklektischen Musik, wird durch die großartige junge Schauspielerin und Sängerin Inge Borkh zu einem Theaterereignis. Auf meine rühmende Besprechung in der »Neuen Zeitung« hin holt sie Tietjen sofort zu einem Gastspiel als Leonore im »Fidelio« nach Berlin.

In Baden-Baden hat Heinrich Strobel am Südwestfunk eine Festung der Neuen Musik errichtet. Unter Hans Rosbaud wird das SWF-Orchester zum Präzisionsinstrument für kniffligste Partituren. Wir hören die Premiere der riesigen »Turangalîla«-Symphonie, die uns, wie alle Werke von Olivier Messiaen, durch den bizarren Wechsel von sakraler Metaphysik und saccharinsüßer Wollustmelodik abstieß, durch die Kühnheit und Souveränität ihrer Konstruktion begeisterte.

Messiaen selbst, den wir aus Darmstadt kannten, ist ein stämmiger, im Typus Schubert ähnlicher Südfranzose mit Brille. Ausgeglichen im Temperament, novarum rerum cupidus, liebt er bizarre Formulierungen und Gedankenverbindungen. Seine Kunst steht der Berliozschen Romantik näher als die irgendeines Franzosen nach Debussy. In der Maßlosigkeit und Unersättlichkeit, auch in der geschmacklichen Indifferenz hat sie entschieden unfranzösische Züge. Die Virtuosität als Organist und Klavierspieler trägt zu seiner Wirkung als Lehrer wesentlich bei. Auffallend ist die Methodik seines Tondenkens. Den Schritt von der zwölftönigen Ordnung zu serieller Organisation der Tondauer (also der Metren und Rhythmen), der Lautstärken, Klangfarben und anderer Eigenschaften des Tons, hat er seit 1949 mit seiner »Mode de valeurs et d'intensités« für Klavier getan. Ohne Rücksicht auf die Hörbarkeit dieser Verfahren hat eine ganze Generation immer neue Kombinationen serieller Ordnungen erklügelt. Doch nur in wenigen Fällen ist dabei Musik entstanden. Pierre Boulez hatte, dank seinen satztechnischen Fähigkeiten und theoretischen Formulierungen, bald die Führung in dieser Avantgarde. Neben ihm arbeiteten Luigi Nono und Karlheinz Stockhausen am radikalsten auf dem neuen Territorium.

Der Frühling 1951 machte uns wieder reiselustig. Diesmal war Italien unser Ziel. Ich stand seit kurzem wieder im Briefwechsel mit Gian Francesco Malipiero, dem Erneuerer der italienischen Musik aus dem Geist von Barock und Moderne. Seit der Braunschweiger Uraufführung seiner »Fabel vom vertauschten Sohn« hatte ich sein Vertrauen. Malipiero wohnte in Asolo, dem Städtchen unweit Venedig, wo einst Eleonore Duse ihren Lebensabend verbracht hatte. Auf der Durchreise von München nach Florenz besuchten wir ihn in seinem schönen, mit Kunstgegenständen und alten Möbeln gefüllten Haus.

Am Ostermontag abends waren wir in Rom. Das kleine Hotel Rex nah der Oper war kühl; auf dem steinernen Fußboden stand eine Schale mit glühenden Holzkohlen, an der wir uns die Füße wärmten. Mit Margot, der Rom neu war, durchstreifte ich die Stadt, die ich als Soldat so gut kennengelernt hatte. Wir blieben nur fünf Tage, sahen aber eine Auswahl der schönsten Dinge, die vatikanischen Museen eingeschlossen. Alte und neue Freunde wie die Kritiker Guido M. Gatti und Fedele d'Amico nahmen uns gastlich auf. Alle in Rom wollten wissen, was musikalisch in Berlin geschieht. Ich erzählte von zwei Uraufführungen in West und Ost. Zuerst »Amphitryon« von Robert Oboussier, dem nun in Zürich lebenden Musikkritiker der Zürizitig. Tietjen hatte das sorgfältig gearbeitete Stück wohl dramatisch überschätzt. Trotz guter Aufführung gab es nur einen Achtungserfolg. Wenige Tage später wurde Ostberlin durch hitzige Diskussionen über Formalismus und sozialen Realismus, Pazifismus und Friedenskämpfertum bewegt. Sie war durch die Proben zu einer Oper wachgerufen worden, deren Libretto von Brecht, deren Musik von Paul Dessau stammte. Das Stück hieß in der ursprünglichen, aus einem Hörspiel hervorgegangenen Fassung »Das Verhör des Lucullus«. Zu der Uraufführung der Staatsoper im Admiralspalast am 17. März 1951 war die Presse nicht gebeten. Das streng ausgewählte Publikum reagierte auf das musikalisch kühne Werk, das zu einem Orchester ohne die konventionellen Hauptinstrumente ein Trautonium fügte, mit unerwarteter Begeisterung. Die Aufführung, die Hermann Scherchen leitete und Wolf Völker in Caspar Neherschen Dekors inszenierte, wurde mit stürmischem Beifall begrüßt. Daraufhin setzten die Behörden weitere Aufführungen ab. Das Zentralkomitee der SED genannten ostdeutschen kommunistischen Partei leitete dem Politbüro eine Resolution über »Formalismus in der Kunst« zu. Brecht und Dessau wurden veranlaßt, Text und Musik von politischen Zweideutigkeiten und Neuerungen zu reinigen. Sogar der Titel mußte in »Die Verurteilung des Lucullus« geändert werden. In der ostdeutschen Presse erschien kein Wort über diese Auseinandersetzungen oder auch nur über die Existenz der Brecht-Dessauschen Oper. Sie wurde in veränderter Gestalt erst Monate später wieder gegeben und dann auch in anderen Ländern gespielt.

Zu den neuen Klangphänomenen gehörten auch die Klänge des Trautoniums. Dieses in Berlin durch Eberhard Trautwein entwickelte Instrument war der erste elektronische Klangerzeuger für musikalische Zwecke gewesen. Danach wurden in verschiedenen Ländern ähnliche Versuche unternommen, synthetisch Klänge zu erzeugen. Am erfolgreichsten war der französische Musiklehrer Maurice Martenot, der schon 1928 seine Ondes Martenot als verwendbares Instrument konstruiert hatte. Arthur Honegger gehörte zu den ersten, die es verwendeten: Das Heulen des Hundes in seiner »Jeanne d'Arc au Bûcher« 1935 wurde durch Ondes Martenot erzeugt. Seit etwa 1950 wuchs das Interesse der Komponisten an diesen Klängen; in Baden-Baden hatten wir gerade Messiaens »Turangalîla« gehört, in der sie eine wichtige Rolle spielen.

Unsere römischen Gespräche, vor allem mit Fedele d'Amico, berührten auch diese Fragen. Er war als linker Mann von der kommunistischen Kulturpolitik enttäuscht; für uns war sie nach den sowjetischen Parteibeschlüssen von 1948 keine Überraschung.

Unser nächstes Ziel war Mailand. Wir fuhren nördlich die Via Appia. In dem Städtchen Acquapendente mußten wir kurz vor der Piazza stehenbleiben. Tausende von Menschen spazierten herum, redeten, lachten, gestikulierten, trugen Kinder huckepack. Mitten auf der Straße standen drei seltsame Vehikel. Das eine, ein ausrangierter amerikanischer Panzerspähwagen, hatte einen riesigen Krokodilskopf aus Pappe aufgesetzt bekommen. Die beiden anderen, defekte Lastwagen, hatte man bunt bemalt, den einen mit einem Thronsessel versehen, auf dem ein junger Bacchus saß. Überall drängte sich lustig verkleidetes Volk in mythologischen und exotischen Kostümen, als Arlecchino und Colombine, als braune Bären, als sanft brüllende Löwen. Aus strohumwundenen Flaschen tranken sie. Wolken von Konfetti, Bündel von Papierschlangen überschütteten die Passanten. »Was ist denn hier los?« frage ich den Padrone der Trattoria, wo wir Kaffee trinken. »Karneval«, antwortet er. »Wieso denn Karneval jetzt, mitten im Frühling?« »Der Februar und März waren so verregnet, daß wir keinen Karnevalszug machen konnten. Da haben wir ihn verschoben, bis besseres Wetter kommt.«

Glückliches Volk. Nasse Füße holt es sich nicht gern, aber auf die Faschingsfeier mag es nicht verzichten. So verlegt man den Karneval in die gute Jahreszeit. Die Italiener, deren Leben sich zum guten Teil im Freien abspielt, stehen mit den Elementen auf vertrauterem Fuß als unsereiner. So kommt es, daß diese Sonnenanbeter Kälte gelassener ertragen als wir Reisende aus dem Norden. In der Naturnähe liegt die elastische Kraft, die realistische Anpassung an Tatbestände, die den Italiener kennzeichnet. Wo er sich der Natur entfremdet, verliert er seine besten Kräfte. In den einfachen Dingen wurzelt er. Sein Land trägt ihm gutes Öl, süße Früchte, würziges Gemüse. Aber der italienische Bauer muß sich placken, mehr als der in manchem anderen Land. Der Wechsel von harter Fron und genießerischen Sommertagen, Mühsal und dolce far niente hat in ihm Kräfte entwickelt, die immer wieder Kultur hervorbringen. Das weiß auch die kleine Oberschicht von Reichen, von Aristokraten, von Genießenden. Wenn der neue italienische Film sich nicht genug darin tun kann, das Leben des kleinen Mannes zu photographieren, die Härte des Daseins, die Sehnsucht nach sonnigen Tagen, so rührt er damit an das Geheimnis der Nation.

Ein paar Tage bleiben wir in Mailand. Mit seinen 1,3 Millionen Einwohnern rühmt es sich, Italiens führende Industriestadt zu sein. Nach dem Krieg hat es eine enorme Bautätigkeit entfaltet. Mitten im tumultuösen Leben der Stadt ragen die Wolkenkratzer bis zu 35 Stockwerken hoch. Doch bei so atemlosem Wettlauf mit der Zeit hat man die Traditionen des Geistes nicht vergessen. Zu den ersten und größten Ausgaben, die sich Mailand nach dem Zweiten Weltkrieg geleistet hat, gehörte die Wiederherstellung des Opernhauses. Die noch immer führende Musikbühne des Landes, das Teatro alla Scala, bildet einen Gegenstand des Nationalstolzes, an dessen Schicksalen jeder teilhat.

Als ich 1944 das Innere des Theaters sah, war es ein trostloser Anblick. Der mächtige Zuschauerraum mit weit über 3000 Plätzen war 1943 durch Brandbomben zerstört. Ruß und Asche lagen, wo einst die Sammetpolster zu komfortablem Sitzen durch halbe Nächte eingeladen hatten. Verkohltes Gebälk und bizarr verbogene Eisenstangen verflochten sich chaotisch. Gottlob war die riesige Bühne mit ihren vorbildlichen technischen Einrichtungen verschont geblieben. Schon 1946 hatte man alles in der alten Form wiederhergestellt. Die sechs übereinander liegenden Hufeisen, vier Ränge und zwei Galerien mit roten Draperien und Tapeten, glänzten im Schein des gewaltigen Kronleuchters. Von der Bühne erklangen altvertraute und neue Stimmen, aus dem Orchesterraum strömte der seidige Glanz einer Spielmannschaft, die an Streichern und Holzbläsern ihresgleichen im Lande nicht hat.

Die Verwaltung des Scala-Betriebs lag in den Händen eines Mannes, der nicht »vom Bau« war. Sovreintendente Antonio Ghiringhelli ist ein Kapitän der Industrie. Erst in den späten Nachmittagsstunden gehört seine Zeit dem Theater, und doch laufen alle Fäden des Hauses bei ihm zusammen. Ich sitze dem weltgewandten, vielgereisten Mann am Schreibtisch in seinem mit luxuriöser Einfachheit ausgestatteten Zimmer gegenüber. Das Gespräch geht um die Situation der italienischen Oper, Fragen des Sängernachwuchses und Probleme der Publikumsbildung. Ghiringhelli sieht seine Aufgabe von sehr hoher Warte: als Problem der Volkserziehung. Sein Publikum umfaßt alle Schichten. Regelmäßige und häufige Aufführungen für die Arbeitskammer geben auch Kleinbürgern und Arbeitern die Möglichkeit, Oper in vollendeter Wiedergabe zu hören.

Wirtschaftliche Probleme? Nein. Die Vorstellungen sind fast immer ausverkauft, die Premieren überwiegend ausabonniert. Gewiß verschlingt der Betrieb Riesensummen. Aber aus vielen Quellen strömt dem Theater Geld zu. Da sind zum Beispiel die Stammlogen, oft seit Generationen im Besitz derselben Familie.

Wie ich weiß, bezog Ghiringhelli für seine Tätigkeit kein Salär. Ja, wenn eine Inszenierung den Rahmen des Budgets sprengte, stiftete er selbst den fehlenden Betrag, ähnlich wie sein Kollege Jacques Rouché in Paris. Neben Heinz Tietjen, Carl Ebert und Rudolf Bing war Ghiringhelli der souveränste, in der Verbindung künstlerischen und wirtschaftlichen Denkens zielsicherste Opernleiter der Epoche.

Der Jahresetat der Scala wurde 1951 zur Hälfte durch Kartenverkauf gedeckt, der Rest durch Subvention von Stadt und Staat. In festem Jahresvertrag stehen nur Orchester, Chor und Ballett. Dirigenten, Solisten und Regisseure werden nach Bedarf engagiert, weil die Saison nur fünf bis sechs Monate hat. Da die Haupt- und Generalproben seit der Ära Toscanini abends sind, rechnet man mit jährlich 120 Vorstellungen.

In den sechs Spielzeiten seit 1946 sind mehr als hundert Opern herausgekommen, die meisten in völlig neuer Ausstattung, da der Kostüm- und Kulissenfundus zum größten Teil verbrannt war. Es gibt während der Saison kaum eine Woche ohne Premiere. Kein Stück wird mehr als vier- oder fünfmal gespielt, nur ein kleiner Teil der Standardopern in spätere Spielzeiten übernommen.

In der Vorstadt Bovisa liegt der Fundus der Scala zusammen mit den Werkstätten für Dekoration und Kostüme. Auch dieses große, sechsstöckige, mit Neonlicht, Klimaanlage und Duschen für das Personal versehene Gebäude ist 1946 errichtet worden. Da hängen und liegen in Fächern und Wandschränken die Tausende phantastischer Opernkleider, von Papagenos buntscheckigem Federkostüm bis zum neunzig Pfund schweren Krönungsornat des Boris

Godunow. Como, die kleine Stadt am See zu Füßen des Schweizer Hochgebirges, lebt mit einem Teil seiner Seidenindustrie von den Scala-Werkstätten in Bovisa. Es ist strenges Hausgesetz, nur beste Materialien wie reine Seide und Wolle zu verarbeiten. Ein etwas altmodisch-patriarchalisches Gesetz, das sich aber wegen der Haltbarkeit des Geschaffenen bewährt hat.

Chef des Dekorationswesens ist seit 1933 Nicola Benois, Sohn des Alexander Benois, der für Strawinsky das Szenarium des »Petruschka« geschrieben und die Uraufführung des Werkes ausgestattet hat. Er liebt starke, überbetonte Farben und zerfließende Konturen wie in den Illustrationen russischer Märchenbücher der Jahrhundertwende. Aber Benois ist ein großzügiger, modernen Ideen zugänglicher Geist, der mit Emil Preetorius und Wilhelm Reinking gut zusammenarbeitet, den Japaner Foujita mit einer »Butterfly«-Ausstattung betraut hat und Picasso für eine Inszenierung gewinnen wollte. Auch moderne Italiener wie Giorgio de Chirico, Alberto Savinio und Enrico Prampolini sind zur Mitarbeit herangezogen worden.

Seit dreißig Jahren gibt die Scala in Italien das Vorbild eines Spielplantheaters, das dem deutschen und französischen System näherstehet als dem italienischen Stagione-Wesen. Ein großer Teil der Sänger und Dirigenten kehrt wieder; statt weniger, von Wandertruppen gespielter Werke pflegt man ein methodisch aufgebautes Repertoire. Diese Wandlung ist fast ausschließlich das Verdienst Toscaninis, der auch die Vorbereitungsarbeit nach den Vorbildern Hans von Bülows und Gustav Mahlers reformiert hat.

Hauptdirigenten dieses Jahres sind Wilhelm Furtwängler und Herbert von Karajan, daneben Victor de Sabata und für russische Opern Issay Dobrowen. Italienische Opern dirigieren Franco Capuana und Antonino Votto; für Modernes und Ballette wird Nino Sanzogno, ein Schüler Hermann Scherchens, eingesetzt.

Als deutsche Regisseure arbeiten Otto Erhardt und Carl Ebert mit, als italienische Giovacchino Forzano und Giorgio Strehler, für französische Werke Max de Rieux.

Das Ereignis der Woche ist Glucks »Orpheus« mit Furtwängler am Pult, inszeniert von Ebert, ausgestattet von Preetorius. Drei künstlerische Potenzen, die von sehr verschiedenen Seiten her an das Werk heranstreben. Italienische Werke fehlen in diesen Tagen.

Dafür gibt es die fünfte und letzte Aufführung des »Parsifal« und eine Reprise von Rimsky-Korssakows »Kitesch«. Internationalität gehört ja zum Wesen des Opernrepertoires überhaupt. Und allen Werken teilt sich in der Aufführung der besondere Geist des Hauses mit seinen fast unvergleichlichen Arbeitsbedingungen in jeder Einzelheit des Szenischen und Musikalischen mit.

Nach der »Orpheus«-Premiere am 6. April fuhren wir durch das Tessin und die Schweiz nach Stuttgart, um dort den »Hamlet« mit Freund Ponto als Polonius zu sehen. Er hatte Dresden nach dreijähriger Tätigkeit als Generalintendant verlassen und mit Edith Heerdegen am Stuttgarter Staatlichen Schauspielhaus erfreulichere Arbeit gefunden. Damals war K. H. Ruppel dort Schauspieldirektor. So gab es ein Wiedersehen mit vielen und lieben Menschen. Über Frankfurt ging es heimwärts nach Berlin.

Leo Blechs 80. Geburtstag stand bevor. Der alte Dirigent war 1949 auf Einladung Tietjens nach Berlin zurückgekehrt und hatte sofort wieder für die Oper gearbeitet. Nun besuchte ich ihn. Er wohnte in der Fasanenstraße, von seinem Fenster sah man das Theater des Westens, nun Behelfsheim der Städtischen Oper, und die bizarren Trümmer der Kaiser-Wilhelm-Gedächtniskirche. Er plauderte heiter aus seinem Leben, von der Lehrzeit in der Tuchbranche, den ersten Kompositionsversuchen, dem Studium bei Humperdinck, der ihn in Kontrapunkt und Fuge unterwies. Nach den Aachener Anfängen als Dirigent holte ihn Angelo Neumann nach Prag. 1906 kam er an die Berliner Staatsoper, wo er mit einer kleinen Unterbrechung 31 Jahre blieb, bis sogar Tietjen und Göring ihn, den Juden, nicht mehr halten konnten. Er ging nach Riga, von da 1939 nach Stockholm.

»Was geschah, als Riga besetzt wurde?« fragte ich.

»Zuerst kamen die Russen 1939. Die taten mir nichts, boten mir Stellungen in Moskau und Leningrad an. Als die Deutschen kamen, mußte ich aufhören zu dirigieren. Durch eine Kette von Wundern blieb meiner Frau und mir das Schlimmste erspart. Aber wir mußten heraus. Es gelang mir, einen Kurierbrief an Tietjen zu schicken. Durch seine Hilfe und ein paar weitere kleine Wunder kamen wir nach Stockholm, wo meine Tochter mit dem Kapellmeister Sandberg verheiratet ist. Wir hatten zehn Mark in der Tasche. Meine Möbel wurden in Berlin versteigert.«

In Schweden hatte er sofort zu tun. Er leitete bis zu 45 Vorstellungen jährlich, Wagner, Verdi, Mozart und natürlich »Carmen«. Obwohl die Schweden reizend zu ihm waren, habe er sich immer nach Berlin gesehnt. Seit 1946 kamen Anfragen, vom RIAS, von Ernst Legal in Ostberlin. Schließlich von Tietjen, dessen Ruf er folgte.

Beim Gespräch über künstlerische Fragen kamen wir auf die vieldiskutierten Kürzungen in Wagners »Ring«, die Blech an der Staatsoper eingeführt hatte. Wie stehe er jetzt dazu?

»Man soll nur kürzen, wenn die örtlichen Bedingungen es erfordern. Niemals Geschmackskürzungen, immer nur Zeitkürzungen. Die ›Götterdämmerung‹ ohne Nornenszene – in Bayreuth wäre es ein Sakrileg; im Betrieb einer modernen Welt ist es unter Umständen eine Notwendigkeit. Besser siebzig Prozent eines Werkes vollkommen als hundert Prozent unvollkommen aufgeführt.«

Blech hatte viele große Freunde überlebt: Busoni, Strauss, Pfitzner. Er blieb rüstig und heiter trotz zunehmender Schwerhörigkeit und starb 1958 friedlich in Berlin.

Immer mehr von den alten Freunden kehrten nach Deutschland heim. Gerhart von Westerman, der in Oldenburg gelebt und zwei erfolgreiche Bücher (einen Opern- und einen Konzertführer) geschrieben hatte, kam 1951 nach Berlin, leitete die herbstlichen Festwochen und wurde Intendant der Philharmoniker. Wolfgang Stresemann übernahm die Leitung des RIAS-Symphonie-Orchesters und wurde später Westermans Nachfolger bei den Philharmonikern. Mit beiden verbanden uns freundschaftliche Beziehungen.

Zu allen Zeiten bildeten in Berlin die ehemaligen Russen und Balten einen geheimen Schutz- und Trutzbund. Unterschiede der gesellschaftlichen Herkunft gab es dabei kaum. Westerman kam aus dem baltischen Adel und hatte eine Freytag-Loringhoven zur Frau. In ihrem gastfreien Haus traf man die »high Bohemia« in Gestalt des Bankierssohns Boris Blacher ebenso wie die Bühnenbildnerin Ita Maximowna, den Weltbürger Nicolas Nabokov und den Dichter Werner Bergengruen. Als Strawinsky zum erstenmal wieder in Berlin dirigierte, gaben Westermans für ihn einen Empfang.

Ita Maximowna hatte seit 1946 viele Schauspielpremieren ausgestattet, namentlich solche, die Karl Heinz Martin inszenierte. Als Blacher 1951 sein »Preußisches Märchen«, eine Buffa über den Hauptmann-von-Köpenick-Stoff, beendet hatte, suchte er für Ludwig Berger, den Regisseur der Uraufführung, einen Bühnenbildner. Ich schlug ihm Ita vor. Der Kontakt war sofort hergestellt. Mit diesem ersten Schritt ins Reich der Musikbühne begann für sie eine weltumspannende Laufbahn mit unablässigen Erfolgen von Berlin über Mailand nach New York, San Francisco und Paris. Sicher hat Itas Charme als hochgebildete Russin dazu nicht minder beigetragen als die Eigenart ihrer Begabung.

Das British Council fragte im Mai bei mir an, ob ich als sein Gast im Sommer England und Schottland, namentlich das Theater- und Musikfest in Edinburgh, besuchen wolle. Ich hatte große Lust, die Eindrücke des Vorjahres aufzufrischen und zu erweitern, und nahm die Einladung für Mitte August bis Anfang September an. Aber vorher gab es noch Arbeit und Pläne. Werner Egk hatte 1949 nach dem unerwartet frühen Tod Paul Höffers die Leitung der Berliner Musikhochschule übernommen. Obwohl fast ohne pädagogische Erfahrung – er war selbst Autodidakt und hatte nie unterrichtet – erfüllte er die Aufgabe mit Umsicht und glücklicher Hand. Seit seinen ersten Opernerfolgen mit der »Zaubergeige« 1935 hatte er in der Hitler-Zeit eine ähnliche Zwischenstellung eingenommen wie sein Freund Carl Orff: halb geduldet, halb unerwünscht, bisweilen von Strahlen obrigkeitlicher Gnade beleuchtet. Sein »Peer Gynt« 1938 war ein echter Bühnenerfolg, handfest im Theatralischen, fesselnd im lyrischen Gesang. Seine Phantasie suchte die Einheit der Künste. Er hatte in Rom gemalt, seine besten Libretti selbst geschrieben, als Essayist anregend gewirkt. Geschickt in praktischen Fragen, hatte er den Problemen des Urheberrechts erfolgreich gedient, vor allem in führender Stellung bei der GEMA. Enge Verbindungen pflegte er mit Jean Cocteau. Brechts episches Theater, Strawinskys szenische Phantasie, Orffs dramaturgische Experimente hatten ihm Material zugeführt. Am 17. Mai wurde er fünfzig.

Tietjen hatte ihn von seinen Anfängen 1935 her gefördert, als geschickten Dirigenten an die Staatsoper geholt, 1950 seine »Circe« in Berlin uraufgeführt und sein Ballett »Abraxas« gut herausgebracht. Zum Geburtstag gab es, zwei Tage post festum, die neue Deutung eines alten Werks, des einstigen Oratoriums »Columbus«, das Egk 1942 zur Oper umgebaut hatte. Tietjen stellte es in einer Kombination von statischem Oratorium und Ballett heraus, leider nicht in eigener Regie. Der freundliche Premierenerfolg galt vornehmlich dem Komponisten am Pult.

Auch Tietjen sollte gefeiert werden. Doch entzog er sich allen Gratulationen zu seinem 70. Geburtstag am 24. Juni durch Abreise nach London, wo er an Covent Garden für ein Regiegastspiel arbeitete. Noch zwischen den unvollendeten Inszenierungen der »Ring«-Tetralogie in Berlin hatte der unermüdliche Mann die Berliner Festwochen für September 1951 vorbereitet.

Nur zu kurzer Visite sahen uns Frankfurt, Wiesbaden und Darmstadt, wo das 25. Fest der Internationalen Gesellschaft für Neue Musik, mit den Ferienkursen und einem »Zwölftonkongreß« verbunden, eine Fülle von Veranstaltungen brachte. Man erlebte eine Orchesterparade, wie sie noch nicht dagewesen war: die symphonischen Mannschaften der Rundfunksender von Frankfurt, Baden-Baden, Köln und Berlin (RIAS) unter ihren Dirigenten Fritz Lehmann, Hans Rosbaud, Joseph Keilberth und Ferenc Fricsay. Dazu in Darmstadt unter Hermann Scherchen das Orchester des Landestheaters. Nicht zu reden von den Kammerensembles, Chören aus Frankfurt und Köln, dem Streichquartett Berlin und vielen Solisten aus ganz Deutschland, unter denen die junge Christa Ludwig mit ihrem blühenden Mezzosopran den Vogel abschoß.

Von den siebzehn Werken des eigentlichen IGNM-Festprogramms waren vier Uraufführungen: die »Facetter«-Symphonie des 35jährigen Schweden Karl-Birger Blomdahl, das Streichquartett von Giselher Klebe und zwei Arbeiten von Exilpolen aus Nadia Boulangers Schule, die überdies mit vier Chören aus dem Hohenlied von Stanislaw Skrowaczewski gut vertreten war.

Aus dem Umkreis der neuen Wiener Schule fielen Ernst Tochs erste Symphonie und die Haydn-Variationen für Orchester des Schönberg-Schülers Hans Erich Apostel auf; im Wiesbadener Staatstheater gab es eine leider nur konzertante Uraufführung der Oper »Die Duenna« von Roberto Gerhard nach Sheridans berühmtem Lustspiel.

Olivier Messiaen stand wieder im Mittelpunkt erregter Diskussionen. Seine »Cinq Rechants« für 12 Stimmen a cappella versuchten mittelalterlichen Troubadourstil, südamerikanische Folklore und Hindumusik zu vermählen. Es sind Liebeslieder, zwischen sinnlicher Ekstase und rechnerischem Experiment schwankend, Süßes und Ätzendes vereinend, auf eigene Texte, die oft nur irrationale Silben wie »teketeke« exponieren. Die Wiedergabe durch Marcels Courauds Pariser Kammerchor war ein kleines Wunder an Präzision, namentlich in dem raschen, enggeführten zwölfstimmigen Kanon.

Hans Rosbaud brachte am letzten Frankfurter Abend zwei Chorwerke von je fast einstündiger Dauer, beide auch im literarischen Ansatz bedeutend über den Tag hinaus. Matyas Seiber, in London lebender Ungar, hatte sich erkühnt, ein Fragment aus James Joyces »Ulysses« als Kantate zu vertonen. Aus der Gegenüberstellung kosmischer und mikrokosmischer Betrachtungen in kataloghafter trockener Aufzählung ergab sich die für Joyce kennzeichnende Spannung. Eine Frauenchorstelle bei der Schilderung der Milchstraße steigerte sich zu fast visueller Wirkung.

Luigi Dallapiccolas »Prigioniero«, für die Bühne geschrieben, knüpft in Einzelheiten des dramatischen Baus an Verdi an. Doch ist die musikalische Substanz so lückenlos wirksam, daß auch die konzertante Wiedergabe dem Meisterwerk des 47jährigen Italieners gerecht wird. Die Zwölftontechnik, von Seiber nur gelegentlich verwendet, ist hier A und O einer wesentlich homophonen Form, in die fugale Stellen eingetrieben werden. Scipione Colombo in der Titelpartie, Magda Laszlo und Helmut Krebs trafen hellsichtig den Ton. Ihnen, dem großartigen Werk und Rosbaud galt die größte Ovation der Frankfurter Tage. Übrigens waren Italien auch durch Goffredo Petrassis »Coro dei morti« und das neue Deutschland durch Wolfgang Fortners B-A-C-H-Fantasie für zwei Klaviere und Hans Werner Henzes rhetorisch etwas überladenes Violinkonzert beachtlich vertreten.

Man traf in Frankfurt alte Freunde und neue Bekannte. Häufig waren wir mit Peter Suhrkamp zusammen, dem ich das fertige Manuskript meines Buchs »Neue Musik zwischen den beiden Kriegen« geschickt hatte. Teddie Wiesengrund, nunmehr Theodor W. Adorno, hatte seinen Lehrstuhl an der Frankfurter Universität und sprach im Rahmen des Musikfestes über Webern. Die 64jährige Nadia Boulanger überwand ihre reservierte Würde und zeigte im Gespräch trotz ihrer einseitigen Strawinsky-Hörigkeit etwas Toleranz für Alban Berg, Dallapiccola und Blomdahl. Was mich an ihr fesselte, war die hohe literarische Bildung, die sie nicht nur ihrer großen Belesenheit, sondern auch dem langjährigen Umgang mit Paul Valéry, André Gide und Paul Claudel verdankte.

Die außereuropäische Welt repräsentierte zum erstenmal ein Japaner. Toshiro Mayuzumi, damals 22jährig und noch unbekannt, brachte mit seinen »Sphenogrammen« einen Ton von exotisierendem Jazz in die sonstige Seriosität der Konzerte. Persönlich waren Alberto Ginastera aus Buenos Aires und der Musiksoziologe Alphons Silbermann aus Sydney erschienen.

Am letzten Abend hörten wir in der Börse, die der Frankfurter Oper als Behelfsheim diente, »Das Leben des Orest« von Ernst Krenek. Ohne noch die amüsant schockierende Wirkung von 1930 auszuüben, fesselte das Stück durch den hellenistischen Jazz, mit dem die mythische Handlung vergegenwärtigt wurde.

In Darmstadt gab es als Uraufführung in der Stadthalle ein Fragment aus Schönbergs Oper »Moses und Aron«. Der »Tanz um das Goldene Kalb« ist Hauptteil des zweiten Aktes, ein biblisches Schlachtfest mit religiös-weltanschaulichem Dialog. Die Orgie endet mit dem Blutopfer, das mir Schönberg 1949 als unaufführbar geschildert hatte. Verwandt dem Schluß von Strawinskys »Sacre du Printemps«, zeigt es die »mort douce« von vier nackten Jungfrauen, die nach gebüßter Lust ihr Leben aushauchen, erdolcht von den Priestern, die sie umarmten. Noch im Entschlummern, im schwindenden Schein verlöschender Feuer, besingt der Chor das Gold, die Lust, den verwirrenden Glanz des Götzenbildes.

Der erste Eindruck war der einer überdimensionierten Filmmusik für den Riesenapparat eines stark besetzten Orchesters plus gemischten Chor und fünf Solisten. Äußerste Gewähltheit der Harmonik und der Satzkunst verbindet sich einer erstaunlich einfachen und direkten Schilderung. So, wenn beim Todeslustseufzer der Mädchen alle Geigen chorisch und fortissimo abwärts glissieren. Oder wenn Stampfrhythmen und Blechgebrüll den Marsch der Opfertiere begleiten oder beim Tanz der Schlächter die Kontrabaßsaiten mit dem Bogenholz geschlagen werden. Die Verwüstungsorgie beginnt mit einem Geräuschkonzert von Tamburin,

Tamtam, Trommeln, Becken und Xylophon, in das unheimlich grell drei Töne der Röhrenglocken stoßen.

Überraschend ist auch die pulshafte Rhythmik der Musik. Sie ist wirklich ein Tanz, wenn auch in wechselnden Metren, bald Marsch, bald synkopenreiches oder triolengeteiltes Allabreve, bald rasches Scherzo. Daneben stehen freilich auch Strecken ausgesponnener Espressivomusik, in der Jungfrauenszene bis zu Schrekerscher Süße. Das Pandämonische, das dem Klang in oft erschreckendem Maße anhaftet und in Orgien vieltönigen Fortissimos gipfelt, täuscht über den Grad konstruktiver Logik hinweg. Die Partitur ist strenge Zwölftönemusik, auf einer Reihe aufgebaut, deren Drei- und Viertönegruppen motivisch funktionieren.

Daß die schwierige Musik durch ein Orchester und einen Chor von geringer Erfahrung auf dem Gebiet der Moderne so klargestellt wurde wie hier, war das Verdienst des Zauberers Hermann Scherchen. Die Aufführung wurde nach einer Diskussionspause wiederholt und hinterließ dann verstärkte Eindrücke, die im stürmischen Beifall widerhallten.

Kaum aus Darmstadt heimgekehrt, bekamen wir die Nachricht, Schönberg sei gestorben. Er hatte noch ein Telegramm über den Erfolg des »Goldenen Kalbes« gelesen. Am Freitag, dem 13. Juli, dem von ihm gefürchteten Unglücksdatum, setzte kurz vor Mitternacht sein Herz aus. Anfang des Monats hatte er noch ein Textfragment geschrieben, das sich mit dem jüdischen Rassenproblem befaßt. Einer seiner letzten Briefe war an Scherchen gerichtet und betraf Fragen der Oper »Moses und Aron«.

Wir wußten, daß der große Mann seit langem schwerkrank war, und die Nachricht kam deshalb nicht unerwartet. Ich schrieb den Nekrolog für die »Neue Zeitung« und fuhr dann zu Rufer, um einen Dialog zu besprechen, den der RIAS von uns haben wollte. Dabei betonten wir, daß der geniale und auch für seine Freunde nicht immer bequeme Meister, den man oft als den Zerstörer der abendländischen Musikideale verleumdet hat, in Wahrheit die höchsten Traditionen der deutschen Musik fortsetzte.

Ich las in diesem Sommersemester über Hindemith. Aber die Schlußvorlesung am 18. Juli begann ich mit einer Huldigung an die Vaterfigur der Neuen Musik, die als Vorbild künstlerischer

Verantwortung einsam und unantastbar in einer Zeit der Verwirrung und des geistigen Opportunismus gestanden hatte.

In der ganzen westlichen Welt war die Resonanz dieses Todes enorm. Auch wer seiner Musik kritisch oder ablehnend gegenüberstand, zeigte Ehrerbietung angesichts eines Lebens, das ein einziger Kampf gegen Vorurteile gewesen war, nicht nur auf musikalischem Gebiet. Im Bereich der kommunistischen Ideen, in Sowjetrußland wie in den Satellitenstaaten, wurde nicht einmal die Nachricht von Schönbergs Tod bekanntgegeben. Nur Hanns Eisler bekannte sich einige Monate später in der Ostberliner Akademie zu seinem großen Lehrer. Aber es dauerte noch lange, bis Aufführungen Schönbergscher Werke in der DDR geduldet wurden.

Nach Erledigung meiner akademischen Pflichten zum Schluß des Semesters verließen Margot und ich im Wagen eilig Berlin, um an der Côte d'Azur Ferien zu machen. Wir machten den Umweg über Straßburg und Paris, wo wir dicht beim Luxembourg-Park das bescheidene kleine Hotel Avenir in der Rue Madame entdeckten. Die Gobelins mit dem Einhorn im Musée Cluny, die ich seit 26 Jahren nicht gesehen hatte, begeisterten Margot, auf deren Wunsch wir noch kurz die Kathedrale von Orléans besuchten.

Man hatte uns Cassis bei Marseille als ruhigen Urlaubsort empfohlen. Wir hielten vor einem alten Hotel zwischen riesigen Pinien. Es hieß »Le Rèvestel«. Madame hatte ein schönes Doppelzimmer mit Bad für uns und hielt uns wegen des »D« am Wagen für Dänen. Das Essen war fabelhaft, der Roséwein kühl, der Blick von unserem Fenster aufs Meer beglückend. Nach einem kleinen Spaziergang gingen wir todmüde zu Bett.

In der Morgendämmerung weckte mich ein schnarrendes, unregelmäßig rhythmisiertes Geräusch. Es kam aus den Pinien, die das Hotel umstanden. »Du, das sind Grillen«, sagte Margot. Sie hatte recht. Es waren Goethes »langbeinige Zikaden«, die den manchmal zu betäubendem Fortissimo schwellenden Lärm machten, Zehntausende von diesen südlichen Tierchen, die in den Baumkronen saßen. Wir mußten das Fenster schließen, um schlafen zu können. Beim Frühstück fragte ich die Wirtin nach dem Lärm. »Mais monsieur, c'est la cigale provençale«, antwortete sie, und sie sprach es aus, als sei von einem Heiligtum die Rede.

Wir wollten schwimmen und fuhren zum Strand hinunter; der

Darmstädter Ferienkurse 1947: H.H.S., Heinrich Strobel, Werner Egk (v. l.)

Im Jahr 1955: Wolfgang Fortner, H.H.S., Josef Rufer (v. l.)

H.H.S. und Margot mit Paul Baumgartner und Königin Marie-José, Genf 1959

H.H.S. mit Herbert von Karajan und Gerhart von Westerman, Berlin 1955

Darmstädter Runde in den fünfziger Jahren: Peter Stadlen, Margot und H.H.S., Hilde Strobel, Heinrich Strobel (v. l.), Josef Rufer (stehend)

Igor Strawinsky

Klaus Pringsheim, Karuizawa (Japan) 1959

Barbara und Hidekazu Yoshida, Karuizawa 1959

H.H.S. mit Will Grohmann und Ludwig Lewin, Berlin 1966

H.H.S. mit Hermann Scherchen, Berlin 1964

Abschiedsvorlesung an der Technischen Universität, Berlin 1967

Luigi Nono

Nuria und Luigi Nono (Mitte) mit Geertruy Spat, H.H.S., Gunther Schuller und Margot (v. l.), Venedig 1956

Hans Werner Henze

Boris Blacher 1970

Karl Amadeus Hartmann,
Darius Milhaud,
K.H. Ruppel,
München 1967

Margot und H.H.S., Berlin 1975

»Rèvestel« lag ziemlich hoch über dem Meer. Im Auto zogen wir uns aus und liefen über den warmen Sand zum Wasser, dessen Kühle uns wunderbar erfrischte. Nach einer halben Stunde gingen wir heraus, trockneten uns ab, wechselten im Wagen die Badeanzüge, um bis zehn Uhr in der Sonne zu baden; nachher wurde es zu heiß. Wie wir da lagen und uns ölten, sah ich Strobels vor uns. »Kinder, was macht ihr denn hier?« meinte Hilde, und Heinrich sekundierte im Tonfall des Clowns Grock: »Nit mööglich!« Wir freuten uns alle vier und blieben zehn Tage lang unzertrennlich, machten Ausflüge, besichtigten die Überreste deutscher Befestigungen und Luftschutzhöhlen vom Krieg her, nahmen die Höhenstraße zum Wallfahrtsort Ste. Baume, machten gastronomisch bunte Picknicks, schwammen in La Ciotat.

Mitte August verließen wir Cassis und fuhren über Toulon, Cannes und Monte Carlo nach Grasse, der Blumenstadt, wo wir bei einer ältlichen Ex-Ballerina Quartier fanden. Von da auf der Route Napoléon nach Besançon, über Belfort und Cernay nach Kolmar, Straßburg und Frankfurt. Margot führte allein das Auto nach Berlin zurück. Ich nahm den Schlafwagen nach London und reiste von dort weiter nach Bryanstone.

Fährt man von Waterloo Station westwärts, so öffnet sich der Blick über weite Wiesenteppiche, auf denen Dörfer stehen wie aus dem Baukasten. Die Heide blühte in leuchtendem Violett, kleine rote Vogelbeertrauben hingen an den Bäumen. Es war ein Sonntagmorgen, und Sonne hatte alle Wolken vertrieben. In Southampton rauchten die Schlote der Überseedampfer. Von dort ging es weiter nach Blandford. Das Städtchen ist ein Juwel dessen, was die Engländer »Georgian Architecture« nennen. Auf dem anderen Ufer des Scour River liegt der riesige Bryanstone Park mit alten Zedern, Kiefern, Kastanien und allerlei fremdartigem Wildwuchs. Nach vier Kilometern Anfahrt steht man vor dem hufeisenförmigen Schloß, das 1922 in eines der großen englischen Knabeninternate verwandelt wurde, wo Reiten mit der gleichen Gründlichkeit betrieben wird wie Latein und Mathematik. Während der Sommerferien diente es drei Wochen lang als Musikschule.

1948 gab Artur Schnabel dort einen Sommerkurs. Seither war die Summer School of Music ständige Einrichtung. Paul Hindemith, Nadia Boulanger und Boris Blacher unterrichteten da. Zum Lehrkörper gehörten die besten englischen Musiker. Grundidee, so erklärte mir der Pianist und Schuldirektor William Glock, ist eine Kombination von Musikfest, Ferien und Unterricht, also ähnlich wie bei den Darmstädter Kursen und beim Berkshire-Festival in Amerika. Die meisten Teilnehmer hier sind nicht Berufsmusiker; unter den Hörern sieht man weißhaarige Ladies und würdige Gentlemen, die winters ein Anwaltsbüro in London leiten. In den freien Stunden wird geangelt, geschwommen, Tennis gespielt oder musiziert. Aber die Vorlesungen sind gedrängt voll.

Da wir Sonntag hatten, war kein Unterricht. Aber nachmittags gab es in der quadratischen Aula, die als Kammermusiksaal und Hörsaal dient, eine Sensation. Peter Ustinov, knapp dreißigjährig ein berühmter Schauspieler und Komödienschreiber, sprach über »Orchestration des Dialogs«. Da funkelte es nur so von kleinen Aperçus über das Drama, über Shakespeare, Tschechow und Ibsen, Shaw und Anouilh.

In vorgerückter Abendstunde offenbarte sich das ganze komödiantische Genie Ustinovs. In der Maske eines ältlichen, komischliebenswerten deutschen Gelehrten, unsägliches Englisch mit deutschen Brocken mischend, sprach er über ein fiktives Werk von Christian Arnold Bach (einem unbekannten Onkel Johann Sebastians), das er in der Klein-Kasseler Bibliothek entdeckt hätte. Dann spielte er es auf einer imaginären Gambe, immer wieder unterbrochen von Lachsalven. Er ließ ein ganzes Oratorium im vorbachischen Stil folgen, abwechselnd Sopran, Tenor und Baß singend, dazwischen alle Instrumente des Orchesters imitierend. Es war ein Meisterstück musikalischer Beobachtung, wirklicher Stilkenntnis und histrionischen Witzes.

Abends wie jeden Tag ein Konzert. Das Amadeus-Quartett, dessen Mitglieder alle in Bryanstone unterrichteten, übertraf sich selbst in der Wiedergabe von Beethovens e-Moll-Quartett.

Da Blacher absagen mußte, leitete die Kompositionsklasse der in New York lebende Kanadier Charles Jones. Der hochgebildete Schüler Darius Milhauds sprach mit nonchalanter Gründlichkeit über amerikanische Musik, namentlich Charles Ives, Edgard Varèse, Lukas Foss, Roger Sessions und Walter Piston.

Roger Desormière leitete die Dirigentenklasse. Sein »Système de pulsation« stellte das Studium rhythmischer Probleme auf eine neue Grundlage. Es ging von den kleinsten Notenwerten aus, und an vertrackten Stellen aus Strawinskys »Sacre du Printemps« erprobten die Hörer, rhythmisch in die Hände klatschend, seine Systematik. Auf daß niemand gestört werde, fanden die Übungen in der Turnhalle statt, einem Kiefernholz-Bau, durch den aufmunternd der Seewind blies.

Am 22. August kam ich morgens in Edinburgh an. Das British Council hatte mich privatim untergebracht: 34 Regent Terrace, bei Miss Liebenthal. Ich stieg aus dem Taxi, klingelte, im Rahmen der Tür stand eine ältere, hochgewachsene Dame und sagte: »I think we are relatives. I am Tertia Liebenthal, an aunt of Thea Silbermann.« Nun erinnerte ich mich an den Namen aus der Familie meiner ersten Frau. Tertia Liebenthal musizierte auf Geige und Bratsche, war mit bedeutenden Musikern befreundet und spielte in der musischen Gesellschaft Edinburghs eine Rolle, seit sie die sehr erfolgreichen Konzerte im städtischen Museum eingeführt hatte. Wir gingen die Treppe hinauf durch das schöne alte Haus, das sie allein bewohnte. Im zweiten Stock bekam ich ein großes Zimmer mit Bad und guten Büchern. Ich sah zum Fenster hinaus auf Holyrood Palace, den grauen Königspalast, wo Mary Stuart Jahre der Liebe verbracht hat. Ihr Favorit, der Sänger Rizzio, mußte mit dem Leben dafür büßen, daß er das Wunder italienischen Belcantos in ihren nordischen Alltag trug. Links war ein Stückchen Nordsee, rechts ging die Sicht zum Firth of Forth, der geästelten Flußmündung.

Tertia Liebenthal hatte einen guten Bechstein-Flügel. Wenn Clifford Curzon in Edinburgh zu tun hatte, konnte er bei ihr üben. Ich lernte ihn dabei kennen.

Von Queen Marys Sehnsucht nach südlicher Musik lebt etwas in den Herzen der Edinburgher. Nach dem Zweiten Weltkrieg wurde die Stadt 1947 durch Rudolf Bing zum spätsommerlichen Schauplatz für ein Theater- und Musikfest von Weltweite. Drei Wochen lang wurde ein Riesenprogramm abgewickelt, Oper, Ballett, Schauspiel, Konzert und Film, selten weniger als sechs Veranstaltungen am Tag, beginnend um elf mit Kammermusik in Freemason's Hall, endend mit dem bunten »Tatoo« um Mitternacht vor dem felsgetragenen, von Scheinwerfern angestrahlten Schloß.

Bruno Walter eröffnete mit den New Yorker Philharmonikern in der ausverkauften riesigen Usher Hall den symphonischen Reigen mit Weber, Mozart und Mahlers Vierter, deren Sopransolo mit lieblich gedämpfter Intensität Irmgard Seefried sang. Den zweiten Abend der New Yorker leitete Dimitri Mitropoulos. Ein großer, hagerer Mann, kahler Schädel, Asketengesicht mit lauernden Augen, fiel in Trance. Man spürte die eiserne Energie, die sich auf die Spieler übertrug. Der Körper vibrierte, Schultern und Rücken wirkten mit, vom Erhabenen bis zum Bizarren entwickelte sich eine Gestik, die ganz Mitropoulos' Eigentum war. Er dirigierte, wie Scherchen, ohne Stock; mitunter hob er beide Arme wie beschwörend, großen Möwenflügeln gleich. Dynamische Mittelwerte wurden dem Fortissimo und Pianissimo geopfert, der Streicherklang beherrschte das Orchester. Aus Busonis Schule kommend, zuerst an der Berliner Staatsoper tätig, war er ein Spezialist für moderne Musik. Er brachte Prokofieffs fünfte Symphonie und Kreneks Elegie für Streicher nach Edinburgh, das man das nordische Salzburg genannt hat. Burgen überragen beide Städte, und wenn Salzburg seinen Schnürlregen hat, so wechselt hier das Wetter viermal am Tag.

Nach dem Konzert lernte ich Mitropoulos im Festival Club kennen. Er war überrascht, hielt mich für älter, wußte genau über mich und meine Erfahrungen mit dem Hitler-Regime Bescheid. Wir sprachen von Schönberg, dessen »Fünf Orchesterstücke« er in New York mit begeisterter Zustimmung Artur Schnabels aufgeführt hatte. Ein paar Tage nach unserer Begegnung hielt er einen der Festival Talks, die Bing als Spezialität Edinburghs eingeführt hatte. Erstaunt hörte ich ihn über mich sprechen und meine Tätigkeit als Kritiker erwähnen. Wir haben uns später noch in Berlin und Salzburg gesehen. Seine Assistentin und Sekretärin, die alle praktischen Dinge für ihn erledigte – übrigens als einzige Frau, die der rein homosexuelle Mann in seiner Umgebung duldete – war Trudy Goth, die Tochter von Gisella Selden-Goth, Busonis Freundin und Biographin.

Edinburgh gefiel mir. Wie Wandertürme eines Schachspiels aus Riesenland rutschten die zweistöckigen bordeauxroten Autobusse die Straßen entlang. Die Mound hinauf, hochquer über ein grünes Bett von Rasen mit Gladiolen- und Asternstickerei, zwischen denen Züge von Waverley Station in die westlichen Tunnels strebten. Oder Leith Walk hinab, vorbei an wettergrauen Fassaden und verwitterten Reklamen der Fünfzig-Schilling-Schneider, den Docks von Leith entgegen, wo im schmutzigen Hafenviertel ein marmorner Robert Burns sich in die Dichterbrust wirft und es nach Fisch und Lysol riecht. Oder längs der Terrasse, die sich Princes Street nennt, Blumenbeete auf der einen Seite, eine Perlenschnur eleganter Läden auf der anderen. Neben dem römischen Corso, der Rue de la Paix, der Fifth Avenue, der Londoner Bond Street, der Marseiller Cannebière und Tokios Ginza eine der buntesten Kaufstraßen der Welt. Nur wenige Städte haben einen so einheitlichen Charakter. Der Eindruck ist gotisch, wenn auch diese Gotik einer späteren Zeit entstammt als die kontinentale. Die Neustadt ist im 18. Jahrhundert gewachsen: ein ruhiger, etwas strenger, durch Parks und Grünflächen gezierter Klassizismus formt die Plätze, Crescents und Terrassen.

Zwischen Stolz und Mitleid schwanken die Edinburgher, wenn auf ihren Zoo die Rede kommt. Wer hinfährt, sollte um elf Uhr da sein. Täglich setzt sich dann eine Schar von Pinguinen zu einem Spaziergang von anderthalb Kilometern in Marsch. Die drolligen Tiere watscheln mit hängenden Flügeln aufrecht und menschlich bis zur Chaussee Edinburgh–Glasgow und zurück.

Schottlands Textilkunst hat sich die Welt erobert. In Konzerten und Premieren sieht man neben Frack, Smoking und Straßenanzug elegante Männer in farbig gestreiften Kilts, diesen vielgefalteten Röcken, die das nackte Knie freigeben und über denen ein artiger Ranzen aus Fell als Börse und Behälter für alles dient, was unsereiner in die Hosentaschen stopft. Die bunten Muster, in denen die Wolle mit der Hand gewebt ist, heißen Tartan; ihre Kenntnis ist eine Wissenschaft. Jede Familie, pardon: jeder Clan hat seine eigenen, und auf der Jagd trägt man andere Farben als im Alltag oder zu festlichem Anlaß. Da das feuchtkühle Klima es verlangt, besteht ein echter Kilt aus fast sieben Meter Wollstoff.

Am buntesten war das Leben im International House, einem Club für Kosmopoliten. Bärtige Studenten unter farbigen Turbanen dinierten mit französischen und deutschen Pfadfindern. Zwischen Bildern der Avantgarde tanzten Männlein und Weiblein jeder Hautfarbe. Eine junge Chinesin studierte den Klavierauszug der »Butterfly«. Vom Fenster sah man die leuchtende Fassade des Castle vor sternbesticktem, dunkelblauem Nachthimmel.

Um Mitternacht war alles still. Edinburgh schlief den frühen, gesunden Schlummer der britischen Inseln. Am 8. September kehrte die Stadt, die wochenlang Schauplatz eines gigantischen Festes für Auge und Ohr gewesen war, zum Alltag zurück. Im Herzen blieb dem Besucher eine Sehnsucht, wiederzukehren zu Tatoo, Kilts und Pinguinparade. Sie wurde mir mehrfach erfüllt.

IX
Donaueschingen, Alpbach, Bayreuth

Strobel hatte die Avantgarde-Überlieferung der Donaueschinger Musiktage 1950 aufleben lassen. Nun war es gerade dreißig Jahre her, daß sie begründet worden waren. Ich fuhr im Oktober hin, weil im Programm ein paar Namen standen, die mich interessierten. Von den ersten Donaueschingern war Krenek mit einem Doppelkonzert für Geige, Klavier und kleines Orchester vertreten, das Mahler und Alban Berg fortsetzte, am besten in einem Lento von romantischer Breite. Eine kurze, beizend klangscharfe Klaviersonate von Liebermann spielte mit atemberaubender Virtuosität Géza Anda. Hermann Reutters François-Villon-Kantate »Der himmlische Vagant« wurde von Christa Ludwig überzeugend gesungen. Für eine »Etude« von Marcel Mihalovici trat seine Frau, die Pianistin Monique Haas, mit Bravour ein.

Von den acht Nationen, deren Söhne als Autoren auf dem Programm standen, durfte Frankreich sich rühmen, am nachdrücklichsten zur Verwirrung der Gemüter beizutragen. Das lag nicht nur daran, daß der Baden-Badener Südwestfunk die Organisation beherrschte. Nach 1945 waren alle deutschen Rundfunksender lizenziert von der zuständigen Besatzungsmacht. Baden-Baden gehörte zur französischen Zone, und Strobels Vorgesetzter war der Major Ponnelle, im Zivilberuf Weinhändler in Beaune, übrigens Vater eines begabten halbwüchsigen Malers, der Jean-Pierre hieß und als Bühnenbildner, später auch als Regisseur zu Welterfolgen kam. Madame Ponnelle stammte aus Ungarn und war früher Operettensängerin gewesen. Als sie Margots silberweiße Haarsträhnen sah, fragte sie entzückt: »Wie haben Sie gemacht die weiße Federchen?«

Durch seine Pariser Beziehungen war Strobel über die junge französische Musik gut informiert. Er mußte umlernen: Für ihn als Vorkämpfer des Strawinsky-Hindemithschen Klassizismus kam die Wendung zu Zwölfton, Webernschen Kondensaten und Espressivo zumindest unerwartet.

Das Problemwerk in Donaueschingen 1951 war »Polyphonie X« von dem damals 26jährigen Pierre Boulez. Er schrieb klanggewordene Oszillogramme für normales Kammerorchester. Themen und Motive waren atomisiert; es blieb ein dünnes Mosaik von Einzeltönen der extremen Register. Dynamische Kurven durchzogen die drei Sätze. Spürbar waltete ein Wille, das Naheliegende zu vermeiden. Die Musik war jung, bei aller Kunst der Konstruktion (zwölftönig, rhythmisch und dynamisch auf Reihen bezogen) noch tastend und etwas redselig. Daß sie an Experimente der zwanziger und dreißiger Jahre erinnerte, war kein Einwand. Die Wiedergabe wurde durch Gelächter unterbrochen; in den Schlußbeifall tönte eine Trillerpfeife.

Kaum hatte man die Wortgefechte um Boulez überschlafen, brach ein sonnig-kühler Sonntag an, dessen Nachmittag Olivier Messiaen beherrschte. Sein Liederzyklus »Harawi« zeigte eine visionäre Fassung des Tristan-Isolde-Stoffes. Die Liebende hatte peruanische Züge und hieß Pirutschka. Es war, in des Dichter-Komponisten Formulierung, ein »Chant d'amour et de mort«, in dem erläuternden Vorspruch Antoine Goléas eine Darstellung der »totalen Liebe« mit Tonskalen aus Peru. Der Text montierte Französisch mit Urlauten, spanischen und indianischen Liebesworten. Manche Gesänge verträumten in stammelnder Repetition geheimnisvoller Silben wie »dundun tchil«. Ekstase durchriß alle Dämme der Logik. Liebesfurcht und Todessehnsucht überbrückten den Abstand zweier Welten, die teils oberhalb der Stratosphäre, teils unterhalb des Nabels lagen. Es gab rhythmische Kanons, verkürzte und gedehnte Takte, schwelgerische Dreiklangs-Zerlegungen und Debussyschen Klangstaub. Aus der Silberrose von Richard Strauss war eine Chromstahl-Orchidee geworden. Fünfzig Minuten währte die Exaltation, für die Gabrielle Dumaine ihren Sopran dem Klavierton gesellte. Messiaen selbst zauberte Kaskaden und Feuerwerke trillernden, arpeggierenden und glissierenden Klangs.

Goléa, dem sprachkundigen Kritiker des »Témoignage Chrétien«, war ich schon in Darmstadt begegnet. Er schrieb für die »Stimmen« und war ein wichtiger Champion Neuer Musik, namentlich der antiklassizistischen Richtung. Vom »Figaro Littéraire« war Claude Rostand gekommen, ein Freund der Strobels, der bald auch uns nahestand. Ein Kenner deutscher Musik, schrieb er wertvolle Bücher über Brahms, Richard Strauss und Webern. Georgette, seine rumänische Frau, überlebte ihn, der 1970 an Kehlkopfkrebs starb.

Auf der Rückreise machte ich halt in Heidelberg. Hans von Eckardt hatte mich zu einem Vortrag in seinem Institut für Publizistik eingeladen, wo ich schon einmal 1932 aufgetreten war. Er und seine Frau Gertrud waren Freunde aus der Hamburger Zeit und blieben es, auch als ihre Ehe auseinanderging. Die Nazis wiesen ihn von seinem Heidelberger Lehrstuhl, nicht nur, weil er zweimal »jüdisch versippt« war (er heiratete nach Gertrud eine Jaffé), sondern wegen seiner politischen Überzeugungen. Sein 1949 erschienenes Buch »Russisches Christentum« hatte mir eine unbekannte Welt erschlossen. Er stammte aus Riga, sprach russisch und hatte gehofft, Moskauer Botschafter der Bundesrepublik zu werden. Die Enttäuschung darüber, daß man ihn übersah, konnte er nicht verwinden. Er starb verbittert 1957. Sein Sohn Wolfgang war mit Gertrud nach New York emigriert. Er wurde amerikanischer Staatsbürger, 1950 Mitglied der amerikanischen Militärregierung in Frankfurt und lebt heute in Washington.

In Berlin traf ich Carl Schuricht wieder, der ein philharmonisches Konzert dirigierte. Es war Hochsaison, dazu Beginn des Wintersemesters mit einer Vorlesung über Strawinsky. In der Städtischen Oper kam Eugène d'Alberts unverwüstliches »Tiefland« heraus. Mein fünfzigster Geburtstag nahte. Kurz vorher war bei Suhrkamp mein Buch »Neue Musik« erschienen. Im RIAS wurde eine Sendung vorbereitet. Thomas-M. Langner, ein junger Musikwissenschaftler, mit dem ich mich schon 1946 bei der Drahtfunkarbeit angefreundet hatte, stellte sie zusammen. Er hatte verschollene Arbeiten von mir aus den Jahren vor Hitler entdeckt, darunter den Aufsatz »Brecht, Cocteau und die Welt dazwischen« aus dem Essener »Scheinwerfer« von 1931. Die Gegenüberstellung von reiner und politisch engagierter Kunst, bei der ich für Cocteau Partei nahm, war von unverblaßter Aktualität. Am 1. November kamen Telegramme, Briefe, Geschenke und Besucher. Margot und Alex verwöhnten mich. Es gab, wie ich es seit der Kindheit gewohnt war, eine große Torte, viele brennende Kerzen und ein Lebenslicht, das nur ich ausblasen durfte.

Ein originelles Präsent hatten sich Blacher und sein Verleger Bote & Bock ausgedacht. Mit einigen seiner Schüler schrieb er Lieder, die unter dem Titel »Liederbuch für Margot und H. H. S.« herauskamen. Sein eigener Beitrag »Kirschkerne« enthielt eine neue rhythmische Ordnung, wie er sie zuerst in den »Ornamenten« für Klavier, sieben Studien über variable Metren, angewandt hatte. Jedes von ihnen porträtiert einen seiner Freunde, darunter Virgil Thomson, Karl Amadeus Hartmann, Rudolf Wagner-Regeny und Gottfried von Einem. Variable Metren arbeiten mit unablässigem Taktwechsel nach arithmetischen Reihen. Wenn das Achtel Grundeinheit ist, können die Takte zum Beispiel einer Reihe 2, 3, 4, 5, 6, 7, 8, 9 folgen und demgemäß $^2/_8$, $^3/_8$, $^4/_8$ usw. werden. Blacher wendet auch komplizierte Reihen an wie »zyklische Variation«, »Summationsreihe« oder Permutation von vier Elementen. Das Schwellen und Schrumpfen der Taktwerte wirkt formbildend und verursacht beim Hörer eine von Blacher beabsichtigte Unruhe. Ähnliche Versuche hatte vor dem Ersten Weltkrieg schon der Deutschrusse Paul Juon gemacht. Die Rhythmik Bartóks und Strawinskys gab Blacher den Anstoß zur Methodisierung dieser metrischen Erscheinungen.

Er hatte sich auf Anregung Josef Rufers auch mit Schönbergs Zwölftontechnik befaßt und integrierte sie, zusammen mit seinen neuen Metren, in verschiedenen Werken. Mir gefiel an ihm, daß er sich nie einem Dogma unterwarf. Unabhängigkeit war auch der Vorzug seiner Musik zu einer Opernkomödie über den Stoff des Hauptmanns von Köpenick, den er nach einem Libretto Heinz von Cramers als »Preußisches Märchen« vertonte. Das Stück hatte 1952 in der Städtischen Oper einen ausgesprochenen Premierenerfolg. Wegen seiner konsequenten Verspottung der preußischen Uniformgläubigkeit und anderer antiautoritärer Züge hat es außerhalb Berlins kaum Aufführungen gefunden. Erst kurz vor Blachers Tod brachte eine neue Berliner Inszenierung ihm größere Anerkennung. Es gehört zu den besten Sing-Lustspielen nach 1950.

Rivalität der Besatzungsmächte brachte Berlin manche künstlerischen Vorteile. Aus Frankreich und Nordamerika waren Gastspiele von Ballett-Ensembles schon mehrfach gekommen, immer mit den besten Tänzern und Tänzerinnen, oft auch mit Werken, die uns neu waren wie Henri Sauguets »Les Forains«. 1952 gab eine amerikanische Operntruppe George Gershwins »Porgy and Bess« im Titaniapalast. Der Abend des 17. September wurde ein Fest für Auge und Ohr. Daß Gershwins Stück eine Volksoper vom Range der besten europäischen Vorbilder ist, war mir schon durch den Klavierauszug bekannt. Darüber hinaus entdeckten wir einige farbige Sänger von hohem Rang, an der Spitze die 25jährige Leontyne Price, daneben William Warfield, damals ihr Mann, ein Bariton, der sich später ganz dem Liedgesang, vor allem Schubert, zuwandte. In dem großen Duett »Bess you is my woman now« vereinigten sich die beiden Stimmen zu eitel Wohlklang.

Im Juni 1950 hatte Berlins Landesvater Ernst Reuter mit einer seiner flammenden humanistischen Reden den Kongreß für die Freiheit der Kultur eröffnet, dem 1949 eine Tagung im New Yorker Waldorf Astoria Hotel vorausgegangen war. Damals hatte sich Schostakowitsch als russischer Delegierter einige peinliche Wahrheiten über sein Sowjetregime anhören müssen, bevor er in der Carnegie Hall Leopold Stokowskis Konzert besuchte. Zum Generalsekretär des Kongresses wurde Nicolas Nabokov bestimmt, zum ständigen Sitz Paris. Bald kamen Briefe vom Boulevard Haussmann, die große Pläne ankündigten. Zu den ersten verwirklichten gehörte 1953 das Pariser »Festival du XXe Siècle« und 1954 ein Musikfest in Rom mit einem glänzenden Programm von Opern, Konzerten und öffentlichen Diskussionen. Als Ehrengäste kamen Igor Strawinsky und Gertrud Schönberg mit der 21jährigen Nuria.

Ich war von Jean Boyer, dem Germanisten und Musikwissenschaftler der Universität Toulouse, zu zwei Vorträgen eingeladen, in denen ich über moderne Tendenzen der deutschen Musik berichtete. Dann fuhr ich über Marseille in Richtung Italien. An der Grenze in Ventimiglia stieg überraschend Heinrich Strobel in mein Abteil. Die zwölf Stunden bis Rom verbrachten wir in Gesprächen über Musikklatsch, Sinn und Unsinn von Festen, Dodeka, Serie und die Kölner Schule mit Herbert Eimert und Karlheinz Stockhausen als Matadoren elektronisch gezeugter Musik. Strobel lachte über den Vers, den ich in Darmstadt dem gläubigen Wolfgang Steinecke für sein Stammbuch geschrieben hatte:

Es thronen auf den Elektronen
die Drohnen und die Eklektronen;
es zwölfteln sich die Tönereihe
Genie, Geschäftssinn und viel Schläue.

Am 4. April, einem Sonntag, kamen wir um Mitternacht an und fuhren ins Hotel Reale, um uns mit gründlichem Schlaf für die Strapazen der nächsten zehn Tage zu wappnen.

Der Wirbel war ungeheuer, der unablässige Wechsel von einer Sprache zur anderen im Umgang mit der kosmopolitischen Gesellschaft sogar für meine polyglotte Erfahrung anstrengend. Aus Paris waren mein Freund Pierre Capdevielle vom Rundfunk, der Ravel-Kenner Roland-Manuel und Alphons Silbermann gekommen, aus Asolo der alte Gian Francesco Malipiero, aus Gravesano bei Lugano Hermann Scherchen.

Mittwoch gab es im Teatro Reale Henzes Manon-Lescaut-Oper »Boulevard Solitude«, deren Uraufführung in Hannover ich mit Erich Ponto besucht und in der »Neuen Zeitung« gerühmt hatte. Die römische Aufführung wurde mit einem heftigen Kreuzfeuer von Beifall und Empörung quittiert; etwas blaß und trotzig lächelnd stand Jung-Henze an der Rampe.

Im Publikum fehlte ein wichtiger Besucher. Igor Strawinsky war nicht im Smoking zur Premiere gekommen. Unerbittlich wies ihn der Türhüter zurück, und auch der Hinweis anderer Besucher auf Namen und Rang des Komponisten konnte ihn nicht umstimmen. »Mi spiace, e proibito«, sagte er unter Hinweis auf seine Vorschriften. Der Meister kehrte um. Als ich ihn am nächsten Tag traf, wollte ich wissen, ob er sehr erzürnt sei. »Gar nicht«, antwortete er, »wir sind ins Hotel Hassler gegangen, und ich habe Patiencen gelegt.« Aber Henze war außer sich über so viel Formalismus. Heute besuchen seine Freunde Theater und Konzerte in Blue Jeans.

Die gesellschaftlichen Pflichten waren so zahlreich und zeitraubend wie die künstlerischen. Viele versäumte ich. Aber in der amerikanischen Akademie begrüßte ich Nicolas Nabokov, der mich Leontyne Price vorstellte. Ich machte der schwarzen Primadonna Komplimente über die Berliner Bess von 1952.

Im Palazzo Pecci-Blunt gab es einen Cocktail-Empfang am späten Nachmittag, zu dem zahllose Gäste geladen waren. Hier traf man die Namens- und Geldaristokratie von den Rospigliosis bis zu den Guggenheims und die Vertreter der großen europäischen Zeitungen. Ich hatte gerade den Wiener Kritiker und Hofmannsthal-Forscher Helmuth A. Fiechtner in ein Gespräch über Sigmund Freud verwickelt, da sah ich einen Japaner, der in respektvollem Abstand offenbar darauf wartete, mich ansprechen zu können. Ich verabschiedete mich von Fiechtner und ging auf ihn zu. »Verzeihen Sie, Herr Professor«, sagte der Mann aus dem Fernen Osten, »ich möchte Sie etwas fragen. Mein Name ist Yoshida, Hidekazu Yoshida. Ich bin Musikkritiker und lese seit Jahren Ihre Aufsätze in ›Musical America‹. Kennen Sie moderne japanische Musik?«

Ich kannte einige Arbeiten von Yoritsune Matsudaira und erinnerte mich an die »Sphénogramme« von Toshiro Mayuzumi auf dem Brüsseler Musikfest 1951. Yoshida erwies sich als ein genauer Kenner aller modernen europäischen Musik. Er kam aus Amerika und wollte von Rom aus nach Frankreich, dann nach Deutschland.

Wenige Wochen später rief er in Berlin bei uns an. Er war von Europa tief beeindruckt. Als ich ihn fragte, was er für kulturelle Eindrücke aus Amerika mitgenommen habe, erwiderte er: »I think that I have wasted my time.« Das Überlegenheitsgefühl der alten asiatischen Kulturen hatte sich auch bei den modernen japanischen Intellektuellen mit dem Schmerz über Hiroshima und die Folgen der Atombombe verbündet.

Yoshida machte die Weltreise für »Mainichi Tschimbun«, eine der größten Tokioer Zeitungen. Seine Berichte hatten solchen Erfolg, daß sie auch in Buchform veröffentlicht worden sind. Wir blieben in brieflichem Kontakt und wurden Freunde.

Im Mai 1954 schrieb mir Hans W. Heinsheimer, der alte Freund aus der Wiener Universal Edition von 1924, er werde nach Berlin kommen und wolle gern möglichst viele Menschen kennenlernen. In Alex Lefèbres Tempelhofer Haus hatte uns Hans Scharoun, der geniale Architekt und mein Kollege in der Technischen Universität, zwei Räume modernisiert und mit von ihm entworfenen Möbeln eingerichtet. Wir hatten dadurch Platz für größere Empfänge, und ich arrangierte am Nachmittag des 13. Mai eine Cocktail-Party für Heinsheimer. Unter den vielen Gästen waren Boris Blacher mit Gerty Herzog, Ferenc Fricsay und der Kultursenator Joachim

Tiburtius. Ich stellte ihm den Dirigenten Maurice Abravanel vor. Ohne einen Augenblick nachzudenken, sagte Tiburtius: »Sie haben 1931 in Kassel eine ›Aida‹-Aufführung dirigiert, die ich nicht vergessen konnte.« Abravanel war perplex und fragte mich nachher, was denn dieser Mann mit dem erstaunlichen Gedächtnis für einen Beruf habe. Er sei der Kultusminister des Landes Berlin, erwiderte ich. Tiburtius war in der Tat ein erstaunlicher Mann. Es gab kein Kulturgebiet, auf dem er sich nicht zu Hause fühlte. Sein Gedächtnis war unfehlbar, Musik und Theater bedeuteten ihm Welten, in die er nach den Amtsgeschäften Zuflucht nahm. Einmal luden wir ihn mit O. E. Hasse zum Abendessen. In vorgerückter Stunde und vom Sekt animiert, sangen sie Duette, darunter das des Carlos und Posa aus Verdis »Don Carlos«.

Mittlerweile hatten wir eine andere Wohnung bezogen. Charlotte Baldner, die Witwe des Cellisten aus dem berühmten Klingler-Quartett, besaß in Dahlem eine alte Villa mit Garten, die ihr zu groß war, als ihre Kinder heranwuchsen. Wir mieteten die untere Etage des schönen Jugendstilhauses, dessen Zimmer mit eingebauten Schränken allen praktischen und ästhetischen Bedürfnissen dienten, und zogen 1957 ein. Neben anderen Vorteilen fanden wir ein Hausmeister-Ehepaar, und die Frau versorgte unsere Wohnung so, daß Margot nach Herzenslust singen und mit mir musizieren konnte.

Dienstboten waren vor den gesellschaftlichen Wandlungen der Jahre 1917 bis 1945 Grundpfeiler einer Lebensordnung, die gerechter und humaner war, als sie heute vielfach erscheint. Es gibt Menschen, die gerne dienen und Teile einer Familie werden, in der sie nicht unterdrückt zu sein brauchen. Der Hausmeister in der Baldner-Villa war Möbelträger beim Spediteur Schenker gewesen. Er trug Schränke so mühelos wie ich meinen Koffer. Einmal zeigte er auf seinen mächtigen Bizeps und sagte: »Sie haben et im Koppe, Herr Professor, und ick hab et hier.« Seine Frau konnte servieren und half Margot bei den geselligen Veranstaltungen, wenn wir meine Universitäts-Kollegen oder andere Bekannte einluden.

Als 1959 Gertrud Schönberg mit dem jüngeren Sohn Larry nach Berlin kam, um in der Städtischen Oper Gustav Rudolf Sellners Inszenierung von »Moses und Aron« unter Scherchens Leitung zu hören, luden wir sie mit dem noch unbekannten Dirigenten Seiji Ozawa und vielen anderen zu einem Dämmerschoppen mit Sekt.

Im Oktober 1953 besuchten wir Donaueschingen. Aus Wien war Ernst Hartmann gekommen, neben Alfred Schlee Direktor der Universal Edition, die wieder die Führung als Verlag moderner Musik hatte. Wir wohnten zusammen im Hotel Schützen. Beim Mittagessen fragte er, ob ich Lust hätte, in Alpbach Kurse zu machen. Alpbach? Der Name war mir unbekannt. Hartmann mußte mir erklären, was Studenten der österreichischen Widerstandsbewegung gegen den Nazismus 1945 gegründet hatten. Das »Österreichische College« veranstaltete im August und Anfang September Hochschulwochen in dem Tiroler Dorf Alpbach, rund tausend Meter hoch, zu denen Wissenschaftler aus vielen Ländern eingeladen wurden. Jedes Jahr standen die Kurse unter einem anderen Motto, meist politisch-wirtschaftlicher Art, in das die Künste einbezogen waren. Die Studenten kamen überwiegend aus Österreich, aber auch aus Deutschland und anderen Ländern.

Für 1954 wünschte man sich von mir Vorlesungen über die neue Wiener Schule, namentlich Schönberg, Webern und Berg. Mir leuchtete die Wichtigkeit der Sache ein. Ich konsultierte meinen Kalender und stellte fest, daß am 17. August in Salzburg Rolf Liebermanns Oper »Penelope« nach einem Libretto von Heinrich Strobel uraufgeführt werden sollte. Das paßte genau.

Nach den Anstrengungen des Frühjahrs 1954, vor allem der Wochen in Rom, des exzessiven Musikbetriebs in Berlin, wo der neueröffnete Hochschulsaal die Konzertfülle mehrte, den Vorlesungen und Prüfungen in der Universität, brauchte ich ebenso wie Margot einen Urlaub. Wir beschlossen, nach Warmbad Villach zu gehen und eine Thermalkur zu machen. Da waren wir schon in Österreich und konnten anschließend nach Salzburg fahren.

Die »Penelope« enttäuschte uns. Weder Strobels zwischen Antike und Moderne alternierender Text noch Liebermanns Musik mit den ewig bitonalen Klängen behagten mir. Sie nannten das Stück eine Semi-Seria; ich fand, es sei eher eine Opera Miseria. Dabei war die Aufführung im Festspielhaus vorbildlich. George Szell dirigierte, Oscar Fritz Schuh führte Regie in Bühnenbildern von Caspar Neher, eine Sängerelite mit Christel Goltz, Anneliese Rothenberger, Max Lorenz, Walter Berry und Rudolf Schock an der Spitze trug die Hauptpartien. Dem Publikum gefiel der Abend sehr; ich fand den Rückschritt seit der 1952 in Basel uraufgeführten »Leonore 40/45« von denselben Autoren bedauerlich. Heute sind beide Opern vergessen.

In Alpbach gab es Rituale, die man kennen mußte, um ganz zum »inneren Kreis« zu gehören. Das einfachste war nach dem Mittagessen die Teeverteilung im Garten des »Böglerhofs«, wo Friedrich Torbergs Frau Marietta mit gewaltigen Kannen ihres Amtes waltete und der gesellige Teil der Kurse Leute zusammenführte. Zum Ritus gehörte ein Besuch bei dem Nobelpreisträger Erwin Schrödinger, dem Physiker aus Dublin, der seine Wissenschaft als Teil einer philosophischen Weltdeutung empfand. Der damals 67jährige Mann interessierte sich für alle Kulturerscheinungen, aber am wenigsten – wie er mir bedauernd versicherte – für Musik.

Im feuchtkühlen Saal des Hotels Post fand ich am Morgen meine Hörer versammelt. Außer den Musikspezialisten waren drei junge österreichische Maler dabei: Josef Mikl, Wolfgang Hutter und Johann Frumann. Hutter war ein Sohn des Schriftstellers und Malers Paris von Gütersloh, der zu Schönbergs frühen Bewunderern gehört und in dem 1911 bei R. Piper erschienenen Sammelbuch über die Malerei des Komponisten geschrieben hatte.

»Gegenwart und Wissenschaft« war das Motto der Tagung. Eine bunt, aber sinnvoll zusammengewürfelte Gesellschaft von Bankiers und Gelehrten war gekommen, darunter Hermann Abs aus Frankfurt und der österreichische Finanzminister Reinhard Kamitz. Ein Wiener Finanzmarschall fuhr nachts entsetzt aus dem Schlaf. Auf seinem Balkon stand ein Mann, der erst verschwand, als der Experte des Geldes ihn bedrohte und um Hilfe schrie. Der Anlaß war harmlos: Ein Tiroler Jüngling war fensterln gegangen und hatte sich in der Etage geirrt. Nicht die Brieftasche des Bankiers, das Lager eines Stubenmädels war gemeint.

Es gehörte zum Alpbacher Stil, daß umstürzende Erkenntnisse in Nebensätzen verkündet werden. Solche Nebensätze enthielt der Vortrag, den der Vertreter der damals neuen Wissenschaft Kybernetik, Colin Cherry aus London, über »Nachrichtensysteme bei Mensch, Tier und Maschine« las: »Die physikalischen Begriffe sind entstanden durch die Zufälle unserer Geschichte, deshalb muß die Mathematik der Marsbewohner nicht der unseren gleichen.« Er meinte, man könne Maschinen bauen, die jedes menschliche Verhalten nachahmen. »Wenn eine solche Maschine gebaut würde, so würde ich sie Bruder nennen.«

Seit den automatischen Schachspielern, den fressenden und eierlegenden künstlichen Enten des 18. Jahrhunderts bis zu unseren Radargeräten und elektronischen Hirnen ist man weit gekommen. Die Automatenwelt trennt sich langsam, aber bis zur Unerträglichkeit von der unseren. Manche Menschen fürchten sie, wie Frauen Spinnen fürchten. »The material world is a complete mystery«, sagte Cherry, und die Maschine könne Fehler begehen genau wie wir. Das Verhalten automatischer »Lebewesen« ist nicht voraussehbar.

Kein Geringerer als Schrödinger leitete die Diskussion, und er hatte Mühe, sie von den abschüssigen Höhenwegen der Philosophie in die Bereiche der Naturwissenschaft zu führen. Wenn, so fragte ein Teilnehmer, schon die materielle Welt ein Mysterium ist, wie weit oder nahe sind wir dann mit den Superautomaten noch von den Phänomenen der Parapsychologie, des Hellsehens und ähnlichen Spuks? Die Frage blieb offen.

Im Alpbacher Teich schwammen weniger Karpfen als Hechte. Als Oberhecht erwies sich Karl Raimund Popper aus London, dessen Vortrag »Die Philosophie und die Wissenschaften« die Sprecher der Simultan-Dolmetsch-Anlage sowie alle anwesenden Existentialisten und Scholastiker verzweifeln ließ. Niemand konnte bei der folgenden Diskussion seine Dialektik übertrumpfen. Neben Raketen und Schwärmern, die sie zutage förderte, weckten die Repliken des Physikers und politischen Schriftstellers Alex Weissberg-Czibulski viel Sympathie. Er fand Philosophie grundsätzlich verdächtig, da er ihren Nutzen nicht einsehe. Doch sei er schon dankbar, wenn ein Philosoph sich wenigstens verständlich ausdrücke.

Für mich gehörte die gemeinsame Arbeit mit den Studenten aus Deutschland, Frankreich, Holland, Italien und Österreich zu den schönsten Alpbacher Erfahrungen. In der Analyse von Werken der Schönberg-Schule und im Gespräch mit den aufgeschlossenen, wissensdurstigen jungen Menschen zeigte sich, wie lebendig und real der Europagedanke bei der damals nachwachsenden Generation war. Durch Konfrontation und Aussprache die schlecht motivierten chauvinistischen Vorurteile zu zerstören, war ideales Ziel nicht nur dieses Europäischen Forums, sondern auch späterer Sommerkurse in Alpbach.

In meinem Kurs erschien mit seiner Kamera ein junger Photograph aus Tiroler Adelshaus: Wolfgang von Pfaundler. Ich stellte ihn der holländischen Pianistin Geertruy Spat vor, die mit Margot musiziert hatte. Ein paar Wochen später schrieben sie uns zusammen eine Karte. Sie hatten sich fürs Leben gefunden und waren ein glückliches Ehepaar, als ich 1956 wiederkam. Damals hieß das Motto »Evolution und Revolution«; ich hatte als Thema den musikalischen Neoklassizismus gewählt und nannte den Kurs »Neo-Archaismen und Schein-Traditionen«. Zu den Vortragenden gehörte wie immer Professor Simon Moser, Bruder des Alpbacher Bürgermeisters und »Böglerhof«-Besitzers, von Anbeginn einer der geistigen Leiter des Europäischen Forums. Über »Die österreichische Neutralität in der europäischen Außenpolitik« sprach Bruno Kreisky, damals Staatssekretär im Wiener Bundeskanzleramt, auswärtige Angelegenheiten.

1957 kam ich nur zu einem Vortrag »Kommentare zur Musik von Boulez, Nono und Stockhausen« nebst Demonstration mit Schallplatten serieller und elektronischer Kompositionen. Wir trafen Teddie Adorno, der über das Verhältnis künstlerischer Technik und philosophischer Problematik im Hinblick auf den Kontrapunkt neuer Musik sprach, und Luigi Rognoni, den wir aus Darmstadt kannten. Von alten Ullstein-Leuten sah ich Arthur Koestler wieder. Zu den wichtigsten Begegnungen zähle ich die mit Gabriel Marcel, dessen Vortrag »Philosophie und Drama im Bereich des Mythos« mich faszinierte und dem ich für Formulierungen wie »Paul Claudel et son hispanisme wagnérisant« dankbar bin. 1962 teilte ich in Alpbach mit Ernst Krenek eine Arbeitsgemeinschaft »orientalische Einflüsse in der Musik des Abendlandes«. Unter den Hörern war der junge Tübinger Doktorand Wolfgang Burde, den ich mir später als Assistenten an meinen Berliner Lehrstuhl holte. Auch mein japanischer Freund Hidekazu Yoshida war gekommen und sprach über »Tradition und europäischen Einfluß in der neuen Musik Japans«.

Egon Wellesz traf ich in einem Konzert des damals zu erstem Ruhm gekommenen LaSalle-Quartetts. Er lehrte seit 1938 in Cambridge und verband den Ruf des Spezialisten für altbyzantinische Neumen mit dem eines der letzten noch lebenden Schönberg-Schüler von 1904. Ich stellte ihm den neben mir sitzenden Stockhausen vor. Als Wellesz auf seine im Entstehen begriffene Symphonie zu sprechen kam, erwiderte Stockhausen mit seiner gewohnten Anmaßung, es sei sinnlos, eine so tote Form wieder beleben zu wollen.

Alpbach brachte immer wieder geistigen Gewinn als Schauplatz europäischer Begegnungen. 1967 leitete ich zum letztenmal dort eine Arbeitsgemeinschaft. Wir behandelten zeitgenössische Opern, unter meinen Hörern waren die ungarischen Komponisten György Ránki und Ferenc Farkas. Zu einer Diskussion hatte ich eine Gruppe ungleicher Experten einladen lassen: Gustav Rudolf Sellner, Mauricio Kagel, Giacomo Manzoni und Peter Schat, mit denen ich über Probleme wie Repertoire- und Starsystem, Guckkastenbühne und Raumbühne, totales und absurdes Theater stritt. Dabei erwies sich Sellner als weitblickender Praktiker, Kagel als geschickter, aber durch Vorurteile und Kenntnislücken, namentlich was Schönberg betraf, gehemmter Avantgardist.

Doch nie hatte das Europäische Forum in tausend Meter Höhe wieder die geistige Spannkraft, die mich 1954 so beglückte. Von ihr noch ganz erfüllt, kamen wir nach Berlin zurück. In der Städtischen Oper bereitete die große Choreographin Tatjana Gsovsky eine Uraufführung vor: Luigi Nonos Ballett »Der rote Mantel« nach Federico García Lorcas »Don Perlimplin«. Nono war zu den Proben gekommen, fand sich aber mit der Gsovsky und ihrer erotisierenden Ausschmückung der Tänze so wenig ab wie diese mit seiner seriell durchkonstruierten, nicht sehr tanzbaren Musik. Mit ihm und Yoshida aßen wir bei Schlichter. Das Restaurant in der Martin-Luther-Straße war in Berlin seit 1927 ein Begriff, der Eigentümer ein Bruder des Malers Rudolf Schlichter. An den Wänden des betont unluxuriösen Lokals hingen dessen Bilder, darunter ein Porträt des Schauspielers Emil Jannings, der zu den Stammgästen gehört hatte. Hier verkehrten Intellektuelle, Theaterleute, Musiker und Gourmets. Die Küche war vorzüglich, mit einem Stich ins Schwäbische, berühmt durch die Salate und Horsd'œuvres, die man sich an einem reich bestückten Buffet aussuchen konnte. Im Gegensatz zu dem gegenüberliegenden Horcher war

Schlichter nicht für Millionäre und große politische Repräsentation gedacht, obwohl auch Diplomaten und Staatsmänner von François-Poncet bis Stresemann hier mitunter schmausten. Nach 1945 wurde der Betrieb in dem reparierten Eckhaus bald wieder aufgenommen. Schlichter lebte nicht mehr. An seiner Stelle leitete Hans Wassmannsdorff den Betrieb, und in seinen Mußestunden schrieb er Gedichte, die so gut waren, daß Friedrich Luft sie in der »Neuen Zeitung« druckte. Ende der sechziger Jahre wurde das Restaurant geschlossen. Ein Stück altes Berlin existiert nicht mehr.

Im September 1954 verabschiedete sich Heinz Tietjen mit der Leitung des »Ring«-Zyklus von Berlin. Er hatte 1953 zusammen mit Emil Preetorius die Tetralogie in Personalunion von Dirigent und Regisseur herausgebracht, begeistert akklamiert vom Regierenden Bürgermeister Ernst Reuter, der Tietjen als erstem die von ihm geschaffene und nach ihm benannte Plakette verlieh, wenige Tage vor seinem, Reuters, unerwarteten Tod.

Carl Ebert war Tietjens Nachfolger, der würdigste und liebenswürdigste Chef, den die Welt zu vergeben hatte, dazu ein Regisseur großen Stils, der gleich Verdis »Nabucco« mit Christel Goltz als rothaarig-mänadischer Abigail zu einem unablässig wachsenden Erfolg brachte. Bei den Ovationen war der nach vielen Exiljahren heimgekehrte Berliner Ebert den Tränen sehr nah.

Den Oktober und November verbrachten wir meist auf Reisen. In Donaueschingen gab es sechs Programme in zwei Tagen; von den vierzehn Komponisten war die Hälfte anwesend, um Beifall oder Protest persönlich zu quittieren, mit einem Instrumentarium, das vom Magnetophon über die Jazztrompete bis zum Prepared Piano reichte.

Beim traditionellen Empfang im Fürstenberg-Schloß sahen wir einen Mann, der Margot mit den Augen verschlang. Er kam auf sie zu und sagte: »You are so beautiful.« Es war John Cage, 42jähriger Chef d'école amerikanischer Avantgardisten. Am nächsten Tag spielte er mit seinem Lebensgefährten David Tudor eine Gruppe eigener Stücke. Die Uraufführung hieß »12'55.677 for 2 Pianists«; aus dem präparierten Flügel und von Tonbändern drangen zirpende, trommelnde, explosive Staccatos. Tudor, ein erstaunlicher Pianist, nahm gelegentlich ein Flötchen oder eine bunte Kinderplärre in den Mund und blies darauf, schlug mit einem Hammer auf Metall, kroch unter den Flügel, während Cage ungerührt weiterspielte. Von Pfiffen, Buhrufen und Applaus umtost, traten die beiden ab.

Der Bestseller des Festes stand am Schluß eines von Hans Rosbaud geleiteten Konzerts des Baden-Badener Rundfunkorchesters: Rolf Liebermanns »Concerto for Jazzband and Symphony Orchestra«. Die Rundfunkpaläste, in denen Kultur veranstaltet wird, strahlen seltsame Energien aus. Sie finanzieren, wie hier der Südwestfunk und sein Musikpapst Strobel, Experimente, hohe Kunst und Gebrauchsware.

Vom Schwarzwald fuhren wir mit unserem »Paucis« – so hieß das neue Wägelchen als Gegensatz zu »Omnibus« – über Vézelay nach Paris. Das zweite Fest des von Pierre Capdevielle geleiteten »Centre de Documentation de Musique Internationale« war nicht auf »Welturaufführungen«, Entdeckungen und Offenbarungen, sondern auf Dokumentation der Produktionslage und morphologischer Zusammenhänge gestellt. So gab es je einen Abend mit englischer, italienischer und ungarischer Musik. Ein Nachmittag gehörte dem Experiment. Pierre Schaeffer, Romancier und Erfinder der Musique Concrète, machte den Ansager für die »Ausstellung tönender Objekte«. Er konfrontierte gespenstige Bläser- und Saiteneffekte einer japanischen Kultmusik den sieben Schalltypen aus Werner Meyer-Epplers elektronischem Laboratorium an der Bonner Universität. Er ließ die Ondes Martenot in einem Oktett nach Motiven exotischer Folklore mit Oskar Salas Mixtur-Trautonium wetteifern. Er huldigte dem anwesenden Altmeister Varèse durch eine Bandwiedergabe des »Octandre«, bis Cage und Tudor ihre Späße auf Prepared Pianos vorführten.

Ein Kongreß im Unesco-Haus über die gesellschaftlichen Aspekte der Rundfunkmusik unter Leitung des australischen Soziologen Alphons Silbermann schloß sich an. Neben ihm referierten der Kölner Professor René König, Jacques Chailley von der Sorbonne, ich und einige andere.

Als ein »commercial broadcaster« aus Kalifornien die »olympische Haltung« der Redner kritisierte und sich mit naivem Stolz darauf berief, seinen Hörern genau das zu liefern, was sie verlangten, fand er geteilte Sympathien. Tags darauf las ein polnischer Delegierter ein Manifest, das in der Sprache der politischen Propagandisten die gleiche Praxis forderte. Diese Identität kommerzieller und autoritär-volkskultürlicher Auffassung zeigte, wie die Programmbildung von zwei gegnerischen Seiten zur Verflachung aufgefordert wird.

Statistik ist ein wichtiges Mittel der Soziologie, verleitet aber zu einer Bewertung nach Quantität, die man auf ästhetische Dinge nicht anwenden sollte. Mit Silbermann hatte ich seit dem Kongreß guten, zeitweise freundschaftlichen Kontakt, obwohl ich ihm meine geringe Schätzung der Kultursoziologie so wenig verhehlte wie Teddie Adorno.

Furtwängler war seit längerer Zeit krank. Man wußte, daß auch sein Gehör nachließ. Er suchte Heilung durch Thermalbäder und mußte seine Dirigiertätigkeit einschränken. Noch im September hatte er mit den Berliner Philharmonikern die zweite seiner eigenen Symphonien aufgeführt, die seine Position zwischen Brahms und Bruckner in gewaltigen Architekturen reflektiert. Bald nach diesem Berliner Konzert ging es mit seinem Befinden bergab. In einem Heidelberger Sanatorium behandelten ihn die berühmtesten Ärzte. Gerhart von Westerman, Intendant der Philharmoniker, suchte ihn auf. Furtwängler kam auf die Frage seiner Nachfolge zu sprechen, falls er das Dirigieren ganz aufgeben müsse. Herbert von Karajans Name fiel. Noch war Furtwänglers Abneigung gegen den erfolgreichen jüngeren Kollegen nicht zu besiegen. Aber in stundenlangen Debatten über alle sonst noch denkbaren Kandidaten brachte ihn Westerman dazu, seinen Widerstand aufzugeben.

Am 30. November starb der geniale Musiker an Lungenentzündung. Die Welt verlor den Künstler des romantischen Espressivos, der gigantischen Steigerungen und schöpferischen Improvisationen. Seine Persönlichkeit war so suggestiv, daß niemand sich ihr entziehen konnte. Darin lag auch die Einzigartigkeit seiner Aufführungen begründet, von denen technische Hilfsmittel wie Schallplatte und Rundfunk nur einen Abglanz geben.

Bei den Berliner Philharmonikern begannen heftige Auseinandersetzungen um die Nachfolge. Eine einflußreiche Gruppe stellte Celibidache als Gegenkandidaten auf. Die Karajan-Partei siegte, und nach einer Spielzeit waren auch die meisten Celibidache-Anhänger von der Richtigkeit der Entscheidung überzeugt.

In die Debatten über die Philharmoniker fiel Mitte Dezember

ein Westberliner Opernereignis. Ferruccio Busonis »Doktor Faust« wurde, fast dreißig Jahre nach der Berliner Erstaufführung in der Staatsoper, mit Fischer-Dieskau in der Titelpartie herausgebracht. Damit begann für den Sänger die Reihe von Verkörperungen moderner Partien, die in Bergs Wozzeck, Hindemiths Mathis und Aribert Reimanns Lear gipfelte.

An einem Dezembervormittag 1954 fuhr ich, wie täglich, zur Redaktion der »Neuen Zeitung«. Aus der zu engen Wohnung in der Steglitzer Buggestraße war der Betrieb in ein großes Haus der Dahlemer Lentzeallee gezogen. Die Front ging auf Gärten und Äcker, die zur Landbaufakultät meiner Alma Mater, der Technischen Universität, gehörten. An Parkplatz für die Wagen der Redakteure war damals kein Mangel. Im Haus traf ich Egon Bahr. »Wissen Sie schon?« fragte er. »Am 30. Januar erscheinen wir zum letztenmal. Die Regierung in Washington wird die ›Neue Zeitung‹ nicht länger finanzieren.«

Ich war ungläubig. Die beste Tageszeitung in deutscher Sprache, ein Blatt von weltweitem Prestige, politisch und kulturell so einflußreich wie in Wirtschaft und Sport, sollte nicht mehr existieren? Oben im Feuilleton saßen Friedrich Luft, Hans Schwab-Felisch und Charlotte Stephan, alle in Friedhofslaune. Mittags in der Kantine wurde erbittert diskutiert. Für viele Mitarbeiter war die Nachricht finanziell erschreckend, wenn auch die meisten auf andere Arbeit hoffen konnten. Aber ob in Westberlin?

Für die letzten Nummern des Blattes gaben wir alle uns besondere Mühe. Ich schrieb über eine Probe zu Eberts bevorstehender Inszenierung von »Così«, deren Premiere ich nicht mehr würde besprechen können. Am 30. Januar 1955, diesem fatalen Datum, das an Hitlers Machtergreifung 1933 erinnerte, schilderte ich die europäische Musikernte des vergangenen Jahrzehnts mit den Errungenschaften der seriellen und elektronischen Komposition, den neuen Werken des zu Schönberg und Webern bekehrten Strawinsky, den Erfolgen Pierre Boulez', Luigi Nonos und Karlheinz Stockhausens. Abends luden wir die ganze Feuilletonredaktion zu uns. Will Grohmann kam mit seinen beiden Damen, Luft mit seinem Heidchen (»heute traurig«, schrieb er in mein Büchel), und wir tranken ein »stilles Glas« auf die entschlafene Gazette.

Berlin konnte sich publizistisch sehen lassen. 1948 hatte Melvin

J. Lasky den »Monat« gegründet und zusammen mit Hellmuth Jaesrich daraus eine intellektuelle, gut geschriebene, im westlichen Sinne demokratisch-freiheitliche Zeitschrift gemacht, für die ich gern arbeitete. Lasky bewohnte mit seiner hübschen polnischen Frau eine Villa in der Zehlendorfer Kleiststraße. Am 16. April aßen wir da zu Mittag. Jaesrich und seine baltisch-adlige Frau waren schon da, als wir kamen. Dann erschien Lotte Lenya, die bald nach Kurt Weills frühem Tod 1951 wieder den Weg nach Deutschland gefunden hatte. Als letzter schlurfte Wystan Hugh Auden herein. Seine empfindlichen Füße vertrugen keine Schuhe. So hatte er ein Paar leichter Pantoffeln angezogen, wie man sie im Flugzeug für lange Reisenächte bekommt. Mit ihm kam Chester Kallman, sein Mitarbeiter und Lebensgefährte. Wir sprachen gleich über Strawinsky und Audens Libretto »The Rake's Progress«. Kallman hatte dafür die »lyrics« geschrieben, gereimte Singnummern, wie sie auch in Audens »Elegy for young lovers« für Hans Werner Henze stehen.

Lotte Lenya erzählte von einem Besuch bei Brecht im anderen Teil Berlins und fragte Auden, ob er ihn kenne. Ja, antwortete der in Amerika ansässige Engländer, aber er möge ihn nicht, weil er so ungewaschen sei. »I am pretty dirty myself«, präzisierte der wasserscheue Dichter des »Age of Anxiety«, »but this is too much for me.«

Im Mai war der zehnte Jahrestag des Zusammenbruchs von 1945. Was in dieser relativ kurzen Zeit in der Bundesrepublik entstanden war, muß ich nicht beschreiben. Aus dem Nichts waren Wohlstand, reiches Theater- und Musikleben gewachsen. Man hatte Verbindung mit anderen Ländern, konnte reisen, wohin man wollte. Margot und ich setzten uns zu Beginn der Semesterferien in den Wagen und kamen im Juli nach Aix-en-Provence, wo es Aufführungen von »Così« und »Figaro« gab. Mit K. H. Ruppel und Elsbeth von Lüdinghausen machten wir Ausflüge nach Les Baux mit seinen großen Bauxit-Steinbrüchen, Lourmarin und der romanischen Zisterzienser-Kathedrale Silvacane. In deren Gästebuch fanden wir die Inschrift: »Cette fleur en pierre, ciselée par des mains inspirées, se compare en grandeur au quatrième acte de mon Soulier de Satin. Paul Claudel.«

Von Aix fuhren wir nach Sitges, einem kleinen Badeort nahe

Barcelona. Hier blieben wir zwei Wochen, badeten im warmen Mittelmeer, hatten Spaß an einem Volksfest mit haushohen Maskentänzen und besuchten das Musée Cau Ferrat, wo kleine Bilder aus Picassos Frühzeit hingen, meist im Stil Toulouse-Lautrecs.

Die Rückreise führte über den Montserrat, über Montpellier und Lyon nach Badenweiler, wo wir eine Woche blieben.

In Berlin gab es viel akademische Arbeit. Ich war Dekan der Humanistischen Fakultät, mußte die Sorgen von Kollegen teilen und womöglich beheben, hatte Einblick in die Probleme der anderen Fakultäten. Abends hörte ich wieder Opern und Konzerte. Die Redaktion der »Welt« bat mich um freie Mitarbeit. Für sie besprach ich im November die Vorstellungen bei der Eröffnungswoche der neu erstandenen Wiener Staatsoper: »Fidelio« und »Don Giovanni« unter Karl Böhm.

Inzwischen war Karajan zum Leiter der Philharmoniker auf Lebenszeit berufen worden. »Mit tausend Freuden« hatte er aus Tiburtius' Hand die Urkunde empfangen. Westerman war glücklich, und auch die Orchestermitglieder, die auf Celibidaches Engagement gehofft hatten, wurden durch die genaue Probenarbeit und den Charme des neuen Chefs bald für ihn gewonnen.

Ich kannte ihn nur ganz flüchtig von einer Probe mit dem Cellisten Pierre Fournier, der in Berlin mit ihm das Konzert von Dvořák spielte. So war es mir lieb, als Westerman mich zu einem gemeinsamen Mittagessen mit ihm einlud. Wir trafen uns am 27. April 1955 im Funkturm-Restaurant mit dem schönen Blick auf Berlin, den Lietzensee und Poelzigs Rundfunkhaus, das im Bombenkrieg relativ glimpflich davongekommen und längst wiederhergestellt war. Es wurde ein langes Gespräch, bei dem ich die vielseitigen Interessen des Dirigenten kennenlernte. Ein ganz anderer Typus als Furtwängler, mehr an den exakten Wissenschaften orientiert als philosophisch, reagierte er blitzschnell auf jede Wendung der Konversation. Wir sprachen über Berliner Theater, über eine Ausstellung moderner Maler im Zehlendorfer Haus am Waldsee und über das Problem des Musikernachwuchses, dem Furtwängler eine Stiftung zugedacht hatte, ohne den Gedanken praktisch verwirklichen zu können.

Als Karajan gegen zwei Uhr aufstehen wollte, bat ich ihn noch um eine Viertelstunde über seine Programme. Ich sagte ihm unverblümt, mir fehle etwas an ihm, was aller Ruhm und Welterfolg nicht wettmachen könnten. Arthur Nikisch, den ich in meiner Jugend noch gehört hatte, kämpfte erfolgreich für Bruckner und setzte dessen Symphonien in Leipzig wie in Berlin beim Publikum durch. Furtwängler trat für Schönberg und gegen den Willen der Nazis für Hindemith ein. Welches aber seien die Komponisten, für die er, Karajan, sich exponiert habe? Er nahm die Kritik gelassen und freundlich auf. »Können Sie mir sagen, für wen ich mich einsetzen sollte?« fragte er. Ich erwiderte, als Österreicher müsse er sich doch für Schönberg, Berg und Webern interessieren. Aber auch jüngere Komponisten wie Fortner und Henze, in Frankreich Olivier Messiaen hätten Anspruch darauf, von ihm gefördert zu werden.

Ich hatte den Eindruck, daß meine Offenheit ihm gefiel. Er drückte mir beim Abschied herzlich die Hand und versprach, sich meine Anregung zu überlegen. Schon in der nächsten Saison standen Stücke von Berg und Webern auf seinen Programmen. In den folgenden Jahren brachte er Fortners »Impromptus«, Messiaens »Trois petites liturgies«, Henzes »Antifone« und immer wieder die Hauptwerke der Schönberg-Schule zu Aufführungen von exemplarischer Genauigkeit und technisch-musikalischer Gültigkeit. Er bekannte mir später, daß schon die Arbeit an diesen Partituren ihm unentbehrlich geworden sei. »Was ich morgens bei einer Webern-Probe mit dem Orchester mache, spüre ich abends bei der Brahms-Aufführung.« Die Schallplatten mit seiner Aufnahme der Schönbergschen Variationen op. 28 und anderen Werken der Wiener Schule halten fest, was er und das Orchester bei der Enträtselung dieser schwierigen Partitur geleistet haben.

Karajan gehörte auch zu den energischen Vorkämpfern für Hans Scharouns Philharmonie. Das kühne Projekt, ein Zuschauerraum, der sich als asymmetrischer Trichter um das tief gelegene Podium zieht, wurde von konservativen Fachleuten abgelehnt. Aber es entsprach den neuen Akzenten, die Westberlin mit der Bauaustellung 1957 im Hansaviertel setzte, wo Walter Gropius, Alvar Aalto und andere große Baumeister neue Wohnformen zeigten und Werner Düttmann der Akademie der Künste ein Domizil nebst Studiosaal für Musik- und Theateraufführungen geschaffen hatte.

Manchmal trafen wir Gottfried Benn bei kleinen geselligen Ver-

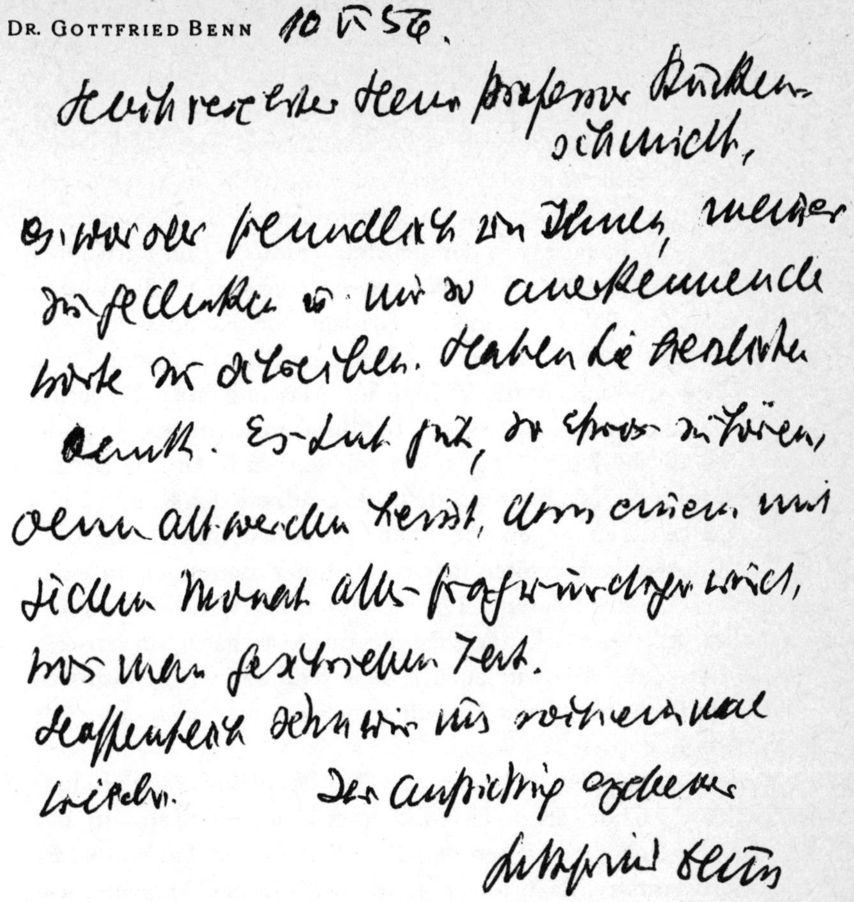

anstaltungen. Der Lyriker und philosophierende Arzt lebte in einem Zustand der Resignation, nahm nur noch wenig am Kulturbetrieb teil, war aber von dem Hansaviertel und der neuen Berliner Architektur stark beeindruckt. Am 2. Mai wurde er siebzig. Ich schrieb ihm, wieviel seine Lyrik mir in meiner Jugend bedeutet hatte, wie ich seinen Prosastil zu kopieren versuchte, welche Bedeutung ich seinem Text für Hindemiths Oratorium »Das Unaufhörliche« beimaß. Die Antwort kam sofort, ein handgeschriebenes Kärtchen mit einem Schluß, der mich erschütterte: »Es tut gut, so etwas zu hören, wenn alt werden heißt, daß einem mit jedem

Monat alles fragwürdiger wird, was man geschrieben hat.« Benn starb zwei Monate danach, am 7. Juli 1956, in Berlin.

Niki Nabokov hatte immer wieder europäische Begegnungen im Kopf, bei denen man als Gast des Kongresses für die Freiheit der Kultur in schöne Länder reiste. 1957 bereitete er eine internationale Round Table vor, die sich an die Biennale in Venedig anschloß. Mitte September 1958 traf man sich in San Giorgio zur Eröffnung des Kongresses, der sich mit Tradition und Fortschritt in den Künsten befaßte. Wir saßen um einen großen Tisch, Wystan Hugh Auden, der amerikanische Kritiker und Komponist Virgil Thomson, aus Paris Frederick Goldbeck und Claude Rostand, aus Italien Roman Vlad, Mario Zafred und Massimo Mila. Da lernte ich Alain Daniélou kennen, den berühmt-umstrittenen Spezialisten für indische Kultur, der später mit seinem Institut in Berlin-Grunewald mein Nachbar wurde. Niki eröffnete den Kongreß mit einer Rede, deren ungenierte Späße die anwesenden venezianischen Prinzessinnen erröten machten. Fünf Zusammenkünfte der ungleichen Geister folgten; ich sprach über die »Creatio ex nihilo« und wies den Vorwurf, die Neigung zur Avantgarde sei fetischistisch, mit dem Schlußsatz zurück: Mag sein, daß wir Fetischisten sind, aber der futuristische Fetischismus ist immer noch besser als der nekrophile.

Hauptereignis der Biennale war die Uraufführung von Igor Strawinskys Chorwerk »Threni« unter seiner Leitung in der Scuola San Rocco, zwischen den Riesentafeln von Tintoretto. Es war Herbstanfang, dazu Jom Kippur, der jüdische Versöhnungstag, und obendrein streikten die städtischen Verkehrsmittel. So war der Canal Grande von Gondeln überfüllt, und ein merkwürdig archaisches Bild entrollte sich unterm Sternenhimmel. Die »Threni« sind das strengste, dissonanteste Zwölftonstück, das der über siebzigjährige Meister nach seiner Bekehrung zu Schönbergs und Weberns Tonsprache geschaffen hat; sie klangen in diesem venezianischen Rahmen befremdlich. Doch zeigten sie an der vom Genius des Cinquecento geweihten Stätte, daß schöpferische Kraft Tradition auch dann wahrt, wenn sie sich dem Geist der Erneuerung verschreibt. Auch das war eine Antwort auf die Grundfrage unserer Round-Table-Gespräche.

Die Tschechoslowakei hatten Margot und ich nach 1945 gemeinsam noch nicht wiedergesehen. Nun lud der Komponistenverband nach Brünn zu einem Theater- und Musikfest ein, das zur dreißigsten Wiederkehr seines Todestages 1928 Leoš Janáček gewidmet war. Wir fuhren Mitte Oktober hin und trafen in der mährischen Hauptstadt den alten Freund Alois Hába. 68 Musiker, Wissenschaftler und Kritiker waren aus siebzehn Ländern gekommen, darunter USA, UdSSR, Chile, Japan und Südafrika.

Brünn war noch sehr arm, die Menschen auf der Straße trugen abgenutzte Kleider. Wir hatten ein großes Zimmer mit Bad im vierten Stock des Grand Hotel. An den Fenstern fehlten Gardinen, aber die Wäsche war blütenweiß und wurde täglich gewechselt. Auf dem Schreibtisch stand das Telefon. Nachmittags war eine Sitzung. Margot blieb im Zimmer und las. Als wir fertig waren, bat ich den Portier, mich mit meinem Zimmer zu verbinden. »Telefon neni, prosim vas«, sagte er, es gibt kein Telefon. Ich antwortete, der Apparat stehe doch oben. Apparat vielleicht, aber kein Anschluß, war seine Auskunft. Nun begriff ich, wozu der Apparat diente. Wir waren in einem Polizeistaat, wo Ausländer gut überwacht wurden. Oben sagte ich laut zu Margot, wir würden über unser Telefon belauscht und wollten nun nach Herzenslust auf alles schimpfen, was uns in der Welt mißfiel. Ebenso machte ich es 1971 im Moskauer Intourist-Hotel, nachdem unser Zimmertelefon »repariert« wurde, als wir unversehens mittags nach oben kamen.

Im Opernhaus gab es als Welturaufführung ein nachgelassenes Werk, »Osud« (Schicksal), von Janáček als »musikalische Novelle« bezeichnet. Die Verwandtschaft des Stoffes mit Charpentiers »Louise« und Schrekers (später entstandenem) »Fernem Klang« ist offenkundig, Hauptfigur ein Komponist, der seine Frau aus bürgerlichen Bindungen befreit und ihrer Vergangenheit ein Opernwerk widmet. Zweimal greift ein Deus ex machina ein: im zweiten Akt, wenn die wahnsinnig gewordene Schwiegermutter ihre Tochter in den Tod treibt, im dritten, wenn ein Blitz den reuigen, seine Schuld bekennenden Helden tötet.

So mißlungen dramaturgisch, so schön ist musikalisch das Stück mit der Spannung von operettenhafter Munterkeit bis zu hochdramatischem Pathos.

Bei den Diskussionen, die der Ordinarius für Musikwissenschaft Jan Racek leitete, ging es um die offizielle russische These, Janáček sei völlig von Mussorgsky abhängig, die vor allem der Prokofieff-Biograph Izrail Nestjew vertrat. Von der westlichen Welt war am stärksten England durch Kritiker wie John Amis, John Warrack und Desmond Shawe-Taylor vertreten. Mit dem Komponisten Eugen Suchon und dem Dirigenten und Janáček-Biographen Jaroslav Vogel hatten wir viele Gespräche.

In Berlin fand ich einen Brief von Hidekazu Yoshida. Er fragte, ob ich Zeit und Lust hätte, im Sommer 1959 vier Wochen in Japan Vorträge zu halten und ein Fest moderner Musik zu hören. Er und Klaus Pringsheim würden alles vorbereiten, müßten aber meine finanziellen Wünsche kennen. Ich erwiderte postwendend, die Einladung interessiere mich sehr. Geld sei mir gleichgültig, wenn Reise und Aufenthalt gesichert und komfortabel wären.

Winter und Frühjahr 1959 brachten künstlerische Eindrücke wie die Aufführung von Hindemiths »Mathis der Maler« mit Fischer-Dieskau an der Städtischen Oper, Karajans Wiedergabe von Strawinskys im Webern-Geist komponiertem »Canticum Sacrum« mit den Berliner Philharmonikern und die Stockholmer Uraufführung der »Aniara« von Karl-Birger Blomdahl. Die Oper spielt an Bord eines Raumschiffes voller Flüchtlinge von der Erde, deren Atmosphäre durch Atomspaltung verseucht ist. In der Musik des schwedischen Komponisten erstaunliche Verbindungen elektronischer und instrumentaler Klänge mit neuartigem Singmelos.

Im Februar starb George Antheil, mein guter Freund aus den zwanziger Jahren, eminente musikalische Begabung, die durch Arbeit für Hollywood-Filme gebrochen wurde. Er hatte seine Seele an den Betrieb verkauft.

Ende Juli sahen wir uns in Bayreuth Wieland Wagners Inszenierung des »Fliegenden Holländers« und der »Meistersinger« an. Die Entrümpelung des Wagner-Theaters, die dem Enkel Ruhm und Haß ohnegleichen eingetragen hatte, erwies sich als gemäßigt. Zum drittenmal brachte er die »Meistersinger«, nun mit einer hochrealistischen Singschule, aber auch mit einer Prügelszene, deren Nachthemden und Gazeschleier dramaturgisch und musikalisch so wenig stimmten wie der Zweikampf David-Beckmesser.

Den eleganten Besuchern und Besucherinnen sah man das deutsche Wirtschaftswunder an. Neue Abendkleider, Kaviar und

Champagner im Festspielrestaurant, Pausengespräche über St. Moritz und Mailänder Messe waren so wichtig wie die Aufführung. Nicht zu vergessen die Töchter! Sie waren alle dabei, Backfische und Heiratsfähige, ungemein schick und kostbar angezogen, Beautés aus Marzipan und Höhensonne. Die Pausenpromenade wurde ein Defilee des Wohlstands.

X
Ausflüge ins Morgenland

Am 10. August 1959 begann die Reise nach Asien. In Tokio erwartete man mich am 15. nachmittags. Neugierig auf den Nahen und Fernen Osten, hatte ich Übernachtungen in Beirut und Bangkok eingerichtet, um das Aroma des Libanon und Siams zu spüren. Ich fand an der libanesischen Küste eine etwas wildere Riviera, mit Luxushotels wie in Juan-les-Pins, Slums wie in Los Angeles, mit Moscheen, die einmal gotische Kirchen gewesen waren, Basarstraßen, wo Männer im Burnus oder bizarrer Drusentracht, Frauen mit verschleierten Gesichtern, Mädchen in Blue Jeans an Bergen von Fisch, Obst, Schuhwerk, Brokat und Damaszener Messern vorbeidrängten. Beirut war damals eine friedliche Stadt, Christen und Mohammedaner in einträchtiger Nachbarschaft. Das Museum zeigte phönizische Ausgrabungen, riesige Sarkophage, Mosaike aus der griechischen Mythologie, goldene Dolche und das erste Alphabet der Welt.

Nicht weit davon stand die amerikanische Universität mit modernsten naturwissenschaftlichen Instituten, wo arabische Jugend sich die Kenntnisse holte, den Abendländer zu überwinden. Wieder ein paar Schritte weiter saßen die Muslime in südlicher Unbeweglichkeit vor einem Café, und der Kellner zündete ihnen den Nargileh an, die orientalische Wasserpfeife mit dem langen Schlauch. Die Air Condition im Hotel puckerte, aus dem Radio tönte fremder Singsang, von Trommeln begleitet. Die Stadt war ein Zentrum der Araberwelt, wo Wolkenkratzer die Minaretts überragten.

Eine Nacht und einen Tag flog ich über Karatschi und Kalkutta nach Bangkok. Um zwei Uhr früh hielt der Bus vor dem Erawan-Hotel. Ich fiel ins Bett und schlief, bis das Telefon mich weckte. Es war Prasidh Silapabanleng, der thailändische Komponist, einst Schüler Klaus Pringsheims. Mit einem Beamten der deutschen Botschaft teilte er sich für mich in Ciceronendienste. Nun begann eine Art Wachtraum mit hundert Eindrücken, ein wahres Defilee des Exotischen und Niegeahnten. Riesige Tempel mit spitzkegeligen Helmen, die golden und bunt in der tropischen Sonne blitzten, von steinernen oder bronzenen Löwen bewacht, drin die Sammlung von Buddhas in den vier klassischen Stellungen und der nach Osten blickende Hauptbuddha. Ich sah die heiligen Schriften, auf lange, schmale Palmblätter geschrieben in der an gotische Frakturen erinnernden Schrift der Siamesen, die sich jetzt Thai, die Freien, nennen.

Junge Mönche in ockerfarbenen Gewändern gingen umher oder lasen im Schatten. Sie sind zu Armut, Keuschheit und Gehorsam verpflichtet und dürfen nur bis Mittag die Nahrung zu sich nehmen, die ihnen morgens von frommen Frauen geschenkt wird.

Bangkoks Hauptstraßen, wo der Königspalast und die wichtigsten Ministerien liegen, erinnern in ihrer Breite an die Champs Elysées. Daneben gibt es Viertel, in deren enge, von Menschen überfüllte Gassen der Dschungel hineinwächst. Tagsüber braust durch die Zweimillionenstadt ein Chaos von Autos, Straßenbahnen, Autobussen und motorlosen Dreirädern, die als billigere Transportmittel den Taxis Konkurrenz machen.

In S-förmiger Windung beherrscht der breite, gelbe Menan Chao Phya, der nahe Bangkok ins Meer mündet, das Stadtbild. Von ihm gehen die Klongs aus, Kanäle, an denen auf Pfählen die Holzhäuser der ärmeren Thai stehen. Da findet früh am Morgen das berühmte, unbeschreiblich bunte Schauspiel statt, das sich »floating market« nennt. Ein Gewimmel von Ruderbooten, Dschunken und Motorschiffen, auf denen Händler die frische Ware anbieten: Obst, Speck, nie gesehene Gemüse, Tee, Gewürze, Fische, Konserven, Hühner, farbige Seide, kosmetische Artikel, Riesenhüte aus Reisstroh, Papierschlangen und Tabakwaren. Aus den Häusern, die neben siamesischen auch chinesische Inschriften tragen, winken splitternackte Kinder. Die Frauen baden im Fluß, überall wird gewaschen, getrocknet und gebügelt. Viele farbige Asiaten sind um Säuberung des Körpers, der Zähne und Hände mehr besorgt als wir, die wir die Zivilisation gepachtet haben. Beim Heimweg zum Hotel kam ich am Pasteur-Institut vorbei. Ich fand es beruhigend, zu erfahren, daß hier die besten Seren gegen Schlangengift bereitstehen. Denn nachts tummeln sich Kobras in Straßen und Gärten.

Wie alle asiatischen Metropolen hat Bangkok ein Nachtleben. Aber ich verzichtete gern auf die »cute little Hula and Chacha dancers« und fuhr zum Phakavali Dance and Music Institute. Prasidh Silapabanleng leitet es mit seiner Frau Ladda, die früher ein Star des Hoftheaters gewesen ist, bei der Bangkoker Premiere Shakespeares Lady Macbeth gespielt hat und heute den klassischen siamesischen Tanz lehrt. Dieser gehört zu den Hochprodukten asiatischer Kultur. Prasidh, der von seinem Vater den Beinamen Silapabanleng, deutsch: Ausübender von Künsten oder Macher von Musik, geerbt hat, zeigt sie mir in dem Konzertsaal seines Wohnhauses. Rechts vorn saßen die Musiker an den Gongspielen und Bambustrommeln; zwei bliesen die plärrende chinesische Oboe und eine zarte Blockflöte. Hauptinstrument ist das Ranad-Xylophon, die Stimmung siebentönig temperiert. Es gibt weder Ganz- noch Halbtöne wie bei uns. Von den sieben werden fünf ausgewählt. Die Pentatonik weicht von der chinesischen ab.

Eine Tanznummer schildert den grausamen Kampf zweier Männer mit Schwert, Schild, Armschild und Lanze. Dann zeigten ganz junge, blumenhaft schöne Mädchen in leuchtenden und kostbar bestickten Kleidern ihre Tänze mit dem reich differenzierten Spiel von Händen und Fingern, ähnlich wie bei den Indern.

Beim chinesischen Dinner im »Golden Dragon« erzählte mir Frau Ladda, wie die Mädchen von Anbeginn in Technik und Stil zugleich unterrichtet werden. Das Technische enthält sogar westliche Ballettübungen, aber keinen Spitzentanz. Viele Mädchen gehören der Oberschicht an. Die Schulung beginnt später als bei uns, etwa mit der Pubertät. Prasidh und Ladda sprachen gut englisch; er hatte von Pringsheim ein paar deutsche Wörter gelernt.

Nach zwei Tagen trennte ich mich ungern von Bangkok. Es hatte mir den ersten, bleibenden Eindruck fremder und ferner Kulturen vermittelt, die in ihren Tempeln und Tänzen vollkommen erscheinen.

Sonnabend, den 15. August 1959 nachmittags landete ich in Tokio. Am Flughafen Haneda warteten Yoshida und Pringsheim. Sie nahmen ein Taxi und brachten mich ins Akasaka Prince Hotel, wo ich ein europäisch eingerichtetes Zimmer mit Bad hatte. Das Gebäude war einmal die Villa eines koreanischen Prinzen gewesen und lag fern vom Großstadtlärm in einem Park mit alten Bäumen und Shinto-Schrein. Als Hotel hatte man es halb japanisch, halb westlich eingerichtet, und auch das Restaurant bot dem Gast zwei Speisekarten.

Als ich meinen Koffer ausgepackt hatte, sagte Pringsheim: »Und nun fahren wir zum Lohengrin.« Yoshida lächelte und verabschiedete sich. Pringsheim sprach zum Taxichauffeur Englisch und gab als Ziel das Stadion an. Nach längerer Fahrt kamen wir zu dem riesigen Amphitheater, wo etwa 20 000 Besucher saßen. In einer Loge nahmen wir Platz. Durch Lautsprecher hörte ich die vertraute Musik. Elsa sang gerade ihr Gebet, und plötzlich erschienen dreißig Balletteusen in weißen Tütüs und tanzten auf den Fußspitzen. Meine Überraschung wuchs, als über dem Stadion ein Hubschrauber kreiste, hinter sich her eine Fahne mit der Aufschrift »Asahi« ziehend. Es war, wie ich später erfuhr, der Name einer großen japanischen Brauerei, die das Ganze finanzierte.

Über die Ballettgruppe senkte sich ein künstlich hervorgerufener Nebel, der so dicht war, daß einige der Mädchen sich verirrten und ratlos herumliefen. Plötzlich galoppierten zwölf Reiter um die riesige Szene herum, und da kam auch schon der Schwan, mindestens dreimal so groß wie der Ritter, den er heranschleppte.

Die Sänger, die unten standen, hatten gute Stimmen, und durch das Opernglas, das Pringsheim mir reichte, konnte ich ihre japanischen Gesichter mit den sich öffnenden Mündern gut sehen.

»Wo ist denn das Orchester?« fragte ich Pringsheim. »Ist doch alles auf Tonband«, antwortete der. »Aber die Sänger?« Pringsheim lachte: »Alles Schwindel. Die stehen da unten und machen nur Singbewegungen. Der Ton kommt auch aus der Konserve. Die sind sozusagen ihre eigenen Doubles.«

So begann mit einer Groteske die Kette wunderlicher, oft aber auch grandioser Eindrücke, die mir Nippon vermittelte.

Früh am übernächsten Morgen ging die Fahrt nach Karuizawa. Yoshida und Pringsheim begleiteten mich. Das Gebirgsdorf, 160 Kilometer westlich von Tokio, wie Alpbach tausend Meter hoch in Kiefern- und Fichtenwald gelegen, war die Sommerfrische europäischer Diplomaten, die vor Tokios feuchter Hitze flohen. Pringsheim hatte mich bei Freunden untergebracht, wo auch er wohnte. Frank und Marian Korn waren Emigranten, die 1938 Prag verlassen hatten. Fast mittellos in Japan eingetroffen, kaufte Frank Korn mit geborgten Dollars Schrott vom Koreakrieg und wurde in wenigen Jahren Millionär. Als ich ihm sagte, in Prag hätte ich einen Freund, mit dem er vielleicht verwandt sei, weil der auch Korn hieß, antwortete er: »Ausgeschlossen, ich heiße eigentlich Kohn!« Ich lachte: »Mein Freund auch.« Neben der eigenen kleinen Villa hatten Korns ein Gästehaus, wo Pringsheim und ich untergebracht wurden. Beide Häuser waren aus Holz; als wir nachmittags durch die Stadt fuhren, begriff ich, warum. Entwurzelte Bäume lagen über den Wegen, Holzbrücken waren abgerissen, ganze Häuser zerspalten und über die Straße verstreut. Wasser gab es erst wieder seit zwei Stunden, Telefon und elektrischen Strom noch gar nicht. Taifun Nummer sieben, amerikanisch-kokett Georgia genannt, hatte seine Visitenkarte hinterlassen. Aber schon zwei Tage später war alles wieder aufgebaut. Die japanischen Architekten kennen sich in den alljährlichen Naturkatastrophen aus und verwenden Bambus und verschiebbare Wände, Fenster und Türen aus eingerahmtem Reispapier.

In diesem Karuizawa veranstaltete Yoshida, Professor der Toho-Akademie und Leiter des Instituts für Musik des 20. Jahrhunderts, ein Fest. Im Seizan-Hotel trafen sich Mitwirkende und Gäste. Ein Saal mit 400 Sitzplätzen stand zur Verfügung. Ganz wie in Darmstadt oder Donaueschingen waren Partituren, Bücher und Zeitschriften aus Mainz, Kassel, Wien und Paris, aber auch schön gedruckte japanische Noten ausgestellt. Schon die Eröffnungsfeier war eine Überraschung; man hörte in glänzender Wiedergabe fünf Madrigale von Monteverdi, italienisch gesungen von einem Chor aus Tokio. Die folgenden vier Tage quollen über von Musik. Pierre Boulez war mit vier Sätzen aus dem »Marteau sans Maître«, Schönberg mit dem vierten Streichquartett, Debussy mit den »Chansons de Bilitis« vertreten; im übrigen gab es zeitgenössische japanische Musik, darunter Experimente auf Tonband, die Toshiro Mayuzumi bei einem Vortrag demonstrierte, wobei auch John Cage, Luciano Berio und György Ligeti zitiert wurden. Man war up to date in Japan. Ich selbst hielt am Dienstagvormittag einen Vortrag »Das neue Hören«, den Yoshida fließend dolmetschte.

Von den Ausführenden machte mir der Dirigent Hiroyuki Iwaki den stärksten Eindruck. Technisch und musikalisch, in der Form und Disposition wie in der Suggestion auf Spieler und Hörer schien er mir erste Klasse. Bald danach begann er eine Karriere, die ihn fast in der ganzen Welt mit den besten Orchestern als Interpreten klassischer und moderner Musik erprobte.

Marian Korn fuhr mich mit ihrem Wagen spazieren. Um durch die Main Street mit ihrem Gegenverkehr und dem Gewimmel von trippelnden Kindern, kimonobekleideten Damen, schwerbepackten Radlern und kleinen Prozessionen mit buddhistischen Idolen zu kommen, hätte sie einen Schuhlöffel gut brauchen können. Da wir nur langsam vorwärts kamen, sah ich mir vom Wagen aus die Schaufenster an, wo geschliffene Lackwaren, alte und neue Bücher, echte und falsche Farbholzschnitte von Hokusai, Tempelglocken aller Formate, Zeitschriften aus Amerika und Frankreich zu sehen waren. Vor jedem der kleinen einstöckigen Häuser hing ein bunter Lampion mit chinesischen Lettern, von denen man viertausend lernen muß, um auch nur in die Anfänge der Schriftsprache einzudringen.

Sonnabend früh um halb sieben ging der Zug nach Tokio. Marian Korn war früh aufgestanden, um mit mir frühstücken zu können. Am frühen Vormittag kam ich in Tokio an. Als ich meine unentbehrliche Siesta beendet hatte, erschien Yoshida mit seiner jungen Freundin, Barbara Krafft. Sie war Berlinerin, Tochter eines Professors an der Technischen Hochschule, hatte in Hamburg Sinologie und Japanologie studiert. Schon als junges Mädchen zog sie den fernöstlichen Menschentypus dem griechisch-europäischen vor. Yoshida heiratete sie später, und beide wurden unsere guten Freunde.

Montag begann meine Tournee in der alten Kaiserstadt Kyoto. Am Bahnhof stand der Pianist Toyomasu und brachte mich ins Hiragiya-Hotel. Man hatte mir geraten, während der Reise auch ein paarmal im japanischen Stil zu leben. Nur wer das getan hat, weiß, was verwöhnt werden bedeutet. Man betritt den großen Vorraum, und an der Stufe, die ins Innere führt, hört der Alltag auf. Hausschuhe stehen bereit. Wer eintritt, muß seine Schuhe ausziehen und mit ihnen den Schmutz draußen lassen. Mit tiefer Verbeugung empfängt den Gast der Hausdiener, erkennbar an dem Hotelzeichen, das seinen Rücken bedeckt. Neben ihm stehen das Stubenmädchen und vielleicht die Hausherrin persönlich. Alle tragen Kimonos aus geblümter Waschseide, die unsere Morgenröcke so plump erscheinen lassen. Wir schritten durch lange Korridore über weiche Matten aus Reisstroh. Die Wände waren aus Naturholz in gedämpften Pastelltönen. Eine Stufe führte zum Zimmer.

Abermals öffnete sich eine andere, ganz esoterische Welt, in die nicht einmal der Pantoffel Einlaß hat. Man streift ihn vor der Stufe ab und betritt barfuß oder auf Strümpfen das Heiligtum des japanischen Zimmers. Dieses fällt zunächst durch fast völligen Mangel an Mobiliar auf. Kein Bett, kein Schrank, kein Stuhl, außer auf der kleinen Veranda mit Blick auf den japanischen Garten und den Goldkarpfenteich. Mitten im Zimmer ein niedriger quadratischer Tisch, um diesen herum Matten und Sitzkissen.

Auf meinen fragenden Blick hin wurden Schiebetüren geöffnet, und aus den Schränken und Schubladen dahinter drang ein zartes Parfüm. Das japanische Haus duftet gut. Auch der arme Japaner ist gegen Gerüche empfindlich und ein Vorbild an Wohlgebadetheit.

A propos Bad: hier war es, davor eine Waschkammer zum Rasieren und Zähneputzen. Baden ist eine Zeremonie in Japan. Leider bin ich nie in die Hotels gekommen, wo junge Badefrauen den Gast abseifen. Aber man kann es auch selbst tun, schüttet dann aus kleinen Holzfässern warmes Wasser über sich, duscht hinterher, damit keine Spur vom Schmutz der Welt übrigbleibt. Dann erst ziemt es sich, in den großen kubischen Kessel zu steigen, wo das Bad wartet. Es war heiß und nahm mir zuerst den Atem. Dann aber stieg die Hitze wohlig ins Innere, und als ich krebsfarben ausstieg, trocknete ich von selbst, ohne das kleine Badetuch viel zu brauchen.

Überflüssigerweise hatte ich mein Reisenecessaire mit. Das japanische Hotel stellt nicht nur frische Seife zur Verfügung, sondern auch Zahncreme, Rasiercreme, eine neue in Zellophan verpackte Zahnbürste, frisch desinfizierten Rasierpinsel und Rasierapparat, Cold Cream, Haarwasser, einen ausgekochten Kamm nebst Bürste. Für meinen Pyjama hatte ich keine Verwendung. Der Schlafkimono, der frischgewaschen und duftend für mich bereitlag, war weicher und angenehmer.

Es war sechs Uhr, Zeit zum Nachtmahl. Ob ich Western Style oder Japanese Style wünschte? Natürlich japanisch. Nach zehn

Minuten kam eine Dienerin und verbeugte sich, bis die Fingerspitzen die Matte berührten. Auf das Tischchen stellte sie ein Dutzend Teller, Schüsselchen, Lackschalen, kleine Flaschen mit brauner Soße, ein Glas Eiswasser, eine Papiertüte mit Stäbchen und ein Porzellanbänkchen dafür. Vor mir stand eine Schale mit zusammengerolltem kleinen Frottiertuch. Es war feucht und sehr heiß. Man reibt sich damit Hände und Gesicht ab. Das zart parfümierte heiße Tuch gehört zu den schönen Zivilisationsleistungen des Fernen Ostens. Inzwischen ist es auch in der westlichen Welt eingeführt worden.

Mit ausgestreckten Beinen setzte ich mich auf eins der Kissen. Die kleine gelbe Dame kniete neben mir, bewachte meine ungeschickten Hände, die nicht wußten, wie man mit Stäbchen eine Forelle zerteilt, welche Soße sich für Tempura ziemt, das köstliche Gericht aus panierten, gebackenen Langusten. Nicht alles mundete mir. Ich konnte mit den geschälten Weinbeeren in einer Soße aus Rettich und Zitronensaft nichts anfangen. Auch die Klöße aus Fischmehl und Bohnenmehl ließ ich stehen. Köstlich aber war die Hühnersuppe mit fremdartigen Kräutern, sehr apart der süße Steinpilz, vorzüglich die panierte Lachsforelle.

Die Japaner verabscheuen, wie ich, das blutige Tartarbeefsteak. Aber sie essen rohen Fisch, wie ja auch wir unsere Matjesfilets. Das zarte, rosige Scheibchen Thunfisch gehört zu ihren Delikatessen. Desserts kennt man hier nicht, das ist ein Mangel. Aber ich hielt mich an Obst. Die Pfirsiche glichen an Aroma und saftiger Fülle denen Südtirols oder des Rhonetals, die Trauben (aus denen ein bordeauxähnlicher Wein gekeltert wird) sind süß, die runde japanische Birne schmeckt gut, wenn sie ganz reif ist.

Nach dem Essen machte ich meinen Spaziergang durch die mit Lampions behängten Straßen. Vor den Häusern saßen alte Männer und Kinder, um die Abendkühle zu genießen. In den Auslagen eines Volksrestaurants standen bunte Speisen, grün, rosa, knallrot mit brauner Soße.

Ins Hotel zurückgekehrt, schlurfte ich in mein Zimmer. Auf den Matten war das Bett bereitet, eine dicke, weiche Polsterschicht mit schneeweißem Laken, Lammwolldecke und dem ganz kleinen Kissen. Der Kimono mit Schärpe lag bereit. Ich gefiel mir gut in dem weiten, weichen Seidenkleid mit halblangen Ärmeln. Und ich wußte, daß man die Schärpe nicht um die Taille bindet, sondern schräg nach unten vor den Bauch. Nach langem und festem Schlaf weckten mich die seltsamen Rufe der japanischen Grillen mit Glissandos und Schwelltönen. Nun merkte ich erst, wie vollkommen still es in diesem Hotel zuging. Nur die Klimaanlage, die das Zimmer mit Eiseskühle füllte, schnurrte kaum merklich in diese Ruhe.

Man fragt nicht nach dem Preis, wenn man in Japan einkehrt. Die Rechnung wird mit tiefen Verbeugungen überreicht und kassiert. Bei gleichem Komfort wäre sie in Europa höher gewesen. Dem scheidenden Gast wird ein kleines Geschenk mitgegeben, ein Fächer, eine Flasche Sake oder eines dieser kleinen Tücher aus Frottée, mit denen man sich vor und nach dem Essen reinigt und erfrischt.

Osaka war die nächste Station. Hier sah ich zum erstenmal eine Aufführung des Kabuki-Theaters am frühen Nachmittag. Abends in der großen Festival Hall gab es ein Musical. Zu meiner Überraschung war die Musik von demselben Mayuzumi, der in Karuizawa als Pionier elektronischer Experimente aufgetreten war. Er war etwas verlegen, als ich ihm begegnete, und sagte: »Remember, this is commercial.«

Bei den meisten Vorträgen an Universitäten, Musikhochschulen und Colleges, die ich während der nächsten Wochen hielt, war Yoshida mein Dolmetscher. Es war beruhigend, zu spüren, daß er jedes Wort verstand und richtig wiedergab. Ich merkte es an der Reaktion der Studenten und vor allem in den anschließenden Diskussionen. Ausgerechnet in Tokio, bei einem öffentlichen Vortrag in der Yamaha Hall, mußte er durch einen Hochschulprofessor ersetzt werden. Obwohl eine Vorbesprechung stattgefunden hatte, merkte ich nach wenigen Minuten, daß er mich nicht verstand. Die Hörer lachten an Stellen, wo es gar nichts zu lachen gab, und blieben unbewegt, wenn ich wirklich einmal etwas Komisches gesprochen hatte. Nach einer Viertelstunde erklärte ich, aufhören zu müssen, da die Verständigung mit dem hochgeehrten Herrn Professor nicht funktioniere und ich offenbar zu undeutlich gesprochen hätte.

Yoshida verschaffte mir eine Einladung zur japanischen Hofmusik im Kaiserpalast. Das Orchester der Gagaku genannten Tonkunst machte mir mit seinen Flöten, Oboen, Koto-Zithern, Biwa-

Lauten und vor allem der Mundorgel Scho großen Eindruck. Der Klang wurde für mich zum Inbegriff ostasiatischer Musik, so fremdartig und erregend wie das No- oder das Kabuki-Theater. Ich lernte daran, daß Kunst auch auf Geist und Sinne einwirken kann, wenn man sie überhaupt nicht versteht. Erst in mehrjähriger Beschäftigung mit dem Gagaku erkannte ich seine Formenwelt, Satztechnik und Ausdruckskraft.

Gegen Ende meines Aufenthalts arrangierte Yoshida einen Nachmittag in meinem Hotel, wo die führenden Musiker der Avantgarde mich besuchten. Da alle Englisch konnten, war die Verständigung leicht. Ich stellte fest, wie gut sie alle über europäische und amerikanische Musik informiert waren. Sie wußten über Darmstadt, die Kölner elektronischen Versuche, über Boulez und Stockhausen genau Bescheid und kannten alle Schallplatten mit ultramodernen Kompositionen.

Zu den intelligentesten neben Mayuzumi gehörte der von Anton Webern stark beeinflußte Makoto Moroi. Ich erzählte ihm von dem Eindruck, den mir Gagaku gemacht hatte, und fragte, wie er es finde. »Für uns ist das exotisch«, war seine überraschende Antwort. Zu den wenigen, die sich ihrer japanischen Tradition erinnerten, gehörte der schon etwas ältere Yoritsune Matsudaira, in dessen Kompositionen westliche und fernöstliche Mittel amalgamiert sind.

Manchmal gab es Begegnungen mit Deutschen. Der Dirigent Manfred Gurlitt, den ich seit Anfang der zwanziger Jahre aus Bremen kannte, leistete in Tokio Pionierarbeit für die Oper und brachte mit japanischen Sängern Aufführungen von Werken deutscher und italienischer Komponisten heraus. Die beste Buchhandlung europäischen Stils leitete Erna Mecklenburg, eine Berlinerin, damals eng befreundet mit der Fernost-Korrespondentin der »Frankfurter Allgemeinen Zeitung«, Lilly Abegg.

Mich hatte Anfang 1957 Karl Korn, der Herausgeber des Kulturteils, als festen Mitarbeiter des Frankfurter Weltblattes verpflichtet, wo nun auch meine Japanberichte erschienen.

Am Tag vor dem Rückflug stand ich in einer Schlange Wartender vor dem Reisebüro der American Express Company. Ein älterer Japaner neben mir fragte mich, woher ich käme. »Germany«, antwortete ich. »Ah, Germany, Solingen, the best knives of the world. I import them.« Dann, nach einer Weile: »Do you like music?« Ich bejahte. »I love German music. I used to be a tenor, now I am only a baritone. But I still sing.« Und dann sang er mit einer kehligen Baritonstimme »Am Blunnen vo dem Tole«.

Zwei Bücher von mir, die Schönberg-Biographie im Atlantis-Verlag und die von Peter Suhrkamp veranlaßte Sammlung »Schöpfer der Neuen Musik«, waren von Yoshida übersetzt worden. Die Verlage Ongaku-no-Tomo und Shinchosha brachten sie 1959 kurz vor meiner Ankunft heraus, so daß Yoshida sie mir mit tiefer Verbeugung überreichen konnte.

Die zwanzig Belegexemplare wollte ich nicht ins Flugzeug nehmen. So bat ich den Hotelkassierer beim Bezahlen der Rechnung, sie mir als Paket nach Berlin zu schicken. Er sah die zierlichen Bände an und sagte, er liebe Schönbergs Musik. Wieso er sie kenne, fragte ich. Gestern abend erst habe er im Rundfunk die »Verklärte Nacht« gehört, antwortete der elegante ältere Mann.

Ein paar Meter von mir lauschte der junge Schuhputzer des Hotels diesem englischen Gespräch. Auf meinen Wunsch hin reinigte er meine Schuhe und fragte dabei: »You wrote book on Schönberg?« »Yes, but what do you know of him?« »I studied piano at high school. I play piano pieces opus eleven.«

Sehr überrascht und noch immer ein bißchen skeptisch, fragte ich, wer sein Lieblingskomponist sei. Beethoven, war die Antwort. Und dann sang er mir Hauptthemen aus seinen bevorzugten Symphonien vor, der »Eroica«, der Fünften und der Neunten.

Ein Hotelkassierer, der die »Verklärte Nacht« kennt, dürfte in Europa zu finden sein. Ein Shoe Shine Boy, der die »Drei Klavierstücke« op. 11 spielen kann, schwerlich.

Als die Schuhe spiegelten und ich dem Boy seine üblichen dreißig Yen gab, machte er erschrockene Augen. »Look there«, sagte er und zeigte auf die hängende Lampe an der Decke. Sie schwankte hin und her. »Earth quake«, flüsterte der Boy, und der Kassierer wurde blaß. Aber es ging harmlos vorbei.

Mein Rückflug ging über Alaska und den Nordpol nach Kopenhagen. Am Flughafen Hannover stand Margot mit dem Wagen. Obwohl ich mit Geschenken und Mitbringseln vollgepackt war, kam ich gut durch den Zoll. Ich mußte erzählen, bis mir die Augen zufielen. Mit Margot zusammen den Orient zu erleben, war mein großer Wunsch. Er ging zwei Jahre später in Erfüllung.

»East West Encounter« hieß die Mammutveranstaltung, die 1960 von Nicolas Nabokov geplant und vom »Congrès pour la Liberté de la Culture« finanziert wurde. Tokio sollte der Schauplatz sein, Mitte April bis Anfang Mai 1961 war eine günstige Zeit für die Teilnehmer aus aller Welt.

Margot und ich beschlossen, auf der Reise nach Japan Zwischenstationen zu machen. In Kairo lebte eine Freundin aus alten Berliner Tagen, Brigitte Schiffer, begabte Komponistin aus Heinz Tiessens Schule, als letzte jüdische Studentin 1937 noch in Berlin promoviert mit einer Arbeit über ägyptische Musik. Nach Ägypten ausgewandert, hatte sie es dort zu Rang und Ansehen gebracht, bis Nassers Antijudengesetze ihre zweite Emigration erzwangen und sie nach London ging. Brigitte hatte in Kairo mit ihrem Freund Oswald Burchard zwei benachbarte Wohnungen. Sie bot uns Burchards Domizil an, da er um die geplante Zeit unseres Aufenthaltes verreisen mußte. Für den 11. April lud mich das Deutsche Kulturinstitut zu einem Vortrag über moderne Opern.

Wir flogen am Ostermontag früh von Tempelhof ab und waren zur Teezeit in Kairo. Brigitte stand mit ihrem Wagen am Flughafen. Die kleine Wohnung in der Patrice-Lumumba-Straße erfüllte alle Wünsche. Aber wir beeilten uns, Ägypten zu sehen, nahmen den Schlafwagen und waren am nächsten Morgen in Luxor. Die Königsgräber, der Tempel der Lebenden in Karnak, die Sphynxallee und der Memnontempel nahmen uns wieder ein Stück Europäerhochmut. Wir sahen Kulturen, die der griechischen vorausgegangen waren.

Nicht geringer waren die Eindrücke beim Besuch des Ägyptischen Museums in Kairo, der Cheopspyramide, der Gräber in Memphis. Neben Brigitte waren uns der Historiker Walaf-el-dine Sameh und der Direktor des Deutschen Kulturinstituts, Dr. Bekker, sachkundige Führer.

Über Alexandria, wo ich zwei Vorträge hielt, flogen wir nach Beirut, sahen uns Biblos an und nahmen abends die Pan-American-Maschine nach Tokio. Der Flug dauerte sechzehn Stunden, zwei davon im Nebel. Die Bucht von Hongkong empfing uns heiter. Abends in Japan regnete es. Fröstelnd liefen wir durch ölige Flughafenpfützen.

Drin standen trotz später Stunde Barbara Krafft, Hidekazu Yoshida, Makoto Moroi und ein anderer Komponist, Minao Shibata. Wir fuhren in das New Japan Hotel, einen Betonpalast, dessen Glastüren elektronisch vor uns wichen. Margot und ich schliefen bis in den späten Sonntagmorgen. Unten im Hotel trafen wir beim Lunch lauter Bekannte: Boris und Gerty Blacher, George und Marion Harewood, Nabokov und seine französische Frau Marie-Claire, Henry Cowell, Claude Rostand, Egon Seefehlner und den Basler Professor Leo Schrade.

Der erste Kongreßtag war strapaziös. Morgens um halb neun brachte uns der Bus durch das wimmelnde, brausende Tokio zum Uenopark. Wir kamen am Kaiserpalast vorbei, vielmehr: an dem Graben, der die isolierte Majestät von ihrem Volke trennt. Doch auf dem Wasser ruderten Liebespärchen: Japan war demokratisch geworden.

Der nagelneue Komplex, der sich Tokyo Ueno Bunga Kaikan nannte – auf deutsch Hauptstädtische Festhalle von Tokio –, ist von einem japanischen Schüler Le Corbusiers.

Die Sessel im kleinen Saal waren genau bezeichnet: Links saßen Minister und hohe Würdenträger mit Nabokov und dem alten schnurrbärtigen Naoaki Fukui als Vertreter der einheimischen Musiker, rechts wir vom Komitee des East West Encounter. Auf dem Podium standen die Trommeln und bunten Instrumente des Gagaku.

Mit »Etenraku«, der Himmelsmusik, begann das einleitende Konzert, mit einem Stück italienischer Renaissance von Giovanni Gabrieli endete es. Die Spieler der kaiserlichen Hofmusik erwiesen sich als ebenso meisterliche Interpreten europäischer Tonkunst. Es folgten Reden, Begrüßungsworte und Bekenntnisse zu dem Geist der Humanität, der das Treffen erfüllte. Für die Sitzungen der Woche wurden Diskussionsleiter ernannt, auch ich war dabei. Wir mußten aufs Podium: Lord Harewood, die Inderin Kapila Vatsyayan mit dem roten Zeichen auf der Stirn, der Japaner Saburo Moroi, einst Student der Berliner Hochschule für Musik, William Glock aus London und Virgil Thomson, kritischer Hecht im Karpfenteich der amerikanischen Avantgarde.

Unbeschreiblich war der Wirbel der nächsten Tage. Morgens und nachmittags stundenlang Referate und Diskussionen, deren meist japanischer Text aus den Ohrpfropfen der Dolmetscheranlage in nicht immer verständlichem Englisch herauswisperte. Abends Aufführungen, darunter ein großartiger Zyklus von No-Szenen, ausschließlich von Männern in Masken gespielt, die mit künstlich hochgeschraubten Stimmen ausdrucksvoll rezitieren, sich mit Tanzgebärden der immergrünen Kiefer nähern. Auch der Okzident hatte mit Leonard Bernstein und Isaac Stern hohe Trümpfe ausgespielt. Der Gedanke, Kunstleistungen des Orients und Okzidents in täglicher Rivalität aneinander zu messen, war fruchtbar.

Tiefen Eindruck machte ein Referat des Vietnamesen Tran Van Khe, der mit sachlichem Pessimismus den Verfall alter orientalischer Überlieferungen schilderte. Professor in Paris, sprach er Französisch ohne Akzent. Erhellend Daniélous Vorlesung über persische und indische Musik, sachkundig und inspiriert eine Rede des amerikanischen Komponisten Colin McPhee über indonesische Tonkunst.

Mit einem Forum der Kritiker endete die Woche. Thomson leitete die Diskussion, an der Glock, der Argentinier Enzo Valenti-Ferro, Yoshida, K. H. Ruppel, Willi Schuh, Roman Vlad aus Rom und ich teilnahmen.

Frank und Marian Korn, meine Gastfreunde von 1959, hatten den führenden musikalischen Salon in Tokio. Ihr halb japanisches Haus besuchten nicht nur Melomanen und Diplomaten, auch Strawinsky ließ sich gern von ihnen verwöhnen. Marian fütterte uns mit Delikatessen des Landes und schenkte uns pikantes Spielzeug.

In seiner Dienstvilla, deren Barlach-Plastik und Gärten ich schon von 1959 kannte, gab Botschafter Haas ein Mittagessen für einen großen Kreis von Einheimischen und Kongreßbesuchern. Klaus Pringsheim und Manfred Gurlitt durften nicht fehlen. Die Stimmbildnerin Ria von Hessert, meine Tischdame, klagte, daß kein in Tokio lebender deutscher Musiker zum Kongreß und zu den Veranstaltungen des Musikfestes geladen sei, obwohl nichts ausverkauft war. Nabokov, mit dem ich darüber sprach, bedeutete mir, es sei nicht so einfach, in Japan die richtigen Ehrengäste herauszufinden, ohne ganze Cliquen zu beleidigen. Die einladenden Institutionen, der Kongreß für die Freiheit der Kultur, die japanische Society for International Cultural Exchange und die hauptstädtische Regierung, hatten sich lange die Köpfe darüber zerbrochen. In Tokio blüht das Gruppen- und Sektenwesen, und politische Imponderabilien tun ein Übriges. Schon im Winter, Monate vor dem Start, hatte ein Teil der linken Intelligenz gegen das East West Encounter gestichelt. Der Kritiker Yamané, stark Moskau-gebunden, denunzierte das Ganze als eine Form des Kalten Krieges. Ich wette, er hatte den Sinn der Worte East und West falsch verstanden. Man half sich, indem man gleichzeitig mit unserem Kongreß beim Osaka-Festival das Leipziger Gewandhaus-Orchester unter Franz Konwitschny die neun Beethoven-Symphonien aufführen ließ, die in Tokio wiederholt wurden. Das war künstlerisch unantastbar, hatte aber nichts mit der Kulturbegegnung von Orient und Okzident zu schaffen.

Die Japaner lieben ritterliche Traditionen. Ein Komponist erwähnte in seinem Vortrag über sino-japanische Überlieferung, daß die vom Schwertertragen ausgeschlossenen Mönche im 15. Jahrhundert ihre großen Shakuhachi-Bambusflöten als Schutzwaffen benutzten.

Das Deutsche Kulturinstitut hatte Margot und mich zu einer Schönberg-Matinee engagiert. Mit der zierlichen jungen Pianistin Satoko Takemae probte Margot die Stefan-George-Lieder, und wir waren verblüfft, wie rasch und richtig sie diesen Stil erfaßte und spielend wiedergab. Der Saal war überfüllt, der Erfolg stürmisch. Es war Margots letztes öffentliches Auftreten.

Allmählich reisten viele europäische Teilnehmer ab. Aber Nabokov, der Vielbeanspruchte, hatte seine Konzeption durchgesetzt. Die Brücken waren geschlagen, Orient und Okzident hatten sich ausgehorcht im buchstäblichen und im musikalischen Sinn des Wortes. Ein »International Institute for Comparative Music Studies« wurde gegründet und sollte die in Tokio begonnene Arbeit fortsetzen. Mit Hilfe der Ford Foundation konnte es zwei Jahre später in Westberlin eröffnet werden. Sein Leiter wurde Alain Daniélou.

1963 flog ich zum drittenmal nach Tokio, diesmal wieder allein. Im Oktober wurde mit einem dreiwöchigen Gastspiel der Westberliner Oper das Nissei-Theater eröffnet, ein geräumiges, für Oper und Operette bestimmtes Haus. Mehr als 260 Mitglieder der Charlottenburger Oper machten die Reise um den halben Erdball. Die Kosten wurden überwiegend von der japanischen Industrie getragen. Der damals Regierende Bürgermeister von Westberlin, Pfarrer Heinrich Albertz, hatte mich gebeten, in Tokio einführende Vorträge über die vier Werke zu halten, die gespielt wurden: »Fidelio«, »Figaro«, »Tristan« und »Wozzeck«.

Mit unbeschreiblicher Spannung erwartete Tokio das Gastspiel. Trotz nie dagewesener Preise (von 15 bis 110 Mark) waren die Billetts für sechzehn Vorstellungen schon im Juni nach wenigen Tagen ausverkauft. Mehr als hundert junge Menschen warteten zwei volle Tage auf der Straße, um Karten zu bekommen. Ich lernte einen Studenten der Germanistik kennen, der sechzehn Stunden mit der Bahn gefahren war, um »Figaro« zu hören, und noch in derselben Nacht zurückreiste.

Karl Böhm dirigierte »Fidelio« und »Figaro« in der Regie Gustav Rudolf Sellners und mit Sängern wie Christa Ludwig, Erika Köth, Elisabeth Grümmer und Edith Mathis, Dietrich Fischer-Dieskau, James King, Josef Greindl, Donald Grobe, Walter Berry und Barry McDaniel. Im Parkett saßen Angehörige des Kaiserhauses und der Verlagsdynastie Murayama, der »Asahi Shimbun« mit einer Dreimillionenauflage gehörte, Vertreter der Regierung und des diplomatischen Korps. Beide Abende endeten mit einer Begeisterung ohnegleichen.

Auch meine Vorträge in den Musikhochschulen und dem Deutschen Kulturinstitut waren so stark besucht, daß viele Hörer stehen mußten. Japans Weltanschauung stellt Tragik weit über Komik. Ein würdiges Leben muß hart, voller Leid sein, von schweren Schicksalsschlägen heimgesucht. Wozzeck könnte Gegenstand eines japanischen Films werden. Die mißhandelte Kreatur, die sich doch nicht gegen ihre Unterdrücker auflehnt, ist nach 1945 ins Bewußtsein des Inselvolkes getreten. So mußte die Erstaufführung von Alban Bergs Oper höchste Erwartungen wecken. Das Publikum war völlig anders als bei »Fidelio« und »Figaro«. Man sah junge Intellektuelle mit gespannten Gesichtern in den dichtgefüllten Parkettreihen, hörte erregte Diskussionen vor Beginn und während der Pause. Auch diesmal war der Erfolg stürmisch. Westberlin trug bei dieser Ostasienreise eines ganzen Opernhauses einen unvergleichlichen Prestigegewinn davon.

Für die Rückreise hatte ich einen kurzen Besuch in Hongkong eingeplant. John F. Majesky, viele Jahre lang Herausgeber von »Musical America«, machte seit seiner Pensionierung jedes Jahr eine große Reise. Den genauen Plan mit allen Daten und Hotelaufenthalten schickte er vorher an seine Freunde. Ich traf ihn im Hongkonger Hilton-Hotel, wo er mich mit einer Chinesin zum Dinner eingeladen hatte. Wir saßen am Fenster des Dachrestaurants, sahen die Millionen von Lichtern über der unvergleichlich schönen Bucht und genossen das ausgezeichnete chinesische Essen mit den Weinen von der Mosel und aus der Champagne.

Miß Maple Quon war trotz ihrer Jugend eine Art Musikpapst in Hongkong. Die zierliche Person aus alter chinesischer Millionärsfamilie hatte in New York an der Juilliard School studiert. Ihr Interesse konzentrierte sich auf Musikerziehung. An einem Kongreß, den sie unlängst berufen hatte, nahmen Deutsche wie Egon Kraus, Wolfgang Fortner und Siegfried Borris teil.

China mit seiner uralten Kultur fühlt sich ein bißchen als Lehrmeister der übrigen Welt. Wie ich von japanischer Küche und der köstlichen Tempura mit den gebackenen Hummern und anderen Seetieren sprach, meinte Miß Quon: »Vorzüglich. Wir lehrten die Japaner, sie zu bereiten.« Im Hause Quon wohnen viele gastierende Künstler. Die Liste ist stattlich, sie umfaßt neben den Virtuosi di Roma Pianisten wie Jörg Demus und Gary Graffman. Auch Herbert von Karajan hat mit den Wiener Philharmonikern in Hongkong Station gemacht und war selbstverständlich Gast im Hause Quon. Unvorsichtigerweise fragte ich, ob die Familie im westlichen oder östlichen Stil lebe. Dieser Unterschied sei ihnen unbekannt, war Miß Quons stolze Antwort. Als ich die japanischen Fußbodenmatten mit unseren Betten verglich, sagte sie: »We taught Europeans how to use beds.«

Um die Sehenswürdigkeiten der Insel rasch absolvieren zu können, machte ich eine Sightseeing-Tour. Wir waren nur zu sechst in dem kleinen Autobus, ein mürrischer Offizier der US-Navy, ein französischer Pioniermajor aus Laos, ein kleiner Beamter aus Washington, eine gelangweilte Hausfrau aus Boston, ein dreiundfünfzigjähriges »working girl« aus New York und ich. Das Entzücken, das die Fahrt um die in leichten Nebel gehüllte Insel vermittelte, wurde durch landschaftliche Eindrücke bestimmt. Schöner ist das Meer nirgends, malerischer liegen die Buchten an keiner Küste als hier unter dem tropischen Himmel Südchinas, dessen unablässig strahlende Sonne üppige Fruchtbarkeit und erschreckende Dürre bescheint.

Der Rückflug begann in perlmutterner Nachmittagsdämmerung. Seltsame Menschenfracht traf in dem Riesenvogel der Swissair zusammen. Da standen schüchtern fünf junge Nonnen aus Korea, die in ein Pariser Kloster geschickt wurden und während des ganzen Fluges bis Genf in rührender Furcht und Schicksalsergebenheit lächelten. Hinter mir saß ein sehr altes Ehepaar, das die englischen Fragen der Schweizer Stewardeß nicht verstand und sich aufgeregt Russisch unterhielt. Ich sprach sie Deutsch an und erfuhr, daß es Emigranten aus Charbin waren, denen sich noch ein zweites Ehepaar aus Taschkent anschloß, Leute über siebzig, die wegen ihres hohen Alters legal die Sowjetunion verlassen durften. In der Schweiz würde das Rote Kreuz, würden Hilfsfonds der UNO sie bis ans Lebensende versorgen.

In Kalkutta stiegen zwölf harte Gesellen zu uns, mit Handwerkerfäusten und bläulichen Bartstoppeln. Die meisten konnten nicht lesen und schreiben, verstanden kein Englisch, hatten den Gebrauch von Messer und Gabel noch nicht gelernt und spuckten entsetzt die Fleischstücke des köstlichen Schweizer Dinners, das sie mit Fingern zum Munde führten, wieder aus. Es waren pakistanische Matrosen, die in London ihren Dienst antreten sollten. Vor mir saß ein intellektuell aussehender junger Mann, amerikanischer Maler, der in Indochina gelebt hatte und fast zum Franzosen geworden war. Raffinierter Kenner der Weltkulturen, wohnte er nun in Bern, stellte in London und New York seine zarten Gouachen aus und war geistig mit Oskar Kokoschka verbunden: Lawrence Bigelow. Er machte mich mit einem älteren Mann bekannt, der eine schwere Ledertasche nie aus den Händen ließ. Als Kunsthändler in Oslo lebend, einst Emigrant aus der ukrainischen Heimat, kam er gerade aus China, wo er mit Genehmigung der roten Regierung in Kanton, Peking und Shanghai kostbares altes Porzellan, darunter Vasen aus der T'ang-Dynastie, gekauft hatte, um sie in London wieder zu verkaufen. Ein erstaunlicher Mann, der alle Sprachen der Welt zu beherrschen schien, als devisenschwerer Ausländer sowjetische Länder bereiste und die besten Stücke, die er unterwegs fand, der eigenen Sammlung in Oslo einverleibte.

Ungleiche Schicksale in einer Touristenklasse durch den Zufall für zwanzig Stunden zusammengewürfelt. Vicky Baum hätte einen Roman und einen Film aus diesem Flug gemacht.

Im Februar 1964 ging die Reise nur bis Neu-Delhi. Ein Musikkongreß »East West Encounter 64« war der Anlaß. Auf den Werbedrucksachen sah man ein rätselhaftes Symbol: eine Lyra, deren Mitte der Körper einer Vina bildet. Zwei Lauteninstrumente vermählten sich, wobei die gleiche Idee des Tones aus gezupfter Saite sich west-östlich gespalten hatte. Ist es die gleiche Idee? Kann die Spaltung rückgängig gemacht werden? Sind Ost und West in der Musik unversöhnliche Gegensätze? Mit diesen Fragen befaßten sich sechs Tage lang je zwanzig Delegierte des indischen Gastlandes und elf anderer Länder Europas, Asiens und Amerikas. Schauplatz war das schöne, moderne Azad Bhavan an der Peripherie von Neu-Delhi, wo der Indian Council for Cultural Relations fremde Studenten betreute und solche Kongresse veranstaltete. Wir saßen an einem langen Tisch, Mikrophone sorgten für Verständigung, und trotz aller fremdartigen Akzente war man sich in einer Art Basic English einig.

Die Uneinigkeit begann bei der Terminologie. Begriffe wie Harmonie und Kontrapunkt, modale Musik, Rhythmus und Modulation erwiesen sich sogar innerhalb der westlichen Welt als nicht eindeutig. Was ein Raga ist, darüber herrschte sowenig Konsens wie über die Shrutis. Ragas sind Melodiemodelle, die einem Musikstück als Grundlage dienen. Raga heißt aber auch Stimmung, Farbe und manches andere. Einige Ragas sind mit Tageszeiten und Situationen verbunden; der Volksglaube meint, die Götter griffen strafend ein, wenn sie bei falscher Gelegenheit gesungen oder gespielt werden. Ragas beruhen auf Tonleitern, die meist siebenstufig sind wie die unseren. Doch die Praxis arbeitet mit zweiundzwanzig Shrutis-Abständen ungleicher Art, die für Verzierungen verwendet werden, schmückende Abweichungen von den Grundstufen. Wie die Melodien auf Ragas, beziehen sich die Rhythmen auf Talas, Zyklen des Zeitablaufs, die ständig wiederkehren, ohne durch Akzente in der Art unserer Musik betont zu sein.

Dem westlich geschulten Hörer fällt an indischer Musik die unablässige Herrschaft eines Orgelpunktes von Grundton, Quinte und Oktave auf, der als »drone«, als summender Urklang noch über die Dauer des Stücks hinausreicht. Man hat ihn über dem tiefen C aufgebaut, so daß der Akkord C-G-c, von der großen Tanburlaute ohne Unterbrechung gespielt, wie ein Brucknersches Anfangstremolo über diesen sonnig warmen Tagen und kühlen Nächten schwebte. Auffallend war auch die lange Dauer mancher Stücke, in denen dreißig bis vierzig Minuten lang über einen Raga und einen Tala improvisiert wird. Kenner versicherten, das sei schon ein Zugeständnis an die Zeitknappheit der Industriewelt; früher hätten Raga-Variationen anderthalb Stunden, Konzerte sechs bis acht gedauert.

Von indischer Seite kamen wichtige Gedanken. Auch ein Tauber könne die Idee der Musik begreifen, Musik müsse nicht gehört, sondern erfahren werden. Wer keine Freude kenne, solle morgens fünfzehn Minuten lang einen bestimmten Raga anhören. In beiden Ideen lebt die philosophische Bindung, die indischem Musikdenken eigen ist. An der Frage: Orchester oder nicht? schieden sich die Geister. Ein praktischer Musiker und weltbekannter Sitarspieler wie Ravi Shankar war dafür. Narayana Menon, einer der führenden Männer west-östlicher Musikverständigung und Mitglied des Musikrates, sagte: Es ist gegen den Geist der indischen Musik.

Zu den englischen Delegierten, neben dem Earl of Harewood und Peter Crossley-Holland, gehörte Yehudi Menuhin. Sein gütiger, weltumarmender Enthusiasmus ebnete immer wieder die Wege. Nach einer endlosen Debatte über Evolution und Revolution fand er das Gleichnis mit dem Wasser, das bis zu 99 Grad Wärme eine Evolution durchmacht, bei 100 Grad aber revolutionär den Aggregatzustand wechselt, ohne doch seine chemische Zusammensetzung zu ändern. Während Manfred Junius, ein deutscher Adept indischer Musik, die Position zwischen Ost und West im Namen einer lebenden Sache hielt, lehnte Alain Daniélou jeden Kompromiß in der Richtung von Fortschritt oder Europäisierung ab. Auf meine Frage, warum Polyphonie vermieden werden müsse, erwiderte er als strengster Vertreter südindischer Tradition: »Der indische Musiker ist ein Erzähler. Zusammenklänge zerstören das feine Hören modaler Intervalle.« Allerdings hörte man dann doch indische Polyphonie, wenigstens kurze Strecken von Zweistimmigkeit, in einem Konzert, wo Ravi Shankar und Ali Akbar Khan virtuos zwei Ragas behandelten.

Westliche Musik erklang mehrfach. Menuhin spielte ein Programm unbegleiteter Violinsonaten von Johann Sebastian Bach und Béla Bartók. Mit Hindemiths Opus 16 beschloß das Berliner Drolc-Quartett ein Mozart-Beethoven-Programm. Höhepunkte waren die Abende des Münchener »Studio der frühen Musik«. Alt- und Tenorstimme verbanden sich mit Vielle, Gamben, Blockflöten, Krummhörnern, einer Schoßorgel, Laute und Trommeln, so daß die heiteren und traurigen Sätze des 13. bis 17. Jahrhunderts uns hautnah rückten. Was die Musikwissenschaft der letzten fünfzig Jahre erschlossen hat, wurde hier lebendige Kunst. Und in der freien, oft improvisiert wirkenden mittelalterlichen Musik klang manche Gemeinsamkeit mit dem Raga- und Tala-Wesen Indiens. Auf solche Zusammenhänge hatte ich übrigens in meinem Vortrag über Improvisation hingewiesen.

Eine Woche gehäufter Eindrücke lag hinter uns. Kaum fand man Zeit, die Sehenswürdigkeiten, Basare und Museen der Hauptstadt mit ihren von violetten Bougainvilleas umblühten Bungalows, ihren Slums, ihren breiten Avenuen und unbefahrbaren Gassen anzusehen. Als Nicolas Nabokov 1961 in Tokio dieses Kongreßfest plante, glaubte keiner an die Möglichkeit der Realisierung. Dank seiner Zähigkeit, dank dem indischen Rat für Kulturbeziehungen, der Akademie, der Delhi Music Society, dem Kongreß für Freiheit der Kultur und nicht zuletzt dem Deutschen Kulturinstitut kam es zustande.

Sind Ost und West sich näher? Kaum. Die Zahl der Fragen war größer als die der Antworten. Aber unsere Neugier hatte zugenommen. Wir kannten uns nun und wußten, daß es noch vieler Kongresse bedürfen werde, um uns gegenseitig zu erkennen. Für die westliche Seite war die Begegnung mit indischer Kunst oft überwältigend. Hier sind Werte, die Jahrtausende überlebt haben. Möge die neue technische Zivilisation sie am Leben erhalten. Vielleicht kann der Okzident dabei helfen.

XI
Bücher, Komponisten, Sprache

Was die Begegnung mit außereuropäischen Kulturen in meiner Geisteswelt anrichtete, war so umfangreich und bedeutend, daß ich die Chronologie in meinem Bericht aufgeben mußte. Zwischen 1958 und 1964 war natürlich das europäische Musikleben nicht stehengeblieben. Überall wuchsen aus den Trümmern des Zweiten Weltkrieges neue Theater, die oft größer und schöner waren als die alten. Ein paar Jahre nach Wien bekam nun auch Westberlin sein neues Opernhaus, dessen Eröffnung mit dem Wechsel seiner Leitung zusammenfiel. Es gibt ein unheimliches Photo von den Trümmern des 1943 zerstörten Charlottenburger Hauses. Zwischen freigelegten Stahlträgern, gestürzten Lüstern, Holzsplittern und Schutt steht drohend das überlebensgroße Standbild des Komturs aus einer alten »Don Giovanni«-Inszenierung. Wie ein Symbol unzerstörbarer Werte hatte es die Tage des Zorns überdauert, wartend, daß seine Stunde wiederkehre. An derselben Stelle, auf dem gewaltigen Grundstück zwischen Richard-Wagner-Straße und Krumme Straße, wurde seit 1957 das neue Haus nach dem Entwurf Fritz Bornemanns errichtet. Eine fensterlose, von Spreekieseln bekleidete Mauer, zweihundert Meter lang und dreißig Meter hoch, nahm die Stelle der Fassade ein. Sie wirkte wie ein steinerner Wandschirm aus dem Zeitalter der Angst, vor dem Hans Uhlmanns kolossale schwarze Metallplastik einen Akzent setzte. Mit »Don Giovanni« wurde am 24. September 1961 das neue Haus eröffnet. Schon beim Festakt am Sonntagvormittag standen die Berliner zu Tausenden, um die Auffahrt der Prominenz zu bestaunen. Abends der Blick in die erleuchteten Foyers hinter gläsernen Seitenfronten war bezaubernd. Die breiten Treppen, die beiderseits zu den Foyers führen, gaben den Eindruck festlicher Vorfreude. In den weiträumigen, mit hellen Veloursteppichen belegten Wandelgängen standen Plastiken von Henry Moore, Hans Arp, Fritz Wotruba, Kenneth Armitage und eine besonders schöne von Henri Laurens. An einer der großen Wände hing ein Bild von Ernst Wilhelm Nay. Diese Sammlung von Leihgaben, die Will Grohmann zusammengebracht hatte, belebte eine Architektur von großer Strenge und stellenweise etwas düsterer Einfachheit. Betrat man den Zuschauerraum, so fiel die Einheitlichkeit von Material und Farbe auf. Der achtzehn Meter hohe Raum war mit graubraun gestreiftem Zebranoholz furniert. Bühnenrahmen und ein Teil der ausgestuften Decke waren schwarz, die amphitheatralisch geordneten Sitze mit messinggelbem Stoff bezogen. Über den 1200 Parkettplätzen lagen zwei Ränge, die in je acht vorgezogenen Logen ausliefen. Die Sicht von allen 1920 Plätzen war musterhaft. Bornemann hatte das Ziel angestrebt, einen introvertierten Raum zu schaffen, der das Auge nicht von der Bühne ablenkt. Das Ganze wirkte großzügig würdig, bei aller Modernität gesammelter und traditionell gebundener als die neuen Häuser in Hamburg, Köln und Salzburg. Ernste Ansprachen des Bundespräsidenten und des Regierenden Bürgermeisters Willy Brandt, die launige des Volksbildungssenators Tiburtius, sachkundige und bekennende des Bausenators Schwedler, des scheidenden Intendanten Carl Ebert und seines Nachfolgers Gustav Rudolf Sellner betonten die Aufgabe des Hauses in Berlins veränderter Situation.

»Don Giovanni« war nur die erste der fünf Premieren, die in monatelanger Arbeit vorbereitet worden waren. Das musikalische Gesicht des Mozartschen »dramma giocoso« bestimmte Ferenc Fricsay. Seine ohne Stab modellierenden Hände verzauberten das Orchester, sein Sinn für Nuancen hob verborgene Stellen der Partitur ans Licht.

Noch einmal hatte Carl Ebert Regie geführt und von Georges Wakhevitch eine düstere, skurrile Folge von Bildern und Vorhängen entwerfen lassen. Fischer-Dieskau sang die Titelpartie. Ohne ein überkommenes Klischee zu übernehmen, zeigte er die Noblesse des Feudalherrn, die Eleganz des Liebhabers, die gotteslästerliche Bravour des Mörders. Seine Partner waren Walter Berry als Leporello, Josef Greindl als Komtur, Donald Grobe als Octavio, die Partnerinnen Erika Köth als Zerline, Elisabeth Grümmer als Donna Anna und Pilar Lorengar als Donna Elvira.

Im Auftrage des Hauses hatte Giselher Klebe eine »Alkmene« komponiert, die nun zur Uraufführung kam. Das Stück bewies saubere künstlerische Mittel und dramatische Kraft, namentlich in den vier großen Schlußbildern. Evelyn Lear als Alkmene und ihr Ehemann Thomas Stewart als Jupiter überwanden souverän die ungewöhnlichen Schwierigkeiten des Klebeschen Vokalsatzes. Unter Heinrich Hollreiser wurde das komplizierte Schallgewebe sorgfältig freigelegt. Der Zauberer des Abends aber war Sellner. In den Konturen eines Bühnenbildes von Wilhelm Reinking entwickelte er eine Regie, die vom ersten Abfahren des Sonnenwagens über den Gondelflug Merkurs bis zum Nahen des Olymps am Schluß ganze Feuerwerke der Bühnentechnik abbrannte. Es war ein virtuoses Spiel auf der Tastatur einer Schaumaschine, die dem Überirdischen diente.

Mit Gustav Rudolf Sellner und seiner Frau Ilse verbanden uns viele gemeinsame Interessen. Beide reagierten auf das Japan-Erlebnis so stark, daß sie sich um die Landessprache bemühten und er in seine Inszenierungen bald Mittel des Kabuki und No aufnahm. So ungern ich Carl Ebert und seine Frau Gerti nach Amerika scheiden sah, so wichtig war für mich bald die Freundschaft mit Sellner. Unter ihm, später auch dank seinem Adlatus Egon Seefehlner, wurde Westberlins Opernhaus zu einem der führenden nicht nur in Deutschland. In der Entdeckung und Verpflichtung junger Begabungen setzte sich hier die Tradition fort, die Tietjen 1948 begründet hatte. Nicht viele Singtheater der Welt können sich rühmen, eine so große Anzahl weltbekannter Sänger im festen Vertrag zu haben wie die Deutsche Oper Berlin. Das ist bis heute so geblieben.

Das Konzertleben, getragen vor allem durch das Philharmonische und das Radio-Symphonie-Orchester mit ihren Chefdirigenten Karajan und Fricsay, hielt sich im konservativen Rahmen mit gelegentlichen Vorstößen in die Musik der Gegenwart. Wolfgang Stresemann, der 1959 als Nachfolger Gerhart von Westermans die Intendanz der Philharmoniker übernahm, machte Programme mit Musik des 20. Jahrhunderts zu einer ständigen Einrichtung. In Hans Scharouns Philharmonie boten sich neue Möglichkeiten zur Aufführung räumlich konzipierter Musik, die immer wieder ausgenutzt wurden, auch von dem experimentierfreudigen Karajan. Im Großen Sendesaal des Funkhauses Masurenallee gab es bald regelmäßig Programme mit Musik der Gegenwart, die vom Sender

Freies Berlin und dem Westdeutschen Rundfunk finanziert wurden. Unter den jungen Berliner Musikern bildete sich eine Gruppe von Komponisten der Avantgarde, die ich bei ihren Bestrebungen förderte, soweit ich das konnte; die Führung hielt als vielseitigster von ihnen der Amerikaner Gerald Humel.

1961 hatte Walter Höllerer zu seinen vielen Plänen und Unternehmungen einen neuen gefügt, dessen Realisierung ihm durch das Fernsehen des Senders Freies Berlin ermöglicht wurde. Er stellte einige der wichtigsten lebenden Schriftsteller öffentlich vor und zog dabei ein wichtiges neues Publikum von überwiegend jungen Menschen heran. Was der Literatur recht sei, so meinte er, sei auch der Musik billig. Ich nahm seine Anregung auf und veranstaltete vom November 1962 bis zum Februar 1963 an zwölf Montagen nachmittags um sechs Uhr Komponistengespräche in der Kongreßhalle, die vom Fernsehen direkt übertragen wurden. Boris Blacher machte den Anfang und zeigte dabei Proben elektronischer Komposition, die er mit Fritz Winckel in dem an meinen Lehrstuhl angeschlossenen Studio produziert hatte. Die Veranstaltungen waren so aufgebaut, daß ich den Komponisten vorstellte, dieser dann einen kurzen Vortrag mit Musikbeispielen hielt und das Ganze mit einer Diskussion zwischen dem Gast und mir endete. Ich hatte versucht, Strawinsky, Hindemith, Boulez und Dallapiccola zu gewinnen. Das gelang aus verschiedenen Gründen nicht. Aber der Schwede Blomdahl machte als Sprecher wie als Komponist einen überzeugenden Eindruck. Roman Haubenstock-Ramati vertrat gut die Sache der experimentellen Musik, die auch bei den letzten vier Veranstaltungen im Februar durch Karlheinz Stockhausen, Pierre Schaeffer, Yannis Xenakis und György Ligeti gültig repräsentiert war.

Am 17. Dezember kam Luigi Nono aus Venedig. Sein Vortrag war sozial engagiert, wie erwartet, seine Musik fesselnd wie immer. Ähnliche Ideen wie bei ihm kündigten sich damals auch bei Hans Werner Henze an, der Ende Januar kam. In gemäßigter Form sehr instruktiv und künstlerisch fesselnd sprachen Wladimir Vogel als einer der letzten Schüler Busonis und Wolfgang Fortner.

Von allen Dialogen, die ich an diesen zwölf Montagen führte, war der mit John Cage der wunderlichste. Er hatte allerhand Apparaturen für elektronische Lärmerzeugung mitgebracht, sprach selbst durch eine Art Schallmaske und entfesselte, wann immer ich kritische Fragen an ihn stellte, einen solchen Höllenlärm, daß meine Worte unverständlich wurden. Was er zusammen mit seinem Partner David Tudor am präparierten Klavier vorführte, war ebenso schockierend wie amüsant. Zu meiner Überraschung erblickte ich in der letzten Reihe des amphitheatralischen Saales der Kongreßhalle Paul Hindemith, der sich energisch wehrte, photographiert zu werden. Stockhausen begann seinen Dialog zunächst friedlich, wurde aber dann so heftig, daß die Hörer ihm ihr Unbehagen deutlich zu erkennen gaben. Schaeffer fing seinen Auftritt mit einem Film an, in dem ein kleiner Affe herumtanzte, den er als typischen Vertreter der Musikwissenschaft bezeichnete. Die Proben seiner Musique Concrète und seine Antworten auf meine Fragen brachten nichts Neues. Sehr überzeugend als Persönlichkeiten wie als Schöpfer neuer musikalischer Mittel waren Xenakis und zum Abschluß am 25. Februar Ligeti. Alle zwölf Aufführungen waren stark besucht, nicht nur von Studenten und Studentinnen, sondern auch von Vertretern der Berliner Musik, Literatur und bildenden Künste. Will Grohmann fehlte an keinem Montag, und viele meiner Kollegen von anderen Lehrstühlen der Technischen Universität, darunter der Rektor Herbert Kölbel, zeigten sich teils gefesselt, teils ablehnend. Die Autogrammjäger hatten große Tage; am begehrtesten waren Unterschriften von Cage, Henze und Stockhausen. Der Zyklus, der unter dem Namen »Musik im Technischen Zeitalter« lief, war ein ausgesprochener Erfolg.

Seit meiner Jugend las ich gern die Lebensläufe großer Männer. Herbert Eulenbergs um die Zeit des Ersten Weltkriegs sehr populäre »Schattenbilder« gaben mir manche Belehrung und waren mit viel psychologischem Flair geschrieben. Etwas später lernte ich Paul Wieglers »Figuren« kennen, eine Sammlung gedrängter Biographien, meisterlich aufgebaut und formuliert, ein Buch, das längst wieder aus seiner Vergessenheit gezogen werden sollte.

Als Journalist hatte ich seit meiner ersten Prager Tätigkeit oft Nekrologe oder Artikel für »runde« Geburtsdaten zu schreiben. Später mußte ich für Zeitschriften wie »Die Sendung« größere Arbeiten biographischen Inhalts liefern, zu deren Dokumentierung ich mehr Zeit hatte. 1934 gründete der Ullstein-Verlag die Sammlung »Die großen Deutschen«. Man vertraute mir die Biographie Johannes Brahms' an. Als sie erschien, war ich verboten. So war in der zweiten Auflage mein Beitrag durch einen von Walter Wiora ersetzt. Nach dem Krieg wurde das Werk fortgeführt. 1958 bat mich Benno Reifenberg um die Mendelssohn-Biographie. Theodor Heuss, der literarisch bedeutende Präsident der Bundesrepublik, Mitherausgeber der »Großen Deutschen«, lobte das Manuskript mit besonderer Freude an der Stelle, wo ich Wagners unvornehme Haltung gegen Mendelssohn rügte.

Damals hatte mein Schönberg-Buch im Atlantis Verlag seine zweite, erweiterte Auflage gehabt. Bei Suhrkamp waren 1958 meine zwanzig Porträts und Studien »Schöpfer der Neuen Musik« erschienen. 1962 beauftragte mich der Verlag Bote & Bock, zu Blachers 70. Geburtstag ein kleines Buch zu schreiben, das pünktlich im Januar 1963 herauskam.

Ein paarmal in meinem Leben habe ich durch Musik schockhafte Eindrücke empfangen. In der Kindheit waren es Chopin-Stücke, die meine »Muni« spielte. Später faszinierte mich, wie meine ganze Generation, Wagners »Tristan«. Nach der Pubertät entdeckte ich Debussy, dessen »Children's Corner« ich spielen lernte. 1923 bei der Bauhaus-Woche in Weimar versetzte mir Strawinskys »Geschichte vom Soldaten« den Coup de foudre, bald danach Schönbergs »Pierrot Lunaire« bei Rufers Proben und in der Hamburger Aufführung unter Leitung des Meisters. Nie werde ich die Bezauberung vergessen, die mir Janáčeks »Sinfonietta« durch die Stellen mit dem Klang der zwölf Trompeten zutrug.

Relativ spät geriet ich unter den Bann Maurice Ravels. Zwar hatte mich schon 1923 in Hamburg »La Valse« sehr entzückt. Aber den entscheidenden Eindruck empfing ich von einer Aufführung der zweiten Suite aus »Daphnis et Chloé« unter Ferenc Fricsay. Die rauschhafte Schönheit des »Lever du Jour« verfolgte mich bis in Träume. Um 1950 beschloß ich, mich mit dem Leben dieses Musikers zu beschäftigen, der zu Unrecht im Schatten Debussys gestanden hatte und noch steht. Bei einem Aufenthalt in Paris fuhren mich Freunde nach Montfort l'Amaury, das ich flüchtig schon 1953 einmal besucht hatte. Ich fand dort Ravels Haus, dessen Originalität und Einheitlichkeit mir tiefen Eindruck machten.

Im August 1957 beschlossen Margot und ich eine Pilgerfahrt zu

"I never miss a copy of the M. T. Journal." — *William Faulkner*

"Put me down ditto to the above statement." — *President Lyndon B. Johnson*

$1.00 a copy **$3.00 a subscription**

CYRIL CLEMENS
EDITOR
MARK TWAIN JOURNAL
Established 1936
KIRKWOOD, MO. 63122

22 August 1968

Dear Dr Stuckenschmidt

In recognition of your outstanding contribution to biography by your

MAURICE RAVEL

you have been unanimously elected

KNIGHT of MARK TWAIN.

All cordial esteem!

"Cyril Clemens, a worthy kinsman of Mark Twain who brought light into all our lives."
John F. Kennedy

den Ravel-Stätten. Hauptziel waren Saint-Jean-de-Luz und die Nachbarstadt Ciboure, wo er 1875 geboren war. Gleich nach Abschluß der Tage in Alpbach, wo ich einen Vortrag über Boulez, Nono und Stockhausen hielt, fuhren wir quer durch die Schweiz bis Gstaad. Dort hatten Fritz Stiedry und Erika Wagner ein Sommerhaus gemietet, wo wir übernachteten. Über Evian, Genf, Lyon und Saint-Étienne ging die Reise bis Le Puy, einem herrlich zwischen und auf Berggipfeln gebauten Städtchen des Département Haute-Loire. Unsere nächste Station war Albi, wo uns das Toulouse-Lautrec-Museum entzückte. Über Pau, Bayonne und Biarritz erreichten wir Saint-Jean-de-Luz. Zwei ereignisreiche Wochen vergingen im Flug. In der Mairie von Ciboure fanden wir eine mitteilsame Dame, die uns alle Dokumente über die Familien Ravel und Deluarte zeigte. Wir suchten den alten, im Rollstuhl gefahrenen Edouard Ravel, Maurices Bruder, auf, der weinte, sobald vom Tod des Meisters die Rede war. Durch einen Glückszufall hörten wir, daß in Saint-Jean noch eine Jugendfreundin Ravels lebte, Marie Gaudin. Die 78jährige, rüstige und mitteilsame Frau hatte viele Andenken an den Freund bewahrt, Briefe, ein signiertes Exemplar des »Tombeau de Couperin« – dessen Rigaudon den beiden 1914 gefallenen Brüdern Gaudin gewidmet ist –, einen Korrekturabzug der Violinsonate mit Ravels Eintragungen und drei Amateurphotos, davon eines mit baskischer Widmung.

Am 14. September erreichten wir in Paris das kleine Hôtel de la Place de l'Odéon. Viel Zeit war nicht. Aber sie reichte zu Besuchen bei Ravels Verleger Durand und der Wohnung in Levallois, die der Bildhauer Leo Leyritz 1928 für den ihm befreundeten Meister eingerichtet hatte.

Bei Durand wußte niemand, daß Ravel einmal Gerhart Hauptmanns »Versunkene Glocke« vertonen wollte. Schließlich fand sich, weil ich nicht locker ließ, der vom Dichter und Ravel unterzeichnete Vertrag. Die Wohnung in Levallois, am Ende der Welt, in einer häßlichen Industriegegend, war ein Kuriosum; sie ist leider in den sechziger Jahren ausgeräumt worden. Zwei Zimmer und Bad, alles expressionistisch à la 1928, mit Boiserien, einer Wand aus Well-Aluminium, einem Wandschrank mit eingebauter Bar, zwei Bauhaus-Stühlen aus Stahlrohr.

Bei einem späteren Aufenthalt in Paris kam ich täglich mit Ravels Schüler, Freund und bestem Biographen Roland-Manuel zusammen, der meine Forschungen in kollegialer Weise unterstützte. Ihm verdanke ich Begegnungen mit Jugendfreunden Ravels wie dem Komponisten Maurice Delage, Leo Leyritz, dessen berühmte Büste des Meisters in der Pariser Oper steht, und dem Dirigenten Inghelbrecht.

Das bizarre Zwergenhaus in Montfort l'Amaury, wo Ravel seit 1921 lebte, besuchten Margot und ich mehrfach, zuletzt 1974 bei der Vorbereitung des Ravel-Films für das Fernsehen des Südwestfunks. Damals waren die alten Freunde des Meisters alle tot. Nur der Pianist Jacques Février gab uns viele Hinweise. Mehr als neunzigjährig stellte sich in Saint-Jean-de-Luz Marie Gaudin für ein Gespräch zur Verfügung.

Mein Buch brauchte viel Zeit und erschien 1966 bei Suhrkamp. Ich hatte es in Variationenform gebaut und ohne Einteilung in Kapitel geschrieben. Kurz nach Erscheinen kam der New Yorker Anwalt und Musikfreund Samuel R. Rosenbaum nach Berlin, ein polyglotter Millionär, der sofort die Übersetzungsrechte erwarb. Was er für das Buch tat, war viel mehr als eine Übersetzung. Er teilte es geschickt in zehn Kapitel und fügte ein Namensregister hinzu. Dadurch wurde die amerikanische Ausgabe im Chilton-Verlag, die John Calder für London übernahm, ein viel größerer Erfolg als die deutsche, die zwar enthusiastische Besprechungen, aber wenig Käufer fand. Erst als Taschenbuch 1976, mit dem bibliographischen Anhang von Walter Labhart, kam sie unter die Leute. Der Film des Baden-Badener Fernsehens beruht auf dem Buch. Ich schrieb das Treatment, der einstige Scherchen-Schüler Hilmar Schatz betreute den musikalischen Teil, Regie führte der junge Schweizer Gfeller, Produzent war Werner Rollauer.

Noch während ich an dem Ravel-Buch arbeitete, schlug John Calder mir vor, eine Biographie Ferruccio Busonis zu schreiben. Seine Anregung rief mir ein Gespräch in Erinnerung, das ich schon lange vorher mit Martin Hürlimann geführt hatte. Die Persönlichkeit des großen Pianisten, Komponisten, Lehrers und Schriftstellers hatte mir bei dem improvisierten Besuch 1921 einen unvergeßlichen Eindruck gemacht.

Ich besprach den Plan in Florenz mit Gisella Selden-Goth, einer der wenigen Überlebenden aus seinem engsten Kreis. Die alte, ebenso kluge wie häßliche Frau bewohnte ein hochgelegenes Haus aus dem 12. Jahrhundert, das Torre del Diavolo hieß. Sie war seit Jahren gelähmt und wurde im Rollstuhl gefahren, besuchte aber trotzdem mit ihrer Tochter Trudi alle wichtigen Musikfeste zwischen Salzburg und Berlin. An den Wänden der Wohnung hingen die kostbarsten Stücke ihrer berühmten Autographensammlung, Manuskripte von Bach bis Busoni. »Ich habe etwas Neues erworben«, sagte sie gleich nach der Begrüßung, »einen Chor Ihres Meisters Schönberg.«

Als Margot 1945 Prag verließ, hatte sie vorher Freund Alois Hába um Rat gefragt, was sie mit einigen Kostbarkeiten machen solle, die sie nicht auf dem Weg ins Ungewisse bei sich tragen mochte. Er riet ihr, die Sachen im Rektorat der Technischen Hochschule zu hinterlegen, um sie vielleicht eines Tages dort wiederzufinden. Es waren ein paar Briefe von Schönberg, Berg, Webern, Heinrich Mann, Bertolt Brecht und Oskar Kokoschka dabei, außerdem Manuskripte von Kurt Weill, Wladimir Vogel und, wertvollstes Stück, Schönbergs »Verbundenheit« aus den »Sechs Stücken für Männerchor a cappella« op. 35. Oswald Schrenk, der Direktor des Verlages Bote & Bock, hatte es mir 1938 geschenkt, um es vor der Zerstörung durch die Nazis zu schützen.

Nun hing es hier in der Torre del Diavolo zwischen Autographen von Bach und Brahms. »Wo haben Sie das gefunden?« fragte ich die Sammlerin. »1952 bei einem Wiener Antiquar«, war die Antwort. Ich erzählte ihr die Geschichte des Stücks; aber die Millionärin ging rasch zur Tagesordnung über. So blieb mein Eigentum in ihrem Besitz. Heute gehört es vielleicht dem Faktotum, das ihren Rollstuhl fuhr.

Sie zeigte mir ihre ganze Sammlung von Busoni-Briefen und Manuskripten des Meisters, erzählte mir viele Episoden seines Lebens, deren Zeuge sie gewesen war, und gab mir Adressen der noch Lebenden aus seinem Kreis. Nun begann eine Zeit des Sammelns und der Korrespondenz. Ich trug eine lückenlose Bibliothek von Busoniana zusammen, fand bei dem unvergessenen Berliner Antiquar Curt Wegner den sehr seltenen Katalog von der Auktion der Bibliothek Busoni 1925 und erwarb aus Privathand einige Briefe des Meisters. Durch Willi Schuh, den von mir hochverehrten und uns auch freundschaftlich verbundenen Musikschriftsteller und führenden Schweizer Kritiker, bekam ich viele Hinweise. Walter Huder, Archivleiter der Berliner Akademie der Künste, zeigte mir alle Dokumente, die Busoni betrafen.

1933 bis 1935 hatten wir zu Gerda Busoni, der Witwe des Meisters, und ihrer Schwester freundschaftliche Beziehungen. Sie starb uralt 1956 in Schweden. Auch der jüngere Sohn Raffaello war 1962 in New York gestorben. Aber der ältere, Benvenuto, lebte völlig zurückgezogen in Berlin-Friedenau. Wir verabredeten ein Zusammentreffen in seinem Stammlokal, der Konditorei Möhring, Kurfürstendamm Ecke Uhlandstraße, und fanden einen körperlich rüstigen Siebziger in höchst wunderlicher geistiger Verfassung. Vom Vater sprach er mit einer Art Haßliebe. Der starke Kaffee, zu dem wir ihn einluden, brachte ihn zu einem Rausch, so daß er, der 1917 bis 1918 als amerikanischer Soldat im Weltkrieg gedient hatte, anfing, die Schlager und Militärlieder dieser Epoche zu singen.

In die Zeit dieser vorbereitenden Arbeit für das Busoni-Buch fiel mein sechzigster Geburtstag. Ich wollte dem Wirbel einer Feier in Berlin entgehen, sehnte mich auch nach etwas südlicher Wärme. So nahmen wir gern die Einladung Brigitte Schiffers an, vier Wochen in ihrem Haus an der Côte d'Azur zu verbringen. Es war ein kleines, hübsch eingerichtetes Domizil in Haut-de-Cagnes, nahe von Nizza. Eine Nachbarin kam morgens und machte die Putzarbeit, mittags aßen wir in einem der vielen Restaurants, oben oder am Strand. Der Oktober war sonnig, die wenigen Regentage verbrachte ich an der Schreibmaschine. Ein kurzer Ausflug führte uns am 21. nach Donaueschingen, wo ich die Musiktage durch einen Vortrag »Die Ordnung der Freiheit« einleitete. Am 23. waren wir zurück. Ich hatte vorgesorgt, daß Briefe und Telegramme nach Cagnes kämen, aber nicht geahnt, in welche Verlegenheit ich das kleine dortige Postamt bringen würde. Etwa achtzig Telegramme in deutscher Sprache mußten transkribiert werden; was dabei herauskam, war oft grotesk. Ich beantwortete alles mit einer Drucksache. So ging die Prüfung relativ schmerzlos vonstatten.

Mitte November heimgekehrt, kam ich gerade rechtzeitig zur Rektoratsübergabe. Ende des Monats luden wir Freunde zur Nachfeier ein, Edith und Gerhart von Westerman, O. E. Hasse, Rufers, Langners und Blachers waren dabei.

Das Busoni-Manuskript war 1966 fertig. Im Zürcher Atlantis Verlag hatte Hürlimann die Betreuung der Musikbücher an Daniel Bodmer übertragen, der den Band 1967 herausbrachte. Bald danach erschien bei Calder & Boyars in London die englische Übersetzung.

Ich widmete das Buch der Königin Marie-José von Italien. Die vielseitig begabte Frau war eine Tochter der belgischen Königin Elisabeth und wie diese musikalisch interessiert. In ihrem Haus Merlinge bei Genf veranstaltete sie Konzerte mit ungewöhnlichen Programmen. Durch Vermittlung des Genfer Komponisten André-François Marescotti, den ich aus Winterthur kannte, ließ sie anfragen, ob Margot ein Programm mit Liedern von Schönberg, Webern und Berg bei ihr singen wolle, zu dem ich einen kommentierenden Vortrag halten solle. Als Begleiter und Solisten in Weberns Klaviervariationen schlug sie den Basler Pianisten Paul Baumgartner vor. Der Termin, 19. November 1959, ließ sich gut einrichten; wir sagten zu. Vier Tage waren wir in Genf Gäste der Königin, die seit langem von ihrem Mann, Exkönig Umberto, getrennt lebte. Sie hörte sich alle Proben an, las die Noten mit, sprach mit mir über mein Schönberg-Buch und »Neue Musik zwischen den beiden Kriegen«, deren französische Ausgaben sie besaß. Sie selbst spielte Klavier. Das Konzert war von ihren Freunden am Genfer See, überwiegend Musikern, besucht, und wir fühlten uns bei ihr wohl. Zum Abschied schenkte sie mir ihre »Histoire de la Maison Savoie«, ein umfangreiches Buch, das hohen literarischen und wissenschaftlichen Ansprüchen standhält. Wir waren seither mehrfach in Merlinge, wenn sie mich als Juror für den von ihr gestifteten Kompositionspreis einlud.

Für Bodmer hatte ich vom Beginn der Zusammenarbeit an viel Sympathie. Romanist, hochgebildet, Angehöriger einer der führenden Schweizer Familien, war er wie Hürlimann und einst Suhrkamp ein nobler Verleger, dem es nicht auf Bestseller-Erfolge ankam. Wir trafen ihn und seine schöne Frau oft in Salzburg, waren bei ihm in Hombrechtikon bei Zürich zu Gast und besprachen viele Verlagspläne.

Seit Ende der sechziger Jahre machten Josef Rufer und ich uns Gedanken über den bevorstehenden 100. Geburtstag Arnold Schönbergs. Der alte Freund und seine Frau Ma gehörten zu unserem engsten Kreis seit der Wiederbegegnung nach 1945. Rufer hatte im Auftrag der Berliner Akademie der Künste 1957 in Los Angeles Schönbergs umfangreichen Nachlaß in Ordnung gebracht. Als Frucht dieser Arbeit erschien sein berühmter Katalog 1959 im Bärenreiter-Verlag: »Das Werk Arnold Schönbergs«. Gertrud Schönberg, die Witwe, forderte ihn auf, eine große Biographie zu schreiben. Rufer sammelte und entwarf jahrelang für das Projekt, fühlte sich aber schließlich wegen seines hohen Alters der Arbeit nicht gewachsen. So übertrug er mir die Aufgabe und stellte mir zur Verfügung, was er an Material besaß. Ich hatte längst auf eigene Faust und ohne bestimmtes Ziel eine Sammlung angelegt. Kurz nach Rufers Verzicht bekam ich die Einladung, mit Margot drei Monate als Ehrengast in der römischen Villa Massimo, der Deutschen Akademie, zu verbringen. Wir hatten im Hauptgebäude der Villa eine reizende Wohnung mit Terrasse, wurden von den Ehepaaren Gericke und Wolken herzlich aufgenommen und verbrachten die Monate Mai bis Juli in der Euphorie täglicher Entdeckungen. Was die unvergleichliche Stadt an Vielschichtigkeit und Geheimnis umschloß, wurde uns damals erst ganz klar. Viel intime Kenntnis ihrer historischen und künstlerischen Schätze verdankten wir Reinhard Raffalt, dessen Rom-Bücher ich alle kannte, dessen signorilen Lebensstil in einem Palazzo des 15. Jahrhunderts wir bei einer Luncheinladung bewunderten.

Abends arbeitete ich oft an einem Entwurf zu der großen Schönberg-Biographie, die allmählich Gestalt annahm. Unter den vielen römischen Bekannten war Yvonne Casella, die Witwe des Komponisten, die mir Photos und Briefe von Schönberg zeigen konnte.

Zweimal unterbrachen wir den Aufenthalt, um Musikfeste in Florenz und Spoleto zu besuchen. In Florenz gab es Vorträge und Aufführungen zum Generalthema des Neoklassizismus. Neben Besuchen bei Dallapiccola und Gisella Selden-Goth fesselten uns die Begegnungen mit Roman Vlad, dem englischen Weill-Biographen David Drew und René Clair. Im Rollstuhl lauschte der 78jährige Darius Milhaud einer Aufführung seiner Drei-Minuten-Opern, die Henri Sauguet dirigierte. René Clair, unentwegter Utopist, sprach vom Film als einer in den Anfängen steckengebliebenen Kunst, vergleichbar dem noch immer altmodisch von Erdölprodukten getriebenen Auto. Er prophezeite den plastischen Farbtonfilm, dessen Gestalten ununterscheidbar neben uns durchs Zimmer wandeln würden.

Henze wohnte seit ein paar Jahren nahe Rom in Marino am Fuß der Albaner Berge. Wir besuchten ihn am 21. Mai. Durch die Porta San Giovanni ging es auf die Via Appia zur Via dei Laghi. Ein Feldweg führte zu La Leprara, einem ländlichen Haus. Von vier grauen Windspielen eskortiert kam Henze auf uns zu. Er hatte Musiker zu Besuch, mit denen er für die Uraufführung seiner Kantate »El Cimarrón« probte: den Flötisten Karlheinz Zöller, den kubanischen Gitarristen Leo Brouwer, den japanischen Schlagzeuger Stomu Yamashita und den Negerbariton William Pearson, der den Cimarrón sang, einen befreiten Negersklaven, der zum Verherrlicher der Gewalt wird. Es gab eine Bibliothek, in der Karl Marx' und Lenins Werke in Maroquinleder gebunden und mit Goldschnitt versehen standen. Hinter echten dorischen Säulen zierte ein überlebensgroßes Photo Che Guevaras die Hauptwand der Halle. Im Garten, durch den uns der Hausherr führte, schlug ein Pfau sein Rad.

»El Cimarrón« sollte bei Britten in Aldeburgh uraufgeführt, dann in Spoleto und schließlich in Westberlin bei den Festwochen wiederholt werden. Ende Juni fuhren wir nach Spoleto, hörten ein Dutzend Opern- und Konzertaufführungen, verbrachten einen Abend bei Gian Carlo Menotti, dem geistigen Vater dieses »Festivals zweier Welten«, und machten eine herrliche Fahrt durch die umbrischen Städte, von denen uns Perugia neben Spoleto am besten gefiel.

In Rom gab es noch einige Begegnungen; bei Wolkens trafen wir den alten Dichter Armin T. Wegner, mit dem ich 1928 als Redakteur der Prager »Bohemia« korrespondiert hatte, einen bewundernswerten Mann, den die Nazis 1933 eingesperrt hatten, weil er in einem offenen Brief an Hitler vor der Verfolgung der Juden gewarnt hatte. Wir luden ihn und seine russische Frau zu dem kleinen Abschiedsempfang, zu dem auch der Kollege und Freund Fedele d'Amico mit seiner Frau kam.

Nach Berlin heimgekehrt, stellte ich meinen ganzen Arbeitshaushalt auf den formalen Entwurf des Schönberg-Buches. Akademische Pflichten gab es nicht mehr; ich hatte mich nach meinem 65. Geburtstag emeritieren lassen.

1966 hatten wir die Baldner-Villa in der Podbielskiallee verlassen müssen und waren in die Winklerstraße des Stadtteils Grunewald gezogen, neben das Haus, wo seit 1963 Alain Daniélous Internationales Institut für vergleichende Musikstudien sein Domizil hatte. Es ist eine ideal ruhige Gegend, wenige Schritte vom Ufer des Dianasees.

Eine umfangreiche Korrespondenz setzte nun ein. Ich wandte mich an alle Menschen, die mit Schönberg verbunden gewesen waren, um Material, Kopien von Briefen, Hinweise auf unbekannte Quellen zu bekommen. Mehr als fünfhundert Briefe gingen hinaus; die meisten wurden beantwortet. Vor allem lag mir die Erforschung der Schönbergschen Kindheit und Jugend am Herzen. Ich hatte darüber schon früher mit seiner 1954 in Berlin verstorbenen Schwester Ottilie gesprochen, aber keine Dokumente wie Briefe oder Photos ausfindig gemacht.

Von Rufer wußte ich, daß in Los Angeles außer den Musik-Autographen noch ein riesiger, nicht katalogisierter Nachlaß bestand. Schönbergs Tochter Nuria, seit 1955 Luigi Nonos Frau, und seine Söhne Ronny und Larry autorisierten mich, das Material an Ort und Stelle zu sichten und alles zu studieren, was auf Grund eines Vertrages der Library of Congress in Washington zugefallen war.

Bald nach meinem 70. Geburtstag im November 1971 flogen Margot und ich nach Los Angeles. Larry Schönberg, der das Elternhaus in Brentwood Park bewohnte, besorgte uns eine kleine möblierte Wohnung im Oceana Apartment Hotel zu Santa Monica, wo wir sonnige Herbstwochen verbrachten. Er stellte uns auch seinen »second car«, einen Volkswagenkäfer, zur Verfügung, mit dem wir jeden Morgen zum Haus 116 North Rockingham Avenue fuhren. Margot und ich lasen in diesem November Tausende von Briefen und schrieben die wichtigen Stellen heraus. Wir sahen alle Bände der Bibliothek und der Musikalien durch, fanden dabei Briefe von Berg und Webern, konnten etwa zweihundert wichtige biographische Daten und Fakten über Schönbergs Schaffen entdecken und flogen Ende des Monats nach Washington, wo ähnliche Funde auf uns warteten. Mit Hunderten von Exzerpten, Notizzetteln, Photokopien und anderen Dokumenten kamen wir im Dezember nach Berlin zurück. Die Arbeit ging weiter, neue Fakten wurden entdeckt, und das Manuskript schwoll im Lauf des

Jahres 1972 auf sechshundert Seiten an. Zu Weihnachten schrieb ich an Nuria Nono, ich wolle ihr das Buch zeigen. Am 12. Januar 1973 flogen wir nach Venedig. Eine Woche lang sprachen wir mit Nuria über das Manuskript, das sie Zeile um Zeile las. Sie machte mich auf ein paar Fehler und Auslassungen aufmerksam; ich nahm sofort die notwendigen Korrekturen vor und konnte im März das dicke Paket von mehr als sechshundert druckfertigen Seiten nach Zürich schicken. Bodmer gab es in Satz, ließ die vielen Illustrationen klischieren und brachte es 1974 rechtzeitig zu dem Wiener Kongreß anläßlich des 100. Geburtstages von Schönberg heraus. 1977 erschien bei Calder in London die englische Übersetzung von Humphrey Searle, dem englischen Komponisten und einstigen Schüler Anton von Weberns.

Neben den großen und kleinen Monographien, darunter auch einer zum 70. Geburtstag Johann Nepomuk Davids, gab es oft andere Möglichkeiten, schaffende Musiker der neueren Zeit interpretierend zu untersuchen. Ohne noch der Westberliner Akademie der Künste anzugehören, wurde ich seit ihrem Wiederbestehen gelegentlich als Mitarbeiter beschäftigt. Zu Igor Strawinskys 75. Geburtstag hielt ich 1957 einen Festvortrag, der in der Akademie-Reihe »Anmerkungen zur Zeit« gedruckt wurde. Zu Heinz Tiessens 80. Geburtstag sprach ich im Rahmen eines Festkonzerts; der alte Freund aus den zwanziger Jahren stand Margot und mir in seiner menschlichen Güte und hohen kulturellen Bildung nah bis zu seinem Tod 1971.

Nicolas Nabokov hatte um die Mitte der sechziger Jahre mit dem Londoner Verlag Weidenfeld & Nicolson einen Vertrag geschlossen, der ihn zum Mitherausgeber einer Bücherreihe »Twentieth Century Composers« machte. Fünf Bände waren vorgesehen, nach geokulturellen Richtlinien geordnet und mehreren Verfassern zugeteilt. Als erster erschien Virgil Thomsons »American Music since 1910«. Niki bat mich, Deutschland und Mitteleuropa zu übernehmen. Die Auswahl von 25 Komponisten stellte ein schwieriges Problem. Ein fragwürdiges Kriterium wie »Größe« schied ich aus. Es kam mir darauf an, kennzeichnende Figuren aus den drei Generationen schaffender Musiker zu schildern, die den Zeitabschnitt 1900 bis 1965 repräsentieren. Ein Komponist von unbezweifelbarer Bedeutung wie Hans Pfitzner konnte ausgelassen der erste Leiter der berolaendischen Festwochen, aber der viel, viel aeltere Freund von Margot + Stucki bescheinigt hiermit seine Herzensan-haenglichkeit zu den obenerwaehnten und verbleibt ♡lichst Euro treuer

Nicolo Nabosco (Bologna 1612-1654) manchmal auch Nabucco oder Nicolas der Nabelknopf genannt.

11. 10. 1968

Dominique Cibiel. 11. 10. 1968

werden, weil er seine Repräsentanz mit Richard Strauss und Gustav Mahler teilte. Männer wie Josef Matthias Hauer, Kurt Weill und Carl Orff durften nicht fehlen, weil jeder von ihnen eine wesentliche Strömung mitteleuropäischer Musik verkörperte. Das Buch, dessen englische Übersetzung ich im Juni 1970 als Gast der Deutschen Akademie Rom zu spät bekam, um noch ihre Fehler korrigieren zu können, kam später in meiner deutschen Originalfassung bei Piper heraus, nunmehr unter dem Generaltitel »Die großen Komponisten unseres Jahrhunderts«. Weidenfeld & Nicolson waren auch die englischen Verleger der World University Library, für die ich den Band über Musik des 20. Jahrhunderts schrieb. Das reizend ausgestattete Buch erschien in sieben Sprachen, die deutsche Ausgabe bei Kindler.

Darstellungen von Epochen und Formen kommen meinen Neigungen nicht so entgegen wie biographische. Dabei weiß ich sehr gut, daß für den Kulturspezialisten beide gleich wichtig sein müssen. Als ich den Lehrstuhl für Musikgeschichte an der Technischen Universität aufbaute, machte ich mir die Koordinierung von Epochenschilderung, Formanalyse und Personendeutung zum Ziel. Die Liste meiner 35 Semestervorlesungen von 1949 bis 1967 spiegelt diesen Weg, der seit 1960 auch außereuropäische Kulturen berührte. Von der offiziellen Musikwissenschaft trennte mich dabei das Bestreben, niemals esoterisch zu formulieren und auch dem Studenten naturwissenschaftlicher Hauptfächer im Geist des Studium Generale Kenntnisse und Denkweisen zu vermitteln, die ihm nützlich sein würden. Ich fand darin Verständnis bei so wichtigen Vertretern der musikwissenschaftlichen Disziplin wie Wilibald Gurlitt, der mich zum Mitarbeiter an seinem Archiv für Musikwissenschaft machte, Friedrich Blume, der an meinem Lehrstuhl einen Vortrag hielt, und Walter Gerstenberg, der mich zu einem Vortrag in Tübingen einlud und 1977 meine Promotion zum Ehrendoktor anregte.

Um meine Studenten auch mit schaffenden und nachschaffenden Musikern in Kontakt zu bringen, nahm ich Gruppen von ihnen zu Kursen und Kongressen nach Darmstadt und Florenz, zu Musikfesten nach Köln, Hamburg und Donaueschingen mit. Für Vorträge und Diskussionen in meinen Vorlesungen lud ich Ferenc Fricsay, Alois Hába, Boris Blacher, Hans Werner Henze und andere ein. Lotte Lenya nahm an einem Seminar über Kurt Weills »Aufstieg und Fall der Stadt Mahagonny« teil und gab Auskunft über Dinge, die nur sie wissen konnte.

In meinen Freundeskreis traten immer wieder Komponisten, die ich aus ihren Werken schätzte und meistens im Zusammenhang mit Aufführungen persönlich kennenlernte. Durch Claude Rostand kam ich in Paris mit Francis Poulenc zusammen. Wir waren schon 1919 in brieflicher Verbindung gewesen und uns 1925 flüchtig wiederbegegnet. Seine Meisterschaft in kleinen Formen, den »Bestiaire«-Liedern nach Guillaume Apollinaire, den »Poèmes de Ronsart«, Klavierstücken wie den »Impromptus« und »Mouvements perpétuels«, hatte mich als jungen Menschen entzückt, obwohl meine Freunde im Schönberg-Kreis diese Neigung nicht teilten. Als Margot und ich 1954 in Paris waren, hatte Poulenc gerade seine »Entretiens avec Claude Rostand« bei Julliard herausgebracht. Nun lud er uns zum Mittagessen in seine Wohnung Rue de Médicis am Luxembourg-Park ein. Rostands waren dabei, und als sechster kam der Bariton Pierre Bernac. Poulenc war ein sehr aufmerksamer Gastgeber. In der luxuriös eingerichteten Wohnung servierte ein Diener. Auf dem Flügel lag aufgeschlagen Schönbergs Opus 19, die »Sechs kleinen Klavierstücke«, daneben ein Exemplar der »Entretiens« mit Widmungen von Rostand und Poulenc, der hineingeschrieben hatte: »J'ai déjà l'impression que nous sommes de vieux amis et m'en rejouis. Très affectueusement Poulenc.«

Wir gingen zu Tisch. Beim Braten zog Poulenc ein Silberdöschen aus der Westentasche und bot mir daraus Muskat an. Rostand hatte eine kleine Überraschung. Nach dem Essen legte er auf den Plattenspieler Poulencs »Concert champêtre« und ließ die 78er Platte im halben Tempo laufen. Es klang wie Bruckner. Poulenc horchte entzückt, klatschte wie ein Kind in die Hände und rief: »Que c'est beau, que c'est beau!«

Wir hatten ihn auch in Berlin-Tempelhof zu Gast und brachten ihn mit Rudolf Wagner-Regeny zusammen. 1957 hörte ich in Mailand seine Oper »Dialogue des Carmélites«, ein Werk religiöser Vertiefung, die auch aus seinen geistlichen Werken spricht. Als er 1963 starb, war die Welt um einen Menschen und Musiker von großer Kultur und Herzensgüte ärmer. Immer wenn ich die Romane von Marcel Proust lese, bin ich an das Milieu erinnert, in dem er gelebt hat. Obwohl seine Veranlagung das männliche Geschlecht bevorzugte, war er doch zu Frauen von einer unwiderstehlichen Liebenswürdigkeit.

Darin war Henze ihm verwandt. Mit Ingeborg Bachmann, die ihm von allen Frauen am nächsten stand, war er unser Gast in der Dahlemer Wohnung. Auch in Donaueschingen und Salzburg fanden wir die beiden unzertrennlich. Das grausige Ende der Dichterin, die in ihrer römischen Wohnung verbrannte, traf ihn schwer. In der geistigen Gemeinschaft mit ihr und Wystan Hugh Auden sind einige seiner besten Werke entstanden: die »Nachtstücke und Arien«, die 1957 von Gloria Davy in Donaueschingen uraufgeführt wurden, der 1960 in Hamburg herausgekommene »Prinz von Homburg«, die »Elegie für junge Liebende« 1961 und »Die Bassariden« 1966, beide auf Libretti von Auden und Kallman.

Mit Strawinsky kam ich seit den zwanziger Jahren immer wieder in den verschiedensten Situationen zusammen. Dem jungen Amerikaner Robert Craft, der ihn zu Schönberg und Webern bekehrte, brachte er eine bewundernde Neigung entgegen, die keinerlei Kritik an dem Freund zuließ. Als ich in Köln Anfang der fünfziger Jahre mit dem Meister im Excelsior-Hotel aß, sagte er mir: »Craft ist für mich, was der junge Mozart für den alten Haydn war.« Es gab weitere Begegnungen in Venedig, Hamburg, Los Angeles und Zagreb. Nun hörte ich Craft dirigieren. Der Eindruck enttäuschte mich tief, und ich verschwieg mein Urteil nicht. Strawinsky nahm es übel. Eine herzliche, zeitweise freundschaftliche Beziehung von vierzig Jahren zerbrach. Lange vor der Entzweiung hatte ich Craft in einer delikaten Sache um Vermittlung bei Strawinsky gebeten. Bei einer Aufführung des »Oedipus Rex« war mir wieder aufgefallen, daß die Deklamation des lateinischen Textes einen sinnstörenden Fehler enthält. An der wichtigen Stelle, wo Oedipus sein Schuldbekenntnis ablegt, singt der Tenor: »Ego senem kekidi.« Strawinsky legt den Akzent auf die erste Silbe »Ke«. Das ergibt den Widersinn: »Ich bin den Greis hingefallen.« Richtig deklamiert muß es aber heißen: »ke*ki*di«, dann stimmt das Latein, denn es muß natürlich heißen: »Ich habe den Greis erschlagen.« In einem Brief machte ich Craft auf diesen Fehler aufmerksam und bat ihn, Strawinsky zu informieren. Er antwortete sehr rasch, der Meister habe den Fehler eingesehen und werde ihn bei nächster Gelegenheit berichtigen. Das geschah nie.

Mit Schostakowitsch kam ich nicht in persönliche Verbindung. Als Bruno Walter 1926 in Berlin seine erste Symphonie dirigierte und dadurch den völlig unbekannten jungen Komponisten in die westliche Musikwelt einführte, war ich von der schöpferischen Kraft dieses Frühwerks sofort überzeugt. Die kulturpolitischen Schicksale, die ihm die Stalin-Zeit auferlegte und auf die er zwiespältig reagierte, habe ich verfolgt, ohne dazu polemisch Stellung zu nehmen. 1949 sah ich ihn von weitem in der New Yorker Carnegie Hall, in den sechziger Jahren einmal in Ostberlin. Doch kam es zu keiner Begegnung. Im Wintersemester 1960 hielt ich eine Vorlesung über ihn, in der die kühnen Frühwerke und die beiden Opern »Die Nase« und »Katarina Ismailowa« auf ihre Stellung in der zeitgenössischen Musik untersucht wurden.

Zu meiner großen Überraschung las ich in der »Frankfurter Allgemeinen Zeitung« vom 1. Juni 1964, daß Schostakowitsch in der Moskauer »Prawda« einen großen Aufsatz »Bemerkungen eines Komponisten« veröffentlicht hatte, in dem er mit der westlichen Avantgarde scharf ins Zeug ging. Er rechnete vor allem mit der Schönbergschen Richtung und aller »volksfremden Kunst« gründlich ab. »Die dodekaphonische, serielle, punktuelle Musik ist eines der schlimmsten Übel der Kunst des 20. Jahrhunderts«, heißt es da. Und ein paar Absätze weiter: »Wie viele effektvolle Kompositionen von ›Avantgardisten‹ ich auch gehört habe, ich kann bis zum heutigen Tage die Musik von, sagen wir, Boulez nicht von der von Stockhausen, Henzes Musik nicht von der Stuckenschmidts unterscheiden.« Nicolas Nabokov, den ich um Rat fragte, formulierte für mich einen russischen Brief an die Redaktion der »Prawda«. Kopien dieses Briefs gingen an den Bonner Botschafter der Sowjetunion und den Kulturattaché der Botschaft der Bundesrepublik Deutschland in Moskau. In dem Brief vom 2. Juni 1964 heißt es: »Leider muß ich feststellen, daß Herr Schostakowitsch über die Situation der Musik im Westen nicht informiert ist ... Ich zweifle daran, daß Herr Schostakowitsch Musik von mir kennt, da seit 1926 nichts mehr von mir aufgeführt worden ist und ich seit 1927 nicht mehr komponiere. Mein einziges gedrucktes Werk ist 1921 erschienen; es ist weder dodekaphonisch noch seriell ... Im Interesse Ihrer Leser möchte ich Sie bitten, diesen bedauerlichen Irrtum von Herrn Schostakowitsch zu berichtigen.« Die Berichtigung erschien nie, und auch auf meine höfliche Mahnung vom 13. Juli bekam ich keine Antwort. An meiner Bewunderung für die besten Werke von Schostakowitsch, namentlich für die erschütternde vierzehnte Symphonie, konnte das nichts ändern. Schostakowitsch mied seither Kontakte mit westlichen Musikern, ausgenommen Benjamin Britten, mit dem ihn eine alte Freundschaft verband.

Im Oktober 1971 flogen wir nach Moskau, um den 7. Kongreß des Internationalen Musikrats zu besuchen, bei dem ich eingeladen war, über den deutschen Beitrag zur abendländischen Musik zu sprechen. Schostakowitsch, der im Programm ebenfalls als Sprecher figurierte, entschuldigte sich wegen eines Herzinfarktes, der ihn im Krankenhaus ans Bett fesselte. Aber ich begegnete einigen der von ihm gerügten jüngeren Sowjet-Komponisten, die zwölftönig und seriell arbeiteten.

Als Präsident des Musikrats hielt Menuhin eine Ansprache auf Russisch. Daß er die russisch-jüdische Abstammung seiner Eltern betonte, von der Freiheit des Geistes sprach, seine Freunde David Oistrach und Rostropowitsch rühmte, die Leistungen Solschenizyns hervorhob, lag ganz im Sinne seines humanitären Weltbürgertums, das sich schon nach 1945 in Deutschland bewährt hatte. Unter den zahlreichen aufgeführten Werken sowjetischer Komponisten fand ich ein Lenin-Oratorium von Rodion Schtschedrin besonders gut. Mit Schtschedrin, den ich aus Zagreb kannte, hatte ich immer sehr offenherzige Dialoge. Er scheint mir der unabhängigste von den offiziell geförderten sowjetischen Komponisten. Ein höflich-kühles Gespräch hatte ich mit dem Vorsitzenden des sowjetischen Komponistenverbandes, Tichon Chrennikow. Da er nur Russisch sprach, ließ ich mich ihm durch den Musikschriftsteller Grigori Schneerson vorstellen und als Freund und Biographen Arnold Schönbergs kennzeichnen, was er mit kühlem Gesichtsausdruck zur Kenntnis nahm. Schneerson, ein hochgebildeter und polyglotter Mann, der Englisch, Deutsch, Französisch und Chinesisch spricht, hat sich als Kollege oft bewährt. Wir tauschen seit Jahren unsere Bücher aus. Sein bisher letztes, im Sommer 1977 erschienen, ist eine Sammlung von Biographien nordamerikanischer Komponisten, in der auch Kapitel über Charles Ives und Elliot Carter stehen.

In dem kalten, regnerischen Moskau fühlten wir uns trotz starker künstlerischer Eindrücke, auch im Tretjakow-Museum, nicht glücklich. Wir fuhren auf eigene Faust für ein paar Tage nach Leningrad, wo wir sonniges Wetter fanden und unvergeßliche Stunden in der Eremitage verbrachten. Man hatte seit kurzer Zeit auch Bilder von Picasso, Chagall und anderen modernen Malern ausgestellt, die lange Jahre dem Publikum nicht gezeigt worden waren.

Vor vielen Jahren hatten mich zum 60. Geburtstag die tönenden Glückwünsche befreundeter Komponisten erreicht. Aus Rom schickte Henze ein Klavierlied auf Hölderlins Gedicht »Ehmals und jetzt« mit den Schlußversen

> Jetzt, da ich älter bin,
> Beginn ich zweifelnd meinen Tag,
> Doch heilig und heiter
> Ist mir sein Ende.

Der Dichter bestätigt, was ich erfahren habe. Meine Jugendjahre waren oft von Depressionen und Schwermut belastet, gewiß auch unter dem Eindruck der Nachkriegsnöte und ihrer materiellen Entbehrungen. Zu innerer Ausgeglichenheit kam ich erst in den späten Jahren, die mich heiter und lebensbejahend stimmten. Ich liebe das alte Sinnbild der Sonnenuhr, die nur die Stunden des Lichtes zählt. Doch eines macht das Altwerden schwer: der Verlust so vieler Freunde, die der Tod einem nimmt. Karl Jakob Hirsch, der seit 1919 oft meine Wege begleitet hatte und den ich nur in den Jahren seiner amerikanischen Emigration aus den Augen verlor, besuchte ich 1952 in der Münchener Universitätsklinik. Er lag im Sterben, erkannte mich aber noch und dankte für unseren Besuch. Herbert Fredersdorf, der Gefährte meiner Magdeburger Schuljahre, zog etwa 1960 nach Spanien, wo er kurz nach seinem 70. Geburtstag starb. Der älteste meiner noch lebenden Freunde ist Josef Rufer, mit dem der persönliche Kontakt nie unterbrochen wurde. Von den Menschen, die nach dem Zweiten Weltkrieg in unseren Freundeskreis traten, fehlt mir Will Grohmann am meisten. Mit ihm, dem musikfrohen Kunsthistoriker und Förderer moderner Malerei und Plastik, verbanden mich zahllose gemeinsame Interessen. Wir waren oft Gäste seines schönen Lankwitzer Hauses, und er besuchte uns gern in Dahlem und später im Grunewald. Bald nach seinem Tod 1968 ging auch seine viel jüngere Frau Annemi freiwillig aus dem Leben.

Zu Grohmanns Kreis und der Sphäre der bildenden Künste gehörten Hans Scharoun und Hans Uhlmann. Margot und ich liebten moderne Kunst und begannen, in bescheidener Weise zu sammeln. 1952 kauften wir eine besonders schöne Gouache von Heinz Trökes, die er »Marais tropical« genannt hat. 1957 erwarben wir ein phantasievolles Ölbild von Alexander Camaro. Unter den frühen Drahtplastiken von Uhlmann fanden wir eine zierliche Figur, die er als Tänzerin bezeichnete, später aus seiner Reifezeit eine blitzartig rhythmische Metallplastik; beide stehen in unserer Wohnung. Uhlmann, der 1970 allzu früh starb, hatte mir zum 65. Geburtstag eine seiner dunklen Lithographien gewidmet, die wie Vorstudien zu Plastiken wirken.

Die »runden« Geburtstage waren bei mir immer kleine Feste. Am 1. November 1966, dem letzten vor meiner Emeritierung, kamen zu uns in die Winklerstraße zahllose Freunde, darunter Wolfgang Stresemann, der Intendant des Berliner Philharmonischen Orchesters, Hans Scharoun, Egon Seefehlner, Leopold Reidemeister, Hans Uhlmann, Boris Blacher, viele Kollegen von der Technischen Universität, O. E. Hasse und Friedrich Luft. Von befreundeten Komponisten bekam ich Widmungsarbeiten, manche unter Verwendung der Noten H-H-S, so in einer achttaktigen Skizze von Alois Hába, einem raffinierten Zwölftonspiel von Ernst Krenek und drei Klavierstücken von Rolf Kuhnert. Boris Blacher, Johann Nepomuk David und Wladimir Vogel hatten sich ebenfalls Kompositionen einfallen lassen. Mit Briefen erfreuten mich Darius Milhaud, Rudolf Wagner-Regeny und – zwar kein Komponist, doch ein schöpferischer Interpret – Dietrich Fischer-Dieskau. Heinz Tiessen, der die Astrologie als wissenschaftliches Hobby betrieb und mit seinen Horoskopen erstaunliche Voraussagen zustande brachte, fehlte überhaupt an keinem Geburtstag und trug auch diesmal mit einigen schönen Liedern zu den Festgaben bei.

Noch turbulenter ging es an meinem Siebzigsten zu. Zwischen elf und eins drängten sich die Gäste bei uns. Dann mußten wir ihnen die Wohnung überlassen, denn im Gästehaus des Senats fand eine offizielle Feier statt, bei der mir der Regierende Bürgermeister Klaus Schütz die Ernst-Reuter-Plakette in Silber überreichte. Hanna Reuter, die noch lebte, hatte als Tischherrn meinen alten Freund Klaus Pringsheim, der zu dem festlichen Tag in der »Neuen Zürcher Zeitung« einen Glückwunsch mit dem hübschen Titel »Der Avantgarde-Leutnant« veröffentlichte.

Auch mein Kollege und Freund Friedrich Hommel von der »Frankfurter Allgemeinen Zeitung« und seine katalanische Frau aßen mit uns. Unter den Fachkollegen meiner Generation hatte und habe ich einige gute Freunde. Willi Schuh in Zürich und K. H. Ruppel zähle ich zu den besten. Heinrich Strobel, der ja 1945 vom Journalismus zum Rundfunk übergewechselt hatte, und seine Frau Hilde waren alte Gefährten, mit denen wir 1968 in Baden-Baden auf die heiterste Weise seinen 70. Geburtstag feierten. Zwei Jahre später, am 18. August 1970, riß ihn ein Herzschlag mitten aus der Arbeit. Sein Tod berührte mich sehr schmerzlich. Wir fuhren nach Baden-Baden zu der Trauerfeier, die ohne Musik stattfand. Wolfgang Fortner, Karlheinz Stockhausen und Pierre Boulez sprachen Trauerworte, der letztgenannte schluchzend, von Tränen erstickt und fast unverständlich, Fortner bewegt und ergriffen. Stockhausen hielt eine seltsame Zwiesprache mit dem Toten: »Was du, Heinrich, für die neuen Werke getan hast, ist einmalig!« rief der Komponist aus. Jetzt, da der Geist Strobels »aus der Haut gefahren« sei und er als kosmischer Globetrotter von Stern zu Stern reise, könne er an allen Orten gleichzeitig sein. »Und wenn du mal in meine Nähe kommst, egal ob ich schlafe oder wache, komm einfach herein. Dann werden wir über alle Probleme sprechen.« Stockhausen schloß: »Heinrich, du bist Klasse. Auf Wiedersehen!«

So fehlte Strobel an den Festtagen meines Lebensabends. Es fehlte auch Teddie Adorno, der im August 1969 gestorben war. Unsere geistigen Wege hatten uns schon lange auseinandergeführt, ohne daß die persönliche Beziehung darunter stark gelitten hätte. Die Musiksoziologie, die er als vergötterter Lehrer in Frankfurt vertrat, lenkt nach meiner Überzeugung von den maßgebenden Werten der Kunst ab. Auch war mein Verhältnis zur Sprache dem seinen entgegengesetzt. Je mehr ich lernte, mit Worten umzugehen, desto mehr war ich bestrebt, schwierige Tatbestände leicht verständlich zu machen. Die Vorliebe für seltene und wenig bekannte Fremdwörter, die Adornos Nachfolger auf die Spitze trieben, war mir fremd geworden. In meinen Schuljahren hatte ich mit dem Freunde Fredersdorf zusammen solche schwerverständlichen Wörter gesammelt und spielerisch in Gesprächen mit verdutzten Partnern benutzt. Dabei leistete uns ein Handbuch der Medizin helfende Dienste, und wir waren entzückt, unsere Mitmenschen durch gelassene Verwendung von Ausdrücken wie »neuromuskuläre Hyperexzitabilität« oder »subkutane Pleurospinalmeningitis« zu verblüffen.

Gute Stilisten erkennt man weniger an dem, was sie schreiben, als an dem, was sie nicht schreiben. Es gibt Leute, die nicht leise reden, und auch solche, die nicht leise schreiben können. Sie wollen auffallen um jeden Preis, sogar um den der Verständlichkeit. Die deutsche Sprache ist biegsam und anpassungsfähig. Neue Wörter sind in ihr leichter zu bilden als im Französischen oder Englischen, fast so leicht wie im Amerikanischen. Unser Arzneimittelgesetz verbietet die Werbung mit hochtrabenden, unverständlichen Fremdwörtern. Könnte man das Verbot nicht auf andere Gebiete ausdehnen, wo Quacksalberei sich breitmacht? Zum

Beispiel auf Zeitungen und Rundfunk, ja auf Literatur und Wissenschaft? Ich kenne Literaten, die lieber schweigen als sich einfach ausdrücken. »Roh« und »echt« sind Wörter, die jeder versteht. Bei den feinen Schreibern findet man sie nicht; da heißt es »krud« und »genuin«. Schon beginnen Journalisten und Kommentatoren, es ihnen gleichzutun. So entstehen Moden von unverstandenem Französisch und Latein. Das Deutsch der Massenunterrichtung artet aus in einen Abhub der wissenschaftlichen Mandarinsprache.

Bildung kann man haben oder vortäuschen. Wer sie hat, erkennt den, der sie vortäuscht. Aber die Vortäuscher haben sich zu solcher Macht und Zahl vermehrt, daß auch Gebildete anfangen, mit den Wölfen zu heulen. Die Geschichtsdialektiker lehren uns, daß Minderheiten zu Mehrheiten werden können. Snobs sind amüsante, auf ihre Weise nützliche Leute, wenn sie unter sich bleiben. Wird aber Snobismus zur Gesinnung von Herden, so droht Unheil.

Wer in Deutschland über Musik schreibt, muß sich entscheiden. Benutzt er dic Mandarinsprache, so wird alsbald der Massensnobismus auf ihn schwören. Die Technisierung der Fachsprachen hat der gelehrt scheinenden Ungenauigkeit alle Schleusen geöffnet. Mathematik und Physik, Psychologie und Soziologie ergießen ganze Wörterbücher über die musikalische Fachsprache. Wie gebildet das klingt, wenn man nicht mehr von den Eigenschaften des Tons spricht, sondern von Parametern! Oder wenn einer »rezente Folklore« schreibt und »neueres Volkslied« meint. Wie wäre es, wenn man eine Mode der Einfachheit schüfe und leises Schreiben wieder zu Ehren brächte? Mehr sein als scheinen!

Als mir 1973 die Deutsche Akademie für Sprache und Dichtung in Darmstadt den Johann-Heinrich-Merck-Preis verlieh, habe ich in meiner Dankrede an diese Probleme gerührt. Sie scheinen mir deshalb wichtig, weil die Sprache – nach der knappen Formulierung von Karl Kraus – die Mutter des Gedankens ist. Schlecht schreiben bedeutet schlecht denken. Zu den Ursachen des Sprachverfalls in Deutschland und Österreich gehört die Verdrängung der romanischen Sprachen durch die englisch-amerikanische. Wer französisch sprechen und denken gelernt hat, kann Wörter wie Raffinesse nicht anwenden und weiß, daß Flair keine Ausstrahlung, sondern Spürnase bedeutet. Er weiß auch, daß Geste nicht wie Geeste ausgesprochen wird. In allen romanischen Sprachen hat das Wort ein hartes, kurzes E; Rilke reimt es im »Marienleben« richtig auf Feste.

1975 schlug ich Klaus Piper vor, eine Auswahl meiner Aufsätze und Kritiken, die ich seit 1925 veröffentlicht habe, in Buchform herauszugeben. Das Lesen der alten Arbeiten war für mich selbst ein Abenteuer. Nicht nur, weil einige davon sich als überraschend aktuell erwiesen, sondern weil ich glaube, in der Bemühung um klärende Sprache Fortschritte gemacht zu haben.

In Frankreich war von jeher die Sprachpflege eine offizielle Aufgabe. Ohne Zustimmung der Académie Française wird kein Wort ins Dictionnaire aufgenommen. Die Akademien in Deutschland befassen sich zwar mit Sprache, aber sie haben nicht verhindern können, daß von Jahr zu Jahr schlechteres Deutsch gesprochen und gedruckt wird.

XII
Amerika, englisch und lateinisch

Von den Freunden und Angehörigen, die durch Hitler zur Emigration gezwungen wurden, hatten einige in Amerika Erfolg und Wohlstand gefunden. Unsere alten Prager Freunde Frank Demant und Olga Forrai standen bei ihrer Ankunft in New York vor dem Nichts. Ein Diplomat, dem sie große Vermögenswerte anvertraut hatten, veruntreute die ganze Summe und stellte sich unwissend. Demant mußte, um als Zahnarzt praktizieren zu können, amerikanische Examina bestehen. Olga verdiente Geld als Gesangslehrerin. Aber bald wendete sich das Blatt. Franta wurde rasch zu einem der gesuchtesten Zahnärzte in New York. Er kaufte ein geräumiges Wohnhaus in der 71. Straße East, also in der besten Gegend der Stadt, das Olga mit alten Möbeln, Silber und Porzellan ausstattete.

An jedem Jahreswechsel mit den Glückwünschen der beiden kam die Frage: »Wann besucht ihr uns?« Auch Margots Schwester Irene und ihr Mann Max Nethe wollten uns gern einmal bei sich in New York haben. Sie waren beide berufstätig, wohnten im Westen nahe dem Central Park und fühlten sich als »American citizens« frei und zufrieden.

Mich interessierte, was in Amerika künstlerisch geschah. So beschlossen wir, nach dem Wintersemester 1960 einen Monat bei Demants zu verbringen. Das Goethe-Institut hatte mich eingeladen, in New York einen Vortrag zu halten; das erleichterte uns finanziell den Plan. Auch die »Stimme Amerikas« vermittelte mir eine Sendung für den Sender Freies Berlin.

Am 26. Februar landeten wir nachmittags am La-Guardia-Flughafen, und nun begannen vier Wochen voller Eindrücke, menschlicher Begegnungen und Erlebnisse. Olga lud ihre und unsere Freunde zu zwei der »parties« ein, in deren gesellschaftlichem und gastronomischem Arrangement sie Meisterin ist. Wir besuchten oft Irene und Max Nethe, aßen mit ihnen in der »Tavern on the Green«, sahen gemeinsam die Aufführung von »My Fair Lady«

und fuhren zu den Cloisters hinaus, einem Stück echter französischer Romanik, das nach Amerika transportiert und an New Yorks Peripherie wieder aufgebaut worden ist.

Zu Olgas erster Party kam Richard Huelsenbeck, den ich seit Berliner Dada-Zeiten nicht gesehen hatte. In New York war er ein gesuchter Psychiater, schrieb aber weiter seine Bücher und hielt Kontakt mit den modernen Malern. Er machte uns auf Jean Tinguelys »Hommage à New York« aufmerksam, eine sich automatisch zerstörende Plastik, die gerade im Museum of Modern Art gezeigt wurde.

In der alten Metropolitan Opera besuchte ich Rudolf Bing, und wir hörten Aufführungen von »Holländer« und »Walküre«. Im Wandelgang sah ich ein auf Seide gedrucktes Programm der Galavorstellung, die 1902 zum Besuch des Prinzen Heinrich von Preußen stattgefunden hatte. Die drei Ensembles des Hauses hatten damals je zwei Akte aus sechs Opern gegeben, das deutsche aus »Lohengrin« und »Tannhäuser«, das französische aus »Carmen« und Massenets »Le Cid«, das italienische aus »Aida« und »Traviata«. Alle Starsänger der Zeit waren aufgeboten, den Abend des 25. Februar unvergeßlich zu machen. Als aber die hohen Gäste sich um eine Stunde verspäteten, weigerte sich die berühmte Sopranistin Marcella Sembrich, die Traviata zu singen, und verließ das Theater.

Das Programm zeigt oben ein Porträt des Prinzen, dessen Ähnlichkeit mit seinem Bruder Kaiser Wilhelm II. trotz des Vollbarts erkennbar war. Unten stehen die Anfänge der Nationalhymnen »Wacht am Rhein« und »My Country 't is of thee«, dessen Melodie in England als »God save the King« und in Deutschland als »Heil dir im Siegerkranz« gesungen wurde.

Als ich zu Bing über meine Entdeckung sprach, schenkte er mir eines der wenigen Exemplare des Programms, die es noch gab.

In der »New York Times« las ich, am 7. März werde ein Bühnenstück von John Cage uraufgeführt. Wir fuhren zum Greenwich Village, in die Bleecker Street, eine von Italienern bewohnte Gegend malerischer Slums. Das kleine Theater hieß »Circle on the Square«. Hier hatte sich eine »Composers' Showcase« etabliert. In dem halbdunklen Raum hingen an Drähten seltsame Objekte: lebensgroße Torsi aus Pappmaché, ein ausgestopfter Weißfuchs, kleine farbige Ballons und ein Kürassierhelm. Auf dem Tisch brannten Kerzen und beleuchteten eine Filmkamera. Aus Cellophanbeuteln rann farbige Flüssigkeit in einen Bottich. Eine Baßtuba ohne Schalltrichter wurde von einem Herrn im Frack geölt und dann an einem langen Gartenschlauch befestigt. Eine schlanke Tänzerin in eng anliegendem Kleid warf dem Steptänzer einen Blumenstrauß vor die Füße. In der Ecke rasierte sich jemand elektrisch. Ein mechanisches Hündchen mit leuchtenden Glühbirnen als Augen hoppelte durch den Raum. Ein geöffneter Regenschirm entließ eine Wolke Konfetti. Der Pianist schoß einen kleinen Aeroplan an die Decke. In metallisch blauem Seidenkleid sang eine Altistin »Parlez-moi d'amour«.

Hinten stand John Cage und zählte langsam von eins bis zweiundzwanzig. Posaunenläufe wurden durch einen Radioapparat unterbrochen, der das Bacchanal aus »Tannhäuser« schmetterte. Der Tubist zog Frack und Hemd aus. Wäsche wurde gezählt und gewrungen. Keiner der sechs Mitwirkenden schien zu wissen, was die anderen taten.

Cage liquidierte hier den traditionellen Kunstbegriff. Sein »Theatre Piece 1960« genanntes Stück war eine Clownerie im technisierten Dada-Stil des Zürcher »Cabaret Voltaire« von 1916. Der Spaß wurde atomisiert und zugleich ins Überdimensionale vergrößert. Die Welt der Marx Brothers mischte sich mit der Erik Saties. Oft war die Komik unwiderstehlich, bewundernswert die Präzision der Darstellung, bei der die Künste des Pianisten David Tudor, der Altistin Arline Carmen, der Tänzer Merce Cunningham und Carolyn Brown wetteiferten.

In dem Publikum malerischer jugendlicher Boheme trafen wir Henry Cowell, den Clusterpianisten und Komponisten, der 1932 Schönbergs Berliner Kurse besucht hatte. Nach Cages Theaterstück wurde Kammermusik von ihm gespielt.

Als ich zwei Tage später meinen Besuch in der »New York Times« machte, wunderten sich die Kollegen, daß ich mir solche Sachen anhörte, die doch in Amerika kaum noch beachtet würden und als überwunden gälten. Howard Taubmann war damals »Senior Music Critic« des Weltblattes, für das ich 1949 einmal geschrieben hatte. Er und seine Mitarbeiter behandelten mich mit einer Courtoisie, wie ich sie in Europa selten gefunden habe.

Taubmann fragte, ob ich nicht über ein paar Uraufführungen in Deutschland schreiben wollte. Als im Mai Henzes »Prinz von Homburg« an der Hamburgischen Staatsoper herauskam, machte ich den Bericht für die »Times«, der unter dem Titel »Homburg in Hamburg« gedruckt wurde.

Seit einigen Jahren lebte Alma Maria Werfel in New York. Sie hatte ganz nahe von uns eine Wohnung 120 East 73 Street. Wir telefonierten, und sie bat mich nachmittags zu sich. Das große Zimmer, wo sie mich empfing, war ein Museum der Erinnerung an große Männer, die ihr nahegestanden hatten. Autographen von Gustav Mahler, Alban Berg, Franz Werfel und ihrem neuen amerikanischen Freund Thornton Wilder lagen neben Entwürfen von Walter Gropius und den sechs bemalten Fächern von Oskar Kokoschka. Als ich die Kostbarkeiten bewundert hatte, öffnete sie eine Flasche Hennessy und bot mir daraus an. Ich konnte seit einigen Jahren keinen Alkohol mehr trinken, ohne starke Schmerzen am rechten Trigeminus zu bekommen, und zog Orangensaft vor. Wir sprachen über gemeinsame Freunde und vergangene Zeiten. Auf meine Frage, ob sie in Amerika glücklich sei, erwiderte sie: ja; aber es könne ihr Europa nie ersetzen. Warum nicht? »Hier sprechen die Steine nicht«, war ihre Antwort.

Über die neuere Musik wußte sie viel. Eine direkte Fortsetzung der Mahlerschen Symphonik sah sie bei Schostakowitsch und Karl Amadeus Hartmann. Nach anderthalb Stunden lebhafter Unterhaltung verabschiedete ich mich. Die Flasche Cognac hatte die alte Dame allein leergetrunken. Ohne zu schwanken, stand sie auf und brachte mich zum Fahrstuhl. »Mein Freund Erich Maria Remarque nennt ihn den erotischen Fahrstuhl, weil er so eng ist!« sagte sie mit schelmischem Ausdruck. Sie war achtzig Jahre alt und lebte noch fünf Jahre lang gesellig und heiter.

In seinem Haus 188 Sullivan Street, dicht beim Greenwich Village, besuchten wir Edgard Varèse. Der 74jährige war schon eine Legende. Er hatte Debussy gut gekannt, war in Berlin mit Busoni befreundet gewesen, kannte Hofmannsthal, dessen »Ödipus und die Sphinx« er als Oper vertont hatte. Im Souterrain des New Yorker Hauses gab es neben allerlei mechanischen und elektronischen Musikinstrumenten kostbare Autographen. An den Wänden ein Picasso, zwei Joan Mirós, ein Brief von Debussy. Als er uns alles gezeigt hatte, bat seine Frau uns hinauf zum Lunch. Sie war eine hochgebildete Amerikanerin, erfolgreich als Übersetzerin französischer Lyrik. Wir fühlten uns in Gesellschaft dieser beiden Menschen, die weit in die Zukunft der Musik und der anderen Künste blickten, sehr wohl. Varèse teilte unsere Bewunderung für Schönberg, sah aber in Strawinsky nur einen Fortsetzer der russisch-französischen Ballettkomposition.

Bei unseren Wegen durch die Riesenstadt sahen wir in der Park Avenue Mies van der Rohes vielstöckiges Seagram Building. Es war schön, aber in seiner Bronzefarbe ein bißchen düster. Mies hatte es anders geplant. Die Bronze sollte, wie alle anständigen Kupferlegierungen, helle, grüne Patina ansetzen. Doch die Firma, die das Metall lieferte, wollte die wetterfesteste Legierung der Welt verkaufen. Sie berief ihre Chemiker, mit dem Erfolg, daß das Metall säurefest war und jeder Oxydierung trotzte. So stand eines der schönsten Hochhäuser der East Side in herbstlichem Braun statt in lenzlichem Grün. Das Material, perfekt und unvergänglich, wird vielleicht länger halten als die Perfektionssucht.

1960 war in New York das Jahr der pompösen Hüte. Was die Damen auf dem Kopf trugen, erinnerte an exotische Treibhäuser. Es glitzerte von Lackfarben wie bunte Käferflügel. Es trieb dicke Dolden, metallene Blüten und Früchte himmelwärts. Je älter die Trägerin, desto lustiger die Farben.

Im März kam ein Blizzard, der die parkenden Autos unter Bergen von Schnee verschwinden ließ, aus denen sie mühsam ausgegraben werden mußten. Uns erstarrten bei dem Eissturm Hände und Füße. Aber ich sah eine Siebzigerin mit leuchtend blauen, roten und gelben Glaskugeln auf dem Kopf heldenhaft die Plaza überschreiten. Sie ignorierte den Winter, weil ihre Modistin entschieden hatte, der Frühling sei da.

Einmal fuhren wir weit uptown. Ich zeigte Margot die Columbia-Universität, wo ein alter Berliner, Hanns Gutman, nun als John Gutman Dramaturg der Metropolitan Opera und Übersetzer deutscher und italienischer Libretti ins Englische, eine Vorlesung hielt. Er stellte mich seinen Studenten vor, und ich antwortete auf ihre Fragen nach der Opernsituation in Europa.

Ein paar Straßen weiter den Broadway hinauf beginnt Harlem, das Viertel, wo nur Schwarze wohnen. Wir gingen durch die Straßen, wo hübsche Negerkinder spielten und bettelten. Margot war deprimiert von ihrer Armut; wir beschenkten sie und kehrten um. Zu Olgas zweiter Party kam Lincoln Kirstein, der Direktor des New York City Ballet, das wir schon von seinem Berliner Gastspiel kannten. Er liebte Neger und erzählte eine rührende Geschichte. Ein Junge in Harlem war von seiner frommen Mutter belehrt worden, wenn er einen Wunsch auf dem Herzen hätte und Gott immer wieder innig darum bitte, so werde er erfüllt werden. Joe betete zwölf Jahre lang inbrünstig um Erfüllung seines leidenschaftlichsten Verlangens. Eines Tages verlor er den Glauben, weil sein Gebet nicht erhört wurde. Heute ist er Atheist und einer der besten Tänzer in Kirsteins Truppe. Was war sein Wunsch gewesen? Er wollte weiß werden.

Am 31. März flogen wir zurück. Europa hatten wir auf der fünfwöchigen Reise fast vergessen. Nun ließ die Alte Welt gleich ein Füllhorn musischer Ereignisse auf uns nieder. In Hamburg inszenierte Helmut Käutner die Uraufführung des »Prinz von Homburg«, den Henze auf Ingeborg Bachmanns Libretto (nach Kleists Stück) komponiert hatte. Im backsteinernen Studiosaal der neuen Westberliner Akademie der Künste gab es zeitgenössische Musik von Kurt Weill bis Mauricio Kagel. Lotte Lenya servierte ihre Songs, mit Nuancen der Hand, des schräg gestellten Kopfs, des tangoweichen Rückens die kaustischen Balladen und Moritaten von Brecht interpungierend, mit heiserer Mittellage Weills Melodien nur eben andeutend, von einem neuen Publikum unter Führung Hans Scharouns und Boris Blachers akklamiert.

Ende Juli fuhren wir nach Salzburg, wo das Neue Festspielhaus eröffnet wurde. Ein übersichtliches System von Treppen und Couloirs führte hinauf in das weitgeschwungene Amphitheater mit dem überhängenden Halbrund des Balkons. Ein Raum für 2300 bequem sitzende Hörer, wie eine gigantische Zange dem Guckkasten der Szene vorgeschoben. Man erkannte die Konzeption, die der Architekt Clemens Holzmeister mit dem Regisseur Carl Ebert bei gemeinsamen Arbeiten in der Türkei entwickelt hatte.

Der Salzburger Sommer war kalt und verregnet. Wir hatten in Parsch das hölzerne Haus des Schauspielers Tomaselli gemietet. Alex war mit uns, und aus New York kam Olga Forrai für zwei Wochen zu Besuch. Dank den gut arbeitenden Öfen und einem

Kamin war es behaglich. Unser Wagen brachte uns in die Premieren, denn Parkprobleme wie heute gab es 1960 in Salzburg noch nicht. In St. Wolfgang wohnten unsere Freunde Frank und Marian Korn aus Tokio. So fehlte es nicht an heiterer Geselligkeit. Zum Abschlußkonzert trafen wir uns alle bei Mahlers achter Symphonie in der grandiosen Wiedergabe der Wiener Philharmoniker unter Dimitri Mitropoulos in der Felsenreitschule.

Auch in Berlin schoß der Festwochenbetrieb üppiger als sonst ins Kraut. Als wichtige Uraufführung gab es am 21. September in der Städtischen Oper Boris Blachers »Rosamunde Floris«. Ein makabrer Stoff, von Georg Kaiser 1937 in der Schweizer Emigration erfunden, mit einer Heldin, die aus romantischer Liebe zur Mörderin wird. Wie eine sanfte Naturgewalt, völlig auf sich und ihre Liebe konzentriert, beschämt sie durch ihre Verbrechen die Tugenden der Umwelt. Blacher reizte an dem Stück der Kontrast der aufeinanderprallenden Welten. Zu der Karikatur des Spießermilieus, die im »Preußischen Märchen« so ätzend geriet, trat hier ein Gegenthema: der romantische Charakter. Aus einem Minimum an Schall, an bewegten Linien, an Akkorden baute er eine Musik auf, die andere Wege ging als alles, was damals zu Notenpapier gebracht wurde. Der geflissentlichen Dürftigkeit seiner Tonsprache entsprach die instrumentale Sparsamkeit. Dem großen Orchester waren viel Schlagzeug und eine vierköpfige Jazzband gesellt. Doch nur selten spielten mehr als zwei oder drei Instrumente gleichzeitig. Beim Todessturz einer der Hauptgestalten dröhnte ein Zwölftonakkord, dessen Auf- und Abbau leitmotivische Bedeutung bekam. Zum erstenmal führte Erwin Piscator Opernregie, bildlich assistiert von Hans-Ulrich Schmückle.

Aus den vielen Erinnerungen an das Jahr 1961 hebt sich die an Schönbergs Oratorium »Die Jakobsleiter« heraus. Die Uraufführung wurde das große Ereignis des Wiener Musikfestes im Juni. Rafael Kubelik dirigierte den Abend, der mit einer Leseaufführung des Textes begann. Schönberg selbst hat die Dichtung im Geiste August Strindbergs und biblischer Sinnbilder aufgebaut. Die Komposition aus den Jahren 1917/22 ist ein Kompendium seines ganzen Schaffens, vom Stil der frühen Lieder bis zu Vorformen der Zwölftontechnik. Der stürmische Erfolg des knapp drei Viertelstunden dauernden Werkes bestätigte die Wirkung, die schon 1958 die Aufführung eines Bruchstücks daraus gefunden hatte.

Um diese Zeit kam eine Einladung aus Los Angeles, an dem alljährlichen Musikfest der University of Southern California im Januar 1962 teilzunehmen. Ich sollte einen Vortrag halten und Mitglied von Round-Table-Diskussionen über Probleme der modernen Musik sein. Der Plan interessierte mich; ich sagte zu.

Als ich aus dem verschneiten Europa über die Eiswüsten von Kanada geflogen war, empfing mich Südkalifornien mit sommerlicher Milde. Das Wunder des Jetflugs blieb wirksam: Frühstück zwischen Berlin und Paris, Lunch irgendwo über dem atlantischen Ozean, Kaffee bei der Zwischenlandung in Montreal, Dinner zwischen Chicago und Denver. Der Tag dehnte sich wie ein Gummiband, man raste der Sonne nach, die schließlich glutrote Horizonte malte, während unten die Schneelandschaft in Wüste überging.

Musik war ein wichtiger Teil des amerikanischen Erziehungsprogramms geworden. Die Universitäten hatten nicht nur musikwissenschaftliche Lehrstühle; sie verfügten über ganze Musikhochschulen, die als Fakultäten organisiert waren. Eigene Kammergruppen, Symphonieorchester und Opernabteilungen gehörten dazu. Hier wuchs etwas, das an kultureller Bedeutung das offizielle Konzert- und Opernleben bald hinter sich lassen sollte.

Das zwölfte Musikfest der USC war zeitgenössischer Musik gewidmet. Es brachte neben amerikanischen Uraufführungen auch sogenannte Klassiker der Moderne, meist in vorzüglichen Wiedergaben.

Amerika liebt das Symposion, das Fachgespräch über Kunst und Kunsttechnik, die Begegnung der Geister. Diesmal hatte der Genius loci eines der Themen gestellt: Komposition für Film und Fernsehen. Man durfte den erfahrensten Musikern aus Movieland über die Schulter gucken. Miklos Rózsa, einst Wolfgang Fortners Klassenkamerad in Leipzig, nun zwanzig Jahre in Hollywood, leitete einen Nachmittag im hochkomfortablen Theater der Academy of Motion Picture Arts and Sciences. Man sah atemberaubende Filmszenen, eine aus »Summer and Smoke« nach Tennessee Williams, süßlich verkorngoldet von Elmer Bernstein. Eine Menschenjagd aus Hitchcocks »North by Northwest« mit Tonkaskaden von Bernard Herrmann. Eine gräßliche Fernsehgruselei mit Jazzpartitur von Henry Mancini. Eine Al-Capone-Mordszene mit Begleitung der Caruso-Platte aus »Martha«. Und Virgil Thomsons Doppelfuge zu der Krokodilszene aus Flahertys »Louisiana Story«, nun schon ein klassisches Stück Filmmusik.

Dazu ungleiche Kommentare, sehr witzig der von Herrmann, sehr technisch der von Thomson. Endergebnis: Film- und Fernsehmusik soll Eindruck machen und doch der Handlung den Vorrang lassen. Nach Thomsons Theorie liefern die klassischen Formen wie Fuge, Passacaglia und Toccata jeden wünschbaren Rahmen. Doch fiel an dem Nachmittag auf, wie konventionell die verwendeten Mittel waren. Dabei lag das Niveau oft hoch, wenn auch der Stil nicht so »non-commercial and long-haired« war, wie die Kritik behauptete.

Ganz abseits dieser Universitätsveranstaltung fand eine Galafeier in dem eleganten Wilshire Ebell Theatre zu Ehren Igor Strawinskys statt. Noch wußte niemand, ob der Meister seinen 80. Geburtstag am 15. Juni 1962 in der westlichen Welt feiern würde oder in der russischen Heimat, die er seit der Revolution gemieden hatte. Jedenfalls kam die Music Guild in Los Angeles dem Kalender um fünf Monate zuvor. Das Programm enthielt Kompositionen für kleine Besetzungen, die Robert Craft dirigierte. An zweiter Stelle gab es eine veritable Uraufführung: die Orchesterfassung zweier Lieder nach Texten von Verlaine. Um die »Petruschka«-Zeit geschrieben, interessierten sie als Dokumente der Anpassung an französischen Geist, wären aber ohne die Instrumentierung von 1951 nicht kennenswert.

Nach der Pause erschien, munter, aber etwas mühsam auf den Beinen, der alte Herr. Den Kopf vorgeneigt, beide Arme in modellierender Bewegung, glich er einem rhythmisch skandierenden Raubvogel, der die Taktwechsel der »Histoire du Soldat« ohne Selbstschonung durchführte. Im überfüllten Haus sah man Südkaliforniens Prominenz, in der ersten Reihe Aldous Huxley. Es gab Huldigungen für den Meister, der seit zwanzig Jahren hier lebte und dabei die seltsamste Wandlung erfahren hatte, von der die neuere Musikgeschichte zu melden weiß.

Mein Vortrag im Hancock Auditorium am 9. Januar weckte heftige Diskussionen, bei denen Schönbergs letzter Assistent Leonard Stein meine kritischen Bedenken gegen gewisse starre Konsequenzen der seriellen Kompositionstechnik zu widerlegen suchte. Sehr gut waren wieder meine Kontakte mit den amerikanischen Kritikerkollegen, namentlich mit Arthur Goldberg von der »Los Angeles Times«, der sich bald danach durch eine Besprechung von »The Rake's Progress« den unversöhnlichen Haß Strawinskys zuzog.

Auf dem Rückflug dachte ich über Möglichkeiten nach, in Berlin eine Zusammenkunft der Musikkritiker aus vielen Ländern der Welt mit öffentlichen Diskussionen über aktuelle Musikfragen zu organisieren. Der Plan kam gut den Absichten Nicolas Nabokovs entgegen, der im Frühjahr 1963 eine große Veranstaltungsreihe, sozusagen als Ergänzung der herbstlichen Festwochen, durchführen wollte. Unter dem Namen »Berliner Begegnungen« fand sie vom 19. bis zum 28. April statt.

Im neuen Haus der Deutschen Oper Berlin gab es neben bewährten Spielplanaufführungen von Mozart bis Blacher auch einige Novitäten. Darius Milhaud kam zu der um Jahrzehnte verspäteten Uraufführung seiner schon vor dem Ersten Weltkrieg entstandenen dreiteiligen »Orestie«, die Hermann Scherchen dirigierte und Gustav Rudolf Sellner in Szene gesetzt hatte. Auch Manuel de Fallas »L'Atlántida« wurde in Sellners Regie gezeigt; an seiner eigenen »Elegie für junge Liebende« bewährte sich Hans Werner Henze als Regisseur.

Berlins führende Orchester waren zu hören, die Philharmoniker in einer von Lorin Maazel geleiteten Aufführung der Mahlerschen Auferstehungssymphonie, das Radio-Symphonie-Orchester in zwei Programmen, bei denen Aaron Copland und Michael Tippett eigene Werke dirigierten.

In der Akademie der Künste gab es Vorträge, Diskussionsabende und das von mir vorbereitete und geleitete internationale Kritikerforum. Über Schönbergs »Moses und Aron« sprach Theodor W. Adorno, über Orestie-Dichtungen Pierre Emmanuel, über den Mythos der Atlantis Salvador de Madariaga und über Probleme der Ethik in der modernen Oper Wystan Hugh Auden.

Die Diskussionen nahmen größere Formen an als die Vorträge selbst. Vor allem im Gespräch über Schönbergs »Moses und Aron« kamen originelle Gedanken zutage. Frederick Goldbeck verglich den Wiener Meister als Gegenreformator mit Ignatius von

Loyola. Elliot Carter sah in den Brüdern Moses und Aron die Verkörperungen von Mythos und Symbol, Auden, der das Werk als Oratorium und nicht als Bühnenstück bezeichnete, glaubte in Moses ein Sinnbild Schönbergs, in Aron eines von Strawinsky zu erkennen. Adorno gab Auden in der Frage »Oratorium oder Oper« Recht. Er bezeichnete Schönbergs biblische Auseinandersetzung als nicht mythisch im Sinne von Joyces »Ulysses« oder Strawinskys »Sacre«.

Zum Kritikerforum hatte ich Kollegen aus vielen Ländern eingeladen, von denen die meisten auch kamen. So konnten wir Claude Rostand aus Paris, Peter Heyworth aus London, Dragotin Cvetko aus Ljubljana, Raymond Kendall aus Los Angeles, Hellmuth A. Fiechtner aus Wien, Willi Schuh aus Zürich und andere an einen Tisch setzen und Streitgespräche führen lassen, die jeweils von kleinen gelesenen Referaten der Teilnehmer ausgingen. Leider sagte Harold C. Schonberg von der »New York Times« ab, den ich 1960 als jungen, begabten Kritiker schätzen gelernt hatte.

Mit dem Musikleben in den USA und den künstlerischen Bestrebungen ihrer großen Universitäten fühlte ich mich durch die Aufenthalte von 1949, 1960 und 1962 schon ein wenig vertraut, obwohl ich von dem großen Kontinent nur ein Dutzend der wichtigsten Städte besucht hatte. Trotz aller Bewunderung für die künstlerischen und wissenschaftlichen Leistungen in Nordamerika mußte ich doch oft an Alma Mahlers Wort denken: »Hier sprechen die Steine nicht.« Amerika ist verglichen mit Europa ein nahezu geschichtsloses Gebiet. Auch die teilweise großartigen indianischen Kulturen der vorkolumbischen Zeit sind im Bereich der Musik für uns unbedeutend. Wahrscheinlich ist die Urbevölkerung der transatlantischen Kontinente von Natur aus musikalisch weniger begabt als die Afrikas, Chinas, Indiens und Südostasiens. Ich hatte mir darüber nach den Aufenthalten in Japan und Indien sowie in vielen Gesprächen mit Alain Daniélou Gedanken gemacht. Um mein Bild von den Kulturen der Neuen Welt zu erweitern, fehlte mir noch die Kenntnis Lateinamerikas. So kam 1966 eine Einladung nach Caracas wie gerufen. Die venezolanische Hauptstadt veranstaltete seit den späten fünfziger Jahren Musikfeste, zu denen bedeutende Orchester, Dirigenten und Solisten eingeladen wurden. Als Wilhelm Furtwängler ein halbes Jahr vor seinem Tod 1954 gebeten wurde, zwei Abende in Caracas zu dirigieren, hatte er Bedenken. Venezuela war musikalisch eine in Europa unbekannte Welt. Sergiu Celebidache redete ihm zu. Im März fuhr Furtwängler hin und kam mit starken Eindrücken zurück. Die Begeisterung und Gastfreundschaft, die er vorfand, überstiegen das Maß aller Erfahrung. Es waren die letzten außereuropäischen Konzerte, die er dirigiert hat.

Seither war die tropische Gebirgsstadt im Raketentempo gewachsen. Sie hatte 1966 anderthalb Millionen Einwohner und ein Geistesleben, das sich an den modernsten Errungenschaften der Welt orientierte. Das dritte Musikfest fiel in die Vorfeiern zum 400jährigen Bestehen der Stadt. Es brachte in zwölf Tagen Anfang Mai sieben Symphoniekonzerte, vier Programme mit Kammermusik und Kammerorchester, fünf musikalisch illustrierte Vorträge. Gleichzeitig tagte ein Kongreß, wo Komponisten, Wissenschaftler und Kritiker aus aller Welt sich um die Gegenwartsmusik stritten. Veranstalter war das Nationalinstitut für Kultur und Künste, ein durch private Initiative verlängerter Arm des Kultusministeriums, mit einer Kommission für Musikstudien. Ihr Präsident Inocente Palacios und der Generalsekretär Eduardo Lira Espejos waren die Anreger von Fest und Kongreß. »Als ein Tribut an das Volk von Caracas«, so hieß es in einer Publikation, »ist der Eintritt zu allen Festkonzerten frei.« Die Programme brachten ausschließlich amerikanische Werke, darunter drei, die bei einem Preisausschreiben für Lateinamerikaner unter vierzig Jahren prämiiert worden waren, sowie Auftragskompositionen für das Fest.

Die Eröffnungsfeier am 6. Mai fand in der »Concha Acústica de Colinas de Bello Monte« statt, einem halbkreisförmigen Einschnitt der Gebirgslandschaft, aus dem man ein Freilicht-Amphitheater mit großem, gegen die tropischen Regenfälle überdachtem Podium machte. Hier hatte auch Furtwängler 1954 die Orquesta Sinfonica Venezuela dirigiert. In phantastischer Fahrt durch die bunt leuchtende Metropole ging es hinauf in abendlich kühle Berge. Auf den steinernen Sitzen der riesigen Muschel lauschten die nicht allzu zahlreichen Hörer. Staatspräsident Raul Leoni und Mitglieder der Regierung nahmen teil.

Von den fünf Werken waren vier Uraufführungen. Nur Venezuela selbst bot ein nicht ganz neues Stück von José Luis Munios,

Jahrgang 1928. In den folgenden Werken waren alle Richtungen der fortschrittlichen europäischen Musik vertreten. Am überzeugendsten wirkte ein »New York« betiteltes Stück des Chilenen Leon Schidlowsky mit Ausbrüchen à la Varèse, surrenden, in der Tonhöhe nicht definierten Klängen, Glissandos und einem mächtigen Paukenschwellton.

Auf den anderen Programmen figurierten Komponisten fast aller lateinamerikanischen Länder. Argentinien war durch den alten Pionier Juan Carlos Paz und seinen jüngeren Antipoden Alberto Ginastera gut vertreten, Brasilien durch die gefällige neunte Symphonie von Heitor Villa-Lobos, Mexiko durch die verblüffend kühnen »Soli Nr. 3« von Carlos Chavez.

Das Philadelphia Orchestra spielte teils unter Ormandys, teils unter Stanislaw Skrowaczewskis Leitung überwiegend nordamerikanische Musik.

Die Universität, in der der Kongreß stattfand, gehörte zu den eindrucksvollsten Dingen in Caracas. Sie verfügt über einen großen Komplex modernster Bauten. Mit der riesigen Aula, mit Fresken, Mosaiken, farbigen Fenstern und Plastiken von Hans Arp, Fernand Léger, Laszlo Moholy-Nagy, Victor Vasarely und Alexander Calder ist sie ein kühnerer Ausdruck neuen Geistes als manches moderne Museum.

Gespräche von Musikern und Musikgelehrten gleichen sich überall. Man sucht Verständigung und kommt über Klärung der Begriffe kaum hinaus. Hier spürte ich Rivalitäten und Eifersüchte nicht nur zwischen den Generationen und den Anhängern verschiedener Techniken, sondern auch den Nationen. Da waren die Argentinier mit ihrem Senior Paz am Vorstandstisch. Dann die dialektisch geschulten Chilenen, die konservativen Venezolaner, die fortschrittlichen Leute aus Kolumbien, Uruguay und Mexiko.

Europa und Asien fehlten nicht. Aus Paris war Pierre Schaeffer, aus Madrid Luís de Pablo, aus Tokio Toshiro Mayuzumi, aus Warschau eine ganze Gruppe mit Lutoslawski und Penderecki eingeladen. London hatte den Musikchef des Rundfunks William Glock geschickt, aus Deutschland war ich gekommen. Themen waren: Musik als verständliche Sprache, elektronische Komposition, die Funktion der Gesellschaft in der Entwicklung moderner Klangtypen.

Nachmittags gab es im Hörsaal des Museums Vorträge mit Musikbeispielen und Filmen. Ich hatte 1963 in Baden-Baden für die neue Wergo-Reihe eine Schallplatte »Einführung in die Neue Musik« gemacht, die ich mit allen ihren Musikbeispielen von Schönberg bis Nono vorführte, wobei ich meinen deutschen Kommentar ins Englische übersetzte. Schaeffer zeigte einen einstündigen Film über Varèse, Josef Tal aus Jerusalem kommentierte und spielte virtuos sein zweites Konzert für Klavier und elektronische Klänge.

Um die Teilnehmer mit der wissenschaftlichen Arbeit bekannt zu machen, die in Venezuela geleistet wird, beförderte man uns an einem Vormittag 1600 Meter hoch in die Berge zum Instituto Venezolano de Investigaciones Cientificas. Der Direktor, Marcel Roche, hervorragender Arzt und Anthropologe, leitete ein Gespräch über das wissenschaftliche Denken in der Neuen Musik ein. Luís de Pablo hielt ein Referat, nach dem man sich einig wurde, daß Kunst und Wissenschaft vergleichbare Wege benutzen, ohne aber vergleichbare Phänomene zu sein. Den Vorträgen folgte ein etwas unheimlicher Gang durch die Bleikammern des durchaus friedlichen Zwecken gewidmeten Atomreaktors. Der sensitive Lutoslawski wurde bei dieser Besichtigung ohnmächtig.

Vom hohen Stand des Nachwuchses zeugte ein Hauskonzert in der museumsgleichen, mit Bildern Picassos, Poliakoffs und Klees und mit Mobilplastiken Calders geschmückten Villa des schon genannten Inocente Palacios.

Am 18. Mai flog ich über New York zurück nach Berlin. Ich war überfüllt mit Eindrücken und Anregungen, aber unbefriedigt, weil ich eben nur so kurze und darum oberflächliche Berührung mit lateinamerikanischer Musik gehabt hatte. Ein kleiner Koffer voll von Noten und Literatur über den Kontinent begleitete mich, und ich nahm mir vor, während der Sommerferien alles zu studieren.

Ende Juli hörten wir in Bayreuth »Tannhäuser«, »Parsifal« und die Tetralogie. Den »Parsifal« dirigierte Pierre Boulez. Er fand einen neuen Stil für das Bühnenweihfestspiel; man hörte ein farbiges Klingen ohne Beispiel und spürte, daß hier nicht ein Musiker aus der Schule Beethovens seinen deutschen Wagner erlebt hatte, sondern ein Moderner von Debussy und Schönberg her den Weg zu dieser Romantik suchte. Die bewegten, aber niemals beeilten

Tempi fielen auf, dazu eine Polarisierung der Stärkegrade. Solche Crescendos und Diminuendos hatte ich nur einst von Carl Muck gehört. Auch den Sängern ließ Boulez als Begleiter von musterhafter Zurückhaltung und Integration ihr Recht.

Nur zu kurzem Abstecher fuhren wir nach Salzburg, um die Uraufführung des Sommers 1966, Henzes »Bassariden«, zu hören. Auden und Kallman als Bearbeiter des grausigen Stoffes zeigten den Dionysos noch wandelbarer als ihr Vorgänger Euripides. Bald in Lord Byrons Maske, bald antikischer Gott, bald monokeltragender Beau Brummel, schritt er durch Epochen und Schauplätze. Zu dieser böotischen Götterdämmerung hatte Henze die gewaltigste Partitur geschrieben, eine dramatische Symphonie in vier Sätzen. Mit Kerstin Meyer als Agaue, Ingeborg Hallstein als Autonoe und einer Elite männlicher Sänger-Darsteller machte Sellner aus dem Gemisch schockierender Gegensätze großes Theater, gelassen assistiert von Christoph von Dohnanyi am Pult. Der Erfolg war stürmisch. Henze war auf dem Wege, Nachfolger von Richard Strauss zu werden.

Es hielt uns nicht lange in Salzburg; wir brauchten Erholung. Mittlerweile hatten Nethes Amerika verlassen und in Wiesbaden eine kleine, zentral gelegene Wohnung genommen, wo sie die letzten Lebensjahre verbringen wollten. Wir trafen uns mit ihnen und Alex in München und fuhren zusammen nach Seis am Schlern. Der Gebirgsort nahe von Bozen war uns durch Harold Byrns und Rudolf Bing empfohlen worden, die fast jeden Sommer in dem abseits des Touristenstroms gelegenen Hotel Mirabell verbrachten. Hier fanden wir Ruhe, machten Ausflüge nach Meran, Bozen und auf die Seiser Alm, und ich konnte meine Bücher über Lateinamerika und die Partituren lesen, die ich aus Caracas mitgebracht hatte. Knapp vier Wochen ungetrübter Erholung vergingen rasch.

Am 5. September waren wir zurück in Berlin, wo wir eine Woche Zeit hatten, die Koffer für die nächste Amerikareise zu packen. Denn ich wollte für den RIAS und die »Frankfurter Allgemeine« die Eröffnung der neuen Metropolitan Opera im Lincoln Center besuchen. Bing, den ich früh verständigte, meinte zwar, es sei vielleicht wichtiger, die letzte Aufführung im alten Haus zu hören, sorgte aber dann, daß ich die begehrten Plätze in den Premieren und Generalproben bekam. Natürlich wohnten wir wieder bei Olga und Franta Demant in der 71. Straße East.

Am 13. September früh nachmittags landete unsere Air-India-Maschine auf dem La-Guardia-Flughafen. Abends saßen wir in der Generalprobe von Samuel Barbers »Antony and Cleopatra«, für die Smoking und Abendkleid vorgeschrieben war.

Die Geschichte der feierlichen Eröffnungen ist reich an Rückschlägen, Terminverschiebungen und Improvisationen. Aber daß ein neues Opernhaus mit einem Galaabend in Anwesenheit der Weltprominenz eingeweiht wurde, um dann tagelang zu schließen, obwohl eine Kette neuer Inszenierungen seit Monaten vorbereitet und ausverkauft war, das war ein Novum. Wer in diesen Tagen durch den unterirdischen Bühneneingang die neue »Met« betrat, kam in einen Bienenkorb von Aufregung, Wut, Gerüchtemacherei, Schadenfreude und Verzweiflung. Ein System mühsam aufgebauter Probenpläne, koordinierter Terminkalender, langfristiger Abmachungen mit Rundfunk, Fernsehen und Presse, Reservierung von Karten für Einzelverkauf und Abonnement brach zusammen, weil die Gewerkschaft der Orchestermusiker ihre (berechtigten) Forderungen durchsetzen wollte und durch einen Streik auch schließlich durchsetzte. »Ich muß mich täglich mit vierzehn Gewerkschaften herumschlagen; der einzige in diesem Haus, der keiner angehört, bin ich selbst«, sagte mir Bing, als ich in dem luxuriösen Chefzimmer meinen üblichen Besuch machte.

Die neue »Met« liegt am Ende des großen quadratischen Platzes, um den herum das Lincoln Center der darstellenden Künste aus dem Schutt verfallener Wohnviertel entstanden ist, flankiert von der Philharmonic Hall und dem State Theater, im Hintergrund die Bibliothek und das intime Beaumont-Theater. Das Center auf New Yorks Westseite ist ein musisches Pendant des Rockefeller-Komplexes, eine Schau- und Musizierstatt für die Anspruchsvollen, ein Highbrow-Markt geistiger Werte. Man hat das Ganze mit Venedigs Markusplatz verglichen – das trifft daneben. Eher wirkt es wie ein größerer Kapitolsplatz mit stark verkürzter Treppe und einem Springbrunnen statt des Marc-Aurel-Standbildes.

Von den drei Hauptfassaden war die des Opernhauses mit ihren fünf Arkaden die konservativste, ein Dokument amerikanischen Klassizismus aus Beton und Glas, ohne Ornament, doch durchpulst von Licht, Farbe und architektonischer Bewegung. Zwei riesige Fresken von Marc Chagall bewachten mit ihren Vogelköpfen und Fischleibern, schwebenden Paaren, Violen, Schalmeien und Krummhörnern die roten Kurven des Treppenhauses. Zarte Kristallgebilde verästelten sich in Tausende von glitzernden Lampen, die ihren Schein über die massiven Aktfiguren von Aristide Maillol und über Wilhelm Lehmbrucks zentral aufgestellte »Kniende« streuten. Es war ein Abendeindruck von jubelnder Festlichkeit, den die Abendkleider und Fräcke der Besucher noch hoben. Daneben sank die Erinnerung an die düstere, verschmutzte Fassade der alten »Met« in den Abgrund des Vergessens.

Innen schwächte sich die Wirkung ab, trotz des bewährten Zusammenklangs von Rot, Gold und Creme. In guter Proportion verliefen die Sitzreihen im Parkett und den fünf Rängen nebst gigantischem Balkon. Man sah dieser Luxus-Bonbonniere nicht an, daß sie 4000 Hörern Platz bot. Bühnensicht und Akustik waren in Ordnung.

»Antony and Cleopatra« nach Shakespeares Drama hatte Barber im Auftrag der Ford Foundation komponiert. Librettist, Regisseur und Bühnenbildner in Personalunion war Franco Zeffirelli. Trotz ausgezeichneter Wiedergabe unter Leitung von Thomas Schippers brachte die Uraufführung nur einen Achtungserfolg, am stärksten für Leontyne Price als Cleopatra. Nach zwei Begrüßungsansprachen und zwei langen Pausen zog sich die Premiere bis Mitternacht hin. Den größten Beifall hatte Bing, als er vor den Vorhang trat, um anzukündigen, daß der Orchesterstreik beendet sei. Groß war der gesellschaftliche Glanz der Premiere. Die Bundesrepublik, die den bedeutendsten Geldbeitrag zum Bau des Hauses gestiftet hatte, war durch Vizekanzler Mende vertreten.

Dann stand ich draußen, wartete vergeblich auf ein Taxi, lief zum Broadway, wo es auch keins gab. Es war Jom Kippur, und die jüdischen Chauffeure – in diesem Viertel New Yorks die Mehrheit – arbeiteten nicht. Bei meiner Not hatte ich Gesellschaft. Mindestens zwanzig Paare in Frack und langem Abendkleid standen fröstelnd herum.

Schließlich setzte ich mich in Marsch und lief, unter Vermeidung des unheimlichen Central Park, am Essex House und Barbizon Plaza Hotel vorbei zur Park Avenue, von der die 71. Straße abbog. Die meisten der zwanzig Paare folgten mir. Es muß ein seltsamer Anblick gewesen sein, zu nächtlicher Stunde so viel Hautevolee durch Manhattan laufen zu sehen. Gegen halb zwei kam ich völlig erschöpft und mit drückenden Lackschuhen bei Demants an. Sie hatten mit Margot im Fernsehen die Premiere verfolgt und warteten beunruhigt auf mich.

Erst am nächsten Tag erfuhr man, unter welchen Bedingungen die Eröffnungsgala abgelaufen war. Es gab nicht nur Probleme mit dem streikenden, ohne festen Vertrag arbeitenden Orchester. Den schlimmeren Schock versetzte dem Hausherrn Bing die vielgerühmte und kostspielige Bühnentechnik. Gewiß war der Raum großzügig bemessen; auf den Neben- und Hinterbühnen konnte man die Dekorationen von drei Akten aufstellen, während die Hauptbühne in Betrieb war. Aber bei den Proben wie bei der Premiere von Barbers Uraufführung versagte die Maschinerie. Was die festliche Hörerschaft an Bewegung der Dekoration bewunderte, war das Ergebnis mühseliger Handarbeit. Erst sechs Tage später, am 22. September, konnte wieder gespielt werden. Statt »Traviata« gab es Ponchiellis »La Gioconda« mit Renata Tebaldi und Franco Corelli, inszeniert von Margarita Wallmann. Der überlange Abend wurde begeistert aufgenommen. Für die Gioconda hatten sich jugendliche Fans Papierscheiben in Biertellergröße mit der roten Aufschrift »Brava Tebaldi« umgehängt. Aber auch für die sechzigjährige Zinka Milanov, die längst nicht mehr sang, gab es Applaus, als sie kurz vor Beginn der Aufführung den Zuschauerraum betrat. Wer das erlebt hatte, begriff, daß Opernkultur in Amerika etwas anderes ist als bei uns in Mitteleuropa. Trotz aller Kapellmeisterverehrung, trotz gelegentlicher Erfolge großer Regieleistungen herrschte hier noch immer die glanzvolle Stimme als Magnetpol des Musiktheaters.

In Berlin kamen wir zum Beginn der Festwochen zurecht. Ein ganz anderes Amerika als das soeben verlassene sprach uns aus der Uraufführung an, die in der Deutschen Oper Berlin am 10. Oktober durchfiel. Sie hieß »Amerika«, beruhte auf dem gleichnamigen Romanfragment von Franz Kafka und war von einem Mann vertont, den ich durch mehrere Werke in Darmstadt und Donaueschingen als Schöpfer eines neuen Idioms schätzen gelernt hatte: Roman Haubenstock-Ramati. Sein Opernversuch scheiterte an dem mangelnden dramatischen Atem einer Musik, die mit allen Sirenen-Glissandos und Schlagzeugorgien, mit Clustern, virtuosem Ziergesang, schönbergischer Sprechstimme und vierkanaligem Tonband Wirkungen nur häufte, ohne sie dramaturgisch zu bändigen. Der Abend endete mit chorischen Buh-Rufen. Es blieb bei der einen Aufführung.

Die Saison 1966/67 rief uns mehrfach zu Veranstaltungen in Ostberlin. Im Dezember brachte die Staatsoper Paul Dessaus Oper »Puntila« nach dem finnischen Brecht-Stück »Herr Puntila und sein Knecht Matti«. Ruth Berghaus, die Frau des Komponisten, hatte den Abend virtuos und witzig im Geist ihres Lehrers Brecht inszeniert. Dessau, den wir schon aus den dreißiger Jahren kannten und gern hatten, setzte musikalisch fort, was die dramatischen Wirkungen seiner Bühnenmusik zu »Mutter Courage« und der Oper »Die Verurteilung des Lukullus« begründete. Zwischen Symphonik und Song, expressionistischen Orchesterstücken und wimmernden Ziehharmonikaklängen gab es Zitate von Schlagern der Vor-Hitlerzeit wie »Je cherche après Titine« und »Yes, we have no bananas«. In der Uraufführung saßen neben der DDR-Prominenz auch Boris Blacher, Witold Lutoslawski und Luigi Nono. Bald danach, Anfang Dezember, eröffnete Felsenstein die umgebaute und technisch perfektionierte Komische Oper mit einer aus düsterem spanischen Barock entwickelten »Don Giovanni«-Inszenierung. Ein wenig aufregender »Troubadour« seines Mitarbeiters Götz Friedrich und eine präzis-freche Deutung der alten »Bettleroper« durch Horst Bonnet und den in Hemdsärmeln dirigierenden Robert Hanell folgten. Zum erstenmal nach Jahren sah ich wieder das Ballett des Hauses, durch russische Tänzerinnen aufgefrischt, in einer Wiedergabe des Faust-Tanzspiels »Abraxas« von Werner Egk.

Im März veranstaltete Ostberlin eine neuntägige Biennale, bei der zwar die Schönberg-Schule fehlte, aber Strawinsky durch David Oistrachs phänomenale Wiedergabe des Violinkonzerts repräsentiert war.

Anfang 1967 eröffnete an der Westberliner Oper Gustav Rudolf Sellner seine »Ring«-Inszenierung in Bühnenbildern von Fritz Wotruba mit »Rheingold« und »Siegfried«. Gegen Wotrubas Geometrisierung der Szene und die dadurch bewirkte Unterdrückung der

Naturstimmungen vermochte auch Sellners Regie-Meisterschaft sich nicht immer zu behaupten. Darin war im April seine »Götterdämmerung« überlegen.

Wer die »Walküre« zur Komplettierung wünschte, konnte sie sich dazwischen in Salzburg anhören und ansehen. Hier hatte nämlich Karajan zum erstenmal seine Ostersaison verwirklicht, bei der jeweils eine Oper und drei Konzerte mit den Berliner Philharmonikern zu hören waren. Sie wurde von einem internationalen Publikum begeistert aufgenommen.

Vom ästhetischen Tauwetter in sozialistischen Ländern gab im Mai die Zagreber Biennale ein gutes Bild. Zum erstenmal traten sowjetrussische Modernisten wie Alfred Schnittke, Valentin Silwestroff, Edison Denisow und Andrej Wolkonsky als Gruppe hervor. Rodion Schtschedrin hatte als Solist seines virtuosen, von Einfällen sprühenden, an Prokofieff und Strawinsky anknüpfenden zweiten Klavierkonzerts rechtens Erfolg. Bei einem Round-Table-Gespräch erwies er sich als freimütiger Beantworter von Fragen, die meist die Rolle moderner Techniken im sowjetischen Kompositionsunterricht betrafen. In seiner Moskauer Klasse, berichtete Schtschedrin, werde die klassische Schönbergsche Zwölftontechnik ebenso behandelt wie die von ihr abgeleiteten seriellen Methoden. Die Sympathie, die mir Schtschedrin sofort bezeigte, beruhte auf Gegenseitigkeit. Ich bin ihm oft begegnet, zuletzt 1976 in der Jury der Königin Marie-José, mit der er sich gut verstand.

Bald nach den Zagreber Tagen mußten wir unsere Papiere für eine lange Südamerika-Reise in Ordnung bringen. Ich hatte schon mehrfach für die Goethe-Institute in vielen Ländern gearbeitet. Die Leiterin der Musikabteilung in München, Erika Albrecht, Schwester des Dirigenten Gerd Albrecht, legte mir einen umfangreichen Plan vor, der sechs Wochen in Anspruch nahm. Nach endlosen Korrespondenzen mit einem Dutzend Goethe-Häusern, Universitäten und Musikhochschulen in Lateinamerika nahm der Plan Gestalt an. Vom 15. Juni bis zum 19. Juli 1967 sollte ich etwa zwanzig Vorträge und öffentliche Diskussionen absolvieren, einige davon englisch und französisch, die Vorträge alle deutsch. Ich hatte als Hauptthemen »Musik zwischen den beiden Kriegen«, »Moderne Oper«, »Musikalische Atomzertrümmerung« und »Musikkritik« vorgeschlagen und Manuskripte ausgearbeitet.

Unser musikkundiger Hausarzt, Dr. Burkhard Ogrowsky, untersuchte uns, versah uns mit den nötigen Impfungen und riet dringend, zwischen den Flug und den ersten Vortrag ein paar Tage zur Akklimatisierung zu legen. Denn die erste Station, Mexico City, lag mehr als 2000 Meter hoch. Wir kamen am 10. Juni 1967 spät abends an und wohnten in dem von Walter Höllerer empfohlenen, ruhigen Hotel Maria Cristina. Der Leiter des deutschen Kulturzentrums, Christian Schmitt, neu aus Paris nach Mexico gekommen, und seine französische Frau zeigten uns die Herrlichkeiten der Umgebung. Neben den Pyramiden von Teotihuacan mit ihren unheimlichen Drachenköpfen und offenen Mäulern bewunderten wir die vergoldete Barockkirche von Tepotzotlan, kauften Früchte auf dem bunten Indianermarkt von Toluca und staunten über die Sammlungen in dem ganz modernen anthropologischen Museum. In meinem Vortrag am 15. Juni fehlte zwar der musisch wenig interessierte deutsche Botschafter; aber die wichtigsten Komponisten der Stadt waren da, an der Spitze Carlos Chavez, der grand old man der mexikanischen Musik, und Ernesto Halffter aus der spanischen Musikerdynastie.

Das Klima war angenehm, nur die starke Abkühlung am Abend nach heißen Tagen machte uns zu schaffen. Margot holte sich da eine Grippe-Infektion mit quälendem Husten, der sie während der ganzen Reise belästigte.

Nach sechs Tagen flogen wir über Südmexiko und den Panama-Kanal nach Bogotá, der noch höher gelegenen Hauptstadt Kolumbiens. Der Aufenthalt war knapp bemessen; von den Sehenswürdigkeiten blieb mir der riesige Bolivar-Platz mit der barocken Kathedrale in Erinnerung. Die Provinzhauptstadt Medellin erreichten wir in einem winzigen Flugzeug, das bedenklich schwankte. Mit uns flogen eine elsässisch-französische Musikergruppe sowie ihr Star, der Trompeter Adolf Scherbaum. Wir wohnten außerhalb der Stadt im Country Club, wo büschelweise aus den Bäumen Orchideen wuchsen.

Caracas und das luxuriöse Tamanaco-Hotel waren vertraut. Maruja und Marcel Roche luden uns in ihre Villa oben in Altamira. Sie fuhr uns durch die Stadt ins Bolivar-Haus und in kleine, alte Provinzstädte. Ein guter Bekannter von ihr, Emigrant aus Prag, hatte eine der besten Sammlungen moderner Kunst. Da hing neben anderen Kostbarkeiten ein von Kokoschka gemaltes Aktbild Alma Maria Mahlers mit der Widmung: »Meiner geliebten Walküre von ihrem Rittmeister.«

In einem grandiosen Flug über die Anden erreichten wir nach zehn Stunden Santiago, wo eine ganze Gruppe von Musikern und Dr. Bär vom Goethe-Institut uns erwarteten. Am 27. Juni sprach ich vormittags im Konservatorium und abends im Goethe-Institut. Dann kam ein Abstecher nach Viña del Mar, wohin uns der Komponist Gustavo Becerra Schmidt auf einer Straße durch die Berge fuhr. Wir wohnten in dem alten englischen Hotel Higgins, sahen um die Sträucher des Gartens winzige, farbig leuchtende Kolibris schwirren und genossen die Lage auch des Nachbarortes Valparaiso. Dort hatte ich im Goethe-Institut zu sprechen. Das Musikleben in Chile überraschte uns durch Reichtum und Qualität. Becerra Schmidt und Leon Schidlowsky, die ich schon 1966 in Caracas getroffen hatte, erwiesen sich als ebenso vorzügliche Musiker wie überzeugte Sozialisten.

Auch gesellschaftlich gab es angenehme Begegnungen. Der Botschafter der Bundesrepublik von Nostiz lud uns zu einem Lunch ohne weitere Gäste und zeigte uns seine Sammlung moderner Bilder und Graphiken, darunter auch Arbeiten von Westberliner Künstlern wie Trökes und Heldt.

Als führenden Musiker der älteren chilenischen Generation kannte ich aus Paris Domingo Santa Cruz. Er lud Margot und mich zu einem Essen in seinem Landhaus an der Peripherie von Santiago. Es gab einen Korb mit hundert von ihm morgens gefangenen Austern, die wir in heiteren Gesprächen über Literatur, Theater und Geistesfreiheit mit dem leichten chilenischen Rotwein hinunterspülten.

Wir schieden ungern aus Santiago, wo es übrigens Ende Juni recht kühl wurde. Chile liegt auf der südlichen Erdhälfte, wo die Jahreszeiten denen Europas entgegengesetzt sind. Das spürten wir auch in Buenos Aires, unserer nächsten Station. Wir kamen am 2. Juli, einem Sonntag, nachmittags an. Dr. Schmidt vom Goethe-Institut brachte uns zum Hotel Lancaster. Am Montag gab es im Cinzano-Club einen Empfang für uns, wo wir einen alten Berliner Freund, den französischen Kulturattaché Guilloneau, trafen. Auch der Pianist Jorge Zulueta und, von ihm unzertrennlich, der

Musikschriftsteller Jacopo Romano waren dort und nahmen uns gleich zum Lunch mit. Ich hatte Vorträge im Instituto di Tella, im Teatro Nuovo und einen Diskussionsabend im Collegium Musicum, bei dem es hoch und heiter zuging.

Natürlich verbrachten wir einen Abend im Teatro Colón, um Donizettis »La Favorita« mit Fiorenza Cossotto und dem spanischen Tenor Alfredo Kraus zu hören. In der Loge, die man uns zur Verfügung gestellt hatte, besuchte uns in der Pause der Musikkritiker Johannes Franze, ein Deutscher, der schon 1920 Europa verlassen hatte und dessen Berichte ich aus der »Musik« der zwanziger und dreißiger Jahre kannte. Durch ihn erfuhr ich vieles aus der Geschichte der lateinamerikanischen Musik, die gerade im Begriff war, sich von den einst dominierenden Einflüssen der europäischen Klassik und Romantik zu lösen. Das bestätigte, was ich das Jahr zuvor in Caracas und dann beim Studium vieler Bücher und Partituren erfahren hatte.

Montevideo empfing uns am 6. Juli mit beinahe winterlicher Kühle. Das Goethe-Institut leitete eine deutsche Emigrantin, Edith Goldschmidt, die uns wie alte Freunde bewirtete. Sie war Dichterin und gab mir ein Manuskript ihrer Lyrik mit. Auch bei der Diskussion über meinen Opernvortrag meldeten sich Angehörige ehemals deutscher Familien zu Wort, darunter der Dirigent Eric Simon, der sich in modernen Musikproblemen und in der Welt Theodor W. Adornos gut auskannte. Fast überall auf dieser Tournee saßen ehemalige Berliner unter den Hörern meiner Vorträge, oft mit Tränen in den Augen, wenn ich von der Heimat sprach, die sie hatten verlassen müssen. Viele von ihnen kamen nachher zu mir und verwöhnten Margot und mich durch kleine Geschenke. In Buenos Aires traf ich sogar einen alten Mitschüler des Berliner Werner-Siemens-Realgymnasiums, Herbert Katz, den ich seit 1911 nicht mehr gesehen hatte.

In Brasilien machten wir dreimal Halt. Zuerst in Porto Allegre, wo Herbert Caro und seine russische Frau uns in ihrer von Büchern überquellenden Wohnung bewirteten. Auch sie waren aus Berlin nach Brasilien geflohen. Mein Vortrag über Musikkritik fand in einem ungeheizten Hörsaal statt; die Studenten und ich in warme Mäntel gepackt. Arme Studenten, die bei solchen Temperaturen lernen müssen!

In São Paulo war es milder. Am Flughafen standen lauter Verwandte von mir. Henny, die Witwe meines 1945 gestorbenen Bruders, lebte seit 1947 in Brasilien. Ihre drei Kinder waren längst erwachsen und ihrerseits Eltern von Kindern. Alle hatten es zu Wohlstand gebracht, besaßen Häuser und Autos.

Die Stadt São Paulo mit ihren Hochhäusern und breiten Avenuen wirkte über-amerikanisch und, wie alle Wolkenkratzer-Ansammlungen, ein wenig unmenschlich. Wir waren froh, wenn wir mit meinem Neffen Rolf durch die weiten Landschaften fuhren und in San Vicente am Meer ruhige Stunden verbrachten.

Unsere lange Reise ging dem Ende zu. Trotz der oft schönen Eindrücke und Begegnungen war sie ermüdend. Alle paar Tage in einem anderen Hotel zu schlafen, die Koffer aus- und einpacken zu müssen, war kein ungetrübtes Vergnügen. Ich stellte mir das Leben großer Dirigenten, Sänger und Virtuosen vor, die jahraus jahrein in dieser Rastlosigkeit verbringen. Man sollte sie nicht um ihr fragwürdiges Highlife beneiden.

Am 19. Juli kamen wir nach Rio de Janeiro. Das Goethe-Institut hatte uns in dem luxuriösen Leme-Hotel an der Copacabana untergebracht. Ich fragte den Empfangs-Chef, ob das Zimmer ruhig sei. Er begriff mich nicht. Ich hatte schon früher in Lateinamerika erfahren, daß Lärm beliebt war. Je lebhafter der Betrieb, desto begehrter das Zimmer. Schließlich gab man uns eine Suite im achten Stock, wo von dem Tumult auf den Straßen nichts zu hören war. Der Blick auf das Meer und die berühmten Zuckerhüte von Rio war überwältigend.

Schon am Tage unserer Ankunft hielt ich meinen Vortrag in einem Saal der neu erbauten deutschen Botschaft. Der Leiter des Instituts, Wilhelm Keller, stellte uns dem Botschafterpaar vor, Herrn und Frau von Holleben, die uns nachher zum Dinner in ihre Residenz mitnahmen. Wir verstanden uns mit den beiden, ihrem studierenden Sohn und dessen Freund besonders gut. Holleben wurde kurz nach unserer Begegnung von Banditen entführt und nach mehrwöchiger Verborgenheit gegen Lösegeld entlassen: ein früher Leidtragender des Terrorismus, der in den siebziger Jahren so erschreckend zunahm und oft tödlich endete.

Am nächsten Tag fuhr uns Keller durch die Stadt und die gebirgige Umgebung. Dann machten Margot und ich auf eigene Faust einen kleinen Einkaufsbummel. Wir fanden in einem Juwelenladen drei brasilianische Aquamarine. Sie kamen gerade zurecht. Denn am nächsten Tag hatte Margot Geburtstag. Einer unserer Verwandten aus São Paulo, der gerade in Rio zu tun hatte, brachte ihr Orchideen an den Flugplatz. Als wir uns in die Swissair-Maschine gesetzt hatten, kam eine Stewardeß und brachte Margot eine Torte mit den Glückwünschen der Besatzung. So schliefen wir mit heiteren Gedanken ein, wachten morgens in Dakar zu kurzem Maschinenwechsel auf und erreichten abends Frankfurt.

In Berlin brauchten wir eine Woche, um die Anstrengungen zu überwinden und die vielen Eindrücke zu überdenken. Was uns an der lateinamerikanischen Welt erschreckte, von Caracas bis Rio de Janeiro, war die ungleiche Verteilung der Lebensgüter. Neben der reichen Oberschicht und einem gut versorgten Mittelstand gab es unsägliche Armut in den Außenbezirken, einen Mangel an dem Nötigsten, wie ich ihn nur in New Delhi gesehen hatte. Durch zerbrochenes Wellblech und Pappkartons gegen Regen und Hitze kaum geschützt, lebten diese Menschen von Abfällen und Almosen.

Elend von vergleichbarer Art hatte es im mittleren und nördlichen Europa kaum je gegeben. Doch auch ein geringeres Maß an Armut erklärte und rechtfertigte den Radikalismus, mit dem die Sozialisten des 18. und 19. Jahrhunderts deren Wurzeln aufsuchten. Ich bin fest überzeugt, daß spätestens um 1850 Anarchisten und Maschinenstürmer das Wirtschaftssystem zerschlagen und vernichtet hätten, das ihnen als einzige Ursache der Massenarmut erschien. Die Warnungen der sozialistischen Literatur haben in letzter Stunde Humanisierung und Reformen erzwungen. Karl Marx ist die Erhaltung der freien Wirtschaft unter Ausschaltung ausbeuterischer Praktiken zu verdanken. Ähnlich hatte im 16. Jahrhundert Luthers Reformation die Vernichtung der katholischen Kirche abgewendet. Die wichtigsten Lehren kommen von den Todfeinden.

Musikalisch unterschied sich Lateinamerika von dem nördlichen Kontinent nicht so sehr durch den Konzert- und Opernbetrieb wie durch schöpferische Leistungen. In den Vereinigten Staaten trat das seit dem 17. Jahrhundert überlieferte englische Element durch Einflüsse von Kirchen- und Volkslied offen oder latent hervor.

Pädagogisch hatten Deutsche bis zum Ersten Weltkrieg das Feld behauptet. Dann übernahm Frankreich die Führung, nicht zuletzt durch die Schule von Fontainebleau und ihre Muttergestalt Nadia Boulanger. Im Bereich der Oper hatte schon immer Italien wichtige Akzente gesetzt. Durch die Einwanderung bedeutender Komponisten und Musiklehrer nach 1933 wandelte sich abermals die Lage. Um Schönberg, Hindemith, Ernst Krenek und Darius Milhaud sammelten sich Kreise von Schülern. Strawinsky hat in seinem Leben kaum Unterricht gegeben, wirkte aber durch seine Persönlichkeit ebenfalls auf die Nordamerikaner befruchtend und beispielgebend ein.

In den lateinamerikanischen Ländern überwogen Traditionen, die auf die spanischen und portugiesischen Eroberer zurückgingen. Da waren Tanz- und Singformen viel einflußreicher als die ohnedies immer von Italien abhängigen Methoden des Unterrichts. Als Milhaud 1916 von Frankreichs Botschafter Paul Claudel nach Rio de Janeiro geholt wurde, erlebte er die Begegnung mit brasilianischer Volksmusik so intensiv, daß Werke wie die »Saudades do Brazil«, »Le Bœuf sur le Toit«, »L'Homme et son Désir« davon zeugen.

Als stärkste Persönlichkeit des Kontinents hatte ich von jeher Heitor Villa-Lobos empfunden. Seine unermeßliche Schaffenskraft hat ein Lebenswerk zusammengetragen, das von kindischer Banalität und erschreckender Kunstlosigkeit bis zu Höhen von Form und Ausdruck reicht. Einige seiner »Choros« und aus sehr individueller Deutung Bachscher Polyphonie geborenen »Bachianas Brasileiras« lassen ein Urgenie spüren, das von der Mischung europäischen und indianischen Blutes nicht unberührt war. In den späten fünfziger Jahren lernte ich ihn während eines kurzen Berliner Aufenthaltes kennen. Im Schloßhotel Gehrhus, wo er mit seiner blonden Frau wohnte, tranken wir Kaffee. Er kostete, was auf dem Tisch stand, winkte dem Kellner, er solle das Getränk wegnehmen und ein anderes aus halb so wenig Wasser und doppelt soviel Kaffee bringen. Er sprach gut französisch. Über Strawinsky äußerte er sich geringschätzig, über Schönberg mit respektvoller Verständnislosigkeit. In der Unbefangenheit seines Urteils fand ich Verwandtschaft mit Varèse.

Völker, in denen das Volkslied noch lebt, können auch Kunstmusik daraus destillieren. Das wurde mir in Mexiko bei einigen genialen Werken von Silvestre Revueltas, namentlich dem »Homenaje a García Lorca«, deutlich.

Ob Musik sich eindeutig ausdrücken kann, ob ihr eine allgemein verständliche Semantik innewohnt, wie Alain Daniélou glaubt, erscheint mir fraglich. Doch es gibt in ihr melodische und rhythmische Archetypen, die wiederkehren, wo immer getanzt, gesungen oder instrumental musiziert wird. Mit dieser Erkenntnis kam ich 1967 aus Südamerika zurück.

XIII
Epilog

Ohne Furcht und Krankheit altern zu dürfen, ist eine Gnade. Ich empfinde sie stärker von Jahr zu Jahr. Man neigt in germanischen Ländern dazu, die Jugend als ein Absolutum zu bewundern und zu überschätzen, statt sie als das zu erkennen, was sie juristisch sein sollte: als einen mildernden Umstand. Mit der Einsicht in die Mechanismen, denen das Leben gehorcht, in den Widersinn der Zu- und Wechselfälle, schwindet die Neugier auf Nebensachen, wächst die Wunschlosigkeit.

Es hat seinen tiefen Grund, daß die weisen Völker des Orients den alten Menschen verehren. Sie sind den ästhetischen Reizen der Jugend nicht verschlossener als wir. Doch sie kennen das Zeitmaß der Vergänglichkeit. In Europa kommen die romanischen Völker ihrer Weisheit näher als die Nordländer. Der Senat, höchstes Staats-Kollegium der Römer, beruft sich auf Tugenden, die dem höheren Lebensalter vorbehalten sind – wenigstens im Normalfall.

Nicht einmal die schöpferischen Geisteskräfte sind an Jugend gebunden, so wie umgekehrt geniale junge Menschen die Weisheit hohen Alters verkörpern können. Tizian, Goethe und Verdi haben als Greise ihre Schaffensgipfel erreicht; Mozarts Genie bedurfte keiner Reife, um alles zu wissen.

Doch eines muß man ertragen können: Es wird stiller um uns. Freunde und geliebte Menschen gehen davon. Mit ihrem Tod wandelt sich das geistige Bild unserer Umwelt. Wer stark und lange Zeit in der Familie lebt, wird vom Tode der Angehörigen schwerer getroffen als der von solchen Bindungen Freie. Ich hatte Eltern und Bruder relativ früh verloren und mit der übrigen Familie vorwiegend brieflichen Kontakt. Margots Schwester und ihr Bruder Willy lebten in Berlin; Ende 1964 war auch Irene mit ihrem Mann aus New York nach Deutschland heimgekehrt. Viele unserer sommerlichen Reisen machten wir mit diesen unseren Angehörigen. Alex' Sohn Hanns, als Jüngling der Schwarm der jungen Mädchen in Tempelhof, blieb auch nach seiner Verheiratung in Reichweite.

Nach ein paar Jahren als Schauspieler wurde er Studienrat und schließlich Gymnasialdirektor.

Margot verlor ihre drei Geschwister kurz hintereinander. Nach Willys Tod 1963 wurde der Kontakt der Schwestern noch inniger. Nethes kamen manchmal als Hausgäste zu uns, und wir besuchten sie in Wiesbaden, wo wir gern in dem alten Hotel Rose abstiegen, einem Haus mit Kindheitserinnerungen für mich. Max war 81 Jahre alt, als er friedlich starb. Seither kränkelte Irene. Wir holten sie schließlich nach Berlin, wo sie bald in ein Krankenhaus mußte. Alex, um drei Jahre jünger, war dennoch den Anforderungen ihres Hauses in Tempelhof nicht mehr gewachsen. Um die Adventszeit 1969 nahmen wir sie zu uns. Kurz vor Weihnachten entschlief Irene, bald nach Neujahr Alex. Margot hatte beide bis zum letzten Augenblick betreut; sie fuhr damals ihren eigenen Wagen, mit dem sie vor- und nachmittags unterwegs war. Die Trennung von den beiden Schwestern war für sie ein furchtbarer Schmerz. Erst auf zwei längeren Italienreisen und bei dem Aufenthalt in der römischen Villa Massimo fand sie langsam wieder ihr inneres Gleichgewicht.

Schon lange hatte sie den Wunsch, daß wir uns außerhalb Berlins ein eigenes Haus oder eine Wohnung anschafften. Margots Erbe nach Irene addierten wir zu dem Ertrag unserer Bausparkasse. Mit dieser Summe konnten wir den Plan finanzieren. Wir sahen uns im Tessin und in Österreich um, erwogen eine Maisonette am Monte Brè über Lugano, studierten Pläne in Salzburg und entschlossen uns, in einem noch ungebauten Wohnblock in Parsch eine Etage mit drei geräumigen Zimmern zu nehmen. Der Blick nach Süden auf Hohen Göll und Kaisergebirge gefiel uns ebenso wie der nach Westen auf die Feste Salzburg. 1972 konnten wir einziehen. Nun verkauften wir auch mein Elternhaus in Bremen und richteten die Salzburger Wohnung völlig neu ein, denn Berlin wollten wir nicht aufgeben. Als letztes Möbel stellten wir einen Yamaha-Stutzflügel auf, dessen glänzende Mechanik mir beim Spielen viel Spaß machte, obwohl der Ton an Gesanglichkeit dem unseres Berliner Förster-Instruments nicht gleichkam.

Seither fahren wir alljährlich mehrmals in die Stadt, deren Landschaft und Kultur uns immer wieder fesselten. Im Januar gab es das kleine, exklusive Mozart-Fest, bei dem man immer unbekannte oder selten aufgeführte Werke wie die Oper »Ascanio in Alba« kennenlernte. Bis heute ist es vom kommerziellen Tourismus noch nicht »erfaßt« und darum von Kennern und Liebhabern mehr geschätzt als von Snobs. Karajans Karwochenzyklus und seine Pfingstkonzerte versäumten wir nie. Die sommerlichen Festspiele wichen zwar immer mehr von den Exklusivitäts-Träumen ihrer Gründer, namentlich Hugo von Hofmannsthals, ab. Doch neben dem Jahrmarkt der Eleganz und des Snobismus bewahrten sie den Anspruch hoher künstlerischer Leistung.

Zu diesen Kulturfreuden kam Beglückung durch die Landschaft. Auf täglichen Spaziergängen und gelegentlichen Fahrten in die Umgebung entdeckten Margot und ich den Zauber der wechselnden Szenerie, das Zusammenwirken von Hoch- und Mittelgebirge mit Seen und Wäldern. Bald war uns das österreichisch-bayerische Grenzland von Traunstein bis Reichenhall und Berchtesgaden so vertraut wie die Straße nach Badgastein, in dessen Parkhotel Bellevue wir manche Sommerwoche verbrachten.

Immer fiel uns der Abschied von unserer Salzburger Wohnung schwer. Kamen wir dann nach Berlin zurück, so genossen wir die Ruhe unserer viel größeren Grunewaldwohnung, die alten Rokokomöbel aus dem Nachlaß meiner Eltern, die große Bibliothek. Bei schönem Wetter durchwanderten wir die nahe Umgebung, liefen quer durch den Grunewald zum Teufelssee, promenierten am Hundebad des Grunewaldsees, sahen uns die Sammlungen des Jagdschlosses an. Im Blockhaus Nikolskoe suchten wir Erinnerungen an Fontane. Auf der Pfaueninsel mit ihrer unberührten Romantik wunderten wir uns über die seltsamen Einfälle der Architekten. Einmal begegneten wir einer ganzen Familie von Pfauen; Margot kam auf den Gedanken, ihnen vorzusingen, und fand in den phantastischen großen Vögeln, die sofort stehenblieben, ein Publikum, das auf bestimmte hohe Töne aufgeregt reagierte, bis ein Hahn sein Rad schlug.

Die alten Freunde kamen zu uns und wir zu ihnen. Rufers hatten in Zehlendorf eine schöne kleine Wohnung gefunden. Nicht weit von ihnen wohnten Blachers in dem hellen Haus, das Paul Baumgarten ihnen gebaut hatte. Immer war Betrieb bei ihnen, teils durch die Kinder, teils durch Hausbesuch von Gottfried von Einem, Nicolas Nabokov und anderen Freunden. Trotz seiner Anfälligkeit und gelegentlichen Ausbrüchen der alten Lungentuberkulose, die durch Kettenrauchen nicht eben günstig beeinflußt wurde, arbeitete Blacher ununterbrochen. 1969 hatte Sellner in der Deutschen Oper Berlin seine Komödie »200 000 Taler« nach der Novelle von Scholem Alejchem herausgebracht. 1973 kam in Wuppertal »Yvonne« zur Uraufführung, ein makabres Stück nach dem Schauspiel von Witold Gombrowicz, dessen Titelfigur stumm ist. Wir hatten im Januar bei ihm den 70. Geburtstag gefeiert und fuhren alle zur Premiere nach Wuppertal. Gesundheitlich machte Blacher uns Sorgen. Er mußte mehrfach zu längeren Behandlungen in die Lungenklinik Heckeshorn am Wannsee, kam aber immer recht munter heim, schrieb Noten, kümmerte sich um die Akademie der Künste, brachte seine Schüler unter und telefonierte halbe Vormittage, wenn ihn ein Plan beschäftigte.

Über seine Arbeit sprach er nur, wenn man danach fragte. 1973 fand er in den Novellen von Edgar Allan Poe die Detektivgeschichte »The Purloined Letter«, deren Inhalt ihn durch die Verbindung von Kalkül und Psychologie fesselte. Er komponierte sie für sieben Sänger, einen Sprecher, neun Instrumente und elektronischen Schall. Bald nach Beendigung der Partitur starb er am 30. Januar 1975, kurz nach dem heiter begangenen 72. Geburtstag. Die Uraufführung fand zur Eröffnung des Theatersaales statt, den Baumgarten in der Fasanenstraße neben die Hochschule gebaut hatte.

Seit Erscheinen meines großen Schönberg-Buches im Atlantis Verlag plante ich keine größeren Arbeiten mehr. Die Feiern zum 100. Geburtstag des Meisters 1974 hielten uns in Atem. Eine Ausstellung mit angeschlossenem Kongreß hatte die Vaterstadt Wien im Juni eröffnet. Der Leiter der Berliner Festwochen brachte im September eine große Zahl von Aufführungen heraus; Akademie und Nationalgalerie wetteiferten mit Ausstellungen und schön gedruckten Katalogen. Mitte September flogen Margot und ich nach Los Angeles, wo am 12. September, dem Vorabend des 100. Geburtstages, ein Massenaufgebot an Eröffnungen, Konzerten und Vorträgen begann. Ich sprach zur Grundsteinlegung des geplanten Arnold Schoenberg Institute, hatte ein öffentliches Gespräch mit Ernst Krenek und nahm an den Diskussionen teil, die nach amerikanischer Gepflogenheit einen wesentlichen Teil der Veranstaltungen bildeten. Es gab Begegnungen mit alten Bekannten aus den Wiener zwanziger Jahren wie Paul Amadeus Pisk und Rudi Kolisch, jüngeren wie dem Dekan der School of Performing Arts an der University of Southern California, Grant Beglarian. Wir wohnten in dem riesigen, von einem schönen Park mitten in Los Angeles umgebenen Ambassador Hotel, in dessen Souterrain es vom Postamt bis zur eleganten Boutique, vom Drugstore bis zur Cafeteria fast alles gab, was das tägliche Leben forderte, nicht zu reden von zwei guten Restaurants im Erdgeschoß.

Wann immer ich in Los Angeles gewesen bin, fand ich dort ein deutsches Generalkonsulat, an dessen Spitze besonders kultivierte Diplomaten standen. 1974 war es Wilhelm Fabricius, der uns, oft mit seiner Frau Rosemarie, den Museenbesitz der kalifornischen Riesenstadt zeigte und auch alle Transportprobleme durch Dienstwagen nebst Chauffeuren für uns löste. Wir haben ihn drüben und in Berlin öfters wiedergesehen. 1977 wurde er Botschafter bei der Unesco in Paris.

Das Haus in Brentwood Park bewohnte Ronald Schönberg, genannt Ronny, mit seiner Frau Barbara, die wir schon im Juni bei den Wiener Feiern getroffen hatten. Ronny war ein erfolgreicher Jurist und brachte es bald zum Richter. Barbara fand neben ihren Pflichten als Hausfrau und Mutter Zeit für germanistisch-literarische Studien. Ihre Dinnerparties waren berühmt wegen der künstlerischen und kulinarischen Genüsse. Einmal spielten dort Schönbergs ehemaliger Assistent Leonard Stein und der Pianist Jakob Gimpel aus unveröffentlichten Manuskripten des Meisters. Bei Gimpels trafen wir neben den beiden Kreneks den alten Henry Miller. Er saß fast eine Stunde lang schweigend neben der Hausfrau. Dann löste irgendein Stichwort seine Zunge, und er beherrschte die Szene mit einem Schimpfmonolog auf seine Familie und auf Familie überhaupt. Ein sonderbarer Mann, der uns aus seiner Jugend berichtete, daß er Klavier studiert hatte und eigentlich Pianist werden wollte.

Nach vierzehn Tagen flogen wir heim, überfüllt von Eindrükken, vollgesogen mit kalifornischer Herbstsonne und gerade rechtzeitig, um noch die letzten Schönberg-Aufführungen der Berliner Festwochen zu hören.

In Los Angeles gab es Sorgen um die Finanzierung des Schönberg-Instituts. Das Grundstück stellte die University of Southern California auf ihrem Campus zur Verfügung. Aber der Bau erforderte Geldmittel, die wegen der Wirtschaftslage in Amerika schwer aufzutreiben waren. Grant Beglarian hatte bei mir vorsichtig angefragt, ob ich vielleicht in der Bundesrepublik Stiftungen oder Privatpersonen für die Sache interessieren könne. Beziehungen zu Finanzleuten hatte und habe ich nie gepflegt, obwohl Männer wie Günter Henle und Ernst von Siemens mir persönlich und in ihrer kulturellen Gesinnung sehr gefielen und ich Axel Springers Mäzenatentum für Israel bewunderte. Ich sondierte überall, wo ich eine Chance für das Projekt in Los Angeles zu sehen glaubte. Eines Tages traf ich bei Margots Neffen Hanns Lefèbre den Regierenden Bürgermeister Klaus Schütz, seinen Schwippschwager. Ich kannte den gebildeten und witzigen Mann schon aus der Zeit, als er Staatssekretär im Bonner Außenministerium war. Als ich ihm von dem Schönberg-Plan in Kalifornien erzählte, war er interessiert. Er nahm die Verbindung mit Generalkonsul Fabricius auf, der ein paar Wochen später nach Berlin kam. Zwischen Berlin und Los Angeles bestand seit Jahren ein Patenschafts-Verhältnis. 1976 feierten die USA ihr zweihundertjähriges Bestehen. Als Geburtstagsgeschenk für die Patenstadt brachte Schütz die Mitteilung nach Los Angeles, daß Berlin dem Arnold Schoenberg Institute 250 000 Mark stiften werde.

So konnte im Februar 1977 das fertige Gebäude eröffnet werden. Schütz und ich wurden zu der Feier eingeladen. Da er wegen der Berliner Situation nicht hinfliegen konnte, bat er mich, ihn zu vertreten. Margot und ich wohnten auf unseren Wunsch diesmal nicht im Ambassador. Denn als ich 1973 beim German Semester der USC mitwirkte, brach im Hotel Feuer aus, und wir mußten zwei bange Stunden im Freien verbringen, bis der relativ harmlose Brand gelöscht war. Von dem Schock blieb ein Abwehrgefühl übrig, und wir beschlossen, wieder in Santa Monica zu wohnen, wo wir das Oceana Apartment Hotel in schöner Erinnerung hatten und uns auch gleich wieder heimisch und wohl fühlten.

Die Schönberg-Feiern verliefen harmonisch. Das Institut war von einem kalifornischen Architektenteam in einem reizvoll-asymmetrischen sachlichen Stil zweistöckig ausgeführt worden und bot gute Möglichkeiten für Unterbringung, Ordnung und Katalogisierung des Nachlasses mit Tausenden von unveröffentlichten Manuskriptseiten, Büchern und Musikalien aus Schönbergs Besitz und wichtigen Briefen aus seiner Korrespondenz mit führenden Geistern der Epoche.

Die lange Reihe der Redner eröffneten der Präsident der USC und der Dekan Beglarian. Dann entwickelte Leonard Stein als Direktor die Richtlinien künftiger Arbeit, und als Archivarin sprach Clara Steuermann. Man begrüßte neben den übrigen Angehörigen Rudolf Kolisch als Ehrengast. Ich selbst überbrachte die Grüße Berlins und des Regierenden Bürgermeisters. Den Festakt beschloß Pierre Boulez mit einer Ansprache, die seinen vielumstrittenen Aufsatz von 1951 »Schönberg est mort« neu deutete.

Am Eröffnungstage wurde Carl Ebert neunzig Jahre alt. Durch die Schönberg-Feiern war ich verhindert, ihn am Enchanted Way zu besuchen. Aber wir telefonierten ausführlich, und ich brachte dem geistig unverändert wachen und munteren Mann die Grüße vieler Bewunderer aus Berlin.

Einen sonnigen Vormittag widmeten uns Generalkonsul Fabricius und seine Frau. Wir fuhren nach Pasadena zum Besuch des Norton Simon Museum of Art mit seinen fabelhaften Sammlungen europäischer Meisterwerke von Rubens, Frans Hals und Rembrandt über Monet, Cézanne, van Gogh und Gauguin bis Henri Rousseau, Picasso, Braque und Brancusi.

Inzwischen war ich 75 Jahre alt geworden. Dem Trubel der Gratulationen war diesmal nicht zu entgehen. So luden wir achtzig unserer Berliner Freunde und Bekannten zu einem Buffet-Dinner in die Akademie der Künste. Unter den vielen Glückwünschen kam der schönste aus New York, ein Telegramm Harold C. Schonbergs: »In scholarship professional judgment integrity you have set a unique mark to us music critics. We at the New York Times salute you on this occasion and we know that all American critics would want to be included.«

So viel kollegiale Anerkennung habe ich in Europa fast nur bei Angehörigen meiner eigenen Generation, vor allem bei Willi Schuh und K. H. Ruppel, gefunden. Von den Jüngeren erfreuten mich Friedrich Luft und Klaus Geitel durch besonders herzliche Aufsätze in ihren Zeitungen. Bei einigen anderen spürte ich eine Distanzierung, die dem Maß dessen entsprach, was sie von mir gelernt haben. Im RIAS, dessen Mitarbeiter ich seit 1946 gewesen bin, sprachen mir Herbert von Karajan, Friedrich Luft, Hans Mayer, Aribert Reimann, Josef Rufer und Oscar Fritz Schuh so lobende Worte zu, daß ich mit Hans Sachs »zu viel Ehr'« auf mir lasten fühlte.

Als mir 1977 Walter Gerstenberg im Auftrag der Universität Tübingen mitteilte, ich sei zum Dr. phil. honoris causa ernannt worden, blickte ich zurück auf Leistungen und Ehrungen. Ich habe als Kritiker einigen großen schaffenden und nachschaffenden Künstlern helfen können. Bei der Zerstörung von Vorurteilen über zeitgenössische Musik hatte ich das Glück, mich seltener zu irren als andere. Aber geirrt habe ich mich oft, manchmal durch Unterschätzung, manchmal durch Überbewertung von Werken und Persönlichkeiten. Solche Irrtümer öffentlich zu korrigieren, machte ich mir zum Prinzip. Der Weg zu Wahrheit und Erkenntnis, in der Kunst wie in der Wissenschaft, führt über Mißverständnisse. Bei ihrer Aufklärung muß man mit sich selbst anfangen. Nur wer sich zu berichtigen weiß, bleibt glaubwürdig.

Irrtum gehört zum Wesen der Kritik selbst. Soviel ich im Lauf der Jahrzehnte, in denen ich das Gewerbe des Musikrezensenten ausübte, die Untersuchungen der Fachleute auch studiert und verglichen habe – die treffendsten Formeln fand ich bei T. S. Eliot, der mir sagte, er halte wenig von musikalischer Kritik, weil man Musik nicht beschreiben könne. In einem seiner Essays nennt er als Ziele der Kritik die Erhellung von Kunstwerken und die Verbesserung des Geschmacks.

Erhellung des Kunstwerks, wie Eliot sie meint, hängt beim Literaturkritiker mit der Fähigkeit zusammen, das vom Autor dargestellte Objekt nochmals, und zwar in komprimierter und zugleich kritischer Weise, zu beschreiben.

Verbesserung des Geschmacks gibt der Arbeit des Kritikers einen erzieherischen Akzent. In der neueren Ästhetik drückt man sich um das Problem des Geschmacks vorsichtig herum. Aber Geschmack gehört untrennbar zum Kunsturteil. Im 19. Jahrhundert fühlte sich jeder Wagnerianer jedem Brahms-Anhänger weit überlegen. Verdis Musik hielt er für den Ausdruck eines minderwertigen Geschmacks. Heute finden wir es zumindest fraglich, ob Wagner seine Zeitgenossen Brahms und Verdi an Rang übertrifft und seine Kunst ein höheres Niveau hat als die ihre. Aber beweisen können wir weder das eine noch das andere.

Friedrich Nietzsche hat in den »Unzeitgemäßen Betrachtungen« den Historismus geschmäht und die Ewig-Objektiven kennzeichnend für die Schwäche der modernen Persönlichkeit genannt. Etwas später schreibt er: »Die historische Bildung unserer Kritiker erlaubt gar nicht mehr, daß es zu einer Wirkung im eigentlichen Verstande, nämlich zu einer Wirkung auf Leben und Handeln, komme: auf die schwärzeste Schrift drücken sie sogleich ihr Löschpapier, auf die anmutigste Zeichnung schmieren sie ihre dicken Pinselstriche, die als Korrekturen angesehen werden sollen: da war's wieder einmal vorbei. Nie aber hört ihre kritische Feder auf zu fließen, denn sie haben die Macht über sie verloren und werden mehr von ihr geführt, anstatt sie zu führen.«

Merkwürdigerweise hat das Zeitalter der von Nietzsche denunzierten Persönlichkeitsschwäche kritische Leistungen hohen Ranges produziert, die der Kraft von Persönlichkeiten zu verdanken sind. Dabei spielte es keine Rolle, welchem ästhetischen Bekenntnis die betreffenden Kritiker zuneigten. Bernard Shaw war im Kampf für Wagner ebenso ungerecht gegen Brahms, wie um die gleiche Zeit Eduard Hanslick beim Einsatz für Brahms ungerecht war gegen Bruckner und Hugo Wolf.

Jede Kritik, soll sie nicht in wissenschaftliche Statistik herabsinken, enthält ein Moment von Vorhersage, von ästhetischer Prophetie. Und bei jeder Prophetie gibt es die Möglichkeiten des Rechtbehaltens und des Irrtums. Das Maß, in dem der Kritiker recht behält, ist der Wertmesser seiner Zuständigkeit. Dennoch bleibt Irrtum als Bestandteil jeder kritischen Leistung bestehen. Jeder neue Meister, sagt Eliot, leistet der Literaturkritik schon dadurch einen Dienst, daß seine Irrtümer anderer Art sind als die seines Vorgängers.

Wer in der Zeitung Urteile über Kunst fällt, muß damit rechnen, daß er ins Leere spricht. Nicht etwa, weil vielleicht sein Text nicht gelesen würde; diese Chance ist klein, weil es immer Leute gibt, die an der Sache beteiligt sind: als Ausübende, Freunde oder Feinde des Ausübenden, als Zuschauer oder Zuhörer, oder einfach als Neugierige, die jede Information schlucken. Dennoch spricht der Kritiker ins Leere, weil er entweder nur bestätigt, was der

Leser ohnehin fühlt, denkt oder weiß; oder weil er das Gegenteil von dem meint, was der Leser für richtig hält. Und keine Macht der Welt kann ein ästhetisches Vorurteil zuverlässig beseitigen und einen überzeugten Leser umstimmen.

Karl Kraus hat daran erinnert, daß die Sprache die Mutter des Gedankens ist. Aus der vulgarisierten Gelehrtensprache können nur Gedanken entspringen, die der Erhellung von Kunstwerken und der Verbesserung des Geschmacks entgegenwirken. Seit Hegel die deutsche Sprache vernebelt hat, verliert sie an erhellender und ästhetisch erziehender Kraft. Doch als Philosophie, Kunstgeschichte und Musikwissenschaft Schopenhauers und Nietzsches Warnungen längst in den Wind geschlagen hatten, blieb die höhere Theater-, Kunst- und Musikkritik noch den Idealen der Aufklärung treu und den Schaumschlägereien der Hegelianer verschlossen. Nach 1945 hat sich das gründlich geändert.

Was für die Sprache gilt, erstreckt sich auf alles, was man das Metier des Kritikers nennt. Und hier beginnt das Territorium, das man wie Bauplätze durch Tafeln schützen sollte: Eintritt für Unbefugte verboten. Wir erleben immer wieder, daß über den schwierigen, komplizierten Beruf des Musikkritikers von Leuten gesprochen wird, denen jede praktische Erfahrung darin fehlt. Philosophen, Soziologen, Psychologen und Kybernetiker halten sich für zuständig, eine der bedeutendsten Disziplinen der modernen Presse auf ihre Prokrustesbetten zu spannen.

Die neuere Musikkritik ließ sich von der Soziologie gern einfangen und nahm gehorsam gegen die Oper, das als bürgerlich denunzierte Konzert und die prominenten Kapellmeister Stellung. Inzwischen haben die politischen Ereignisse, haben nazistische Gesindelherrschaft und Sozialisierung weiter Gebiete Europas uns klüger gemacht. Wir haben erkannt, daß die künstlerischen Emanationen des Spieltriebs dauerhaftere Werte hervorbringen als Politik und Strategie.

Auseinandersetzung mit der Gesellschaft ist eine reizvolle Aufgabe. Aber wenn die Kulturspezialisten sich ihr verschreiben, tritt notwendig das Urteil über künstlerische, namentlich musikalische Dinge hinter die soziologische Deutung zurück. Die Rückbeziehung eines Kunstphänomens auf die gesellschaftliche Lage, in der es entstanden ist, führt zur Vernichtung der Kriterien.

Lese ich eine der modischen Deutungen von Musik, so habe ich Sorgen, was aus einer Generation werden soll, die dergleichen für bare Münze nimmt. Da wird vielleicht eine Satztechnik des mittleren 19. Jahrhunderts mit Errungenschaften der industriellen Produktion verglichen. Oder man bringt den Grundtonverlust der modernen Harmonik mit der schwankenden Basis der kapitalistischen Gesellschaft in Beziehung. Das alles ist sehr geistreich und wirkungsvoll. Aber mit künstlerischem Urteil hat es nicht das mindeste zu tun. Wenn die Kultursoziologie von einer aufzählenden und vergleichenden Disziplin zu einer fordernden ausartet, ist die Kultur in Gefahr. Kritik künstlerischer Phänomene wird dadurch unmöglich; ihre Grundlagen selbst hören auf zu bestehen. Es hat seinen Grund, daß Staaten, in denen gesellschaftliches Denken Pflicht ist, also die sozialistischen und faschistischen, keine nennenswerten Kritiker hervorbringen. Wo sich in ihnen der Geist autonomer Kritik regte, sind seine Träger sanft oder unsanft eines Besseren belehrt, in manchen Fällen liquidiert worden.

In der freien demokratischen Gesellschaft, wo solche Autonomie möglich und erwünscht ist, unterwerfen sich die Kritiker selbst dem soziologischen Denken, weil es modern und dekorativ ist und ihnen die Schwierigkeiten des Urteilens erspart.

Ich sehe den Verfall des Kunsturteils und besonders der Musikkritik darin begründet, daß viele Kritiker sich der bequemen Prozedur verschrieben haben, Kunsterscheinungen – ob es stimmt oder nicht – als sozial bedingt zu erklären. Was man nicht definieren kann, das packt man soziologisch an. Stimmt einmal die Rechnung allzu offenkundig nicht, so sagt man, der Künstler fliehe vor seiner sozialen Lage. Aber das ist der Gipfel dialektischen Drehs. Denn eben diese Flucht aus der Gesellschaft ist der Sinn aller Kunst, auch wenn sie scheinbar gelegentlich mit dem sozialen Milieu konform geht. Wo wäre denn, um bei der Musik zu bleiben, die gesellschaftliche Deutung Bruckners zu suchen? Wo die Arnold Schönbergs? Wo die Béla Bartóks?

Ich möchte mit drei Feststellungen die Musikkritik von der Kultursoziologie abgrenzen:

1. Analogien gesellschaftlicher und künstlerischer Erscheinungen sind rein zufällig und ohne Beweiskraft. Bestenfalls dienen sie statistischen Zwecken.

2. Die Mehrheit der künstlerischen, namentlich der musikalischen Erzeugnisse ist unabhängig von, ja steht in Widerspruch zu gleichzeitigen Sozialzuständen.

3. Versuche, höhere musikalische Formen gesellschaftlich zu deuten, beruhen auf Selbsttäuschung oder sind bewußte Irreführungen.

Was ist, dies alles erkannt, Musikkritik? Ich glaube: die Beurteilung eines produktiven oder reproduktiven Tatbestandes mit rein musikalischen Kriterien, auf Grund von Wissen, Erfahrung und Vergleich, getragen von dem Mut zum Bekenntnis einer subjektiven Meinung.

Als 1971 die Eastman School of Music in Rochester, New York, den fünfzigsten Geburtstag feierte, fand dort im Dezember ein viertägiges Symposion über Musikkritik statt. Harold C. Schonberg von der »New York Times« war ein glänzender, auch in halsbrecherischen Lagen nie verlegener Diskussionsleiter. In meinem einleitenden Referat über »Influences of political ideology on modern musical criticism« vertrat ich meinen anti-soziologischen Standpunkt. Das Niveau von Referaten und Diskussionen war höher, als ich es bei ähnlichen Veranstaltungen in Europa und Asien erlebt hatte. Angelsächsische Klarheit und Leichtigkeit der Formulierung sowie die Freiheit von ideologischem Ballast erwiesen sich als Segen. Unter den jüngeren amerikanischen Kollegen fiel mir der aus München stammende Martin Bernheimer von der »Los Angeles Times« als vielseitig gebildet und vorurteilslos auf. Ich kenne im deutschen Sprachbereich heute keinen Kritiker seiner Generation, der es mit ihm aufnehmen kann.

Bei den guten Amerikanern finde ich selten die provinzielle Tadelsucht, die in Deutschland und Österreich heute vorherrscht. Natürlich ist es leichter, zu schelten als zu rühmen. Doch besser zehn versäumte Rügen als ein Lob zu wenig. Die Tadler, die an dem schönen Apfel nur den kleinen Wurm sehen, überleben nicht. In Nicolas Slonimskys »Lexicon of Musical Invective« stammen die meisten Beiträge von völlig vergessenen Autoren.

Gefragt, wie man ein guter Kritiker wird, müßte ich raten: Habt den Mut zu loben, auch wenn das Lob unpopulär ist.

Auf der Urkunde meiner Tübinger Ehrenpromotion steht in schönem Latein:

»H. H. S., der als Kritiker und Wissenschaftler seit über 50 Jahren für das Verständnis der Neuen Musik, besonders für das Werk Arnold Schönbergs, gewirkt hat,

der durch sicheres Urteil und sprachliches Niveau die deutsche Musikkritik im In- und Ausland zu neuem Ansehen gebracht hat,

der sich unablässig und erfolgreich um eine enge Verbindung von Musikwissenschaft, Musikkritik und musikalischer Praxis bemüht hat . . .«

Die Feier im mittelalterlichen Saal des Tübinger Pfleghofs war von einer inneren Heiterkeit, wie ich sie aus ähnlichen akademischen Anlässen nicht kannte. Konrad Gaiser, Altphilologe, Freund und Nachfolger von Wolfgang Schadewaldt, war Dekan der Fakultät für Altertums- und Kunstwissenschaften. Er hatte mir vorgeschlagen, den Festakt mit einer Aufführung des »Pierrot Lunaire« ausklingen zu lassen; ich solle nach der Laudatio über persönliche Erinnerungen an Schönberg und den »Pierrot« sprechen. Die Lobrede hielt der Ordinarius für Musikwissenschaft Georg von Dadelsen. Zu meiner freudigen Überraschung waren Gustav Rudolf Sellner, Friedrich Hommel und Friedrich Luft der Einladung nach Tübingen gefolgt. Die »Pierrot«-Aufführung, unter Leitung des Universitäts-Musikdirektors Alexander Sumski, war musikalisch einwandfrei. Sowohl Gaiser als auch Dadelsen zitierten aus meinen Schriften so genau und treffend, daß ich den Eindruck bekam, sie hätten sich über das Pflichtmaß hinaus damit beschäftigt.

Nach der akademischen Feier setzten wir uns alle bei Wein und Brezeln zusammen. Gegen elf Uhr klopfte Dadelsen an sein Glas und bat uns, in seinen Hörsaal zu kommen. Da stand ein Flügel, ein junger Mann nahm davor Platz und spielte meine vergessenen Jugendsünden, die beiden Stücke, die 1921 als Faksimiledruck in Hamburg erschienen waren. Die Begegnung mit so ferner Vergangenheit machte mir Freude. Auf den Beifall der Anwesenden antwortete ich, es sei doch gut, daß ich Kritiker geworden sei.

»Schade, daß dein Vater das nicht erlebt hat«, meinte Margot nachher im Hotel Krone; er hatte sich so sehr den Doktortitel für mich gewünscht.

Auf der Heimreise nach Berlin dachte ich viel an die Hamburger Jugendjahre, und zu Hause ließ ich mein ganzes Leben Revue passieren. Die sorglose Kindheit in Straßburg und Berlin. Die Zeit der Pubertät in Magdeburg. Den Zerfall aller Werte nach dem Weltkrieg 1914/18. Die Jahre der Armut. Den langsamen Aufstieg. Die Hitler-Zeit und den zweiten Krieg. Den Neubeginn nach 1946.

Ich erkannte recht gut, was ich richtig und was ich falsch gemacht hatte. Und schließlich fragte ich mich: Würdest du anders handeln, wenn du dein Leben noch einmal führen müßtest?

Die Antwort lautet: nein. Ich bin überzeugt, daß alles so sein mußte, wie es war. Für mich war der einfache, der normale Weg des methodischen Studiums nicht bestimmt. Alle Irrtümer, alle Sackgassen, in die ich gelaufen bin, gehören zu meiner Entwicklung. Um zu lernen, mußte ich erfahren. Ich würde mich in keiner Lebenslage anders verhalten, als ich es getan habe und tun mußte. Auch die Fehler und die Rückschläge, die sie auslösten, waren Teile meiner Bestimmung. Wie es gewesen ist, hat es sein müssen. Es war gut so.

Nachwort

Meine Erinnerungen gehen weit in die Kindheit zurück, einige bis in mein viertes Lebensjahr. Sie wurden gestützt durch Erzählungen meiner Eltern, die beide bis ins hohe Alter ein zuverlässiges Gedächtnis hatten. Auch mein 1945 gestorbener Bruder hat oft von den frühen Jahren in Straßburg und Berlin gesprochen. Die letzte noch lebende Zeugin meiner Kindheit ist Maria Perrinjacquet in Couvet.

Aus meiner Familie sind viele Briefe und Fotografien erhalten, durch die ich meinem Gedächtnis nachhelfen konnte. Über die Laufbahn meines Vaters befragte ich die Ranglisten der preußischen Armee.

Seit 1920 gaben meine Aufsätze in Tageszeitungen wie den »Bremer Nachrichten« und Zeitschriften wie »Melos« mir Leitfäden. Die Programmhefte der Hamburger Künstlerfeste, Programme der Maskentänzer Walter Holdt und Lavinia Schulz und Hans W. Fischers »Hamburger Kultur-Bilderbogen« (Rösl & Cie. Verlag, München 1923) enthalten zahlreiche Hinweise.

Von 1946 an notierte ich alle mir wichtigen Ereignisse in Taschenkalender; seit 1954 verwendete ich die des »Tagesspiegels«. Von den vielen Reisen nach Nord- und Südamerika sowie nach Indien und Südostasien habe ich eigene Fotografien mitgebracht; wenn meine Frau nicht mit mir reiste, schrieb ich ihr täglich. Diese Briefe enthalten Schilderungen von Ländern, Städten und Menschen, die meine Zeitungsberichte ergänzten. Auch Stellen aus eigenen Veröffentlichungen habe ich mehrfach übernommen.

Über »mein« Pariser Jahr hat Armand Lanoux ein enzyklopädisches, reich illustriertes Buch geschrieben, das 1957 unter dem Titel »Paris 1925« bei Robert Delpire erschien und meine Erinnerungen bestätigte und komplettierte.

So konnte ich ein Mosaik von Steinchen zusammentragen, das ein Bild meines langen, an Erfahrungen nicht armen Lebens liefert. Vielen Freunden bin ich für Hilfe und Auskunft verpflichtet. Das letzte Dankeswort gilt meiner lieben Frau.

H. H. S.

Register